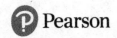

/ 教育治理与领导力丛书 / 　　王定华 总主编

［美］

罗纳德·W·雷博尔
Ronald W. Rebore

著

贾眉芬

译

教育人力资源管理

Human Resources Administration In Education

(Tenth Edition)

华东师范大学出版社
ECNUP 全国百佳图书出版单位
上海

第10版

图书在版编目（CIP）数据

教育人力资源管理:第 10 版/(美)罗纳德·W.雷博尔著;
贾眉芬译.—上海:华东师范大学出版社,2021
（教育治理与领导力丛书）
ISBN 978 - 7 - 5760 - 1908 - 7

Ⅰ.①教…　Ⅱ.①罗…　②贾…　Ⅲ.①学校管理—人力资源管理
Ⅳ.①G472.3

中国版本图书馆 CIP 数据核字(2021)第 146629 号

教育治理与领导力丛书

教育人力资源管理(第10版)

丛 书 总 主 编　王定华
著　　　者　[美]罗纳德·W.雷博尔
译　　　者　贾眉芬

策 划 编 辑　王　焰
责 任 编 辑　曾　睿
特 约 审 读　徐思思
责 任 校 对　时东明
装 帧 设 计　膏泽文化

出 版 发 行　华东师范大学出版社
社　　　址　上海市中山北路 3663 号　邮编　200062
网　　　址　www.ecnupress.com.cn
电　　　话　021 - 60821666　行政传真　021 - 62572105
客 服 电 话　021 - 62865537
门市(邮购)电话　021 - 62869887
地　　　址　上海市中山北路 3663 号华东师范大学校内先锋路口
网　　　店　http://hdsdcbs.tmall.com

印 刷 者　青岛双星华信印刷有限公司
开　　本　16 开
印　　张　28.75
字　　数　463 千字
版　　次　2021 年 11 月第 1 版
印　　次　2021 年 11 月第 1 次
书　　号　ISBN 978 - 7 - 5760 - 1908 - 7
定　　价　118.00 元

出　版　人　王　焰

（如发现本版图书有印订质量问题,请寄回本社客服中心调换或电话 021 - 62865537 联系）

总　序

　　人类社会进入 21 世纪第三个十年后,国际政治巨变不已,科技革命加深加广,人工智能扑面而来,工业 4.0 时代渐成现实,各种思想思潮交流、交融、交锋,人们的学习方式、工作方式和生活方式发生很大变化。中国正在日益走近世界舞台中央,华夏儿女应该放眼世界,胸怀全局,不忘本来,吸收外来,继往开来,创造未来。只是,2020 年在全球蔓延的新冠肺炎疫情,波及范围之广、影响领域之深,历史罕见,给人类生命安全和身体健康带来巨大威胁,给我国和各国的经济社会发展带来巨大挑战,对世界经济与全球治理造成重大干扰。教育作为其中的重要领域,也受到剧烈冲击。这是一次危机,也是一次大考。教育部门、各类学校、出版行业必须化危为机,抓住机遇,迎接挑战,与各国同行、国际组织良性互动,把教育治理及各项工作做得更好。

　　一切生命都需要新陈代谢,否则必然灭亡;任何文明都应当交流互鉴,否则就会僵化。一种文明只有同其他文明取长补短,才能保持旺盛活力。①习近平总书记深刻指出:"改革开放已走过千山万水,但仍需跋山涉水,摆在全党全国各族人民面前的使命更光荣、任务更艰巨、挑战更严峻、工作更伟大。……必须坚持扩大开放,不断推动共建人类命运共同体。……我们必

---

　　①习近平:《深化文明交流借鉴　共建亚洲命运共同体——在亚洲文明对话开幕式上的主旨演讲》,光明日报,2019 年 5 月 16 日。

须高举和平、发展、合作、共赢的旗帜,……维护国际公平正义。"①这些重要指示为新时代各行各业改革发展、砥砺前行、建功立业指明方向、提供遵循。

在我国深化教育改革和改进学校治理过程中,必须立足中国、自力更生、锐意进取、创新实践,同时也应当放眼世界、知己知彼、相互学习、实现超越。我国教育治理的优势和不足有哪些?我国中小学校长如何提升办学治校能力、打造高品质学校?②美国等西方国家的教育是如何治理的?其管理部门、督导机构、各类学校的权利与义务情况如何?西方国家的中小学校长、社区、家长是如何相互配合的?其教师、教材、教法、学生、学习是怎样协调统一的?诸如此类的问题,值得以广阔的国际视野,全面观察、逐步聚焦、深入研究;值得用中华民族的情怀,去粗取精、厚德载物、悦己达人;值得用现代法治精神,正视剖析、见微知著、发现规律。

现代法治精神与传统法治精神、西方法治精神既有相通之处,又有不同之点。现代法治精神是传统法治精神的现代化,同时也是西方法治精神的中国化。在新时代,现代法治精神包括丰富内涵:第一,全面依法治国。各行各业都要树立法治精神,严格依法办事;无论官民都要守法,官要带头,民要自觉,人人敬畏法律、了解法律、遵守法律,全体人民都成为法治的忠实崇尚者、自觉遵守者、坚定捍卫者,人民权益靠法律保障,法律权威靠人民维护;做到有法可依、有法必依、执法必严、违法必究,自觉守法,遇事找法,解决问题靠法。第二,彰显宪法价值。宪法是最广大人民共同意志的体现,规定国家和社会的根本制度,具有最高法律效力。全面贯彻实施宪法是建设社会主义法治国家的首要任务和基础性工作。第三,体现人文品质。法律是治国之重器,良法是善治之前提。法治依据的法律应是良法,维护大多数人利益,照顾弱势群体权益,符合社会发展方向;执法的行为应当连贯,注重依法行政的全局性、整体性和系统性;法律、法规、政策的关系应当妥当处

---

①习近平:《在庆祝改革开放40周年大会上的讲话》,新华网,2018年12月18日。
②2018年1月《中共中央国务院关于全面深化新时代教师队伍建设改革的意见》提出"提升校长办学治校能力,打造高品质学校"。

理,既严格依法办事,又适当顾及基本国情。第四,具有中国特色。坚定不移地走中国特色社会主义法治道路,坚持党的领导、人民当家作主、依法治国有机统一,不断促进国家治理体系和治理能力现代化,为实现"两个一百年"奋斗目标、实现中华民族伟大复兴的中国梦提供有力法治保障。第五,做到与时俱进。顺应时代潮流,根据现代化建设需要,总结我国历史上和新中国成立后法治的经验教训,参照其他国家法治的有益做法,及时提出立、改、废、释的意见建议,促进物质、精神、政治、社会、生态等五个文明建设,调整公共权力与公民权利的关系结构,约束、规范公共权力,维护、保障公民权利。

树立现代法治精神,必须切实用法治精神推进社会治理创新。过去人们强调管理(management),现在更提倡治理(governance)。强调管理时,一般体现为自上而下用权,发指示,提要求;而强调治理,则主要期冀调动方方面面积极性,讲协同,重引领。治理是各种公共的或私人的机构,或者个人管理其共同事务的许多方式的总和,是使相互冲突的或不同的利益得以调和并且采取联合行动的持续过程。① 治理的实质是建立在市场原则、公共利益和认同之上的合作。它所拥有的管理机制不单是依靠政府的权威,还依赖合作网络的权威,其权力是多元的、相互的,而非单一或自上而下。② 治理是公共利益最大化的社会管理过程,其最终目的是实现善治,本质是政府和公民对社会公共生活的合作管理,体现政府、社会组织与公民的新型关系。

政府部门改作风、转职能,实质上都是完善治理体系、提高治理能力。在完善治理体系中,应优先完善公共服务的治理体系;在提高治理能力时,须着力提升公共事务的治理能力。教育是重要的公共事务,基础教育又是其重中之重。基础教育作为法定的基本国民教育,面向全体适龄儿童少年,

---

①李阳春:《治理创新视阈下政府与社会的新型关系》,中共中央党校学报,2014 年第 5 期。

②Anthony R. T. et al. : Governance as a trialogue: government-society-science in transition. Berlin: The Springer Press, 2007:29.

关乎国民素质提升,关乎中华民族伟大复兴,是国家亟需以现代法治精神引领的最重要的公共服务,是政府亟待致力于治理创新的最基本的公共事务。

创新社会治理的体系方式、实现基础教育的科学治理,就是要实行基础教育的善治,其特点是合法性、透明性、责任性、适切性和稳定性,实现基础教育治理体系和治理能力现代化。实行善治有一些基本要求,每项要求均可给改善基础教育治理以一定启迪。一是形成正确社会治理理念,解决治理为了谁的问题。基础教育为的是全体适龄儿童少年的现在和未来,让他们享受到公平而有质量的教育,实现全面发展和健康成长。二是强化政府主导服务功能,解决过与不及的问题。基础教育阶段要处理好政府、教育部门、学校之间的关系,各级政府依法提供充分保障,教育部门依法制定有效政策,学校依法开展自主办学,各方履职应恰如其分、相得益彰,过与不及都会欲速不达、事倍功半。三是建好社区公共服务平台,解决部分时段或部分群体无人照料的问题。可依托城乡社区构建课后教育与看护机制,关心进城随迁子女,照顾农村留守儿童。还可运用信息技术、人工智能,助力少年儿童安全保护。四是培育相关社会支撑组织,解决社会治理缺乏资源的问题。根据情况采取政府委托、购买、补贴方式,发挥社会组织对中小学校的支撑作用或辅助配合和拾遗补缺作用,也可让其参与民办学校发展,为家长和学生提供一定教育选择。五是吸纳各方相关人士参加,解决不能形成合力的问题。中小学校在外部应普遍建立家长委员会,发挥其参谋、监督、助手作用;在内部应调动教师、学生的参加,听其意见,为其服务。总之,要加快实现从等级制管理向网络化治理的转变,从把人当作资源和工具向把人作为参与者的转变,从命令式信号发布向协商合作转变,在加快推进教育现代化进程中形成我国基础教育治理的可喜局面。

2019年初,中共中央、国务院印发了《中国教育现代化2035》。作为亲身参与这个重要文献起草的教育工作者,我十分欣慰,深受鼓舞。《中国教育现代化2035》提出推进教育现代化的指导思想:以习近平新时代中国特色社会主义思想为指导,全面贯彻党的十九大和十九届二中、三中全会精神,坚定实施科教兴国战略、人才强国战略,紧紧围绕统筹推进"五位一体"总体布局和协调推进"四个全面"战略布局,坚定"四个自信",在党的坚强领导下,全面贯彻党的教育方针,坚持马克思主义指导地位,坚持中国特色社会主义教育发展道路,坚持社会主义办学方向,立足基本国情,遵循教育规律,坚持改革创新,以凝聚人心、完善人格、开发人力、培育人才、造福人民为工作目标,培养德、智、体、美、劳全面发展的社会主义建设者和接班人,加快推进教育现代化、建设教育强国、办好人民满意的教育。将服务中华民族伟大复兴作为教育的重要使命,坚持教育为人民服务、为中国共产党治国理政服务、为巩固和发展中国特色社会主义制度服务、为改革开放和社会主义现代化建设服务,优先发展教育,大力推进教育理念、体系、制度、内容、方法、治理现代化,着力提高教育质量,促进教育公平,优化教育结构,为决胜全面建成小康社会、实现新时代中国特色社会主义发展的奋斗目标提供有力支撑。

《中国教育现代化2035》提出了推进教育现代化的八大基本理念:更加注重以德为先,更加注重全面发展,更加注重面向人人,更加注重终身学习,更加注重因材施教,更加注重知行合一,更加注重融合发展,更加注重共建共享。明确了推进教育现代化的基本原则:坚持党的领导、坚持中国特色、坚持优先发展、坚持服务人民、坚持改革创新、坚持依法治教、坚持统筹推进。

《中国教育现代化2035》提出,到2035年,我国将总体实现教育现代化,迈入教育强国,推动我国成为学习大国、人力资源强国和人才强国,为到本世纪中叶建成富强、民主、文明、和谐、美丽的社会主义现代化强国奠定坚实基础。建成服务全民终身学习的现代教育体系,普及有质量的学前教育,实现优质均衡的义务教育,全面普及高中阶段教育,职业教育服务能力显著提升,高等教育竞争力明显提升,残疾儿童少年享有适合的教育,形成全社会共同参与的教育治理新格局。

立足新时代、推进教育治理体系和治理能力现代化,应当积极推进教育治理方式变革,加快形成现代化的教育管理与监测体系,推进管理精准化和决策科学化。提高教育法治化水平,构建完备的教育法律法规体系,健全学校办学法律支持体系。健全教育法律实施和监管机制。提升政府综合运用法律、标准、信息服务等现代治理手段的能力和水平。健全教育督导体制机制,提高教育督导的权威性和实效性。提高学校自主管理能力,完善学校治理结构。鼓励民办学校按照非营利性和营利性两种组织属性开展现代学校制度改革创新。推动社会参与教育治理常态化,建立健全社会参与学校管理和教育评价监管机制。要开创教育对外开放新格局。全面提升国际交流合作水平,推动我国同其他国家学历学位互认、标准互通、经验互鉴。扎实推进"一带一路"教育行动,加强与联合国教科文组织等国际组织和多边组织的合作,提升中外合作办学质量。完善教育质量标准体系,制定覆盖全学段、体现世界先进水平、符合不同层次类型教育特点的教育质量标准,明确学生发展核心素养要求。优化出国留学服务。实施留学中国计划,建立并完善来华留学教育质量保障机制,全面提升来华留学质量。推进中外高级别人文交流机制建设,拓展人文交流领域,促进中外民心相通和文明交流互鉴,鼓励大胆探索、积极改革创新,形成充满活力、富有效率、更加开放、有利于高质量发展的教育体制机制。

立足新时代、推进教育治理体系和治理能力现代化,应当全面落实立德树人根本任务。广泛开展理想信念教育,厚植爱国主义情怀,加强品德修养,增长知识见识,培养奋斗精神,不断提高学生思想水平、政治觉悟、道德品质、文化素养。树立健康第一理念,防范新冠病毒和各种传染病;强化学校体育,增强学生体质;加强学校美育,提高审美素养;确立劳动教育地位,凝练劳动教育方略,强化学生劳动精神陶冶和动手实践能力培养。① 建立健全中小学各学科学业质量标准和体质健康标准。加强课程教材体系建设,科学规划大中小学课程,分类制定课程标准,充分利用现代信息技术,丰富创新课程形式。创新人才培养方式,推行启发式、探究式、参与式、合作式等

---

① 王定华:《试论新时代劳动教育的意蕴与方略》,课程·教材·教法,2020年第5期。

教学方式,培养学生创新精神与实践能力。建设新型智能校园,提炼网络教学经验,统筹建设一体化智能化教学、管理与服务平台。利用现代技术加快推动人才培养模式改革,实现规模化教育与个性化培养的有机结合。创新教育服务业态,建立数字教育资源共建共享机制,完善利益分配机制、知识产权保护制度和新型教育服务监管制度。

立足新时代、推进教育治理体系和治理能力现代化,应当特别关注广大教师的成长诉求。百年大计,教育为本;教育大计,教师为本。教师是人类灵魂的工程师,是时代进步的先行者,承担着传播知识、传播思想、传播真理的历史使命,肩负着塑造灵魂、塑造生命、塑造新人的时代重任,是教育改革发展的第一资源,是实现中华民族伟大复兴的重要基石。当前,工业化、信息化、新型城镇化、农业现代化迅速发展,国际竞争日趋激烈,国家经济社会发展对高素质人才的渴求愈发迫切,人民群众对"上好学"的需求更加旺盛,教育发展、国家繁荣、民族振兴,亟需一批又一批的好教师。所以,必须从战略高度充分认识教师工作的极端重要性,优先规划,优先投入,优先保障,创新教师治理体系,解决编制、职称、待遇的制约,真正加强教师队伍建设,造就师德高尚、业务精湛、结构合理、充满活力的高素质专业化创新型教师队伍。广大教师和教育工作者需要学习了解西方教育发达国家的新的教育理念和教育思想,并应当在此基础上敢于超越、善于创新。校长是教师中的关键少数。各方应加强统筹,加强中小学校长队伍建设,努力造就一支政治过硬、品德高尚、业务精湛、治校有方的校长队伍。

"教育治理与领导力丛书"是华东师范大学出版社为适应中国教育改革和创新的要求、推动中国教育现代化进程,而重点打造的旨在提高教师必备职业素养的精品图书。为了做好丛书的引进、翻译、编辑,华东师大出版社相关同志做了大量扎实有效的工作。首先,精心论证选题。会同培生教育出版集团(Pearson Education)共同邀约中外专家,精心论证选题。所精选的教育学原著均为培生教育出版集团和国内外学术机构推荐图书,享有较高学术声誉,被200多所国际知名大学广泛采用,曾被译为十多种语言。丛书每一本皆为权威著作，引进都是原作最新版次。其次，认真组织翻译。好的版权书，加上好的翻译，方可珠联璧合。参加丛书翻译的同志主要来自北京大学、北京外国语大学、北京师范大学、华东师范大学、浙江大学、南京大学、西南大学等"双一流"高校，他们均对教育理论或实践有一定研究，具备深厚学术造诣，这为图书翻译质量提供了切实保障。再次，诚聘核稿专家。聘请国内相关专业的专家学者组建丛书审定委员会，囊括了部分学术界名家、出版界编审、一线教研员，以保证这套丛书的学术水准和编校质量。"教育治理与领导力丛书"起始于翻译，又不止于翻译，这套丛书是开放式的。西方优秀教育译作诚然助力我国教育治理改进，而本国优秀教育创作亦将推动我国学校领导力增强。

华东师范大学出版社王焰社长、曾睿编辑邀请我担任丛书主编，而我因学识有限、工作又忙，故而一度犹豫，最终好意难却、接受邀约。在丛书翻译、统校过程中，我和相关同志主观上尽心尽力、不辱使命，客观上可能仍未避免书稿瑕疵。如读者发现错误，请不吝赐教，我们当虚心接受，仔细订正。同时，我们深信，这套丛书力求以其现代化教育思维、前瞻性学术理念、创新性研究视角和多样化表述方式，展示教育治理与领导力的理论和实践，是教育现代化进程中广大教师、校长和教育工作者所需要的，值得大家参阅。

王定华

2020 年夏于北京

（王定华，北京外国语大学党委书记，国际教育学院教授、博士生导师，国家督学、国家教师教育专家咨询委员会副主任委员，曾任教育部基础教育一司司长、教育部教师工作司司长、中国驻纽约总领事馆教育领事。）

前　言

第 10 版新增内容

当代社会不断发展的文化仍在对学校和学区的人力资源管理实践产生持续而深远的影响,这就需要对前一版进行修订,从而出现了现在的第 10 版。在每一章的一个新增部分中,都有科技是如何对人力资源管理的不同维度发生影响的文化发展的例子的描述。科技的应用使几乎每一所公立学校和校区内部的人力资源职能更加充实。科技不仅仅对行政管理工作产生了影响,而且对教与学的各个环节都产生了影响。

另外,2009 年《美国复苏与再投资法案》为教育拨款数十亿美元,这对受经济衰退不利影响的许多公立学区都是有益的。许多中小型学区的情况尤其如此,这些学区似乎受到了更严重的影响。

《教育人力资源管理》第 10 版中更新了第 9 版出版以来新出现的有关人力资源管理方面的信息。相对于其他更新版本,本版的更新内容如下所述:

- 整本书始终结合经济下滑对人力资源管理的影响。
- 在每一章开始部分的背景资料中,采用了更多的故事和真人实例的形式。
- 在每一章的结尾,都有一个关于背景资料的反思性问题。
- 更新了所有的尾注,以便为读者们提供与每个章节相关的最新资料。

● 更新了所有的文献资料，为读者提供人力资源管理方面最佳实践的最新信息。

● 在第七章中增加了关于"增值绩效评估"的部分。

● 在第九章中提供了更多关于集体谈判双赢的信息。

● 整个行文用社会媒体中的通俗语言编排科技信息。

● 出于法律和道德的考虑，将危机管理移到了第十章。

● 通过故事和真人实例的方式，着重强调"文化"在处理人力资源事务时，是一个重要因素。

法律的陆续颁布提升了第10版

法律持续性地对人力资源管理产生影响。美国国会1973年颁布了《残疾人正常活动法》，1990年颁布了《美国残疾人法》，这是迄今为止通过的保护残疾人权利的最全面的立法。此外，1991年的《民权法案》有可能通过陪审团审判的决定使违法者付出惩罚性赔偿的代价。1993年，国会又通过了《家庭医疗休假法案》，给予符合条件的员工在某些情况下离开工作岗位的权利。1991年的《公共交通工具员工测试法案》中规定，如校车司机这样的特殊职业，要求强制检测酒精和受管制物质的使用。1996年的《健康保险流通与责任法案》保证员工本人和他们的配偶、家属在生病时可以享受到健康保险的权利。2002年，《不让一个孩子掉队法案》开辟了自从20世纪70年代早期以来关于公立学校教育联邦法律最大程度的改革。从2001年开始，由于阿富汗和伊拉克的战争，军事预备队和国民警卫队已被调集到现役部队。这促使大多数人力资源管理人员制定政策和程序，将学区的责任落实到那些被征召入伍服役的员工身上。

工作场所中发生的性骚扰，由于媒体对这种不恰当且非法行为的报道，已经引起整个美国学区工作人员的关注。另外，合作性谈判模式替代了传统的谈判模式已经在学区中变得更加普遍。

工作场所的健康风险，一个与不断增加的工伤事故补偿金有关的问题，正在严重影响学区的预算。同样，附加福利的成本继续上升，促使管理性医疗成为传统医疗和住院保险计划的替代品。

由于全国上下对商业领域、政府部门、宗教团体以及公共教育部门各级员工诚信的关注，人力资源管理人员的道德责任已成为大家关注的焦点。这项"改革"运动的根本原因是公立学校中的责任程度或者说缺乏责任。一般纳税人，尤其是家长认为他们没有获得适当的回报。责任的问题其实是"人"的问题，因而，这是一个人力资源管理问题。对这种责任缺乏的一个重要回应是，将学区的所有财务往来透明化。这种透明化的做法可以增加责任性，确保整个人力资源政策和程序中机会的平等性。

很明显，学区的管理与美国社会中公司和其他组织机构的管理类似。财务管理、课程开发、运动场地管理、员工监督以及人力资源管理都很专业，需要教育领域富有经验的管理人员来完成。

这本第10版的书，应该有三类人会特别感兴趣：在学校负责教授人力资源管理课程、从事教育管理类教学工作的教授；刚刚从事行政管理、想进一步熟悉人力资源管理领域的基层校长们；学校董事会成员或学校负责人，他们可能正在寻找一种模式，以便在行政办公室设置人力资源管理职位。

本版图书的第一章建立了支持人力资源管理有效进行的基本原理和组织结构。第二章到第五章主要关注人员的获得，第六章到第九章集中在如何留住员工。每一章讲述人力资源管理职能方面的一个主要维度，明确实现这些维度必要的过程、程序和技术。最后一章中谈到了人力资源管理中会涉及的相关法律、道德和政策问题。

致谢

我衷心感谢我那些做教授的同事和他们的学生，他们审核了《教育人力资源管理》第 10 版，并给出了很有价值的改进建议，我尽可能多地采纳了他们的建议。我尤其要感谢这个版本的评审者：苏尔罗斯州立大学里奥格兰德学院的克莱·鲍奇、南卡罗来纳大学的爱德华·P.考克斯、芝加哥洛约拉大学的玛勒·伊斯雷尔、密西西比大学的露蒂·S.史蒂文森及特洛伊大学剑桥学院的艾伦·沃恩，还有我的助理研究员莉娜·哈拉提，在我准备第 10 版资料的过程中给了我很大的帮助。

罗纳德·W.雷博尔

目 录

第一章　组织的维度

请参考本章结尾处"讨论问题并作陈述"和"相关活动"这两部分的内容,为解决这里所遇到的问题找到答案。

公立教育的建立

在美国,小学和中学阶段的教育是免费的,并且全民享有,这个制度是美国区别于很多国家的特征之一。通常,这个制度被认为是享有自由权利最大程度的保护,也是美国公民经济和社会福利最好的保障。

作为一个社会机构,学校从它服务的社区得到授权,可是,它只是很多社会机构中的一个。政府、家庭和教会也在我们的社会生活中发挥着各自的职能,并且它们在社会活动中所起的作用存在互补性。每一个社会机构都会为社会的整体进步,尤其是个体公民的进步提供条件。学校的教育方案离开政府、家庭和教会的支持将会是无效的。然而,当代社会的一大特征就是变化,对上述社会机构而言也是如此,这个特征在马克·佩恩和E.金尼·扎莱纳的书《小趋势:决定未来大变革的潜藏力量》中得到了很全面的阐述。作者认为,在我们的社会中,存在75种具有很大能量的新兴趋势,其出现不为大多数社会成员所理解,但是在很大程度上改变了我们的生活。这些影响表现在:通过互联网和其他大众传媒,占美国人口1%的人能够对所有美国人的生活产生巨大的影响力,重新塑造民众的生活态度和价值观。[1]

以上这些观点都集中在传媒和科技方面的进步,然而,每个特定的社会群体都是错综复杂的,同时存在着数不清的变化趋势。家庭、教会、学校和政府部门连同它们的分支机构,都不是静态存在的机构,而是不断演化的社会实体。变化不仅仅是连续的,而且在加速进行,不均衡发展的现状更进一步增加了它的复杂程度。目前,科技的发展速度可能要比学校获得这些新技术,从而调整教育方案的速度快很多,这就导致学生在学校学到的知识要比新的技术发展落后几年。

我们对现实的看法及这种看法与社会和个体需求的整合最终落实在教育方案的内容上。尽管像个人自由、个人责任和民主政府这样的基础理论在学校要继续讲授,科技领域的快速进步也要求学校的教学能够足够灵活地应对这种新的发展趋势和外部环境。在这个变化的现实环境下,教育也不能是一成不变的。

联邦政府和州政府的职责

美国教育目标的实现由各个州自行负责。美国宪法针对教育的具体条款和规定的缺失是显而易见的。1791 年生效的《美利坚合众国宪法》第十条修正案中这样规定:宪法没有授予美国联邦政府也未禁止各州政府行使的权利,由各个州或者各州的人民行使。因此,教育一直被认为是州政府的职责。

可是,事实上,以往实际情况告诉我们,联邦政府已经在很大程度上参与了教育。通过立法机构,国会为各个学区提供支持特定服务和项目的资金;通过美国联邦教育办公室,政府的高级行政分支机构率先对教育事务行使权力;组建美国教育部这一内阁级别的行政部门也显示了联邦政府介入教育事务的程度;高等法院的很多决定正在对教育发生影响也证明联邦政府的司法机构对学校的影响。

随着科技的发展,世界在不断"变小",我们的国家也在不断"变小",美国教育的目标不可能仅仅由各个州来决定。但是,联邦政府的介入并不是要替代各个州政府在教育方面的作为,而是应该成为后者的补充和进一步充实。

州政府建立并且管理公立学校的权力在各个州的宪法中体现出来,通过本州的立法机构来行使权力。各个州的立法机构将这项权力以特定的方式授予地方组织——教育委员会。为了实现对教育委员会的管理,州立法机构建立了最基本的教育方案、教师资质要求,并且提供资金资助本州的教育。

大多数州的立法机构仅仅管理本州的教育部门。这个部门通常由一个委员会监督,由一个州教育主管或者委员会委员来管理。图 1.1 显示了从州议会到地方教育委员会之间的权力关系。

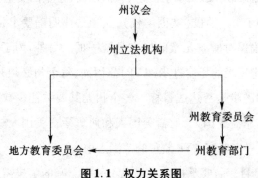

图1.1 权力关系图

全国州立学校校长协会和其他的全国性学校董事会成员协会、学校负责人和其他管理人组织,都强调各个州的教育职责、各个州与地方和联邦机构之间的关系。

美国教育管理的组织结构依据宪法中规定的"公立教育是州政府的一项职能",各个州通过本州的宪法和立法机构负责组织和管理公立学校,并且对私立学校进行总体监督。通常的做法是,州教育委员会委托不同类型的各级地方管理机构去组织和运营当地的学校。地方教育委员会制定教育政策管理本地区的学校,聘请学校负责人管理学校并且实施所在地教育委员会制定的政策。可是,由于培养受过教育的公民群体对各方都很重要,地方、州和联邦政府在公立教育中存在共同的利益。这也是自由权的保证,公民能够了解管理的结构并且参与到管理中来。

进而,各级管理机构必须在它的管理范围内提供相应的服务以保证整个教育职责的落实。因而,地方教育委员会组织教育性机构,与此同时,各个州提供资金和必要的监管以保证教育机会的平等。联邦政府必须提供资金和支持保证国家的利益。[2]

不让一个孩子掉队与学校改革

2002 年 1 月,总统乔治·W. 布什签署《不让一个孩子掉队法案》(NCLB);这项新法的实施也是对《中小学教育法案》的再次授权。同时,NCLB 的实施开创了未来四十年关于公立学校教育最深入的变革。这是联邦立法机构首次干预学生成功;往常联邦立法机构干预教育机会的平等而不是学生的成功。

这项法律要求,到 2014 年,所有儿童都要熟练掌握阅读技能和数学运算。法律的其他条款则要求提高与父母的沟通能力,加强在校学生的安全。尽管 NCLB 有些特定的条款只适用于 I 类学校(贫困学校),这项法律明确要求各个州建立一个单独的问责制度,以确保对所有儿童的标准是统一的。另外,为了实现 2014 年的目标,也要求学校制定适当的年度进步(AYP)。因而,每个州必须开发学生测评体系来检测每年学生的进步是否达成目标。各个州尤其要关注少数群体孩子的进步,这些少数群体包括非裔美国人、亚裔美国人和西班牙裔美国人。这个特殊群体中身体残疾的儿童也一定要在 AYP 监督的范围之中。

没有达成 AYP 目标需要承担的后果也不一样。有的学校需要整改,如果五年后仍然没有达成 AYP 目标,学校将会面临严重处罚,如学校人事变动或者延长学年。另外,如果有一个学生成为暴力犯罪的受害人,必须给予该学生转到这个地区另一所学校的权利。当然,问题又出现了,如果这个地区合适的年级只有一所学校怎么办? 或者另一所学校离这个学生原来的学校非常远又该怎么办?[3]

对于人力资源管理来说,NCLB 中的条款需要格外关注。首先,在人力资源功能实现招聘的过程中,招聘到有能力帮助学生实现熟练度需求的合格教师比招聘所有管理人员、其他教员和工作人员承担的责任都要重大。[4] 本书的第二章"人力资源规划"部分阐述了整个规划的过程,看清楚一个学区目前和将来的目标,从而了解到学区员工现在和将来的资质要求,是整个规划最优先考虑的事情。第三章"人才招聘"部分分析了安置与吸引一个学区内管理性岗位、教师和后勤岗位最佳候选人的方法。第四章"人才选拔"部分,简要描述了挑选最佳候选人可能用到的选拔过程。

教师的绩效评估和员工的发展都受到学生必须显示出适当的年度进步条款的重要影响。第七章"绩效评估"部分对学区内员工如管理人员、教师和后勤人员的评估进行了很好的说明与阐述。第六章"员工发展"部分讲述了人力资源管理中一个很重要的职能,对于员工知识和技能的持续更新是为了满足学生对于不断变化的需求。科研也在不断提高我们的学科知识基础和教学方法。

最后,五年不能实现 AYP 的结果是管理性岗位、教师和后勤岗位可能会发生人事变动。第七章"绩效评估"部分包含了关于如何对不能达成预期目标的管理人员、教师和后勤人员进行解雇的合法程序的深入讲述。

突出这些特殊章节的目的是将注意力集中在具体的流程和步骤上。但是,我们要明白,就像这本书一样,人力资源管理具有几个不同的维度,其实质是一个整体。可能会存在一个思想上的误区,认为 NCLB 的多项不同的条款仅仅对特定的人力资源模块有影响,实际上,这项法律对人力资源相互关联的各个方面都具有很大的影响力。

NCLB 是学校改革的一个特别的表现形式。由于教育行业存在变革和更新,这种改革运动在教育领域一直都是存在的。教育的目标是开发每个儿童的最大潜能。处于这种社会文化大背景下的学校管理人员、教师和后勤人员必须履行他们的职责。因此,学校改革吸引了所有管理人员的注意力,尤其是人力资源管理人员,因为人是改革的发起者和实施者。

当前的改革运动存在某种流行趋势。或许最清晰的例证就是学习型组织,它把学习看成是内部所有成员最主要的关注点。它不仅仅鼓励学生之间相互学习,而且也鼓励教育者加入其中。在学校和学区内部,以一种系统或公司的方式组织起来,开始学习,从而学校和学区会重新组织。

改革开始于某一个愿景,以单个学校内部体现校长和老师领导能力的形式组织起来。基于证据的决策必须由领导团队、校长制定,老师负责设定目标和规划提高学生表现的策略。现在,这种评价体系和目标策略的形成由于科技的进步显著增强。

因此,成功的改革具有一些共同的因素,包括以下几条:

• 应用学习型组织作为愿景,引导组织变革[5]。

• 在各个学校内部成立由教师和校长组成的领导团队[6]。

• 基于证据做出决策的重要性。

• 在管理和教学策略中享用科技。

这些因素很清晰地说明建立人力资源职能的重要性,这些职能包括有能力规划、招聘并且留住那些最佳教育者的可能性;改革是由招聘过来实施的人员素质决定的。

教育委员会的职责

或许,政府机构是以最民主的方式来管控学区的。地方社区的居民选出校董会成员,由他们负责形成管理学校的政策。州教育部门行使某种监管权,确保教育计划的最低要求在每个学区开展,而当地社区的居民通过选举当地校董会成员的方式保持对学校的控制权。

校董会职责中最基本的、需要牢牢记住的是,教育是每个州的职能。司法机构一直坚持这个原则。由于每个州的立法机构将权力授予校董会,校董会通过其成员由地方选举的方式代表它所在的州行使权力。校董会成员作为单独的个体,在合法任命的会议之外不能够行使权力。政策只能通过正式会议的方式商定,个体成员在没有合法会议授权的情况下不能代表董事会做出任何确定的行动。

在行使管理学校权力的过程中,教育委员会应该明确表述并且谨慎应用政策声明。没有专业教育人员的指导,这项工作很难完成好,有时,甚至需要专业律师的指导。董事会制定的政策必须不能与美国宪法、联邦法律,或者联邦法院的决议相冲突。同样,这些政策也不能与本州的宪法、章程和法院决议相冲突。董事会在制定政策时,由本州教育部门发布的条例也应该放在考虑范围之内,这些条例很有可能会被忽视。校董会制定政策时不切实际,与这些条例相违背会面临诸如失去本州的资助这样的处罚。地方传统、观点和目标也应该被考虑到,因为政策一旦遭到当地社区的反对,会降低居民的支持率。与五年前相比,现在影响董事会做决定的影响因素更多了。图1.2反映了在政策制定时的一些影响因素。

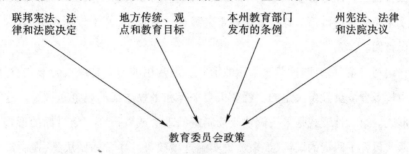

联邦宪法、法律和法院决定　　地方传统、观点和教育目标　　本州教育部门发布的条例　　州宪法、法律和法院决议

教育委员会政策

图1.2　制定政策时的影响因素

《学校和社区关系》一书中列出了制定政策时可以用到的一些知识,或许这本书可以作为校董会的参考书目。

- 可以帮助董事会的新成员更快地了解学校和社区之间关系的基本情况。
- 帮助学校系统内部专业与非专业的新员工,更快地了解类似上述基本情况。
- 让公众了解校董会的工作,鼓励公民参与教育事务。
- 提供了一种合理保证的策略,依据这个策略做出的决定具有一致性和持续性。
- 告诉学校负责人,他们希望董事会做什么,董事会希望他们做什么。
- 提供开发具体实施方案需要的策略。
- 提供了制定政策时匹配资金和设施的法律依据。
- 可以基本区别政策制定与政策实施之间的不同。[7]

校董会制定的政策不应该与管理性规章制度相混淆,这些规章制度是政策实施时需要遵守的具体行动方式,同时,也明确了谁来做、什么时间做、在哪儿做。实际上,实施一项政策可能要用到很多规章制度。

教育委员会制定的政策应该被广泛声明,除了一般性术语以外,都需要足够清晰的行政性指导和解释说明。政策体现了教育委员会的哲学性思维,并且提供有关这项政策制定的主体思路说明,或许也会建议如何实施这项政策,可是,政策实质上从来都不是用来执行的。政策可以应对有可能重复出现的场景,是经过董事会反复审核之后才通过的,因此,在不同环境中都是适用的。同时,政策也授予所有学校教学方案的实施和活动组织的权利,并且在学校发生人事变动时,让学校保持稳定。在形式上,政策应该是简洁的、清晰的、明了的、完整的。

教育委员会制定好政策之后,学校负责人和他/她的员工负责制定行政性的规章制度来实施这些政策。这些政策通常会编成一本册子,便于管理人员、教师和社区居民查阅。

在编写政策时,有四种普遍采用的形式。最常用的形式是决议的形式,这种形式是由校董会成员投票决定的。就业机会平等和平权法案的政策通常采用这种决议的形式。第二种形式是采用阐述政策制定的理念或者设立广泛目标的形式。第三种形式包含了职责的确认、谁来负责实施这项政策。通常的做法是,在制定政策的时候,表明一项具体的功能,例如集体谈判。政策可能会设立员工关系代表这样的职位,在需要谈判的时候,他/她作为主谈判人与校董会谈判,并且明确他/她的职责,设立行使权的界限。第四种形式是在校董会为避免政策在执行过程中可能会出现偏差时使用的。因而,这种形式是与行政性规章制度结合在一起使用的。

行政管理

理论性分析

在组织化的社会中,管理是所有机构内部不可或缺的一部分,而且被认为是理所当然的。只要一项工作是由两个人或者两个以上的人来完成,对管理的需求就很显然是存在的。许多古代重大事件的记录中也有管理性活动的描写。建造金字塔、管理中世纪封建领地、统治遥远的另一个半球的殖民地,都需要一定程度的管理技能和管理的实践知识。

我们对管理本质的理解已经发生了变化。最开始,人们对管理的理解集中在行动方面。管理者是那些可以掌控一项活动,并且完成某项任务的人。管理的正式研究是近年来发生的事情,在商业领域表现最为明显,很多研究都在领导艺术的实现方面。

在公共教育领域,对正式管理研究的需求来自城市中学区复杂性的增加。在城市化过程中,一个接受过良好通识教育的人就能够成为一名有效管理者的观点很快就被证实是错误的。

管理是在完成某项工作的时候,人员、资金和物质资源管理的社会性过程。学校管理者通过开发和建立调配人员、资金和物质资源的管理性过程、程序和技巧的方式来履行管理职责。行政管理领导力的重要性在于将一个组织内的这些资源转化为教育目标实现的可能性。

管理的界定是将它看作执行过程,有别于政策制定。管理从根本上被认为是实施政策,而不是制定政策。更具体地说,学区的管理是负责实施教育委员会制定的政策。

自从林登·约翰逊总统将管理的系统方法论应用到联邦政府机构中,并且对公共部门问责制的强烈呼吁,推动了管理方法的使用,也让这种方法论大受欢迎。在系统方法论看来,学校是相互关联网络中的一个子系统,重点在于将短期目标和长期目标转化为可实施、可评估的各项活动。

本书中提到的方法论主要集中在管理的职能之一的人力资源职能。这样,管理被认为是由不同职能组成的无所不包的各个过程。在一所学校中,最主要的三个职能是,人力资源管理、教学计划管理和后勤管理。后勤管理包括交通运输、食物供应和资金管理。这些职能中的每一项职能在通过管理性过程、程序和技巧实施的过程中都有其目标,这些目标集中在一起就是管理。当然,本书的关注点在于人力资源职能和它的管理过程。

在一个既定的组织框架内,由管理人员来实施这些职能。这部分内容的其余部分将会清晰地阐述学校负责人和主要行政管理者的职责。

行政管理的组织

历史上,在大多数州,校董会通过法定授权的方式将实施政策的职责授予学校的最高行政官员——学校负责人。这个负责人拥有学校所有运营的全面控制权。当学区规模增大,事务变得错综复杂的时候,就必须发展专业化职能,于是,行政人员就出现了。但是,学区内的员工、专家、其他人等,最终都向这个负责人汇报工作,并且听从他/她的指令。只有这个负责人在日常工作中直接与教育委员会接触。

这个负责人的职责可以用三个词来描绘:首席顾问、行政官员和教育领导者。

首席顾问

这名负责人是校董会有关学区内部所有事务的主要咨询师和顾问。于是,他/她应该响应董事会的要求并自发地通过提供报告、信息和建议的形式对董事会的审议做出贡献。这个负责人作为董事会的首席顾问,其职责如下:

- 制定并建议学校员工有效行使职能必要的人力资源政策。
- 向校董会提供有关学校的关键性问题的信息。
- 准备并上交董事会一份初步预算。
- 为候选人提供职业建议。(候选人应该是由这个负责人推荐并且雇佣的,虽然董事会有权不接受某个特定的候选人。)
- 为董事会提交有关学校运行情况的年度报告。

行政官员

董事会一旦形成政策决议,董事会的行政官员和学区内的员工就有责任执行这项决议。管理部门应该通过规章制度来实施董事会的政策。作为学区的首席行政官员,学校负责人是整个学区的表率。执行中的职责如下:

- 实施由董事会制定的政策和条例。(董事会政策中没有具体涉及事项,学校负责人要采取适当的行动,并且在下次会议之前将此行动报告董事会。)
- 必要时,制定规章制度指导学校员工有效地执行董事会的政策。
- 指导采购和支出,与董事会政策保持一致。
- 制定和管理学校的监督方案。
- 制定建筑物和场地的维修和改善/扩建方案。

教育领导者

学校负责人的教育领导能力不仅仅应该在本学区内部的其他专业教育者中间得到锻炼,而且应该在本地区、本州和全国性的专业教育者、教育组织和教育机构中得到锻炼。作为社区内的教育领导,就要求学校负责人有关学校的活动,取得的成绩、需求和发展方向等事项及时告知社区居民。学校负责人还应该让董事会成员知道教育领域最新的发展动态及这些新生事物在本学区的应用情况。学校负责人的领导角色还必须被本学区的员工认可,离开这些员工的理解和支持,学区设立的目标和宗旨不可能得以实现。[8]

目前学区管理的现状,尤其在监管方面,是由管理性团队来实现的,类似于行政办公室与基层管理的方式。在大多数地区,管理性团队是由一组管理人员构成的,他们审查学校监督的特定职责。每一位管理人员通常具有"代理……","副……",或者"助理……"监督的头衔。在大部分学区内,具有"……主任"或者"兼……"这样头衔的人员不是管理性团队的成员,而是支持管理性团队工作的人员。

管理性团队的成员是被正式指派到监督内阁小组的,这个小组成员负责战略规划和决策制定。人力资源管理,教学计划管理和后勤管理的领导通常都是这个内阁小组的成员。

监督内阁的这一建制并不意味着监督要把小组精力限制在学区管理的最高层。应该说,内阁小组的成立是为了与关键性管理人员一起分担战略规划的过程。现今学区相关的事务和问题的影响越来越广泛,因此,学校负责人在制定决议时必须要经过不断、有效的商议才行。

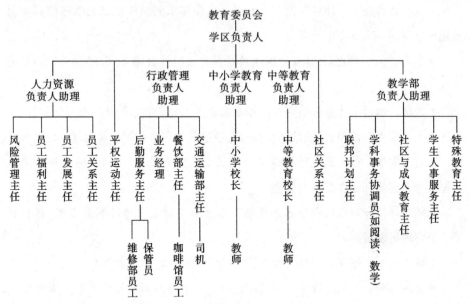

图1.3 可能存在的行政管理组织关系图

由于学区需要在管理机构内部明确不同的层级,因而建议被赋予"主任"或"协调员"职位的管理性岗位要向负责专项职能的负责人助理汇报工作。尽管没有面面俱到,图1.3展示了一种可能存在的行政管理组织关系,包含了从学区负责人到负责人助理(内阁小组成员)到主任的线性权责关系。这里展示的行政管理人员的数量建议用于学区规模在大约2.5万名学生的组织结构中。需要注意的是,平权运动主任和社区关系主任直接向学区负责人汇报工作,这是一种通常的做法。

人力资源管理

人力资源职能

在每个学区,不管是由人力资源部门招聘进来或者由学区内各级管理者招聘进来的人员,一定会涉及招聘、选拔、安置、评估和薪资福利这些事项。

在所有学校,人力资源职能的目标基本上都相同:招聘,保留,职业发展和激励员工完成学区的目标;帮助员工实现个人潜能;实现员工的职业发展最大化。这些目标必须通过人力资源职能中以下模块来实施:

• 人力资源规划。建立短期和长期人力资源需求的总体规划是学区课程和财政规划过程的一个重要组成部分。

• 招聘。为了对儿童、青少年和成人提供有效的教育服务,合格的人员当然是基础。

• 选拔。通过人才选拔技巧和过程来实现人力资源需求的长期和短期目标。

• 人员安置和培训。经过适当的规划,新进员工和学校配合实现彼此的目标。

• 员工发展。员工发展计划帮助全体员工达成学校目标,同时也为每一个员工提供个人成长和职业发展的机会。

• 绩效评估。对过程和技术的评估有助于每个员工个体的职业发展,并有利于学校实现短期目标。

• 薪资体系。建立薪资与绩效挂钩的薪资体系有助于激励全体员工。

• 集体谈判。谈判过程为全体员工提供了一个参与影响他们职业发展和个人福利事务的机会。

令人遗憾的是,很多学校仍然把人力资源的职能仅仅看作是合格教师的招聘工作。本书探讨的人力资源职能的八大模块不是分离和孤立存在的,而是同一个职能中不可分割的部分。接下来的八个章节分别阐述每一个模块,回顾一下为实现人力资源职能的管理性过程、步骤和技术。同时,也会讲述对人力资源管理有深刻影响的重大事件。

人力资源管理者

近年来,很多学区逐渐认识到将人力资源职能中的大部分工作委托给一个专业的行政机构的需求。在这种类型的组织机构内部,人力资源负责人助理(或者人力资源主任)负责人力资源职能的工作,并且协助学区负责人解决人事难题。人力资源管理通常是一个服务于上下级管理人员的职位。与它同一级别的职位有:中等教育和小学教育学校负责人助理、某项后勤服务管理者和主管基础事务的校长。这些管理者已经被授予权力在监督与教职员和学生相关的事务过程中做决策。

人力资源的职能不仅对不断变化的岗位人员配备有影响,各岗位人员的配备反过来直接影响教育方案的质量,而且对学校的预算有很大影响。学区大约80%的支出是工资和福利支出。人力资源职能的不作为可能会花费纳税人大笔的不必要支出。

教育委员会和管理者很少能全面认识到人员决策对整个规划过程的普遍影响。在学校系统中,每个岗位都会做出一系列的决策,如将要从事的工作类型、良好绩效的质量标准和经济价值。各种活动都需要对员工进行适当的招聘、选拔、培训、发展和评估。因此,必须建立关于学术自由、任期、健康保障、投诉、请假和退休的政策和程序。除了极小的学区,学区人员的进出调动需要引起人力资源专家的注意。

由公立学校教师举行的罢工数量从2000年初到现在保持相对稳定状态。工资、额外福利和工作环境是谈判失败最终导致罢工的主要事件。可是,教育领域相比其他领域来说,谈判程序启动较晚,才刚刚起步。

按惯例,集体谈判是人力资源的一项职能,一般属于学区负责人助理的人力资源管理范畴。鉴于该职能涉及面广,大多数学区应该考虑设立员工关系主任这个职位。美国学校管理人协会资助出版专题著作《帮助管理人员谈判》,采用了一个预言性的副标题"学校管理结构中新兴管理岗位:员工关系主任介绍"。

知识爆炸和社会环境持续变革是人力资源领域面临的主要问题。过去,员工发展基本上是通过在职培训的方式实现,即根据教材组织几节研讨会。可是,过去25年来,联邦立法和诉讼程序中更加清晰地确定了少数族裔、妇女、学生、年长职工和残疾人的权利。同时,伴随着新型教育技术的泛滥、新专业引入教学的不同态度和家长与学生中显现出的社会价值观的不断变化,产生了对管理人员和教师相类似的在职员工发展方案的需求。这项职能如此专业,就像集体谈判一样,需要人力资源专家即员工发展主任的关注。

因为联邦立法和诉讼程序中人权条款的涌现,建立一个行政管理性职位,通常叫作平权运动主任,成为必然趋势。大多数联邦法律包含一项工作机会平等条款,这个条款反过来要求建立组织,在人力资源实行职能的全过程中能有具体的计划来执行该条款的意向。这项有组织的计划常被称为"平权运动"。第二章提出了主要民权法律和平权运动概念的完整解释。这个管理性职位在学区的组织结构中的特征是平权运动主任通常直接向学区负责人汇报工作。这就为学区遵守民权法律提供完整保障,因为平权运动主任可以避免受到其他管理者的影响从而受到保护。

为员工提供医疗保健和相关福利的医疗成本逐步上涨是每个学区面临的一个问题。大部分学区已经采取了严厉的措施试图控制这项成本,这就形成了通常所说的管理式医疗。与许多正在采用的新方法同时出现的是需要一位人力资源职员,这个职员不仅有健康医疗管理的经验而且有相关学历。另外,员工薪资成本的增加也需要雇佣一位有经验且风险管理意识强的人力资源职员。大部分学校使用员工福利主任这样的职位名称来命名这个职员,他负责管理员工福利和薪资规划。当然,这个管理人员向学区负责人助理汇报人力资源方面的工作。

当代社会,人身安全和保障充满风险。由于过去十年在学校发生的针对学生、教师、职员和管理者的校园暴力而造成大量生命丧失的事实,这种想法已经清晰地嵌在所有美国人的意识中。来自学校所在社区外部的人员也已经进入教学楼从事针对学生和教职员工的暴力活动。另外,学校设施和设备意外事故对学生和教职员工造成伤害的风险一直存在。最后,也存在由于违反关于学生和教职员记录的保密条款而引发的潜在风险。为了尽最大可能确保学生和教职员能够有一个无风险的环境,必须开发安全审查、规则和程序。这就促使学校产生了风险管理主任这个职位。

员工关系主任的职位描述参考美国学校管理人协会发行出版的《帮助管理人员谈判》中的描写。该出版物现在已经绝版了(请见附录1.1)。

附录 1.1 六种主要的人力资源职位

对于所有管理者来说,人的能力和性格具有普遍性。学区负责人、负责人助理、主任和主管基础事务的校长必须具有良好的人际沟通能力、写作能力,能够关注细微变化,并且能够自我激励。以下描述都应该是建立在这些品质基础之上的。

人力资源方面的学区负责人助理的职位描述

职务概述

人力资源方面的学区负责人助理(或人力资源主任)的职责:负责管理学区人力资源计划的实施,包括建立并保持不同组织层面之间的有效沟通,同时制定、建议并管理学区的人力资源政策。

组织关系

这个负责人助理与学校负责人是上下级关系,并且直接向他汇报工作。他/她作为学校负责人在人力资源事务方面的首席顾问,与其他管理人员处于同一级别。与他/她的直接下属,包括员工关系主任、员工发展主任、员工福利主任和风险管理主任是上下级关系。这些管理人员直接向负责人助理汇报工作。

组织职责

人力资源负责人助理对于建立人力资源规划、员工招聘、人才选拔、安置与培训、绩效评估和薪资福利方面的管理性过程、步骤和技术负直接责任。而且,他/她还负责监督员工关系主任、员工发展主任、员工福利主任和风险管理主任的工作。

任职资格

在教育经历与工作经验方面,人力资源负责人助理应该具备以下条件:

• 适合的州管理人员资格。

• 教育管理博士学位。

• 有课程设计、金融、学校法律、人力资源管理和集体谈判领域正规课程学习经历。

• 课堂教学经验和 5 年基层管理者经历。

员工关系主任职位描述

职务概述

员工关系主任负责学区员工关系计划的管理工作。这项工作包括建立并维持不同组织层面之间的有效沟通、制定、建议并管理学校的员工关系政策,同时管理集体谈判过程。

组织关系

员工关系主任与人力资源负责人助理是上下级关系,并且直接向后者汇报工作。他/她是人力资源负责人助理在员工关系方面的首席顾问,与其他管理人员处于相同级别。员工关系主任与和他/她谈判的非管理人员之间是工作上合作的关系。当然,这位主任与他/她的直接下属,是上下级关系,后者直接向这位主任汇报工作。

组织职责

为了准备谈判,员工关系主任需要履行以下职责:

- 开发管理谈判的策略。

- 管理提案和反提案。

- 对员工提案进行分析和评估,并提供相应的建议。

- 了解与专业谈判相关的州法律和法院决议。

- 在开发管理提案之前,先征求其他管理人员的建议。

在谈判过程中,员工关系主任需要履行以下职责:

- 担任学校的首席谈判官。

- 管理学校的谈判小组。

- 谈判过程中,与其他管理人员保持信息畅通。

- 与工会达成谈判协议草案。

- 在谈判过程中,保留各方提交的提案和反提案记录。

在管理谈判协议过程中,员工关系主任需要履行以下职责:

- 作为学区的首席顾问,解释被采纳的协议。

- 作为学区的首席顾问,处理所有投诉事宜。

- 与校长和其他监督者就被采纳协议的理解和认同度进行商议。

- 掌握投诉情况与调解活动。

任职资格

就教育经历与工作经验,员工关系主任应该具备以下条件:

- 适合的州管理人员资格。

- 硕士学位(最低要求)。

- 有教育管理领域正规学习经历,接触过课程设计、金融、学校法律、集体谈判和人力资源管理这些课程。

- 课堂教学经验和至少2年主管基础事务的校长经历。

员工发展主任职位描述

职务概述

员工发展主任负责管理学校员工发展计划。这项工作包括建立并维持不同组织层面之间的有效沟通,同时制定、建议并管理学校的员工发展政策。

组织关系

员工发展主任与人力资源负责人助理是上下级关系,并且直接向后者汇报工作。他/她是人力资源负责人助理在员工发展事务方面的首席顾问,与其他管理人员处于相同级别。员工发展主任与和他/她一起工作的非管理人员是工作上合作的关系。这位主任与他/她的直接下属之间是上下级关系,后者直接向他/她汇报工作。

组织职责

为了规划和实施员工发展计划,员工发展主任需要履行如下职责:

- 为全体员工建立并执行需求评估技术。
- 对评估手段进行分析与评价。
- 就员工发展计划情况介绍会的最佳时间和地点征求其他管理人员的意见。
- 评估员工发展计划情况介绍会。

任职资格

就教育经历与工作经验,员工发展主任应该具备以下条件:

- 硕士学位(最低要求)。
- 有测试与测量、统计、课程设计和监督管理领域正规课程学习经历。
- 至少 2 年教师或者基层管理者的从业经历。

平权运动主任职位描述

职务概述

平权运动主任负责管理学区平权运动计划。这项工作包括建立并维持组织层面之间的有效沟通,同时制定、建议并管理学区的平权运动政策。

组织关系

平权运动主任与学区负责人是上下级关系,并且直接向后者汇报工作。他/她是学区负责人在平权运动事务方面的首席顾问。平权运动主任与其他管理人员处于相同级别,与和他/她一起工作的非管理人员是工作上合作的关系。当然,这位主任与他/她的直接下属,是上下级关系,后者直接向这位主任汇报工作。

组织职责

平权运动主任需要履行以下职责:

• 研究平权运动可能存在的问题,需要的时候,向学区负责人建议解决问题的方案。

• 运用学区所有员工的资质数据,重点查看少数族裔、妇女、年长员工和身体残疾的员工数据,作为公平就业实践的相关数据。

• 改进并更新纠正已存在不足的目标和时间表。

• 在招聘少数族裔、妇女、年长员工和残疾员工方面,与学区为这些人提供的职位达不到平权运动目标时,为学区负责人提供建议。

• 作为平权运动监察官员与州和联邦机构取得联系。

• 审核所有的职位公告、岗位描述和选拔标准是否符合平权运动要求。

• 向学区负责人汇报所有影响学区平权运动计划的法律、行政命令、政策、规章制度和外部机构报告的性质、意图和内容。

• 协助学区管理人员调查公平就业实践中出现的所谓歧视的正式申述,并向学区负责人提出改进措施建议。

• 与地方、州、联邦机构和促进公平就业实践活动的组织保持联络。

• 代表学区参加有关平权运动计划的会议、研讨会和其他集会。

• 与适合的个人或机构一起明确学区正确的人口特征数据。

• 有关学区平权运动计划施行情况的进展工作向学区负责人做年度报告。

任职资格

就教育经历与工作经验,平权运动主任应该具备以下条件:

• 硕士学位(最低要求)。

• 有教育管理领域正规学习经历,接触过学校法律、集体谈判和人力资源管理这些课程。

• 课堂教学经验,2 年主管基础事务的校长经历和 2 年行政管理者经历。

员工福利主任职位描述

职务概述

员工福利主任负责管理学区员工福利计划。这项工作包括建立并维持不同组织层面之间的有效沟通,同时制定、建议并管理学区的员工福利政策。

组织关系

员工福利主任与人力资源负责人助理是上下级关系,并且直接向后者汇报工作。他/她是人力资源负责人助理在员工福利方面的首席顾问,与其他管理人员处于相同级别。员工福利主任与和他/她一起工作的非管理人员之间是工作上合作的关系。当然,这位主任与他/她的直接下属是上下级关系,后者直接向他/她汇报工作。

组织职责

为了规划和实施员工福利计划,员工福利主任需要履行如下职责:

- 建立和实施评估员工福利计划有效性与有效管理成本的监督技术。
- 建立并担任员工福利委员会主席,员工福利委员会负责审核员工福利,制定提高员工福利,维持成本的建议,检查福利保险投标的具体情况和投标出价分析。每年为学区负责人提出建议。
- 与采购部门员工合作完成编制福利保险投标说明。
- 开发、实施并评估员工对福利计划覆盖范围和有效性的年度调查。
- 作为学区与提供健康保健和保险公司之间的联络人。
- 就学校的福利计划,为员工拓展信息资料,提供业务陈述。

为了规划和实施员工报酬计划,员工福利主任需要履行如下职责:

- 建立和实施评估员工报酬计划有效性与有效管理成本的监督技术。
- 与采购部门员工合作完成编制报酬保险投标说明。
- 作为学区与提供员工报酬保险公司之间的联络人。

任职资格

就教育经历与工作经验,员工福利主任应该具备以下条件:

- 学士学位(最低要求)。
- 有人力资源管理、福利管理、风险管理、保险管理和员工报酬领域正规课程学习经历。
- 至少在以下一个领域具有 3 年的工作经验:人力资源管理、福利管理、保险管理或者员工报酬管理。

风险管理主任职位描述

职务概述

风险管理主任负责管理学区风险管理计划。这项工作包括建立并维持组织层面之间的有效沟通,同时制定、建议并管理学校的风险管理政策。

组织关系

风险管理主任与人力资源负责人助理是上下级关系,并且直接向后者汇报工作。他/她是人力资源负责人助理在风险管理事务方面的首席顾问。风险管理主任与其他管理人员处于相同级别,与和他/她一起工作的非管理人员是工作上合作的关系。这位主任与他/她的直接下属之间是上下级关系,后者直接向他/她汇报工作。

组织职责

为了规划和实施风险管理计划,风险管理主任需要履行如下职责:

- 建立并担任员工安全与治安委员会主席,员工安全与治安委员会负责审核员工安全与治安规则和程序,制定提高员工安全与治安规则和程序的建议,检查风险管理服务和设施投标的具体情况和投标出价分析。

- 开发、实施并评估年度安全与治安审查。

- 就目前的安全与治安情况,为员工提供信息资料、安全与治安方面的教育和培训。

- 为人力资源负责人助理提供安全与治安年度报告,其中包括提高学区安全与治安方案的建议。

- 调查、评估并管理安全与治安危险事件。

任职资格

就教育经历与工作经验,风险管理主任应该具备以下条件:

- 学士学位(最低要求)。

- 有风险管理、人力资源管理和员工报酬管理领域正规课程学习经历。

- 至少在以下一个领域具有 3 年的工作经验:风险管理、安全与治安教育培训、安全与治安评估或者员工报酬管理。

人力资源管理中的领导力理论

现在,很多领导力理论正在盛行。最近几年盛行的理论是,追求卓越、高效人士的七个习惯、学习型组织、领导力新科学、校本位管理、文化领导、变革型领导、全面质量管理和卓越领导力。本书只介绍其中的两个理论——卓越领导力和全面质量管理。两者似乎是最适合人力资源管理的理论[9]。

卓越领导力

卓越领导力[10]成为适合人力资源管理的理论,有三个主要原因。首先,人力资源管理面对的是一个错综复杂、模棱两可和充满压力的工作环境。其次,和其他教育管理者一样,人力资源管理者需要在自己没有职业保障的情况下完成他们的工作。最后,教育委员会不断地越界参与工作,让人力资源管理者们很苦恼。

　　另一方面,学区负责人、校长、其他管理人员和人力资源管理者经常会因为学生标准化考试的成绩差,老师的表现不尽如人意,课程设计落后,学生暴力和财务管理缺乏而受到批评和指责。尽管在一些学校和学区中一部分批评是合理的,但是,这些批评和指责不能很准确地说明总体情况。虽然这样的批评和困难对大多数管理人员,包括人力资源管理者们的生活有很大影响,寻找生命的意义是在作为一位学区负责人、校长或者人力资源管理者的薪酬和声望之外的东西,它也可以被认为是领导力的卓越维度的一种简洁的表达方式。

　　在本书中,卓越意味着投身于领导人角色之中,并代表某个特定的学术团体和某种学术职业的一种生活方式,而不仅仅是找到一份管理性工作来谋生的。很显然,谋生对每个人都很重要。但是,如果缺少一种超越感,管理者们很可能只限于完成眼前的工作,从而不去反思他们成为教育领导者的真实理由。

　　领导的卓越性需要一个人用一生的时间来思考:当他/她在一个特定的学校或学区履行领导职责的时候,该如何为这个学术团体和学术职业服务? 一个人只有遵循某个特定的议程来工作才能实现这种服务意识。遵循这样一种理论基础才能确保一个人具有并维持高工作绩效。本书中,这样的一个议程由一种卓越领导力模式要素组成。

　　由于所有管理者——尤其是人力资源管理者——都会涉及人的成长与发展,一般情况下,他们更能够接受人与组织之间存在的文化差异。卓越领导力的基本前提是以一个完整的人来行动。大多数管理者通常都明白,他们的决定不仅仅受当时认知环境的影响,而且他们决定的影响力也绝不会停留在做决定的那一刻。

　　卓越领导力由两部分内容组成:首先,人力资源管理者个人所应具有的性情有六要素,以此他们能关注于人的成长与发展。其次,在学区内建立一种卓越文化有十个要点。这种文化从组织上有利于人的成长和发展。

卓越领导力六要素

　　操作化是一个过程,它包含了多种不同的要素,以促使保证理论的正确运用。许多不同的理论具有相似的要素,但正是靠要素的组合以及运用理论的人的性情才使之实现。六个要素构成了卓越领导力理论,这六个要素可具体适用于人力资源管理者。

1. 在实践中反思

第一个要素重视实践的重要性,理论的基础性价值都建立在实践的基础上。一切都从实践开始。在人力资源管理实践中,懂得并理解发生的事情是评价有效领导的唯一方法。领导不是一个自上而下的过程,而必须开始于人力资源管理的过程和实践。这包括懂得并理解所有利益相关者的态度、情绪和观点。

2. 实践辅助性原则

这个要素历史独特,起源于社会伦理学和社会经济学。辅助性原则是说在一个特定的学区内,决策的制定应该考虑尽可能低的层面。管理者们在工作时只受他人监督不受他人的影响,这是毫无疑问的。而且,掌握第一手知识和经验的管理者们要比那些只处理具体事件和问题的人们明显地要更为合格,这也是不容置疑的事实。因此,绩效评估过程必须在人力资源部门的支持下由一线管理人员来实施。人力资源职能离开学区其他人员的建议和协助不可能得以实现,这个问题将会在以后的章节中讨论。

3. 从政治基础的角度做事

第三个要素是指人们试图管理他们的行动和决定对其他人的行动和决定以及其他机构的影响。在人力资源管理中,组成政治基础的构想被理解为最基本的冲突,政府权力与个人权利的对抗。管理者的角色和职责是保证学生、家长、教师、职员和其他人的权利不与地方、州和国家政府的权力相冲突。例如,1991 年,美国国会通过的《公共交通工具雇员测试法案》的权利与员工在工作场所的正当法律程序的权利之间存在一定的冲突。

4. 凭义务与责任感做事

了解一个人的义务与责任并非易事。对人力资源管理者来说,有时,这些责任是有难度的、模棱两可的。在大多数情况下,人们对他们自己和家人、朋友、邻居和同事,还有他们工作的学区、社区、州和国家是要承担责任的。人力资源管理者也需要对他们的职业承担责任和义务。问题是如何平衡所有这些不同的义务和责任。偶尔,这些义务和责任会彼此之间存在冲突。反思和常识是帮助管理者找到必要平衡的主要手段。

5. 主张社会公平

多元论能够产生冲突,冲突能导致不公平。因此,一些关于公平的基本观念需要掌握并理解。公平能指导调整人们作为社区成员如何生活。在现代社会中，每个人都是一个社会成员，即使他/她想以其他方式生活。计算机和卫星技术使虚拟定位地球上的每个人变成可能。一个人不可能逃避和忽视他/她对社会的责任。或是生活在社会中或者退出社会生活过独居生活，这样的选择已经不复存在了。存在的本身就意味着社会责任和有效人际关系的需要。公平是人力资源管理中的一个重要方面，因为一个管理者的行动对他所在学区和学区内的人们具有当下和长期两种影响。在管理人力资源政策和程序中存在的不公平能够通常管理细节被掩盖。因此，一位正义、公平的人力资源管理者对社会公平至关重要。

6. 通过论述形成专业性职位

论证是所有论述的基础，参与论述的人必须一致赞成其合理性，论述才是有效的。参与者们除了考虑最佳论据之外应该不受任何内部和外部压力影响，这样才能有助于合作寻求真相。由于时间和空间的限制，有必要将论述制度化；讨论的主题和参与者的贡献必须依照开幕、休会和恢复来组织。只有当论述的问题被公平地判定，论述才是有效的。这就意味着形成最后结论的过程对所有利益相关者都是利益平等的，论述寻求的与其说是参与者意见达成一致，不如说是让参与者对结论确信。而且一个社会中的社会机构、政治文化、传统和日常实践允许没有压力和专制形式的论述的程度是理性的标志。因此，人力资源管理者在履行他们的职责过程中如果没有与那些和问题有牵连的人或者那些受政策或程序影响的人进行论述，就别想找到问题的最佳解决方案或者制定出最好的政策和程序。

形成卓越文化的十要点

以下十个要点对于在学区内建立卓越文化[11]至关重要。

1. 认同性

管理者、教师和其他工作人员把自己与学区而不是与他们的工作或职业看作一个整体的程度。如果这些个体高度认同学区，那么这个学区内就有一种积极文化。

2. 合作性

管理者、教师和其他工作人员以小组为单位开展工作而不是以个人为单位开展工作。如果管理者、教师和学区内的其他工作人员合作开发人力资源职能中的各维度，而不是依靠一个管理者如学校负责人，来完成这项职责，这样的一个学区就具有合作性。培养团队成员的优势显而易见，当人力资源职能不再仅仅依靠一个人来完成的时候,就会强调个人授权,因为这个人可能退休或者在将来的某一天去其他学区工作。这样的话,即使学区负责人离开了,连续性也建立起来了。

3. 对人的关注度

管理者、教师和其他工作人员认为他们的决定对人的影响程度。当然,这不仅仅是指决定对学区员工的影响,也包括对学生、家长和社区成员的影响。对影响程度的高关注度是制定者人性化的标志。

4. 协作精神

鼓励学区内的各个部门之间互相协作或者互相帮助。高度的协作和互助可以加快学区目标的实现。

5. 授权

用来控制管理者、教师和其他工作人员行为的规章制度和直接监督的使用程度。减少控制、增加信任和授权让员工有更高的责任感并使组织取得更大的成功。

6. 勇于承担风险

鼓励管理者、教师和其他工作人员具有进取心、创造力和冒险精神的程度。鼓励程度越高,员工的工作满意度越高,士气提升,并且带来顶尖的设计和规划。

7. 绩效标准

对管理者、教师和其他工作人员的奖赏和提拔以他们的绩效为标准,而不是论资排辈、偏袒或者其他非绩效因素。

8. 容忍批评的能力

鼓励管理者、教师和其他工作人员在公开场合表达批评的程度。一些学区的教育领导者错误地认为他们能够消除批评。反对员工在公开场合发表批评意见的笨拙手段将会引起更深的怨恨,在许多情况下,会出现更彻底的反抗。在高效率的学区中氛围开放,其中的每个人,包括学生在内的声音都能被听到,不怕报复。这种开放度也让学区的所有人明白,人们的意见和批评都很价值,他们可以让学区的管理发生很大改观。

9. 过程导向

管理者、教师和其他工作人员关注实现结果的策略和过程的程度。尤其是在人力资源管理中,结果不是评判成功或进步的好指标。针对人的精确地测量结果,有太多变量需要控制。因而,一所具有积极文化的学区将会不断地开发、实施、评估并改进它的策略和过程。

10. 变化的观念

一所学区的监督员对外界变化做出反应的程度。在技术工艺转变、企业裁员、人口变化、暴力、健康问题和一些其他现象不断轰击下,需要管理者、教师和其他工作人员对他们学区文化做出什么改变的一种回应。

全面质量管理

在"二战"后的日本,一位名叫威廉·爱德华兹·戴明的美国人在日本国内引进并应用了全面质量管理(TQM)理论,取得了显著成就。如今,日本在主要的工业和商务国家中占据着举足轻重的地位。尽管日本经济目前陷入与美国和其他工业和商务国家的经济所面临的同样困境中,但是这个国家迅速从毁灭中崛起的现象是值得我们注意并学习的。戴明的管理方式是这次获得成功的关键因素。

20世纪70年代末期,质量环这一质量管理概念就被引进私有的商务和工业领域中。这个概念要求员工组成小组在一起讨论在他们的职责范围内如何实现持续改进。大多数公司的高层管理者对于这个新概念还没做好准备接受,于是,这个技术很快就消失了。可是,到了80年代,全面质量管理的方法在商务和工业领域找到了立足之地,并很快发展起来。

在教育领域,全面质量管理的方法仅仅刚开始在一些学区落地生根,并且一定会继续得以发展。这种现象不仅正在学区管理方面得到显现,而且也在教学领域显现。

这部分介绍戴明博士的质量管理十四项要点是如何被应用到人力资源管理中的。这些要点在戴明1986年出版的《转危为安》中已经阐述过了。

1. 把提高产品和服务的质量作为持续不断的追求目标

很多时候,人力资源管理者们被困于日常工作中的问题解决上,而失去了从企业愿景的角度看待人力资源职能的全局性眼光。

2. 采用新观念

这个新观念认为,全体员工能够而且应该不仅要对策略规划的开发而且要对规划的实施做出贡献。人力资源负责人助理与员工关系主任、员工发展主任和平权运动主任一起应该承担实施人力资源职能的八个维度开发过程、步骤和技术的领导职责;而且,招聘人员、薪酬专家和管理性助理与所有员工也应该一起参与这项开发工作中来。

3. 不要依赖检验来实现质量目标

员工们必须认识到他们是学区中有价值的成员,特别是,他们作为人力资源职能中服务的提供者应该被尊重和欣赏。

4. 不要以价格作为采购的唯一考量

这点用在对学区员工的薪酬方面更容易理解。公众的认可和奖金都能很好地说明员工是有价值的,他们对人力资源职能做出的贡献是被赞赏的。

5. 不断改进生产和服务体系以提高质量和生产率

持续改进必须在人力资源职能使用的过程、步骤和技术的设计阶段被考虑进去。因而,在人力资源管理的各个维度中,考评是一个必须的组成部分。

6. 岗位职能培训

随着科技和在行为科学领域研究的进一步发展,一个员工从来不能说他/她了解人力资源管理方面所有的知识技能,尤其是他/她职责范围内的所有知识技能。

7. 建立新的领导体系

这个要点不仅对人力资源负责人助理和其他人力资源管理者们是适用的,而且对所有员工都是适用的。

8. 消除恐惧感

只有当员工们想要改进人力资源职能的时候,质量绩效才能显现出来。允许员工犯错误的保障反过来看也是学习的经历,帮助员工们获得新的认识问题的视角和更多有效的技能。

9. 消除不同部门之间的壁垒

管理人员与其他员工之间的合作能产生更高效的服务质量。

10. 废除口号、警告和指标

人力资源职能应该由目标驱动,而不是由口号、警告和工作指标来驱动的。

11. 废除数量化定额

对员工来说,没有什么比采用数量化定额来降低他们的绩效更不人性化的事情了。

12. 取消导致员工失去工作尊严的因素

一般说来,每个人都想要把工作做好。人力资源管理者们应该努力消除其他员工实现质量绩效过程中的障碍。

13. 建立强有力的教育与培训计划

如果不给员工机会去发展他们的技能,学习新的技能,并接受新信息,人力资源职能将处在变得平庸的危险中。

14. 激励公司的每一位员工都要以持续改进为目标去工作

这里提到的持续改进不仅需要人力资源负责人助理承担责任,也需要组织内部的每一个员工来承担责任。仅靠人力资源高层管理者自身的工作不能实现这一目标,只有组织内的各个阶层都支持这项工作才能实现目标。

科技在人力资源管理中的应用

在人们的日常生活中,科技的影响要比我们实际感受到的大很多。它已经改变了人们的思维方式和行为方式,这种情况不仅仅发生在家庭生活中,而且也发生在工作场所中。实际上,美国的每个学区都在教学计划和行政管理中应用科技。

科技应用到学区的人力资源职能中有很多益处,包括如下这些方面:

• 成本降低。履行特定人力资源职责需要的人数减少了。

• 效率提高。过程和程序能够使用电子计算机来完成。

• 参与程度。员工本人能够更快地享受到服务。

• 业务增强。人力资源部门的职员能够把精力放在规划和开发上,而不再是日常事务上。

• 评价系统。数据库中的可用信息能够快速,轻松地形成管理性报告。

计算机技术从20世纪50年代和60年代的大型主机计算机开始,经历了三个发展阶段。随着计算机加速发展的势头,小型计算机和个人计算机得到了发展,并通过私有网络连接起来。从20世纪90年代到现在已经出现了互联网和万维网。令人兴奋的是,将来通过使用纳米技术、生物技术和基因组学等通信手段很可能实现信息数据库的融合。因而,教育管理者们有必要继续学习和讨论人力资源职能的科技潜力。事实上,积极主动地预想科技出现带来的益处和值得我们预防的事情应该成为每位教育管理者职责中的一部分。对于人力资源管理者来说,如果不考虑将来我们作为教育者想要做的事情[12]，那将会是一个职业过失。

人力资源日常工作程序

员工信息的首次录入与更改

大多数学区员工想在人力资源日常程序上有更多的控制力，而这些事情靠科技很轻松就能实现。人力资源部门通过应用科技减少了纸张的使用，同时也减少了工作中的失误，对员工的服务水平却增强了。自助工作流程技术也让员工能够看到他们现在的身份状态，并且允许他们核实或者更新他们身份状态和福利。因此，员工能够轻松、可靠地获得工资单信息：工资总额、扣减项目、年初至今的累积信息和代缴税款数据。

学区中，应用科技最轻松实现的服务之一是更新员工福利登记系统。医疗保险、牙医保险和人寿保险计划的信息登记可以通过交互式语音应答电话系统来完成。这种技术采用语音合成的方式，系统识别来电者的当前身份信息，然后提示他/她在一系列选项中做出选择。这种自助应用系统通常被看作一个城市"信息亭"系统，在一个独立操作的中心，当输入信息的时候，会提示使用者接下来的操作。基本上，有两种类型的城市信息亭：一种需要键入关键字，另一种使用触摸屏技术。

这也可以由互联网或者内联网实现，它是由一个学区的管理性计算机网络来实现的网络科技的应用。当然，身份信息的更改也能够通过这种技术来完成。自助服务技术的通用应用软件包括：初级护理医师变更，新选项列表和受益人变更。

交互式语音应答技术和互联网技术也可以为退休人员提供方便，这些退休人员继续参与学区工作，需要更改他们的身份信息，使用这两种技术中的一种，他们就无需亲自去学区的行政部门办事或者邮寄容易打错字的纸质资料。

应用这些技术，一个学区的员工就能够更改他/她新的家庭地址，通知人力资源部门最近获得的学位，或者更改婚姻状况。在一个自动化的工作流程系统中，这种类型的更改能够由程序指令激活其他进程。这样，婚姻状况变更可能会激活如名字变更或者受益人选择这样的进一步信息输入的需要。另一个同样以事件为基础的例子是，新招聘来一位教师，他/她的人力资源资料文档建立起来，以事件为基础的进程就会激活建立工资的文档系统和以所有员工的福利标准形成他/她的福利资料。然后，系统会给员工发展部门发送一条信息，从而建立起学区入职培训系统中新员工的资料。以新招聘的管理者为例,系统会给信息系统部门发送一条信息,建立一个系统安全识别码。工作流程的能力仅受想象的制约,并由人力资源管理者设计。

工作流程系统的潜能尤其有望实现教师和其他职员的在线绩效评估工作。工作流程分析系统能够激活一系列在管理者头脑中关注的问题,形成员工评价资料。例如,如果一位小学教师教一门新引入的数学课程时存在困难,一条提示可能会提供校长会考虑到的一系列解决措施,包括要求这位教师参加由这些数学资料出版商制作的有关新数学课程的研习班。提示甚至包括学区职业发展部门已经安排好的这个研习班的时间和日期。另外,设计在线绩效评估系统也是为了分析校长评价教师的模式。

当然,也可以将安全特征加入自助服务系统。例如,需要员工使用带有密码的个人邮箱地址处理业务,互联网安全特征可以用来建立使用网络的一种安全连接,并对员工输入的信息进行加密。如果不可能实现所有的人力资源工作通过交互式语音应答系统、互联网或者内联网来节省人力资源工作者的宝贵时间,那也要尽可能多地使用这些技术。

工作绩效

正如前面所述,节省时间和精力最重要的方式是将尽可能多的人力资源工作由交互式语音应答系统、互联网或者内联网来完成。对于所有员工来说,理解邮箱地址和它的密码与签名一样形成一种授权与责任,这个观念很重要。因此,密码的安全保护意味着一系列的职业责任。

绩效评估是使用互联网或者内联网以节省时间和精力并减少纸面工作的又一个实例。在线填写一个表格,并把它分类放入学区的数据库比填完一个表格,把它保存在文件柜中要高效很多。绩效评估资料依据安全等级放入学区数据库,保密性和安全性可能会做得更好。将绩效评估的资料下载到一张磁盘,可以将这张磁盘发给员工本人,并作为他/她绩效表现的跟踪记录,这种做法同样有效,可能更加高效,最终降低了成本。校长或者部门主管和员工能将签名识别条贴在磁盘上作为已经向员工解释过磁盘里的内容的标识。员工的应答能够被记录或者下载到这张磁盘上,并拷贝一张磁盘给校长,从而他/她就能够跟踪应答和请求正常程序。这之间的区别是将记录变成学区数据库和一张磁盘,而不再是传统的纸质资料。

发布工作机会

交互式语音应答系统、互联网和内联网是为员工和其他对学区工作感兴趣想要获得学区最新职位信息的人的最佳途径。这种发布形式能够为学区和最佳资质的候选人建立更有效的连接。另外,这些技术的应用不仅提供了轻松获得职位需求信息并及时告知空缺职位的机会,而且也为有意申请职位的员工找到了出路。

这些技术的应用还能够增强一个学区的平权运动工作,那些不住在学区所在社区的人或者那些没有机会看到报纸上发布的空缺职位的人也能够接收到这些职位信息。这有助于学区招聘残疾人员、少数族裔人员、年长职工和妇女。

在线招聘和选拔

校长和部门管理者可以把空缺职位需要的能力输入计算机化的应用程序。然后,系统可以搜索数据库,在这些被输入的能力和现在申请者的技能之间做出比较,通过互联网建立申请者数据库。例如,一个人对某个学区的工作感兴趣,他/她可以先访问这个学区的网页,网页能够指导这个人完成在线申请过程。

一旦有潜力的候选人将简历通过电子邮件发到学区,简历就会被存入数据库,并且重新编排格式,这样校长和部门管理者就能看到了。与其他候选人信息一起做的背景筛选结果也能在线生成,为校长和部门主管找到填补空缺职位的人员提供实时状态查询。对某个职位的最初资格筛选能够通过一个前端交互式语音应答系统来处理,这个系统提出对空缺职位的资格要求。

当教育委员会投票决定招聘一位候选人以后,人力资源数据库文档能够生成要求发送岗位描述的提示,岗位描述包括期望的能力和表现标准,以这个标准为依据对新招聘人员的表现进行评估。

在线员工发展与培训计划

员工发展和培训计划能够自动生成,并通过在线视频技术为员工提供服务。另外,这个计划也能互动,员工能被引导完成一系列的练习,并且提供关于他/她对信息或技术掌握程度的即时反馈。尽管这种方式不能取代其他实现员工发展和培训计划的方法,大多数员工发展和培训计划工作的完成还是适合使用这种方法的[13]。

相关数据库报告

以前,人力资源部的员工不得不花费大量的时间将数据库转化为对学校负责人、负责人助理、各部门领导和校长有用的信息。现在,软件可以将输入数据库的资料立即转化为可用的报告。例如,学校负责人和其他管理人员现在可以在电脑屏幕上看到显示某个教育领域人员流动数据统计的图表信息。他们也能够点击并且拖动信息字段生成报告或者使用软件生成报告。另外,报告可以是文字处理文档或者电子数据表。随着大多数学区电子邮件的应用,报告能够很轻松地到达很多管理人员的办公室。附录1.2就是一个自我保险学区医疗保险项目报销人员状态信息的月总报告的例子。当员工及其子女、配偶,或者他们的医生给医疗服务系统发送医疗费报销申请的时候,这个申请也被输入数据库中,数据库中的信息能够生成总结报告。一份真实的报告中,员工、配偶及其子女的名字是与员工的社会保险号码或者提交报销申请人[14]的名字关联在一起的。

随着新科技的发展,人力资源管理者及其员工可以被看作一个学区中为实现长期目标和短期目标过程中关键计划的内部顾问。目前,他们工作内容更多的是解决人力资源方面出现的问题。

附录1.2 医疗费报销报告

报销人	年度支付金额	诊断项目	治疗现状
1. 子女	$24,602.38	手臂骨折	物理治疗
2. 员工	$33,442.21	心脏病	门诊治疗和药物治疗
3. 配偶	$28,179.17	骨关节炎	化验,X光透视,药物治疗
4. 员工	$27,563.02	乳腺癌	放射治疗
5. 员工	$84,253.90	肾衰竭	透析——等待肾移植
6. 子女	$47,375.16	白血病	门诊治疗
7. 子女	$19,601.43	急性焦虑	门诊治疗和药物治疗
8. 配偶	$93,610.34	淋巴瘤	化疗
9. 员工	$110,592.62	艾滋病	门诊治疗和药物治疗
10. 员工	$21,237.61	心脏病	化验和药物治疗
11. 子女	$15,732.72	肠梗阻	X光透视,门诊治疗

人力资源管理计算机硬件和软件

硬件和软件选择过程

科技进步使人力资源过程和步骤发展加速,但是,它并不能更正人力资源部门内部功能失调的问题。因而,下面四个步骤将有助于人力资源管理者选择合适的计算机硬件和软件。

1. 分析学区的人力资源需求

如果可以,这个步骤应该通过整个学区范围策略规划过程来实现,以整个学区的观念开展工作,并且建立本地区各个分支机构和部门的长期目标和短期目标。人力资源的职能是整个学区运行过程中非常重要的部分,人力资源部门过程和步骤的重大变化和功能增加都必须与学区的整体策略规划一起进行。

除了建立人力资源部门长期目标和短期目标,对学区现存科技进行审核,在决定薪酬管理部门、信息管理部门、校长办公室及所有其他部门使用什么计算机硬件和软件是非常重要的,因为,在可能的条件下新的硬件和软件应该与现有的硬件和软件兼容,这点尤其重要,因为校长和部门领导能使用他们的计算机终端获取人力资源信息和报告。

明确校长和部门领导的人力资源需求和观点不仅有助于选择最适合的硬件和软件,而且也给人力资源管理者提供了人力资源过程和程序中现存问题的重要反馈。在购置硬件和软件的时候,能够识别将来的需求同样很重要,这可以满足学区几年之后的需要。

学区注册人数的增长或者下降是一个重要因素,因为这将决定人力资源部门控制在册教师和职工的人数。为了控制成本并维持高效运行,学区越大,对科技的需求就越强烈。

2. 调查可以从供货商那里买到的硬件和软件的类型

当然,寻找硬件和软件首先想到的方式是计算机行业出版物,上面有大量的推广广告。接下来识别硬件和软件是否适合的任务是通过询问其他学区的同仁正在使用的产品的优势和不足之处来完成的。

3. 建立购置硬件和软件的预算,实施招标

需求评估和可购置产品调查有助于预算的建立。新科技的成本可能会很高,因而,正确的做法是建立购置硬件和软件严格的成本限制。这时,重要的是需要考虑产品安装和维修时的费用。

如果学区没有计算机行业工作经验的员工,招标说明书的完成可能会需要计算机顾问的专业指导。招标说明书必须清晰地陈述学区的需求,这样投标者才能

够开发出一套完整的硬件和软件。可是,一些供货商可能只投标硬件而不选择软件,或者情况正好相反。因此,将招标说明书分成两类是可取的做法。发出通知之后,会收到报价,并将超出预算的报价剔除在外,人力资源部管理者和员工应该一起分析这些报价。在报价分析阶段,有十件事需要考虑:

(1)硬件和软件的性能与现在使用的系统是否兼容。

(2)输入数据的难易程度。

(3)掌握新的硬件和软件的难易程度。

(4)程序功能能够被实现的程度。

(5)报告可能性的类型和深度。

(6)程序扩展和升级的能力。

(7)版本更新的时间限制。

(8)供货商将会提供的版本更新和其他服务的技术支持的范围和标准。

(9)硬件和软件演示时的性能。

(10)由正在使用该产品的其他学区员工提供的参考意见。

技术支持的范围和标准是最重要的,因为有可能买到很好的硬件和软件,但是,由于技术支持不足而不能让它们发挥最大的能力。大量的现场支持性质的改变是可取的,这样,员工可以组成小组在他们的工作场所接受指导。学区员工之间高质量工作关系的建立与这些技术支持人员是改变过程的关键因素。这种关系的潜在因素在与投标公司面谈时,仔细审核他们的相关资料就能够知道。

当然,具体做法是从不同供货商那里收到硬件和软件的样品。人力资源部的员工可以测试那些能够影响决策的产品性能。测试不应该是贸然的,而应该经历较长的时间阶段,给予员工对产品性能做出详细评价需要的时间。

4. 按照收益成本比的大小做决策

将能够满足人力资源部目前和未来需求的硬件和软件从最低价格进行排序。在多产品竞标的情况下,每个产品都可以使用不同等级来评价,然后对供货商的总体情况进行比较,就能够区分出他们的优势和劣势。等级可能由竞标评估委员会的每一个成员来确定,竞标评估委员会由人力资源部管理者和职员组成,另外,还包括校长和其他即将使用某种硬件或者软件的管理者。分析阶段考虑到的十个方面的权重随后与产品的成本相对应。表1.1提供了权重评估形式的一个范例。

表 1.1　等级分析

1 到 5 级的级别中,5 级为最高等级,每个供货商的产品由下面的标准确定等级:

(1)与现有系统的兼容性

(2)输入数据时的难易程度

(3)程序的职能范围

(4)报告的形式和深度

(5)程序的可扩展性和更新换代的能力

(6)版本更新的时间限制

(7)技术支持的标准和范围

(8)样品的性能

(9)参考意见的影响程度

总体评分(50 分是最高评分)

表 1.2　报价比较

供货商	等级评分	成本
供货商 1	41	$132,000
供货商 2	23	$105,000
供货商 3	32	$86,000

例如,如果有三个公司为薪资程序报价,薪资程序是员工职位变动控制软件,这里采用的是等级评分评估系统,报价比较如表 1.2。可以看出,供货商 1 的评分最高,可是成本也最高;供货商 2 的评分最低,成本排在第二位;供货商 3 评分处在第二位,成本最低。应该在供货商 1 和供货商 3 之间做出决定。依据收益成本比的方法,如果报价符合或者低于预算,供货商 1 应该拿到这个合同。

软件应用类别

学区内,人力资源部可以应用的软件数量不断增加,尤其是人力资源职能由于科技的应用变得越来越轻松。更重要的是,科技的有效利用可以释放大量的财政资源,然后将这些资源分配到教学计划当中。2008 年,《劳动力》杂志每一期中都有"副刊"部分阐述人力资源管理以下九个方面,其中软件应用在各个方面:

1. 考勤系统

为了支持管理如大巴车司机、自助餐厅员工和保管员这样的职位，在电话、磁条卡和个人电脑上使用软件来记录这些员工的工作时间，这就可以生成电子记录并发送到薪资部门。

2. 薪酬规划系统

这类系统有结构化的、以数据为基础的方式来规划教师和职员工资和福利方案。它能够提供有助于集体谈判过程的分析，尤其是在大型学区，因为使用了这个规划系统，才有可能看到薪酬变化的趋势。

3. 能力管理系统

学区负责人和人力资源管理者能够使用这类系统鉴别教师和职员的受教育水平、任职资质和特殊技能。基于学区的人力资源需求，这样的软件还能够帮助人力资源部员工发现学区员工的发展需求。

4. 决定支持系统

当管理者需要或想要生成数据总结性报告时，这类系统能够重新组织信息提供分析能力，从而在大量数据基础上做出决策。

5. 人力资源管理系统

这类系统集中保存保持记录和过程记录，如工作流程，它的整个过程能够通过自助服务来实现。

6. 薪酬管理系统

这类系统负责整个薪酬过程的管理工作，包括工资/福利要求，以及执行政府减免税款的规章制度。

7. 招聘和选拔管理系统

通过应用这类系统，学区负责人、校长、其他管理者和人力资源部职员能够在数据库中找到接受过特定教育、有特殊资质和技能的应聘者。这类系统也让管理者能够看到应聘者的身份信息，甚至从互联网上发现具有潜力的职位申请人。

8. 退休管理系统

使用互联网、企业内部网络或者互助式语音回应系统，退休人员能够在人力资源部办理业务，接收信息或者得到问题解答。

9. 员工发展管理系统

这类系统里面包含具体的员工发展计划和员工参加活动的信息,也能够识别教师需要的特殊技能和哪些职员应该出席这些活动。另外,个人可以通过个人电脑和远程教育进行学习和培训,这种方式很重要,既为员工提供了在校求学的发展机会,授课教师和员工还不需要到一个行政办公地点出差。同样,员工能够用这样的方式接受专业知识的培训。通过互联网和企业内部网络为员工提供发展机会,让他们可以接受新的知识,并学到新的技能,还不受时间和地点的束缚。

伦理问题

伦理研究有很多方法,归根到底是想解决人的自主权和社会上所有阻碍自由的事件。由于这些问题都与人力资源管理有关,这里用到的方法重点考虑职业道德,职业道德由制定政策、建立保护学区员工自主权的程序最佳实践发展而来,同时保证对学生的教育服务质量。教师、管理者、职员的权利和义务与学生、家长、地方、州、国家委员会的权利和义务是一种平衡关系。

最佳实践伦理旨在分析教育管理者们的人力资源职责。在小到中型学区,学区负责人、负责人助理或基层校长可能要承担部分或全部人力资源职能的职责。实际上,在每个学区,所有管理者时不时会承担一些人力资源职责,甚至仅仅是为招聘新教师时的面试工作。因此,虚拟网络的伦理是每一位管理者职责中最基本的内容。

虚拟网络的伦理关注的是在利用科技实施人力资源职能。更大的社会性事件,如科技为人与人之间沟通带来的影响,不在专业的计算机伦理范围内。那些被用来指控学校和学区人力资源职能的事件是一些有既得利益的人力资源专家在控制计算机伦理而产生的事件。共同利益应该被看作人力资源管理行业的一种职责。教育领域人力资源行业的会议应该针对最常见的计算机网络伦理所关注的问题。本书中,以最佳实践伦理的职业道德的形式分析事件,其中最佳实践的概念是由学校或学区所在地区文化演化并发展起来的。同事、家长、学生、董事会成员、州和国家选举出的官员与政府机构共同形成了人力资源管理中最佳实践的思想。

然而,在接下来的讨论中关于共同利益的组成问题是公开的。例如,密苏里州的立法机构通过一项州法律反对骚扰。促成这项法律的事件是由一个13岁的女孩儿梅根·梅尔的自杀引起的,她在2006年的10月通过网络接收到卑劣信息之后结束了她的生命。发送这些信息的是另外一个女孩儿,这个女孩的一个家长,还有该家长的一个雇员。

以前,密苏里州法律对于辱骂性沟通的定义为书面形式的或者通过电话的形式。现在的法律改变为通过社交媒体的骚扰行为。这项法律上的修正也迫使学校管理人员注意他们的政策关于对受害者、受害者的家人、家庭成员,还有他/她们饲养的宠物的骚扰和威胁。

这样一来,事情最终还是落实到教育领域中人力资源管理的职责范围内。每一个学区必须形成与这样的州法律条款相应的政策,说明法律是如何在学区内部被执行的。另外,学区负责人和其他行政人员、基层管理者必须生成这些政策的实施计划,其中还应该包括实施步骤。

当然,那些负责员工发展职能的管理者必须在他们的计划中帮助教师和管理者认识到,学生在浏览网页的时候,什么时间可能遭遇到骚扰。另外,教师、管理者和学校职员能够很轻易成为高科技骚扰的受害者。最后,教师、管理者和学校职员也能够成为这种骚扰的伤害对象。当骚扰确定的时候,必须有由执法机构做出裁决的程序存在。

这个事件不仅能够对政策的产生和员工发展有影响,而且对人才选拔过程和背景审查实施的方式也有影响。绩效评估过程也受到影响,尤其是对高科技骚扰处罚的力度,需要对高科技骚扰的成因有一个清晰的定义。

科技的中立性

一个高科技设备会因为具有不道德的设计特性而对某些人有害吗?这个问题主要提出了这样一个观点,把科技用好用坏都在于人,技术本身仅仅是一种手段而已。当然,很多其他领域也面临着同样的问题。导致密苏里州关于骚扰的法律修订事件说明,以那种方式使用网络对学生存在不利影响。网络本身不存在问题。

在学校走廊里使用闭路监控摄像头以便监督学生的不良行为,并且保护他们免受非法入侵者的伤害,已经引起部分教师和学校职员的关注,他们认为这是一种侵犯个人隐私的行为。同时,也有人认为,监控摄像头可以被校长用在教师和学校员工的绩效评估过程中。

设计高科技设备执行人原来没有能力实现的职能就会引发科技中立性的话

题。例如,一所学区的数据库中存有员工的社会保险号码,这些号码很容易被其他员工获取。那些员工通过数据挖掘技术能够下载资料,然后窃取他人的身份信息为个人牟利。因而,即使网络伦理中,设计被看作是中立性的,那也是非常重要的。

当然,所有管理性设计职能同样是真实存在的。一个虚假员工的产生,是由于在员工选拔过程和薪酬职能上缺乏制衡造成的。这是一个设计问题,通常被认为是内部审查不足。那么,指派行政人员监督这个过程以避免欺诈,并且也应该由外部审核公司来审查。

中立性问题的一个相关的而且主要的部分是应对明显的和不明显的科技的潜在应用。很多学区的人事部门还没有意识到他们购买的科技产品的潜在应用问题,如计算机的网络。一旦数据被输入到系统网络,搜索引擎和数据挖掘能够通过程序设计获得信息。这就引发了可获取性和员工怎样才能被认为可以获取资料的问题。某些员工有知道这些数据[15]的需要吗?

令人遗憾的是,很明显安全问题在科技革命中占了主导地位,尤其是与互联网和企业内部网络[16]相关的科技革命。沟通既不完全具有隐私性也不完全安全,这方面电子邮件最具有发言权。由于人力资源管理者应用科技来完成人力资源职能的很多工作,所以了解科技带来的益处也要知道它的风险就很重要。

社交媒体

首先,美国国会曾经尝试禁止互联网在某些领域的应用,包括1996年的《沟通礼仪法案》和1998年的《儿童网络保护法案》。这些法律由联邦法院系统审查过,在这时实施困难重重。2000年颁布的《儿童互联网保护法案》面对同样的情形,只是增加了一项强制学区接受联邦政府的资金用于网络安全,建立并实施正式的网络安全政策的法律条款。对人力资源管理来说,这意味着应该建立一个政策以限制学区拥有的设备的使用,上网仅用于学校的商业目的。

恶劣的工作环境

1964年民权法案第七篇禁止使用口头语言和书面语言制造令人紧张不安的、怀有敌意的或者无礼的工作环境。另外,美国最高法院关于1998年伯灵顿工业起诉埃勒特案的决议,清楚地确定监督者因不防止有敌意的工作环境根据第七篇所应负有的法律职责。科技和互联网的使用已经使工作环境发生了很大变化,于是,员工们有可能会使用新的骚扰方式。因此,带有辱骂性的电子邮件和网络内容确实是违背了第七篇的规定。人力资源管理者的职责是制定并实施政策和报告程序,帮助其他管理者监督教育环境,避免骚扰性事件的发生。

员工隐私

美国最高法院,在 1987 年奥康纳起诉奥尔特加中,维持 1984 年新泽西州起诉 T. L. O. 中的陈述标准。在前一案件中,法院认为,员工在工作场所本质上具有保护隐私的权利。可是,员工的公众电子通信依据公共记录法律是可以被法庭查阅的。通常,电子邮件是具有隐私的,除非有法院的传票。

很多其他领域中,对由于科技和互联网的使用带来的对法律和安全的关注度正在上升。这些包括学生使用互联网、学生隐私、辅助残障儿童的科技、剽窃、著作权问题、正当使用和知识产权。而这些刚被讨论的问题特别涉及人力资源管理[17]。

隐私与科技

关于科技的应用,尤其是互联网,隐私权受到最大程度的关注。在学校和学区中,能够上网的计算机会显示一条特别的信息,如果仔细阅读,上面写道:网络是安全的,因为它由一个安全协议保护。很显然,这意味着接收和发送的信息受到保护,不能被他人看到,因为信息被加密了。这个时候不需要关注隐私问题,即使有时它被认为是最重要的事情,尤其是对于那些隐私知识很少的人来说。

总体来说,隐私的问题集中在人们可获取的数据库中信息的数量、形式和使用期限。另外,这些信息被收集、保存和检索的轻易性、快速性使隐私问题更加突出。以前,物理限制是收集大量个人资料的主要障碍;对于电子科技来说,物理限制不复存在。例如,应聘人员列在纸质应聘表中的教学资格证保存在应聘者手中,除非通过应聘过程由指定的员工看到,并且有肢体接触才能拿到。可是,在线应聘过程中,具有计算机技能、会使用软件程序的学区员工为了生成招聘报告,任何时候都可以收集到应聘者的所有教学资格证。这样的信息在很大程度上能够帮助招聘到具有特殊资格证的教师。这是数据挖掘的优势所在。

数据挖掘的关注点在于没有诚信的员工得到数据。有能力拿到其他员工社会保险号码的员工,能够使用这些号码通过外部数据库获得他们的财务信息。

隐私问题获得社会的普遍关注,经常被媒体和政界拿出来讨论,引起法律和司法机构的介入。抵御干扰和非意愿入侵的自由话题是科技时代大家都关注的问题。当然,这里关注的隐私问题是人力资源管理中存在的问题。

合并人员资料

尽管资料检索在数据挖掘部分已经做了简短的讨论,数据的传递、交换和个人资料的合并引起大量更为严重的、不可预测的问题。数据库中非重大隐私问题的记录资料很少;真正重大的事件是,数据库被其他数据库合并,不相关的数据库由于信息整合的目的组成一个复合文件。

例如,假设一个学区或学区联盟制定了自我保险的医疗和医院计划。在经历这次风险的过程中,一位第三方的管理者被聘用来管理这个项目。《健康保险可转移性和责任法案》(HIPAA),由美国国会通过,于2003年成为法律,用来保护个人的健康记录不被泄露。然而,健康记录是学区员工非常关注的事情。由于工作的关系,这些员工的大量信息被保存在学区的数据库中。由于保密措施的合理使用,将这些健康记录与其他数据库进行合并并不难。

由他人获取信息引发的伦理问题是入侵和干扰。科技时代在处处是监控的环境下,这两个问题已经众所知周并且越来越突显。小型文本文件就是监控的一个例证,它是上网用户访问网页的文档,储存在用户的硬盘中;它是一个特殊的网页,能够检索用户的个人系统,当用户下次使用它的时候,它可以将获取的信息上传到网上;然后,这些信息由网页的主人获得,并储存在数据库中[19]。当然,收集信息并保存在数据库中的公司和个人都是有目的的。在信用和医疗信息机构就是如此。这些信息机构合并、匹配数据库。当某个数据收集机构,如信用机构和政治团体参与这种活动的时候,伦理问题就显现出来了。

未来的问题

人力资源管理方面,科技的未来发展可能集中在某些仍在演变的问题上。可是,每一个学区最重要的问题仍然集中在储存的数据安全性和企业内部网络数据库[20]数据的获取方面。因此,人力资源管理的未来一定是与自身的科技进步和伦理问题联系在一起的。

人力资源管理者在跟上科技进步的步伐和随之而来的伦理问题上,不断受到挑战。科技的变化显然没有止境。而伦理问题的出现是必然的,因为人力资源管理的焦点是人的问题。当然,人的尊严问题始终伴随所有的人力资源问题,尤其体现在人的隐私权和自主权方面。科技和伦理两个领域发展的结合,创造出一个新词——网络伦理,把专业人士的注意力吸引到新兴法律和伦理冲突上。网络伦理研究科技是如何影响国家政策的。这个词意味着计算机的使用,尤其是通过手持设备、台式计算机和笔记本电脑与直接接入互联网的主计算机或者个人电脑网络的通信技术。更重要的是这个词引发的思维形式——其中一个观点是所有的进步和转变都是科技进步[21]的条件。

对中小型学区的影响

中小型学区所受的影响可以由图1.3和引文1.1很清晰地说明。很显然,图1.3中的行政职位,包括五位负责人助理,他们分别是人力资源负责人助理、行政管理负责人助理、小学教育负责人助理、中学教育负责人助理和教学部负责人助理,最终都向学区负责人汇报工作。主任、校长和协调员向负责人助理汇报工作。学区职员和教师向部分主任和校长汇报工作。这是一个大约有25,000名学生的学区的组织结构图。所有这些职位都能够归结为小型和中型学区中学校负责人的职责。然后,学校负责人能够把他/她的一部分职责委派给负责人助理或主任。例如,负责人助理可能负责交通、餐饮、设施和预算。另外,基层校长可能承担招聘、选拔他们学校职员和教师的人力资源职责。协调员负责管理员工发展计划、特殊教育和课程开发的职责。依据即将来临的债券发行、选举等问题,所有这些责任每年都可能相当不固定。在这种情况下,负责人助理可能协助学区负责人与建筑师、工程经理或准备债券发行选举的律师一起工作。主要是学区负责人最终要为所有职能负责,因此,很有必要将一些职责委派给行政或基层管理人员。

中小型学区所受的进一步影响来自六位主要的人力资源专家的职位。他们负有总体人力资源管理、员工关系、员工发展、平权运动、员工福利和风险管理的职责。再次申明,所有这些人力资源职能最终是学区负责人的职责。他/她可能没有其他行政管理人员可以分担一部分人力资源管理的职责,尤其是总体人力资源管理、员工关系、平权运动、员工福利和风险管理的职责。员工关系可以委派给一位基层校长,可是,其他人通常不具有基层管理人员的能力。保险顾问或保险代理人能够协助风险管理的工作,健康保险公司能够协助福利管理的工作。某种程度上,律师可以帮助学区平权运动的工作,可是,对于小型或者中型学区,学区负责人可能是承担员工关系和平权运动某些方面职责的唯一人选。学区负责人需要承担最终的职责。

年轻教师和管理者对人力资源管理的影响

每代人都有自己独有的特征,这是大多数学区正在招聘、雇佣和挽留的新一代教师和管理人员的真实写照。本书包含年轻一代这部分内容的目的是帮助学区负责人、人力资源管理者和校长在建立人力资源职能时有这样的观念。下面只是泛泛而谈,因此,不是针对某个特定的人。本书中除了第十章,其他章节都包含有关年轻一代影响的特定内容。

例如,年轻一代最主要的特征之一是相信权威的愿望。婴儿潮时代(尤指1946年至1964年间)出生的人,一般来说,很少仰慕权威和政府。年轻一代员工想从他们的领导那里看到值得仰慕的行为,这可以让他们产生信任感。要求他们仅仅因为校长和学区负责人这样领导职位的头衔而盲目信任领导很难实现。仰慕的行为能够将学校或学区转变成一个真正的学习型社区,在这样的社区中所有员工都感到得到赏识,他们知道管理者是站在他们职业发展的角度做出决策的,管理者的意图是好的,是值得他们信赖的,他们内心始终存在这样一种强大的信念。

年轻一代的另一个特征体现在他们对教育的重视程度。这个特征甚至在大众媒体上也有反映,尤其是在美国经济面临危机的时候,实际上,整体世界市场都面临这样的危机。一段时期中,人们在社会和经济上的自我价值很大程度上依赖于他们所拥有的资产和投资组合。可是,现在已经转移到经济学家所谓的人力资本,依据一个人的职业道德、技能和受教育水平做出的价值判断。这些人力资产被用来得到一份工作的方式,构成一种不易衰减的资本。当然,工作机会变少了,但是,在现有岗位竞争激烈的情况下,胜利者可能将会是那些拥有最多人力资本的人。这也是年轻一代对待他们未来经济稳定性的态度。在寻找理想的工作[22]时,他们重视工资和其他福利的同时,也想在短时期内获得成功。

总 结

免费且全民享有的公立教育制度是美国社会特有的制度。学校作为一个机构获得它服务社区的授权,更改授权也是这个社区不可分割的一部分。我们教育计划的内容不仅必须传递个人自由、个人责任和民主政府这样的基本原则,而且也应该保留满足新发展和新环境的灵活性。

实现社会的教育目标是各个州的责任。每个州建立并管理公立学校的权力体现在州宪法中,通过本州的立法机构来使用这个权力。州立法机构的行政部门是州教育部,通常由董事会监督,由行政官员或州负责人来管理。州立法机构也将权力委托给地方单位——教育委员会。而各个州通过建立最低教育计划要求和教师资格要求,并且提供财政性教育经费,保留了一部分对地方委员会的控制权。

联邦政府通过国会提供特殊计划资金的行为以及通过美国教育部下达的规则以及通过最高法院决议来增强它对教育的影响。可是,联邦政府的权力和影响仍然不及州政府权力对教育的影响。

2002 年 1 月,总统乔治·W. 布什签署了《不让一个孩子掉队法案》(NCLB)。NCLB 预示着 40 年来联邦法律关于公立学校教育最大程度的改革。这是第一次联邦立法机构要求学生成功;以往联邦立法机构都是要求给予学生机会而不是成功。

这项法律要求到 2014 年,所有孩子熟练掌握阅读和数学。另外,也要求学校为了实现 2014 年的目标而制定适当的年度进步(AYP)目标。因而,各个州必须制定学生测试计划,这个测试计划能够说明学生进步符合每年目标的要求。若五年没有实现 AYP 目标,学校需要面对不同结果,或是被指定为需要改进,或是面临学校人员更换或者延长学年这样严厉的处罚。

对于人力资源管理来说,NCLB 的条款需要高度重视。首先,学校需要雇佣有能力帮助学生满足这种熟练度要求的高素质教师。其次,学生必须显示出达到 AYP 目标这项条款对教师的绩效评估和员工发展计划有重大影响。最后,学校如果五年不符合 AYP 目标,可能会导致更换管理人员、教师或其他人员这样的后果。

NCLB 是学校改革的一种特殊表现。我们时刻都在面临教育行业改革,因为变化与改进是这个行业的组成部分。成功改革的规则具有一些相同的要素:应用建立学习型社区这样一种美好愿景的方法实现组织结构变革,应用教师分担校长职责培养领导力的方法建立领导团队,体现以事实为依据做出决策的重要性和在管理与教学中应用高科技的益处。

学区可能是最能够体现民主的政府机构。地方社区的居民选出学校董事会成员,董事会成员转而执行监督和管理学校的政策。政策的实施是管理人员的职责。

管理是控制人、财和物质资源来实现教育任务的过程,而教育任务是由教育委员会通过制定政策转化的。因此,管理是一种执行过程而不是政策制定过程。它的职能包括人力资源管理、教学计划管理和后勤保障管理。这其中每一个职能都具有通过管理性过程、步骤和技术实施需要达成的目标。

这些职能由管理人员在一个特定的组织结构内完成。学区负责人,作为校董事会的首席执行官,全面控制学校的运行。这些运行相当复杂,他/她的工作必须扩展为一个管理性团队。这个团队通常由几位负责人助理组成,负责人助理管理学校的主要职能。这些负责人助理组成小组,帮助学区负责人制定策略,并在决策形成过程中分担部分工作。主任和协调员完成支持这个地区主要职能的管理性工作。他们直接向负责人助理报告工作。

每一个学校都要履行资源职能,有的学校由行政部门完成,有的学校将这项职能指派给校内的几位管理人员来完成。人力资源职能的目的是实现学区的目标,并帮助员工个体发展最大潜能,拓展职业生涯。这些目的通过人力资源规划、招聘、选拔、安置和培训、员工发展、绩效评估、薪资激励和集体谈判来实施。

除了非常小型的学区,所有学区应该将人力资源职能委派给一位负责人助理。鉴于学校内部这项职能的复杂性和它对整个学校运行的重大影响,有必要雇佣这方面的专业人员。

在大多数学区,集体谈判也需要雇佣专家担任员工关系主任,由他/她向分管人力资源的负责人助理汇报工作,并负责应对谈判过程。

知识爆炸,联邦立法和诉讼的增多,家长、学生和教育者态度的转变使得为管理人员和教师制订一个连续的员工发展计划成为必要。就集体谈判来说,这个领域专业性很强,大部分地区应该考虑建立员工发展主任这个职位,他/她也向人力资源负责人助理汇报工作。

联邦立法和诉讼的猛增也需要增加另一个行政管理职位——平权运动主任。

联邦立法需要建立详细的合规计划,这个计划是在不受其他管理者影响的一个管理者的指导下建立的。因此,平权运动主任应该直接向学校负责人汇报工作。

员工医疗保健和薪酬成本的增长与实施管理式医疗的需要都强化了学区设立员工福利主任这个职位的需要。这个管理者向人力资源负责人助理汇报工作。

就像在社会其他地方一样,学校对于学生和学校员工而言也是存在潜在危险的地方。这些危险包括从人际间暴力到机密泄露事件。为了给学生和学校员工创造一个尽可能没有危险的环境,必须建立安全和安保审核、规则和程序。由于这方面的需要,学区设立了风险管理主任这个职位。

有两个领导力理论似乎更适合人力资源管理实践:卓越领导力理论和全面质量管理(TQM)理论。

卓越领导力理论的基本前提是人作为一个人的整体的活动。大多数管理者普遍认为,他们的决定不仅仅受到当前情景的影响,他们的决定也会对以后的情景发生影响。

卓越领导力理论由两部分内容组成。第一部分,人力资源管理者能关注人的成长和发展所应该具备的性格六个要素:在实践中反思;以辅助性原则实践,从政治基础的角度做事,以义务和责任感做事,主张社会公平,通过论述形成专业性职位。第二部分,学区内建立能从组织上支持人的成长和发展的卓越文化的十个要点:认同性,合作性,对人的关注度,协助精神,授权,勇于承担风险,绩效标准,容忍批评的能力,过程导向和变化的观念。

"二战"后,戴明将这一理论引入日本,全面质量管理在日本的应用取得了显著的正面效果。戴明的十四项原则在美国的一些学区也正在被应用。这些原则能够有效地应用于学区的人力资源职能管理中。

计算机技术的影响在教育管理的各个方面再怎么过高评价都不为过。当这项技术应用于人力资源职能的时候,带来了很多益处:成本下降,效率提高,学区运行评价简化,员工参与度提高。人力资源管理方面,计算机技术可以用于个人信息的首次登录和修改、表格的申请和使用、任务绩效管理、发布职位信息、人员的在线招聘和选拔、在线员工发展和培训、提供相关的数据库报告。在选择计算机硬件和软件时,考虑这个学区的人力资源需求很重要,研究供货商可以提供的硬件和软件类型,建立招标过程的实际可行性预算,依据成本收益率做出决定。计算机软件能够适用于人力资源职能的方方面面。

安全问题是技术性革命过程中面临的最突出的问题,尤其是关系到互联网和内部网的问题。对于人力资源管理来说,应该建立一个政策限制学区设备的使用和登录仅用于学区事务的互联网。另外,滥发电子邮件和互联网内容当然也是违反法律的行为。人力资源管理者有责任建立并实施政策、报告程序,以帮助其他管理者监督教学环境,防止骚扰事件发生。尽管依据公共记录法,雇员之间的电子邮件可以在法庭上呈现,通常认为电子邮件具有隐私性,但法庭传唤例外。

 自评测验　这里是一份自主评分性质的自评测验。

问题讨论与陈述

1. 描述教育委员会的人力资源职能的角色定位。

2. 学校负责人的人力资源职责是什么?

3. 描述人力资源职能各个维度之间的相互关系。

4. 科技在人力资源管理中的应用如何支持数据驱动决策的制定?

5. 如果你是一名刚刚被任命的人力资源负责人助理,你将如何在一个专制型领导的部门发起全面质量管理概念的人力资源职能?

6. 描述人力资源职能与学区的业务和教学职能之间的联系。

7. 不指明具体学区,本章附录中的州际学校领导认证协会(ISLLC)标准,哪一条是你熟悉的,在学区内最难发起的? 为什么?

8. 什么是卓越领导力理论? 它是如何对人力资源管理起作用的?

9. 什么是卓越领导力理论的基本要素和要点?

10. NCLB 法案对人力资源管理有什么影响?

建议的活动

1. 面试一位小型学区的人力资源负责人助理或主任,这个小型学区由一到三所小学、一所初中和一所高中组成。与这位负责人助理或主任一起讨论本学区的组织结构以及这种组织结构对人力资源职能的影响。探讨关于其他管理者、教师和学区职员参与完成人力资源职能的工作方式。

2. 以书面形式描述一个大约有 100 位专业人员的学区的人力资源主任的职位说明书。

3. 写出在一个有 2000 名学生、财政资源最少的学区通过应用科技扩展人力资源职能的基本原理和计划书。

相关活动

假如你已经阅读并思考过这个章节,你打算在将来的工作中如何系统化地完成人力资源职能的工作? 如何要求其他管理者、教师和职员执行人力资源职责和程序?

尾 注

1. Mark Penn and E. Kinney Zalesne, *Microtrends: The Small Forces Behind Tomorrow's Big Changes* (New York: Grand Central, 2007).

2. Charles J. Russo, *The Law of Public Education*, 6th ed. (New York: Foundation Press, 2006), 1 – 13, 157 – 184.

3. Missouri Department of Elementary and Secondary Education, *Questions & Answers About No Child Left Behind—And What It Means for Missouri* (Springfield: Author, August 2003).

4. David J. Ferrero, "How Key Provisions of New Education Law May Affect Your District," *School Superintendent's Insider*, April (2002): 1 – 3.

5. David J. Ferrero, "Pathways to Reform: Start with Values," *Educational Leadership*, 62, no. 5(2005): 8, 10.

6. Barnett Berry, Dylan Johnson, and Diana Montgomery, "The Power of Teacher Leadership," *Educational Leadership*, 62, no. 5 (2005): 56 – 60.

7. Donald R. Gallagher, Don Bagin, and Edward H. Moore, *The School and Com-*

munity Relations, 8th ed. (Boston: Allyn & Bacon, 2005), 41 – 42.

8. Iowa Association of School Boards, *School Board Member Handbook* (Des Moines: Author, 2009), 37 – 40.

9. William C. Cunningham and Paula A. Cordeiro, *Educational Administration: A Problem-Based Approach* (Boston: Allyn & Bacon, 2000), 174 – 187.

10. Ronald W. Rebore, A *Human Relations Approach to the Practice of Educational Leadership*(Boston: Allyn & Bacon, 2004), 75 – 85, 153 – 155.

11. Ibid. , 153 – 155.

12. Herman T. Tavani, *Ethics and Technology: Ethical Issues in an Age of Information and CommunicationTechnology* (Hoboken, NJ: 2007), 5 – 7.

13. William G. Cunningham and Paula A. Cordeiro, *Educational Leadership: A Bridge to ImprovedPractice*, 4th ed. (Boston: Allyn & Bacon, 2009), 81 – 88.

14. Vern Brimley, Jr. , and Rulon R. Garfield, *Financing Education in a Climate of Change* (Boston:Allyn & Bacon, 2008), 358 – 359.

15. Tavani, *Ethics and Technology*, 23 – 26.

16. David M. Quinn, "Legal Issues in Educational Technology: Implications for School Leaders," *Educational Administration Quarterly* 39, no. 2 (2003): 187 – 207.

17. Tavani, *Ethics and Technology*, 127 – 141.

18. Ibid. , 129 – 131.

19. Ibid. , 132, 136.

20. Florence Olsen, "Security: Threats Will Get Worse," *The Chronicle of Higher Education*, (January 30, 2004), B12.

21. Tavani, *Ethics and Technology*, 1 – 3.

22. Barbara Kiviat, "Jobs Are the New Assets," *Time*, 173 (special issue), no. 11 (March 23, 2009),46 – 47.

参考文献

Allameh, S. , Naftchali, J. , Pool, J. , and Davoodi, S. "Human Resources Deve lopment Review According to Identity, Integration, Achievement and Adaptation Model. " *International Journal of Academic Research in Business & Social Sciences*, 2, no. 2 (2012): 42 –57.

American Association of School Administrators (AASA). (2009). www. aasa. org.

American Association of School Personnel Administrators (AASPA). (2009). www. aaspa. org.

Ashbaugh, R. M. "Technology for Human Resources Management: Seven Questions and Answers. " *Public Personnel Management*, 31, no. 1 (Spring 2002): 7 –20.

Berndt, T. J. (2002). "Friendship Quality and Social Development. " *Current Directions in Psychological Science*, 11 , no. 1 (Spring 2002): 7 –10.

Bhasin, J. , and Parrey, H. (2012). "Modeling Human Resource Systems and Organizational Effectiveness: An Empirical Study. " *International Journal of Exclusive Management Research*, 2, no. 11 (2012): 1 –18.

Boudreau, J. W. , and Ramstad, P. M. "Talentship and the New Paradigm for Human Resource Management: From Professional Practices to Strategic Talent Decision Science. " *Human Resource Planning*, 28, no. 2 (2005): 17 –26.

Boudreau, J. W. , and Ramstad, P. M. "Talentship and HR Measurement and Analysis: From ROI to Strategic Organizational Change. " *Human Resource Planning*, 29, no. 1 (2006): 25 –33.

Camps, J. , and Luna-Arocas, R. "A Matter of Learning: How Human Resources Affect Organizational Performance. " *British Journal of Management*, 23 no. 1, (2012): 1 –21.

Després, B. *Systems Thinkers in Action: A Field Guide for Effective Change Leadership in Education*. Lanham, MD: Rowman & Littlefield, 2008.

English, F. W. *Anatomy of Professional Practice: Promising Research Perspectives on Educational Leadership*. Lanham, MD: Rowman & Littlefield, 2007.

Galbraith, J. R. *Designing the Customer-Centric Organization: A Guide to Strategy, Structure, and Process*. San Francisco: Jossey-Bass, 2005.

Gouveia, W. , and Shane, R. "Investing in Our Human Resources. " *American*

Journal of Health-System Pharmacy, 69, no. 12 (2012): 1077 – 1078. doi:10. 2146/ ajhp110660

Hong, F. , and Hongmin, Z. "Discussion on Strategies of Development and Application of Human Resources. " *Asian Social Science*, 6, no. 3 (2010): 12 – 16.

Human Resource Planning Society (HRPS). (2009). www. hrps. org.

Huseinovic, A. (2012). "Role of Management in the Process of Managing Human Resources in Electronic Media. " *Technics Technologies Education Management*, 7, no. 3 (2012): 849.

Kates, A. "(Re)designing the HR Organization. " *Human Resource Planning*, 29, no. 2 (2006): 22 – 30.

Kowalski, T. J. , and Lasley, T. J. (Eds.). *Handbook of Data-Based Decision Making in Education.* New York: Routledge Press (2008).

Kritt, D. W. , and Winegar, L. T. (Eds.). *Education and Technology: Critical Perspectives, Possible Futures.* Lanham, MD: Rowman & Littlefield, 2008.

Lawler, F. F. , III, Boudreau, J. W. , and Mohrman, S. A. *Achieving Strategic Excellence: An Assessment of Human Resource Organizations.* Stanford, CA: Stanford Business Books, 2006.

Martin-Rios, C. "Why Do Firms Seek to Share Human Resource Management Knowledge? The Importance of Inter-Firm Networks. " *Journal of Business Research*, (2012). doi:10.1016/j. jbusres. 2012. 10. 004.

National School Boards Association (NSBA). (2009). www. nsba. org.

Norton, M. S. *Outlines and Highlights for Human Resources Administration for Educational Leaders.* Upper Saddle River, NJ: Pearson, 2010.

Palmer, J. , and Finney, M. I. *The Human Resource Professional's Career Guide: Building a Position of Strength.* Blaine, Canada: Pfeiffer Press, 2005.

Plass, J. L. "Living-Systems Design Model for Web-Based Knowledge Management Systems. " *Educational Technology Research and Development*, 50, no. 1 (2002): 35 – 57.

Smith, R. E. *Human Resources Administration: A School-Based Perspective*, 2nd ed.

Larchmont, NY: Eye on Education, 2001.

Society for Human Resources Management (SHRM). (2009). www. shrm. org.

Sulaiman, W. I. W., Mahbob, M. H., and Abu Hassan, B. R. "An Analysis on the Effectiveness of Team Building: The Impact on Human Resources." *Asian Social Science*, 8, no. 5 (2012):29 – 37. doi:10.5539/ass. v8n5p29.

Tomé, E. "Human Resource Development in the Knowledge Based and Services Driven Economy: An Introduction." *Journal of European Industrial Training*, 35, no. 6 (2011): 524. doi:10.1108/03090591111150077.

Vinovskis, M. *From A Nation at Risk to No Child Left Behind*. New York: Teachers College Press, 2008.

Webb, L. D., and Norton, M. S. *Human Resources Administration: Personnel Issues and Needs in Education*. Upper Saddle River, NJ: Pearson, 2012.

Wickramasinghe, V. V. "Influence of Total Quality Management on Human Resource Management Practices: An Exploratory Study." *International Journal of Quality and Reliability Management*, 29, no. 8 (2012): 836 – 850. doi:10.1108/02656711211270324.

Wilmore, E. L. *Superintendent Leadership: Applying the Educational Leadership Constituent Council Standards for Improved District Performance*. Thousand Oaks, CA: Corwin Press, 2008.

附录：ISLLC 标准精选[①]

州际学校领导认证协会(ISLLC)是由全美各州教育首长协会发起的一项活动。1996 年,通过这项活动,来自 24 个州教育机构的专业人士和各个专业协会的代表为学校领导精心制作了一套用于管理的模式标准。这些标准与全国教师教育认证委员会(NCATE)制定的用于学校管理的新课程指南是一致的。另外,ISLLC 标准被

[①]原始资料:全美各州教育首长协会,教育领导政策标准:ISLLC2008,华盛顿特区:作者,2008, http://www.ccsso.org/Documents/2008/Educational _ Leadership _ Policy _ Standards _ 2008. pdf.

很多州用于管理人员资格证书和许可证的评估过程。

有六个标准,每个标准包括三个方面:知识、意向、表现。本书的内容将对那些正要考取资格证书和许可证的人理解通常作为这些证书评估过程中一部分的某些思想和概念有帮助。这些标准如下所述,同时附有每个标准的三个方面和本书各个章节中涉及的信息。

标准 1

学校管理者是促进学校社区共享和支持的学习愿景的发展、阐明、实施和管理来帮助所有学生获得成功的教育领导者。

知识

管理者懂得并且具有如下知识:

- 制定和实施战略规划的原则。
- 信息资源、数据收集和数据分析策略。

这一标准和相关的知识在第一章和第二章中会涉及。

标准 2

学校管理者是通过倡导、培育和维持有利于学习和员工专业成长的学校文化和教学计划来帮助所有学生获得成功的教育领导者。

知识

管理者懂得并且具有如下知识:

- 应用激励理论。
- 差异性及其对教育计划的意义。
- 成人学习和专业发展模式。

意向

管理者相信、重视并承诺如下:

- 为自己与他人终身学习。
- 将专业发展作为学校进步的重要组成部分。
- 一个安全,互助的学习环境。

表现

管理者为过程管理提供帮助,并参与活动,以保证:

- 专业发展促进学生学习与学校愿景和目标相一致。

- 终身学习受到鼓励和塑造。

- 一种对自我、学生和员工表现期望很高的文化。

- 将科技应用于教学和学习过程中。

- 使用多种监督、评价模型。

这一标准和相关的知识、意向、表现，在第二、六、七、八章中将会涉及。

标准3

学校管理者是通过确保对组织、运营和资源的管理，以建立一个安全、高效和有效的学习环境来帮助所有学生获得成功的教育领导者。

知识

管理者懂得并且具有如下知识：

- 组织理论和模型与组织发展原则。

- 学校和地区层面的工作程序。

- 与学校安全有关的原则和问题。

- 人力资源管理与发展。

- 影响学校运行的法律问题。

- 支持管理功能的现有技术。

意向

管理者相信、重视并承诺如下：

- 制定管理决策以加强学习和教学。

- 高质量的标准、期望和表现。

- 让利益相关者参与管理过程。

- 安全的环境。

表现

管理者为过程管理提供帮助并参与活动，以保证：

- 新趋势适当地被了解、研究和应用。

- 建立起为实现学校愿景和目标的运行计划和程序。

- 与学校有关的集体谈判和其他合同协议被有效管理。

- 学校校舍,设备和制度安全、高效并且有效运行。

- 财务、人力和物质资源与学校目标保持一致。

- 定期检查组织制度,并在需要时调整。

- 共同承担责任,以使所有权和责任性最大化。

- 有效利用科技管理学校日常运行。

- 人力资源职能有助于学校目标的实现。

这一标准和相关的知识、意向、表现,在本书的所有章节中都会涉及。

标准 4

学校管理者是通过与家庭和社区成员合作,回应不同的社区利益和需要,并调动社区资源来帮助所有学生获得成功的教育领导者。

知识

管理者懂得并且具有如下知识:

- 潜在影响学校社区的新问题和趋势。

- 不同学校社区的情况和动态。

- 社区资源。

意向

管理者相信、重视并承诺如下:

- 根据多种不同的提议来完善学校。

表现

管理者为过程管理提供帮助并参与活动,以保证:

- 可用的社区资源可以帮助学校解决问题,实现目标。

- 多样性被认识到,并被重视起来。

- 为员工提供发展合作技能的机会。

这一标准和相关的知识、意向、表现,在第二、三、五、六、八章中会涉及。

标准 5

学校管理者是以正直、公平和道德的方式做事来帮助所有学生获得成功的教育领导者。

知识

管理者懂得并且具有如下知识：

• 专业道德准则。

意向

管理者相信、重视并承诺如下：

•《权利法案》的原则。

• 在决策制定过程中考虑伦理原则。

• 接受坚持原则和行动的结果。

表现

管理者

• 展示个人和专业道德准则。

• 保护学生和员工的权利和隐私。

• 对学校社区的多样性表示赞赏和敏感。

• 履行法律和合同义务。

• 公平、明智、体谅地应用法律和程序。

这一标准和相关的知识,意向,表现在第二章和第十章中会涉及。

标准 6

学校管理者是通过理解、响应并影响更大范围的政治、社会、经济、法律和文化环境来帮助所有学生获得成功的教育领导者。

知识

管理者懂得并且具有如下知识：

• 在一个民主社会,多元文化与公平性的重要性。

表现

管理者为过程管理提供帮助并参与活动,以保证：

• 就学校运行环境中面临的发展趋势,待解决的问题和可能的变化与学校所在社区交流。

• 学校所在社区在地方、州和联邦当局颁布的政策,法律和规章制度框架范围内运行的。

这一标准和相关的知识、表现,在第一、二、十章中会涉及。

第二章　人力资源规划

问题情境

你刚刚被一个地处郊区、大约有 10,000 名学生的学区聘任为平权运动主任。学区内的这个新职位是由于一系列的投诉才决定建立的,其中一部分投诉已经被提交到了平等就业机会委员会(EEOC),学区就歧视问题有系统记录。因而,学区正在接受司法部门的调查,由于一系列教师岗位应聘者投诉学区在招聘过程中存在歧视非裔美国人的现象,尤其是教师岗位的招聘过程中更为严重。另外一起提交到平等就业机会委员会(EEOC)的投诉理由是,学区在晋升管理岗位过程中歧视女性。这起投诉被另外一起提交到平等就业机会委员会(EEOC)的投诉进一步激化,声称该学区不保护女性免受性骚扰。

教育委员会和学校负责人担心这样的投诉可能给学区带来潜在危害,因为该地区一直在与邻近的城市学区进行自愿废除种族歧视的解决方案。民事权利案件的状况是公认的一个整体。

教育委员会和学校负责人期待你能给出调查这些指控的方法和方向,并根据调查结果对反歧视的政策和程序做出必要的调整。教育委员会和学校负责人都还以为,这种歧视早在该地区加入自愿废除种族歧视的解决方案时就已经被消除了,因为很多政策和程序都是那时制定的。

为了帮助您进一步探索处理本章节中的问题的方法,请使用这一章后面的"问题讨论与陈述"和"相关活动"两个部分。

制定计划是所有人类经验共有的过程。在开始做事之前,一个人必须知道他/

她处在什么位置,想要到达什么位置,并决定到达目的地的最佳方案。这段话以一种浅显的方式,说明了计划的本质,即使在教育组织也是如此。

通过人力资源规划过程,学区可以确保它的人员数量合适,人员能力符合要求,岗位适合,时间正好,并且这些人员有能力完成他们的工作,这些工作有助于组织实现设定的目标。如果学区想要实现目标,它需要财政资源、物质资源和人力资源。我们常常对人力资源不予以重视,然而人是可以直接影响到学区的主要目标——教育儿童的实现与否。因而,人力资源规划能将组织目标转化为人们的需求。

在一些学区,长期目标与短期目标表达不清晰,并且通常只有某几位行政管理者明白。这就让有招聘职责的基层校长在遇到意想不到的职位空缺时,在由于自然减员产生空缺职位时,或者在新项目需要雇佣人员时措手不及。

站在组织的角度,人力资源规划是分析可能影响学区在招聘最好的教师、管理者和学区职员中所具有的优势、劣势、机会和外部威胁的过程[1]。

人力资源需求评估

人力资源需求的评估过程有四个方面。第一,必须编制人力资源清单,以分析为实现学区目标所需的各项任务;然后将这些任务与当前员工的技能匹配。第二,必须制定一个五年期的招生计划。在过去25年里,美国人口的极端流动性使得这方面变得越来越重要。第三,审查学区的总体目标必须结合需求发生变化的情况。在学区预算紧张的时候,除了最富有的学区以外,所有学区都必须在实现目标时确立优先事项。第四,人力资源清单、招生计划和学区目标必须组成人力资源展望,这是人力资源部门的职责。

可是,从遵守联邦法律的角度来看,在一些学区,由于招生人数的下降引发学区减员,这项人力资源职责的履行变得越来越错综复杂。由于这两个问题都对人力资源职能产生了巨大的影响,本章特别强调了这两个问题。

有时,人力资源规划被认为只针对教学计划。可是,每两位教师中,通常只有一位有编制。当代学区不仅雇佣教师和管理人员,也需要雇佣厨师、管理员、维修人员、秘书、计算机程序员、库房人员、配送卡车司机和其他专业人员,这些人员经常被一般人认为受雇于私营企业中。

人力资源清单

人力资源规划从开发能表明当前人力资源状况的概述文件开始。这份概述文件由员工填写表格，主管领导核实，最终递交到人力资源部门。每张表格应该包含员工的姓名、年龄、学区雇佣日期、性别、职位名称、学区内的工作地点、受教育程度和培训经历及完成日期、特殊技能，以及作为教学人员的资格证书。

每个工作类别的人力资源概述文件由员工填写的表格发展而来。这份概述文件列出了每个工作类别的所有相关信息。

从规划的角度看，这些信息不仅能用来判断何种技能有用，而且对开发新的教学计划和后勤服务也很有价值。人力资源概述文件在管理者执行其他人力资源任务，如招聘和员工发展时也很有帮助。例如，员工个人接受培训或教育的时间长短可以帮助员工发展主任制定适宜的员工发展计划。

这个概述文件也可以为识别学区能力的劣势方面提供关键性信息，以便实现学区目标。例如，通过查阅"受雇日期"一栏资料，有助于管理者分析员工流失及工作不满等问题。"员工年龄"的信息有助于管理者为那些接近退休年龄的员工岗位制定招聘计划。精确的数据资料对人力资源流程的各个方面都是必不可少的，人力资源概述文件就是呈现这些数据资料的有效方法。

入学人数预测

由于教育机构是服务性组织，招生人数预测是人力资源规划的一个基本方面。除非学校努力预测它所服务的学生人数会下降或增长，否则就会有意外的经历发生，诸如半数教室空着、教师过多的现象；或者教室太过拥挤、教师短缺的现象。

入学人数预测要回答的主要问题是"未来5到10年，有多少儿童即将会去某个学校上学"？预测入学人数可以使用很多方法，其中最普遍的方法是存留率或者同期生存技术。这个方法依据出生率和学生的历史存留数据(如图2.1)来做预测。可是，其他指标在前面的技术所需的统计时间之前就突显了招生人数趋势。这些指标将社会、财务和居住情况看作是分析一所学校和一个社区的关键因素。接下来的讨论、图2.1和附录2.1、2.2，改编自《AASA 执行手册系列，第Ⅱ卷：入学人数减少：该怎么办》，由美国学校管理者协会(AASA)[2] 出版，不过现在该书已经绝版了。

下面的指标实质上是定性指标，因为它们是由观察得来的，而不是统计分析的结果：

• 小学班级儿童的数量。使用别的空间来替代教室,如自助餐厅、体育馆或者礼堂舞台,这就是入学人数增加的一个明显指标。某个年级学生人数下降可能表明整体招生人数下降。因而,即使某个年级的学生人数只少了几个人,分析下降的因素也很重要。例如,当小学低年级的入学人数从 30 人减少到 25 人的时候,这种趋势会不停地发展,尤其是这种人数下降比四年级和五年级的在校生人数下降更少的时候。

说明：

Ⅰ（1）填写出生率。

（2）填写一年级入学人数。

（3）做必要的计算,算出平均比率。

Ⅱ（1）填写出生率。

（2）乘以平均比率。

Ⅲ（1）填写各年级招生人数资料。

（2）做必要的计算,算出留存率。

（3）将表Ⅱ中一年级计划招生人数填入表Ⅲ相应列的表格中。

（4）特定年度的招生人数乘以班级的留存率,得出下一年级班级的招生人数。计算出的结果是那一年下一个年级班级的计划招生人数。

（5）完成表格。

• 小学招生人数三年内的持续发展趋势。当然,短期内招生人数可能会有较小的增长和下降。这可能是由于外部因素,如因公路扩建工程新建或者拆除房屋引起的。除了这种主要因素外,入学人数的增加或者下降趋势都必须进行大规模的调查。

• 房地产经纪人的反馈。真正关心住房对入学人数影响的内部人士是房地产经纪人。与社区内的房地产公司建立持续的沟通对入学人数的预测是至关重要的。

附录 2.1 强化了这些指标,它提出了八个标准性问题。这些问题的答案与其他指标一起,能够被人力资源管理者用于决定是否需要进行全面的入学人数预测,如使用图 2.1 中列举的同期生存技术。附录 2.2 提供了有关人口调查的信息,这些信息与普查信息一起被应用于人力资源规划。总之,定性观察、指标性问题的答案、同期生存分析技术和人口调查信息共同构成了入学人数预测的多级方法。

入学人数预测表

I

出生率	一年级入学人数	明确入学人数与出生率之比的意义
2000	2006—2007	
2001	2007—2008	
2002	2008—2009	
2003	2009—2010	
2004	2010—2011	
总比率		
除以5		
平均比率		

II

出生率	×平均比率 =	一年级计划招生人数	年度
2005			2011—2012
2006			2012—2013
2007			2013—2014
2008			2014—2015
2009			2015—2016

III

年度	各年级入学人数											
	一	二	三	四	五	六	七	八	九	十	十一	十二
2000—2001												
2001—2002												
2002—2003												
2003—2004												
2004—2005												

（续表）

		$\frac{2}{1}$	$\frac{3}{2}$	$\frac{4}{3}$	$\frac{5}{4}$	$\frac{6}{5}$	$\frac{7}{6}$	$\frac{8}{7}$	$\frac{9}{8}$	$\frac{10}{9}$	$\frac{11}{10}$	$\frac{12}{11}$
各年级总数												
除以5												
留存率												
计划招生人数	2011—2012											
	2012—2013											
	2013—2014											
	2014—2015											
	2015—2016											
	2016—2017											
	2017—2018											
	2018—2019											
	2019—2020											
	2020—2021											

图2.1 同期生存技术

附录2.1 入学指标调查问题

1. 你居住的社区距离大都市近吗？由于这个大都市人口增加，你的社区发展变大吗？

2. 你的社区里有与一般房地产价值相比还在不成比例地增长价值的高档房产吗？

3. 你的社区里住着很大比例的专业人士或者老年人吗？他们的房子满足了他们生活的需要，而且他们的子女现在就读于（或者已经读完）当地学校吗？

4. 你的社区拥有声望很好的学校体系，而这种高声望能让年轻家庭不在乎高房价，并过来居住吗？

5. 你的社区流动性大吗？有家庭在搬进来，也有家庭搬走吗？（搬进来的家庭是什么情况？有孩子的还是退休人士呢？）

6. 你的社区有中等价位的房产，可以吸引年轻带小孩儿的夫妇家庭吗？

7. 你的社区还有空地可以开发未来的住宅吗？

8. 服务机构（例如，社区儿童俱乐部、宗教组织等）是否一直强调针对小学生的项目？

来源：来自《AASA执行手册系列，第Ⅱ卷：入学人数减少：该怎么办》，美国学校管理者

协会(AASA)出版,1974,阿林顿,弗吉尼亚州:作者,8－9 页。

附录 2.2　人口调查通常被问到的问题

1. 什么是人口调查?

学区的人口调查是对人口进行一次彻底的普查,以确定这些人是谁、他们的生活条件、有多少人、他们打算如何使用这块土地、居住期限、每户有几个孩子、孩子的年龄、年级以及这个地区多种不同类型的住宅单元。

2. 人口调查的好处是什么?

将人口普查的信息与移入移出比率、学校离职率和出生人口数量相结合,在传统的线性模型之外进行入学预测是可能的。这类信息为预测者提供了比为这个地区"把脉"更准确的预测工具。

3. 人口调查的缺点是什么?

人口普查的两大主要缺点是成本和数据有效性方面的时间限制。主要费用是参与计划、组织和管理调查、处理数据和分析结果的人员的费用,其他费用包括计算机供应和使用时间。关于数据有效性的时间限制,除非进行补充调查,否则人口数据的使用期通常不超过五年。在一个快速变化的社区中,这个时间期限可能要小得多。

4. 哪种地区由于人口普查获益最多?

在入学数量显著波动或以非线性方式变化的地区,通过人口调查获得的益处可能会弥补所涉及的成本。

5. 在评估招生计划时,什么样的社区外部因素应该被考虑在内?

应该被考虑到的主要社区外部因素是,交通、工业企业的活动(搬进来或者搬出去)、分区规划规则的改变、住宅小区规则的改变、政府或军事设施的改变(新建或者搬走)、城市重建、大型土地所有权(农场,房地产)的细分、高速公路系统的改变。

来源:来自《AASA 执行手册系列,第 Ⅱ 卷:入学人数减少:该怎么办》,美国学校管理者协会(AASA)出版,1974,阿林顿,弗吉尼亚州:作者,8－9 页。

学区目标评审

学区的未来目标决定未来的人力资源需求。组织目标要求的服务类型决定员工的数量和不同比例。教育委员会拥有建立组织目标的特权。可是,教育委员会在建立目标时必须听取学校管理层的建议,这样建立的目标才能最大程度地满足社区的教育需求。

从未来教育需求的角度评估现在的目标是一项合作任务。在第一章中展示的组织结构模式下运行的一个学区,中学教育负责人助理、小学教育负责人助理和教学服务负责人助理对决定未来目标负有主要职责。人力资源负责人助理负责制定人力资源预测,以满足由其他三位负责人助理制定的预计目标。然后,管理服务负责人助理负责将组织目标和人力资源需求转化为财务计划。学校负责人负责对这些目标优先排序,然后将他们提交到学校委员会,让学校委员会审核批准。

学校目标评审不是一次性的任务,而是持续性过程。而目标应该至少是五年期的,而且,如果有需要,能够每年新修订一次五年计划。由此,特定的目标总是在特定的时间段有效。

人力资源预测

当学区目标评审完成,并且全面的人力资源预测建立时,就必须要制订一份更明确的未来人力资源需求规划[3]。这个职责可以通过发挥教师、管理者和学区员工各自的专长来实现。他们既是学区未来的既得利益者,也有通过本职工作来发展的洞见。在某种意义上,他们是这方面的专家。

当然,人力资源管理者能够历史地对比以往的趋势,为未来的需求提供基准。分析目前教师、管理者和学区员工的职责,能帮助看清现实,并与基准数据相关联,以促进预测。目前员工的人力资源清单也能够提供有关员工年龄、性别、受教育程度和资格证书以及在学区的职位类型等这样重要而且有价值的信息。

人力资源供给

学校系统人力资源供给的增长有两个来源——新聘用的员工和休假归来的人员,如产假、轮休假归来的人员。这两种类型的增长都比较容易纳入人力资源预测,因为招聘是受控制的,在规定的时间休假通常也被认为是理所当然的。

要预测学校系统人力资源供给的减少却难得多。员工死亡、自动离职和解雇是不可预测的,除非通过最广义的平均统计。一些减少,如轮休假是可以被控制的,而其他减少如退休,则更容易预测。

现有劳动力对人力资源预测具有显著影响。从高中、专科学院和大学毕业的学生源源不断地为执行公共教育任务所必需的劳动力补充供给。但近年来,由于私营商业企业可以提供更高的薪水和更好的发展机会,教育行业申请数学和科学教师职位的申请者数量在下降。

除了应届毕业生,员工的主要来源是更年长的人,尤其是重返职场的女性寻求全职或兼职工作,可以增加家庭收入;很多情况下,或已是家庭收入的主要来源。离婚率和生活成本的增加是女性重返职场数量增多的关键因素。

需求与供给相匹配

人力资源预测的最后一项活动是将学区未来的人力资源需求与目前的劳动力供给相匹配。这种匹配能够准确指出短缺,突出有可能人员过剩的领域,并确定必须从劳动力市场中招聘的人员数量,以满足未来的需求。

归根到底,人力资源规划能够确保我们具有数量合适和多样的人员以满足由未来目标决定的学区未来人力资源需求。

减 员

入学人数下降对人力资源规划过程影响巨大,并导致一些地区开启一项通常被称为减员的程序。根据遵循"后进先出"原则的资历制度,超编的员工通常会被迫休假。留下来的员工可能会在学校系统内部被调换到特定的职员或教员岗位。这种变化肯定会使已经习惯了一个特定学校氛围和流程的员工产生焦虑情绪。因为很多学区在过去十年里雇用了少数族裔员工,资历制度减员程序的应用通常意味着少数族裔员工处在第一批离开学区的人员行列中。法院授权的废除种族隔离和对平权运动的立法要求呼吁在这些学区尽可能不采用减员的办法。附录 2.3 使用问题格式来确定面临减员[4] 的学区必须解决的问题。

附录 2.3　减员通常被问到的问题

1. 在减员的问题上,人力资源负责人助理应该采取哪些具体步骤?

• 将员工按资历排序。

• 向法律顾问咨询关于书面通知的具体措辞,以确保符合所有法律技术细节和通知期限。

• 在信的正文中包含一些不拘形式的信息通常是关心他人的表现。

- 与可能受到影响的老师举行一次预备会议。

- 发出信件通知教师，他们可能在来年被解雇（挂号信）。

- 发出信件通知教师，他们可能被解雇（挂号信）。

2. 为帮助被解雇的高素质教师，学区能做些什么？

很多学区将本学区解雇的教师名单与他们的资质证书和推荐信一起发送到邻近的学区。

3. 解雇管理人员的替代方案是什么？

一些学区让被解雇的基层管理人员担任一到两年顾问职位。有一个学区，一位被解雇的管理人员被重新调配为学区的一名协调员。

4. 校长在学校停课中扮演什么角色？

学校停课时，小学校长经常是最少被用到，但可能是学区最具价值资源的人。校长经常在行政工作的"外围"工作，所以，大多数教师不把他们看作"管理层"；同样，他们也不被行政人员看作教师队伍中的成员，所以，大多数首席管理者也不把他们看作"教师"。他们这个独特的职位是中层经理，似乎每个人都能接受。通常，校长了解并与家长和社区保持良好的关系——比学区其他人联系更紧密，更频繁。记住，学区负责人可以时来时去，但是，小学校长通常待在这里。所有这些因素使得小学校长在社区与学校关系中具有无可比拟的价值，尤其是在学校停课期间。

5. 减员计划建议采取的行动是什么？

- 制定暂停休假政策，以减少返回教师申请更高招生水平空缺职位的人数。新聘用的教师，只签订一年或两年期合同（一些州禁止这个政策）。

- 建立提前退休奖励制度。

- 在进行合同谈判之前，要对员工的需求进行研究，这可能需要在新合同中加入工作保障条款。

- 让社区和教职员为可能的教师减员做好准备。

- 只要可能，要求教师至少提前一年将计划退休或者请假的意愿以书面资料的形式上报学区。

6. 学区如何落实工作保障以避免谈判事件的发生？

让困难的问题远离谈判桌是学区谈判代表的职责。无论将谈判代表看作学区的外部律师、专业谈判人员、学校管理人员，还是学校董事会的成员，谈判代表的主要职能是确定那些被看作不可协商的项目。管理学校系统运作的项目基本上是学校董事会和管理层的职权范围。可是,越来越多的情况下,任何与学校运行相关的项目都变成以谈判形式来解决。在工作保障这一特殊问题上的坚定立场以及社区的理解是必要的。

来源:来自《AASA 执行手册系列,第Ⅱ卷:入学人数减少:该怎么办》,美国学校管理者协会(AASA)出版,1974,阿林顿,弗吉尼亚州:作者,8-9 页。

减员的替代性方案

两个最成功的减员替代性方案是,提前退休激励计划以及保留个人职位,这些职位将因人员流失产生空缺或因计划发展而产生新的职位。

近年来,教师谈判主要集中在工作保障问题上,于是很多合同要求超编地区的教师被调任至其他岗位,聘用为永久代课教师,或者为新工作而接受再培训,费用由学区承担。

校长的角色

人力资源规划过程中的一个关键性人物是基层校长。他/她通常是第一个发现入学人数减少的人。当然,这位基层校长能够为行政人员提供最新的计划入学人数、计划保留人数以及建筑物改造成本,还有计划的人员配置需求。

校长也可以与学校教职员、学生和家长直接接触。因此,他/她应该承担让教师为可能的失业做好准备,缓解家长和学生的担忧的职责。为有效完成这项职责,这位校长必须参与到人力资源规划过程中——提供数据材料和建议。同样,行政决议在对全体员工和公众发布之前也要先通知这位校长。

计算机软件程序能够将人口资料和学生资料转化为入学计划,从而使人力资源规划过程得以强化。同样,简单的统计程序对制定人力资源预测很有帮助。另外,计算机软件程序通常是指人力资源管理系统(HRMS)程序,使用这个程序可以轻松即刻获得人力资源信息,如学位、教学或管理经验、资格证和特殊技能,其中包括运动教练和项目赞助。新版软件的用户界面很友好,并且能够链接其他学区的信息系统。

联邦对人力资源规划的影响

当代美国社会的一个标志是联邦立法和法院裁决的大量涌现,这些立法和裁决勾勒并更明确地界定了公民权利。"公民权利"一词有些被误解，经常被用于少数族裔群体的宪法规定权利。可是，它准确的意思是指那些不可剥夺和适用于所有公民的宪法和法律中规定权利。人力资源预测应该为人才招聘和选拔过程提供指导。在执行过程中，人力资源预测一定不能侵犯求职者的公民权利，否则会使学区陷入被动的境地。

以下是对主要联邦立法、行政命令和法院裁决的解释，它们应该在人力资源预测的实施阶段提供指导。它并不是详尽无遗的，因为立法和司法程序本质上是逐渐演进的；因此，修改和变动无疑会发生。然而，平等的基本概念具有永恒的适用性。

在开始了解信息前，必须清晰地掌握社会正义和平权运动这两个重要概念，因为这些要求是被纳入或隐含在民权立法和行政命令中的。

社会公正与人力资源管理

公民权利的概念起源于社会正义的概念；因此，简要地解释一下社会正义是怎样融入人力资源管理实践[5]中很重要。正义是指导人们作为各种社会成员如何生活的准则。正义的概念意味着某人或一群人会受到公平或不公平的对待。正义的内容通常被称为权利，从这个角度来看，人们拥有理应得到的权利。

因为他们是人，所以所有人都有被尊重的权利。不仅仅是个人而且政府和机构必须给予其他人以尊重，这涉及个人的正直、自由和机会的平等。因而，人力资源规划、招聘、选拔、安置和培训、员工发展、绩效评估、薪酬福利和集体谈判政策和程序都要以社会公正为基础来建立。

也存在多种类型的公正。分配公正是指社会对个体的责任，法律公正是指每个个体对社会的责任，交换公正指的是存在于个体之间的责任。这三种类型的公正在人力资源管理中都会存在。例如，学区作为一个社会，在招聘和选拔教师时，有责任在种族和民族问题上保持公正。教师在填写就业申请表时，有责任提供真实的信息；人力资源管理者有责任及时处理就业申请表。

公正的概念还有另一个维度——赔偿。人们认识到，不公正地剥夺某人的权利并不会使责任无效，而是需要在恢复被拒绝的权利之外执行该权利。这一点很容易从平等就业机会委员会的行动中得到证实，平等就业机会委员会提出了反对学区歧视少数族裔和女性的决定。平等就业委员会的一些决定要求学区雇佣那些正在提出申诉的人。

正义论

约翰·罗尔斯是一位美国政治哲学家,他围绕公平的概念提出了正义的理论[6]。他的影响非常广泛,并被认为是康德、洛克和卢梭著作中社会契约理论的主要守护者。罗尔斯理论的基本前提是,对于任何社会的基本结构来说,正义的最佳原则都是那些在建立社会时原始协议的目标,这些原则是由自由理性的人推导出来作为平等的初始位置。

在所有西方社会中,原始协议是由很多不同的方法产生的,其中一些方法是暴力的。事实上,过去的阴暗残余只存在于一个特定社会的集体意识中。原始协议最终被简化为书面形式,并随着时间的流逝,以宪法的形式流传下来。然而,在次级社会中,观察甚至参与拟订一项协议是可能的。教育委员会使用的人力资源政策制定过程和人力资源程序的行政制定都是原始协议在当代社会如何继续存在的例子。它们应该是平等协议。当然,州和联邦法律和政府机构规章制度的确建立了政策和程序制定的范围和边界。可是,教育委员会、学校负责人和人力资源管理者建立并解释政策和程序的方式会违背公平原则。这可以在人力资源职能行使过程中看到,尤其是在行使平权运动和平等就业机会职能的时候。

另外,与其他机构一样,学区经过一段时间的运行,出于更新和改革的目的,有必要对政策和程序重新评估。在重新评估时,就出现了以公平概念为标准审查某一学区的政策和程序的机会。

罗尔斯提出两条他认为人们理应选择的原则,以此作为他们践行公平概念的方式。他的第一条原则是,每个人都应该有平等的系统权利,而其所享有的自由与其他每个人所享有的同类系统的自由相容。当然,系统的概念是这一原则的基本组成部分,因为它确立了行使一项自由可能而且很可能依赖于其他自由。另外,罗尔斯认为,正义的原则是有先后顺序的,并举例说明,只有为了自由,自由才能受到限制。因此,由于少数族裔和妇女在某一学区行政级别上的任职数不足而仅对这两个群体开放行政实习计划,基于这一原则来看是合理的。

罗尔斯的第二条原则主张,社会和经济的差别必须顾及每一个人,而不仅仅是最弱势的群体,而获得工作和职位的平等机会必须向所有人开放。这一正义原则也必须加以排序,以便效率原则不占首要地位。平权运动和就业立法中的平等机会和法院裁决有助于确保这一原则,以及确保平等机会谋求当选教育委员会成员的立法和判例法。下面的联邦法律将在本章稍后讨论,这些是第二个原则在美国社会如何运作的例子:

- 1964 年《民权法案》,修订版。
- 1973 年《残疾人正常活动法》第五篇。
- 1990 年《美国残疾人法案》。

在考虑不平等如何使最弱势群体受益时,必须援引正义储蓄的原则。由于人力资源负责人助理发现很难招聘并雇佣到高素质的教师,因此,教育委员会需要提高教师的工资水平,他们可能会在选民面前提出征税公投,以增加每个业主在未来数年须缴的物业税的额度。这种税收的增加不仅对当代学生有利,而且对以后的学生也有利。

第二条原则在本例中的应用说明,当代纳税人为了增加以后几代人的机会将要承担更高的税金。如果存在教师短缺的情况,那么教育计划将进一步恶化,最终让教育计划恢复到适宜水平的花费将会高出更多。另外,为了吸引满足学生教育需要的合格教师,有竞争力的薪金将增长,以至于必须大幅度增加税收。因此,通过现在和未来几年纳税人的付出,以后的人将会摆脱成为最弱势群体的境地。

在美国,这些正义原则体现在某些文件中,这些文件是国家建立的基石。除了美国宪法,《权利法案》和《独立宣言》也包含本章节中谈到的有关正义的原则[7]。

平权运动

"如果没有对所有人的正义,就不会有对任何一个人的正义。"这句话表述了民权立法的本意。平权行动计划是详细的、以结果为导向的计划,如果忠实地执行,就会符合大多数立法和行政命令[8]中规定的机会均等条款。因此,平权运动本身不是一项法律,而是通过遵循一套确保遵守立法和行政命令的准则而达到的目标。这样看来,一个组织违背的不是平权行动,而是违反了法律。

平权运动简史

虽然"平权运动"一词是最近才出现的,但是雇主具体采取行动平等对待少数群体的概念可以追溯到 1941 年 6 月富兰克林·D. 罗斯福总统颁布的第 8802 号行政命令。这项行政命令具有法律效力,建立了关于使用合同保护就业机会平等的一项政策。罗斯福总统于1943年发布了一项新的命令,将命令扩大到所有政府承包商,并且第一次要求所有合同都必须包含一项明确禁止歧视的条款。

1953年,艾森豪威尔总统发布了第10479号行政命令,建立了政府合同合规委员会。这个委员会接收针对政府承包商的歧视投诉,可是没有权力执行它的指导方针。

这种自愿遵守的时期于1961年结束,那时候约翰·F.肯尼迪总统发布了第10925号行政命令,建立了关于就业机会平等的总统委员会,并赋予它制定和执行自己规则的权力,对不遵守规则的承包商实施制裁和惩罚。政府承包商被要求有种族、肤色、信仰和国籍等方面的非歧视条款。

1965年9月,林登·约翰逊总统发布了非常重要的第11246号行政命令,它赋予劳工部部长对合同履行的管辖权并成立了联邦合同合规办公室(OFCC),取代了就业机会平等的总统委员会。每一份联邦合同都要求有七点就业机会平等的条款,只有这样,承包商才不会因为种族、肤色、信仰和国籍等原因在招聘过程中或者员工工作期间歧视他们中的任何一个人。另外,承包商必须以书面形式同意在招聘时采取平权运动措施。1967年,约翰逊总统又发布了第11375号行政命令,这是第11246号行政命令的修正版,在被保护的类别中增加了性别和宗教的内容。

为执行第11375号行政命令,劳工部部长发布了《联邦规则汇编》第41篇第60章,并将执法权力下放给联邦合同合规办公室,联邦合同合规办公室向就业标准管理局助理秘书汇报工作。

后来该机构改名为联邦合同合规项目办公室,为政府承包商的非歧视方面的工作提供领导,并且也负责协调与平等就业机会委员会和美国司法部涉及《1964年民权法案》修订版第七篇的事项。

根据《1964年民权法案》第七篇成立了平等就业机会委员会,以调查涉嫌种族、肤色、宗教、性别或国籍等方面的歧视。1972通过《平等就业机会法案》,平等就业机会委员会得到了极大的加强。它将覆盖范围扩大到15人以上的私营雇主、教育机构、州和地方政府、公共和私营就业机构、15人以上的工会、学徒和培训的联合劳工管理委员会。这个法案也赋予平等就业机会委员会对有歧视性做法的组织提起诉讼的权力。

平等就业机会委员会

许多学校管理人员存在的一个重大失误是,他们对平等就业机会委员会以及这个委员会对人力资源管理的影响了解不足。这个由五名成员组成的委员会间或制定平权运动指导方针。如果学区采纳该准则,就可以在发生歧视索赔时将风险降到最低。为进一步帮助员工,1978 年 12 月 11 日,平等就业机会委员会通过了额外的指导方针,可用于避免因向妇女和种族及少数族裔提供就业机会的平权运动而造成的反向歧视的索赔责任。以下几个来源的汇编提供了遵守平权运动的框架。

联邦指导方针提出了八个步骤[9]:第一步,每个教育委员会都应该发布一个包括平等就业机会和平权运动的书面政策,这个政策由学区的最高行政官员学区负责人负责实施。政策中应包括的承诺是,确定在所有职业类别中招聘、雇用和晋升时不受种族、信仰、国籍、性别、年龄、肤色或残疾的影响(性别或年龄是出于善意、实际的考虑的职业资格例外),确定只根据与该职位要求有关的个人资格做出雇用的决定;并且确定确保所有人力资源事务——如薪酬、福利、工作调动、解雇、离开的员工复职与继续教育——在管理过程中都不受种族、信仰、国籍、性别、年龄、肤色或残疾的影响。

第二步,学区负责人应该任命一名高级官员直接负责实施该计划。这名官员的职位名称是平权运动主任。他/她应该负责制定政策纲领并开展平权运动计划。另外,平权运动主任应该发起内部与外部的沟通,协助其他管理人员找到问题所在,设计及推行审核与报告制度,担任学区与执法机构之间的联络人,并向学区负责人报告平等就业机会领域的最新发展状况。

第三步,学区应该宣传内部与外部的平权运动计划信息。教育委员会的政策应该通过内部渠道,如会议和公告栏的方式公布。外部宣传可以采取宣传册的形式为该地区做广告;书面通知招聘来源;采购订单,租赁与合同中的条款;向少数族裔组织、社区机构和社区领导人发出书面通知。

第四步,根据学校和职业类别,对少数族裔和女性员工进行调查和分析。在每个主要的职业分类中,目前少数族裔和女性雇员的比例和数量应该与他们在相关劳动力市场的存在程度进行比较,也就是说,你可以合理地预期招聘的领域。这就能确定是"利用不足",即在某一特定工作类别或学校中,少数族裔或女性人数少于合理预期;或"过于集中",即在某一特定工作类别或学校中,某一特定群体人数多于合理预期。还应该调查确认有资格证书可以从事其他工作的女性和少数族裔员工。这样的员工在有岗位需求的时候,可以被调动到新的岗位。

有了这些信息,学区的管理应该进入到第五步,在时间表上制定可量化和可补救的目标。长期目标一旦建立起来,就能够在建立的时间框架内制定雇佣、培训、岗位调动和人事晋升这些具体目标和可量化的目标以实现最终目标。在此步骤中,应查明利用不足的原因。

第六步要求制定和实施具体方案以消除歧视壁垒。这是平权运动的核心并需要讨论。所有参与招聘过程的人都必须接受培训,使用支持平权运动目标的客观标准。每个职业类别的招聘程序必须被分析和回顾,以识别并消除歧视壁垒。招聘程序应包括联系代表少数族裔的教育机构和社区行动组织。回顾选拔过程以确保职位需求和雇佣活动对平权运动目标的实现有帮助是第六步的关键所在。这包括确保工作资格和选拔标准不会将少数族裔排除在外,除非这些资格与工作业绩有重大关系,而且不可能制定其他非歧视性标准。向上流动的制度,如职位晋升、工作调动和继续教育,在履行第六步过程中起着很重要的作用。通过仔细的记录保存,存在的壁垒可以被识别,具体的补救措施能被实施。这些补救措施可能包括为目前有资格向上流动的目标少数族裔和妇女提供培训,并为尚且不能满足资格的少数族裔和妇女提供更广泛的培训。

工资和薪酬结构、福利和就业条件是调查的其他领域。《1964 年民权法案》第七篇和《同工同酬法》要求对技能和责任相同的工作实行财政平等。所有附加福利,如医疗、住院和人寿保险,必须平等地适用于行使类似职能的人员。即使在一些州有"保护性法律"禁止妇女从事艰苦或危险工作的情况下,法院通常发现第七篇的平等就业需求替代这些州法律。法院还禁止强制产假和解雇怀孕教师。

在平权运动指导方针指引下,决定一个人何时被解雇、降职、纪律处分、减员或召回的标准对所有员工都是一样的。看似中立的做法应该重新被审视,看看它们是否对少数族裔产生了不同的影响。对于因合法的年资制度而被解雇的少数族裔,应给予诸如工作调动和职业咨询等特殊考虑。

第七步是要建立内部审核与报告制度,以监督并评估为实现平权运动计划目标而取得的进步。所有管理人员都应该能够获得基于上述数据编制的季度报告,以此知道平权运动计划是如何开展工作的,哪些地方还需要改进。按性别、种族或国籍对现有雇员和申请人进行记录是一个敏感问题。以前使用的这种记录保持方式已经被认为是一种歧视手段,一些州已经禁止这种做法。可是,在某些诉讼中,这些记录被用作歧视性做法的证据。执法机构甚至可以要求取得这些数据,这些数据对于平权运动记录的保存是必要的。平等就业机会委员会提议将这些信息编码并与人事档案[10]分开保存。

发展支援学区及社区计划是平权运动计划的最后一步。它可能包括为招聘少数族裔和女性员工开展支持服务,同时也包括鼓励现有员工为了获得晋升的资格,继续接受教育。

EEOC 管理步骤

涉嫌歧视的指控可向平等就业机会委员会的任何一间地区办公室提出。下文概述了与指控就业歧视有关的行政程序[11]。

歧视指控

歧视指控可以由任何一个人提出,由他人代表这个人提出,或者由平等就业机会委员会的任意一个委员提出。指控必须在涉嫌歧视行为发生的180天以内提出。在那些有就业歧视法律的州,时间可以延长到300天。平等就业机会委员会必须首先将指控转交给适当的州机构。在州机构完成它的程序之后或者在平等就业机会委员会转交指控给州机构60天之后,平等就业机会委员会开始调查工作,两个时间以先出现的为准。

当一个人因为受到歧视被拒绝雇用,这构成在特定日期发生的具体违规行为。可是,一些歧视活动是持续性违规行为。由于晋升的歧视性制度导致的晋升失败就是持续性违规行为的例子,因为歧视活动每天都在发生。在很长一段时间内会出现持续的违规行为。持续性违规歧视指控提出的时间限制是歧视活动终止之后的180天内。因而,只要歧视活动还存在,提出指控的时间没有限制。

接受集体谈判协议的个人,认为受到歧视的,可以按照主合同规定的申诉程序处理。这样做并不会改变必须向平等就业机会委员会提出指控的期限。

调查歧视指控

从提交歧视指控到开始调查通常需要18个月的时间。平等就业机会委员会要求广泛查阅雇主的记录。雇主可基于下列理由反对记录传讯：资料特许保密、资料的汇编会过于繁重或所索取的资料与指控无关。

歧视指控裁决

当调查结束，平等就业机会委员会将就歧视指控做出裁决。这种裁定采取两种形式之一：合理的理由，即指控是有价值的，并将邀请双方（雇主和指控方）调解案件；或者没有理由，这意味着指控没有价值。如果接到没有理由裁决的指控方仍然认为歧视是存在的，法院系统将是接下来的求助途径。

调解过程

当雇主或者他/她委派的代表与平等就业机会委员会的工作人员，在学区中的一间办公室会面探讨调解方法，调解过程就开始了。通常使用的调节方法如下：

1. 雇主和指控方可以达成调解协议。

调解协议的条文是为了消除歧视活动，可能包含的条款如补发工资、被解雇的指控方复职并建立雇佣与晋升少数族裔的目标和时间表。平等就业机会委员会每年参与交涉成千上万份调解协议，为遭受歧视经历的员工补偿成百上千万美元的资金。

2. 在平等就业机会委员会同意的情况下，雇主可以给指控方提供工作机会。

如果指控方拒绝雇主提供的工作机会，平等就业机会委员会发布起诉权通知，给指控方90天时间对雇主提出法律诉讼。

3. 雇主和指控方可以就个人和解方案达成一致意见。可如果平等就业机会委员会的调查发现针对一类人，如女性或残疾人的歧视活动，而且雇主和平等就业机会委员会不能够针对这类人的裁决达成一致意见，也会认为调解失败。这个案件会被转交到平等就业机会委员会的诉讼部门。

4. 如果雇主、指控方和平等就业机会委员会三方不能达成一致意见，就被看作调解失败，然后将案件转交到诉讼部门。

诉讼部门

若调解失败，诉讼部门会评估案件，裁决其是否涉及重大法律问题，或者对歧视的制度模式有重大影响。如果这两种情况中的一种或两种存在，平等就业机会委员会最有可能对涉嫌歧视的雇主提起诉讼。

然而，在联邦法院提起的绝大多数就业歧视诉讼中，要么是由个人煽动的，要么是由一群公民提起的集体诉讼。个人向联邦法院提出就业歧视索赔的先决条件如下:歧视指控必须在规定的时间内向平等就业机会委员会备案,平等就业机会委员会必须发布起诉权通知,指控方必须在接到通知的 90 天内提交诉讼资料。

起诉权通知是让指控方能通过法院提起诉讼,通常由平等就业机会委员会在以下三种情况发布:(1)由平等就业机会委员会裁决的歧视指控为没有理由状态;(2)当平等就业机会委员会的诉讼部门拒绝对某个案件的法律诉讼时;(3)当平等就业机会委员会与雇主订立的调解协议不包括指控方的主张时。

如果联邦法院做出有利于指控方的裁决,它可以承认任何它认为公平的裁决。命令性补救措施要求雇主采取一些行动,例如修改一项不遵循平权运动准则和歧视少数族裔的晋升政策。在涉及补发工资的歧视指控个案时,法院可以判定补发指控在平等就业机会委员会备案日期之前两年的工资。

实际职业资格

性别、宗教或国籍上的区别对待在一种情况下是被《平等就业机会法案》允许的,法律规定如下:

除本分章其他规定,(1)用人单位招聘、雇佣劳动者,职业介绍所对个人进行分类或者介绍工作,劳动组织对其成员进行分类或者对个人进行分类或者介绍工作,如果宗教、性别或国籍是特定企事业单位正常运行所合理需要的实际职业资格,用人单位、劳工组织或控制学徒制或其他培训或再培训计划的联合劳工管理委员会,可根据宗教、性别或国籍,接纳或雇佣该等计划中的任何个人,这些都不是非法的就业行为。(2)如果学校、学院、大学或其他教育机构或学习机构由某一宗教或某一宗教团体、协会或社团所有、支持、控制或管理全部或大部分,或者如果学校、学院、大学或其他教育机构或学习机构的课程是针对某一特定宗教[12]的传播,那招聘、雇佣某一宗教的雇员,也不是非法的行为。

因而,学区的人事管理人员有权力指派一名女性做游泳教师的职位,因为这个职位的职位描述中包含监督女学生更衣室的职责。

在某些学区,教师的国籍极其重要。如果,在某个特定学区,超过学生人数的

30%使用西班牙姓,西班牙裔就成为这个学校某些教师职位的实际职业资格。

平权运动司法审查

法院判决进一步修改了平权运动条例。虽然法院将继续完善《民权法案》和《平等就业机会法》的解释,但已经出现了一些基本结论,并为学区建设和实施平权运动计划[13]提供了指导。

1. 歧视的定义范围更广泛,大多数情况下,歧视包含一类人而非一个人。在法院发现存在歧视的情况下,必须对个别申诉人所属类别的所有成员实施补救措施。

2. 决定是否存在歧视的不是意图,而是就业活动的结果。

3. 即使就业活动在字面上是中立的,管理也很公正,如果它对受保护类别(受法律保护的群体)的成员具有不同的影响,或者如果它对以前歧视性做法的影响持续存在,仍是非法歧视。

4. 统计数字显示,在一个职业分类中,少数族裔或女性雇员的人数与其在劳动力中的存在不成比例,构成歧视作法的证据。当存在这样的统计数字时,用人单位必须表示这不是公然歧视或蓄意歧视的结果。

5. 为了证明对受保护阶层产生不同影响的实践或政策是合理的,用人单位必须令人信服地展现其在经营上的必要性。法院对这一点的解释非常狭义,也就是说其他非歧视性做法都不能达到必要的结果。

6. 法院命令的补救办法不仅打开了平等就业机会的大门,而且要求用人单位"使所有"受到影响阶层的人"恢复正当的经济地位"。事实上,法院已下令在就业的几乎每一个方面进行根本性改革。

从20世纪70年代后期,美国最高法院的两个裁决对学区平权运动计划发生了间接影响。第一个案例是加州大学伯克利分校起诉贝克案,该案件于1978年判决,涉及一所医学院的招生配额问题。第二件事是美国钢铁工人联合会起诉韦伯案,该案于1979年做出裁决,涉及私营行业一项具有种族意识的自愿平权运动计划。这两起案件都可以被视为在未来涉及学区的诉讼中开创先例。因而,教育委员会可以通过制定政策减少反向歧视的可能性,来避免这样的诉讼案件出现。

2003年6月,美国最高法院的两项裁决涉及平权运动问题核心的一个基本法律问题——美国宪法是否允许平权运动政策。这个问题的回答是一个响亮的"允许"。在格拉特起诉鲍灵格一案中,法院支持了密歇根一所法学院的招生政策,称该校招收种族和民族多元化的学生群体是有令人信服的利益考量的,因为这种多样性对教育是十分有益的。然而,尽管在格拉特起诉鲍灵格一案中法院赞成平权运动的重要性,仍裁定密歇根大学的本科招生活动在评估申请人时过于强调种族。这所大学采用了一种计分制度,自动向某些少数族裔群体[14]的成员发放大量奖金。这两项裁决对人力资源管理人员的意义是,平权运动政策是宪法允许的,但实施该政策的做法必须是合理的。

附录2.4用一个政策制定的实例来说明学区是如何与本章中阐述的联邦立法和诉讼的意图保持一致的。

附录2.4 教育委员会关于平等就业机会和平权运动的政策

教育委员会认为实施其提供有效教育计划的责任取决于充分有效地使用合格员工,而不考虑他们的种族、年龄、性别、肤色、宗教、国籍、信仰、血统或者是否残疾。

教育委员会指导就业和人力资源政策确保人人机会均等。歧视在这个学校制度的任何组成部分中都不存在。因而,所有关于招聘、选拔、安置、薪酬、福利、教育机会、晋升、解聘和工作环境的事务都不存在歧视活动。

为遵守《1964年民权法案》的第七篇和1972年《平等就业机会法案》,教育委员会进一步发起平权运动计划。这个计划将确保少数族裔员工和女性员工在所有就业机会中的代表比例和参与性;民权将不会被侵犯、削减,或否认;招聘和选拔标准是公正的;有关就业和晋升机会的资料将在平等的基础上宣传;最后,每位员工都有权提出有关歧视的内部或外部投诉,并根据所发现的事实获得纠正。

以下学区的管理人员负责平权运动计划的有效实施。

学校负责人。作为学校的首席行政官员,学校负责人直接负责领导制定和执行符合本政策的程序。

平权运动主任。在学校负责人的监督下,这位主任负责管理平权运动计划。

1991年民权法案

20世纪90年代,多项民权立法的通过使学区开始走上了一条新的道路。1991年《民权法案》[15]的情况尤其如此。该法首次将惩罚性损害赔偿和陪审团审判扩大到因种族、国籍、性别、残疾或宗教的原因而受到歧视的雇员。因此,学区必须保持警惕,不仅要遵守本法的规定,而且要遵守立法的精神。

有两个重大的程序改变。第一项,该法允许扩大补偿性损害赔偿和惩罚性损害赔偿。在该法通过之前,除少数例外情况外,原告的补偿性补救措施仅限于损失的工资和福利、恢复原职和律师费。通过之后,原告也能够收到因情感上的痛苦、不便和精神上遭受的苦闷而产生的补偿性损害赔偿。另外,如果原告能够证明用人单位的做法带有"恶意"或"不顾后果的冷漠行为",原告可以获得惩罚性损害赔偿。对学区负责人、负责人助理及校董事会成员的主要考虑因素,是在根据 1991 年《民权法案》对某学区提起的诉讼中,他们可被称为共同被告。其原因是,由于学区是政府机构,不能对其征收惩罚性损害赔偿,但可以对行政人员和学校董事会成员等个人征收惩罚性损害赔偿。

对补偿性和惩罚性损害赔偿金额的限额规定如下:

- 如果学区有 15 到 100 个雇员,原告可以获得最高 50,000 美元的损害赔偿。
- 如果学区有 101 到 200 个雇员,原告可以获得最高 100,000 美元的损害赔偿。
- 如果学区有 201 到 500 个雇员,原告可以获得最高 200,000 美元的损害赔偿。
- 如果学区的雇员超出 500 人,原告可以获得最高 300,000 美元的损害赔偿。

对于这些限额,有两种例外情况。对于年龄歧视的限额是补发两倍工资和福利;而对于种族歧视,不存在限额。对于还从来没有涉及损害赔偿的学区来说,还有一个坏消息。胜诉的原告,也可以追缴专家鉴定人的费用。

第二项重大的程序改变涉及申诉人在要求赔偿和/或惩罚性损害赔偿的就业歧视案件中接受陪审团审判的权利。在该法颁布之前,就业歧视案件很少允许陪审团审理。关于这一问题的主要考虑不仅是陪审团的不可预测性,而且是陪审团对雇主的明显偏见。

该法还对学校人力资源职能的管理方式带来了重大的实质性变化。1991 年《民权法案》推翻了美国最高法院的几项看似有利于雇主的裁决。现在,当一个看似中性的行为导致对受保护阶层的雇员的歧视时,学区就承担起举证的责任。

残疾人平等

1973 年《残疾人正常活动法》第五篇包括五部分内容,其中有四个部分是关于残疾人平权运动的内容,另外一个部分涉及自愿行为,补救行为和遵守法律的评价标准。《残疾人正常活动法》的国会意图与其他民权立法的意图相同,例如1964年的《民权法案》(涉及基于种族、性别、宗教或国籍的歧视)和1972年《教育修正案》的第九篇(涉及教育计划中的性别歧视)。然而,当那时的美国卫生、教育和福利部(HEW)在联邦登记册上公布实施《残疾人正常活动法》的规定时,它强调了该法案的一个根本区别:

> 《民权法案》第七篇和《教育修正案》第九篇的前提在普通群众与受这些法规保护的人们之间不存在平等的本质差别,因此,在联邦项目的管理中不应该有区别对待。另一方面,《残疾人正常活动法》第504节则太过复杂。残疾人为了获得平等的机会可能需要不同的待遇,而相同的待遇实际上可能构成歧视。关于何时禁止或需要不同待遇的一般规则的制定问题,由于现有残疾的多样性和某些人可能受到的不同程度的影响而更加复杂。[16]

《残疾人正常活动法》第504节B条明确提到了就业实践。接受联邦财政援助的用人单位被禁止在招聘、雇用、补偿、工作分配/分类和福利方面歧视合格的残疾人。用人单位也需要为合格的申请人或残疾员工提供合理的工作环境,除非他们能证明这种环境会带来不必要的困难。该法适用于所有州、中级和地方教育机构。最后,任何根据《残疾人教育法》接受援助的机构必须采取积极步骤,雇用和提拔符合条件的残疾人参加根据《残疾人教育法》获得援助的项目。

合理的工作环境

要求用人单位在工作环境中为申请人和残疾人员工提供合理的工作环境,造成了很大的困难。合理的工作环境包括为残疾人提供易于获得的、可使用的员工设施以及采取诸如重组工作内容、调整工作时间表、改造和/或购买特殊设备或装置并提供阅读器等行动。

为确定给残疾人员工提供合理的工作环境是否对用人单位造成不必要的困难,应考虑以下因素:(1)机构或公司的规模与员工人数的关系;(2)可用设施的数量和型号;(3)用人单位预算的数额;(4)劳动力的构成;(5)所需工作环境的性质和类型。如果用人单位认为合理的工作环境会造成困难,则证明责任应由用人单位承担。

就业标准

《残疾人正常活动法》第504节中的规则与平等就业机会委员会制定的选拔程序指导方针一致,禁止使用任何选拔或歧视残疾人的雇佣测试或其他准则,除非有证据显示该测试或选拔标准与工作相关。因此,对残疾人申请人或雇员进行选拔和管理测试,测试结果必须准确反映此人的工作技能或该测试旨在衡量的其他因素,而不是这个人受损的感官、体力或语言技能,除非这些技能是能胜任工作所必需的。

"测试"这个词包括对一般智力、心理能力、学习能力、具体智力因素、机械和文书能力、灵活性和协调能力、知识、熟练程度、态度、个性和气质的测量。评估工作适合性的正式方法,即合格的标准包括个人经历和背景资料、受教育经历或工作经历、面试评分和申请表评分。

学区管理者必须认识到他们可能被要求提供证据,证明他们在选拔和职位晋升过程中使用的测试程序的有效性和可靠性。当然,随意的方法是很难为之辩护的。

职前查询

《残疾人正常活动法》第504节明确要求,联邦财政援助的接受方应该采取:(1)补救措施以纠正过去存在的歧视行为;(2)自愿行为以消除对残疾人参与性的限制;(3)平权运动以雇佣残疾人。用人单位可使用职前查询,以确定在遵守《残疾人正常活动法》方面的进展。B条也包含下面的条目:用人单位必须在所有职前书面调查问卷上注明,或者如果没有使用书面调查问卷,用人单位必须告知申请人,要求提供职前信息是为了实施补救措施、自愿行为或平权运动计划;用人单位必须声明,要求提供的资料是自愿提供的,资料会保密,拒绝提供资料不会对申请人或雇员造成任何不利影响。

其中B条并无规定禁止用人单位以残疾人就职前的体格检查结果为雇佣条件。然而,只有当所有进入公司的员工都必须进行体检,且体检结果符合适当的补救措施、自愿行为和平权运动计划的要求时,这一条件才适用。

这些医疗信息必须与其他就业数据分开,以单独的表格保存,并且必须与医疗记录一样按照保密资料保存。这些资料可以被主管和经理用来了解残疾员工的职责限制,并为他们提供必要的环境设施。发生紧急情况时,急救和安全人员也会用到这些医疗资料。最后,政府官员在调查用人单位是否遵守《残疾人正常活动法》时,可能会用到这些资料。

必要的组织行为

尽管第504节没有要求学区为残疾人建立平权运动计划,但是,它确实要求三种组织活动形式:补救措施、自愿措施和自我评估。美国教育部民权办公室负责调查学区对残疾人的歧视指控。如果歧视被确定存在,这个机构可以要求对目前雇佣的残疾人、现在已经不在该学区工作但曾在歧视发生时工作过的残疾人或还没有发生歧视行为但将要在该学区工作的残疾人实施补救措施。

另外,学区可采取自愿措施,以减轻歧视。这种措施通常以自我评估过程的建立开始。《联邦公报》第87.4条概述了下列自我评估要求:

自第504节颁布实施之日(1977年5月4日)起一年内,当地学区必须:(a)在残疾人和残疾人组织的协助下评估不符合第504节要求的现行地区政策和做法,(b)对这些地区政策和实践进行更正,并且(c)采取适当的补救措施以消除由于坚持这些政策和做法而造成的任何歧视的影响。

此外,雇佣15人或15人以上的当地学区必须在完成自我评估后至少三年的时间内,存档供公众查阅:(a)有关人士的名单,(b)已审查的领域和已查明的任何问题的说明,与(c)做出的任何更正措施及采取的任何补救措施[17]的说明。

表2.1列出了计划、执行和分析自我评估过程所需的组成部分。

表2.1　一个学区评估模型的概念组成部分

• 教育委员会制定保护残疾人权利的政策
• 学校负责人设立具有时间表的实施政策的目标
• 学校负责人委派一名管理人员来监控实施和持续遵守
• 该管理人员建立评估过程来衡量实施和遵守策略的进展
• 该管理人员建立员工发展计划,以此种方式来让教师、行政人员和工作人员了解到有关政策的实施和遵守情况
• 该管理人员对教育委员会做关于政策实施和遵守情况的年度报告

1990 年《美国残疾人法》

乔治·H. W. 布什于 1990 年 7 月 26 日签署了《美国残疾人法》[18]。这是有史以来通过的保护残疾人权利最全面的立法。从实践的角度来看，《美国残疾人法》是 1973 年《残疾人正常活动法》的延伸。这种延伸适用于私营部门及地方和州政府机构，不管它们是否接受联邦资金。因为几乎每一个美国的学区都直接或间接地接受一部分联邦资金援助，而接受这样的资金援助就意味着接受遵守《残疾人正常活动法》的要求，遵守《残疾人正常活动法》的学区在遵守《美国残疾人法》方面也没有困难。

《美国残疾人法》有五篇。除了第四篇适用于通信公司外，其他标题对学区都有一些影响。

第一篇

第一篇于 1992 年 7 月 26 日生效，规定了各学区的就业实践。

第二篇

州和地方政府机构的所有服务、项目和活动均受第二篇的约束，即使服务是由承包商提供的也同样要受到约束。第二篇于 1992 年 1 月 26 日生效，并包括进行的业务中涉及公众接触的一部分活动。因而，课堂教学和学生的交通受到了影响。尽管第二篇包含就业实践，美国司法部决定平等就业机会委员会有关第一篇的规定对第二篇来说就足够了。

第三篇

第三篇也于 1992 年 1 月 26 日生效。它涉及公共设施，只适用于私营部门。因此，第三篇并不涵盖学区。但是，如果一个学区与私营公司签订了合同，例如，为学生提供交通或餐饮服务，这个学区就必须确保该私营公司的运营遵守第三篇。这个合规问题通常在学区和提供服务的公司之间的合同中作为一节提出。

第四篇

第四篇于 1993 年 7 月 26 日生效，并要求通信公司为听觉或言语障碍人士提供通信中继服务。

第五篇

第五篇包含若干条款。对学区最重要的条款涉及《美国残疾人法》与其他法律的关系。例如,它指出,"最高标准"适用于该标准是否为《美国残疾人法》、《康复法案》、州法律或者甚至是地方法令。该法还禁止对根据《美国残疾人法》寻求赔偿的人进行报复,并允许法院向胜诉方支付律师费。

《美国残疾人法》的管辖权和范围

在平等就业机会委员会的管辖下,《美国残疾人法》涵盖了1992年7月26日以后所有拥有25名或以上雇员的学区,以及1994年7月26日以后所有拥有15名或以上雇员的学区。然而,在美国司法部的管辖范围内,1992年1月26日以后,不论雇员人数多少,学区都禁止歧视。

因为美国教育部、美国司法部和平等就业机会委员会已经被赋予执行《美国残疾人法》的管辖权,这三个机构之间的协调是必要的。此外,由于美国劳工部根据1973年的《残疾人正常活动法》对涉及歧视和平权运动的案件拥有管辖权,因此该部门、美国司法部和平等就业机会委员会之间的协调不仅是必要的而且是很重要的。

根据《美国残疾人法》,在所有人力资源职能中存在歧视都是非法的,这些人力资源职能包括:

- 招聘;
- 选拔;
- 职位晋升;
- 培训;
- 员工发展;
- 奖励,包括直接和间接酬劳;
- 减员;
- 解约;
- 人员安置;
- 休假;
- 志愿者福利。

受《美国残疾人法》保护的人

第一篇规定了谁有资格受到《美国残疾人法》的保护。基本上,根据《美国残疾人法》,如果一个人有生理或心理上的缺陷,严重限制了他/她的主要日常生活活动,那么他/她就是残疾人。《美国残疾人法》也保护有严重限制性伤残记录的个人和被视为严重限制性伤残的人。

在这个定义中,"生理或心理上的障碍"一词包括脑瘫、肌肉萎缩、多发性硬化症、艾滋病、艾滋病病毒感染、情感疾病、药物成瘾、酗酒和阅读障碍。然而,如果一个人的身高、体重或肌肉张力等均在正常范围内,则不属于上述定义中的障碍。另外,有特别的头发或眼睛颜色、怀孕、在监狱服刑都不是生理或心理上的障碍。在决定一个人是否为应该受到保护的残疾人时,减缓措施如药物、辅助装置或假体装置都不在考虑范围内。

"主要日常生活活动"一词是指对普通人的日常生活至关重要的活动。因此,听、看、说、呼吸、做手工、走路、照顾自己、学习和工作是主要日常生活活动。平等就业机会委员会在决定一种残疾是否严重限制了一个人的主要日常生活活动时,从以下三个方面考虑:(1)伤残的性质和严重程度;(2)其持续时间或预期持续时间;(3)由此产生的实际或预期的永久性长期影响。因而,如断肢、流感和扁桃体切除术都不是残疾。

"伤残记录"是指一个人不再接受治疗的一种残疾。因此,有心脏病、心理疾病、药物成瘾或酗酒史的人也应受到法律保护。

"被视为伤残"一词是指那些生理或心理并没有受到损伤而被视为有伤残的人,以及在生产能力、安全、责任、出勤、食宿、工伤补偿或其他方面理应受到关注的人。

1995年3月,平等就业机会委员会对《美国残疾人法》出台了一项解释,称它保护健康但携带异常基因的人免受就业歧视。越来越多的人开始利用新的基因测试来确定一个人是否易患老年痴呆症、心脏病和某些癌症。这些信息可以让人们采取预防措施并及早治疗;它也可以预测哪些疾病能够通过基因传递给他们的孩子。如果这些测试结果被以后的用人单位知道后,其中一部分用人单位可能会歧视携带异常基因的申请人,以避免该申请人未来不能继续工作并让雇主支付更高的医疗保险费用。

依据《美国残疾人法》的选拔过程

申请受《美国残疾人法》保护的学区职位的申请人必须具备其他条件。"其他条件"是指申请人在有或者没有合理便利措施的情况下,能够履行工作的基本职能。因而,该申请人必须满足职位对教育背景、工作经验、技能、准入执照和其他与这个职位相关的资质要求。此外,申请人必须能够在有或者没有合理便利措施的情况下完成这个职位基本的工作任务。

学区仍然能够雇佣资质最好的申请者,《美国残疾人法》没有强加任何平权运动的义务。

明确一个岗位的基本职能对于不歧视受到《美国残疾人法》保护的合格申请人是关键因素。岗位的基本职能必须在履行人力资源职能的某个过程之前确定。当然,在选拔过程开始之前,制定一份岗位描述并发出该职位的招聘广告,是正确的做法。在确定是否是岗位的基本职能时,应该考虑以下几个因素:

- 该职位的现任及/或前任雇员的实际工作经验;
- 完成一项工作需要的时间;
- 集体谈判协议的条款;
- 不要求员工完成一项工作的后果;
- 完成这项工作所需要的专业知识或技能的程度;
- 可以完成此项工作的其他员工的数量,或者在哪几个员工之间分配这项工作的工作表现;
- 这个岗位存在的理由是否就是为了完成这项工作[20]。

"合理便利措施"可以被定义为对于这个职位的任何变化或者调整,抑或是能够让符合职位要求的残疾人申请者参与选拔过程、完成工作基本职责并平等享受福利和与正常员工有同样就业权限的工作环境。因而,合理便利措施可能包括以下几个方面:

- 获得或调整的设备或装置;
- 岗位调整;
- 允许兼职或修改工作时间表;
- 调整或改变考核、培训资料或政策;
- 提供读书的人和翻译人员;
- 为残疾人士[21]提供便利的工作环境。

合理便利措施要求也适用于在学区工作以后残疾的员工。综上所述,加上重新分配到另一个岗位,都必须是成为残疾人的雇员。

在确定必要的便利措施方面,平等就业机会委员会提供了以下几个方面的建议。第一步,明确工作岗位的基本职能。第二步,向残疾人士咨询,确定他/她的确切限制,以及如何克服这些限制。第三步,也是在残疾人士的协助下,识别出潜在的便利措施并评估其有效性。第四步,在考虑到残障人士的偏好后,实施残障人士与雇主商定的便利措施。《美国残疾人法》并不要求选用"最好"的便利措施,只要选用的便利措施能够让残疾人员工有平等的机会完成工作即可,了解这一点很重要。可以认为是合理的便利措施的设备包括电信设备、将打印文档放大或转换为语音文件的特殊计算机软件、电话耳机、扬声器和自适应灯光开关。

过度负担

如果提供合理的便利措施将会对该学区造成过度的负担,就没有必要了。这意味着便利措施将过于昂贵、规模过大、数量过多或会引起混乱的,或将从根本上改变学区的运作性质。在确定过度负担时,可以考虑的因素是便利措施的费用、学区的规模、学区的财政资源以及学区运作的性质或结构。

如果一个特别的便利措施将会是过度负担,学区员工一定会想方设法找到另一个不会造成负担的便利措施。此外,如果负担是由于财政资料缺乏造成的,学区必须设法从诸如职业康复机构等外部来源获得资金。申请者或员工也一定会被给予机会偿还一定比例的因构成过度负担的便利措施的花费[22]。

无障碍环境

第二篇包含《美国残疾人法》与无障碍环境[23]相关的条款。《美国残疾人法》要求学区在1993年1月26日前进行自我评估。大多数学区都有一份符合1973年《残疾人正常活动法》中第504节规定的自我评估档案。因此,这些学区可以在《美国残疾人法》要求的自我评估中只实行那些在之前的自我评估中没有涵盖的政策和实践。这种自我评估为利益相关的个人、残疾人和代表残疾人的组织提供了提建议的机会。每个学区都要保存一份供公开查阅的档案,其中包括所咨询的有关人士的姓名、所检查地区的说明、所发现的问题以及所做的任何改变的说明。

各学区还必须保存一份供公开查阅的过渡计划,列出为使其设施便于使用而进行的设施结构改革。这份过渡计划应包括采取纠正措施的时间表和学区负责实施该计划的负责人姓名。

《美国残疾人法》也要求学区委派一名工作人员负责调查关于不遵守规定的申诉,并制定一项程序,以便快速、公平合理地解决这些申诉。

违反《美国残疾人法》的损害赔偿

雇佣、复职、补发工资和禁令性救济是《美国残疾人法》[24]所允许的一些补救措施。1991年的《民权法案》扩大了这一清单,将未来经济损失、不便、精神痛苦和情感痛苦的赔偿包括在内,但有具体的美元限制。根据《美国残疾人法》,学区不得获得惩罚性赔偿。

艾滋病歧视

随着时间的推移,没有什么问题比艾滋病(获得性免疫缺陷综合征)更受到如此多的人的关注与关心。不需要详细讨论这种疾病的医学知识,它的传染性与致命性就足以说明问题了。

人们对这种疾病的过度反应,促使美国卫生局局长 C. 埃弗雷特·库普博士,在疾病症状首次被公开的时候,向美国的每一个家庭发了一份说明性的小册子。所有卫生官员就这种疾病可能传播的方式意见一致,最常见的方式是与感染者性接触、共用药物针头或注射器。

卫生官员们也一致认为这种疾病不能通过与感染者偶然接触实现传播。事实上,如果一名家庭成员被证实感染了艾滋病,他/她与其他家庭成员之间的普通和偶然接触,并不能传播疾病。

然而,这种歇斯底里的情绪继续存在,在工作场所引起关注,导致一些个人、公司、机构和组织采取歧视性做法[25]。1987年出现了一项重大的发展,有助于处理对感染艾滋病病毒的人的歧视。在纳苏郡教育委员会诉阿莱恩案中,美国最高法院根据1973年《残疾人正常活动法》第504节规定,传染病可构成残疾。在这个案件中涉及的传染病是肺结核。然而,同年,加州的联邦巡回上诉法院将阿莱恩的判决应用于一宗涉及奥兰治县一名艾滋病教师的案件。法院命令学区恢复该教师以前的职务。

进一步的发展发生在1988年,当时美国司法部改变了早先在艾滋病问题上的立场,宣布联邦机构和联邦资助的用人单位不能因对艾滋病蔓延的恐惧本身解雇或歧视感染艾滋病病毒的员工。这项法律意见对学校董事会、联邦机构、政府承包商、联邦资助住房项目的管理人员以及其他接受联邦合同或财政援助的组织具有约束力。该意见强调,必须逐案评估每一种情况,以便决定一名感染者是否对工作场所其他人的健康构成直接威胁。

1973 年《残疾人正常活动法》与《美国残疾人法》要求用人单位为残疾人员工提供合理的便利措施,这里的残疾人也包括艾滋病病人。如果艾滋病病人依然能够完成他/她职位的基本要求,就必须为他们提供便利措施。如果雇主能够说明提供这样的便利措施将会对内部运行造成过度负担,那么,该公司、机构或组织能够被谅解。但是,管理过度负担的规章制度非常严苛。

一名校车司机有严重的疾病症状,这种情况可能不适用于合理的便利措施规定。艾滋病对中枢神经系统的影响会阻止他/她继续驾驶校车。

保护艾滋病患者的隐私极其重要。员工的医疗信息是保密文件。这一事实在甘缪尔诉美国案(1984 年)中得到了明确阐述。在这个案件中,美国政府想审查联邦雇员甘缪尔的医疗记录。政府认为甘缪尔对公众的健康有潜在的风险,所以审查他的医疗记录将提供必要的信息,以便将他分配到一个不会对公众构成威胁的职位。甘缪尔的律师辩论道,《美国宪法》第十四修正案保护公民的隐私权,除非有证据表明存在对公共安全的明显和现实的危险,否则公布医疗信息将违反这一修正案。美国政府不能提供这样的证据,于是联邦地方法院判决甘缪尔胜诉。

因此,如果公立学区的人事记录包含员工的医疗信息,这些记录是保密文件。披露这些记录内容的唯一理由是存在对公共卫生或安全的明显和现实的危险。

此外,还有一个领域涉及艾滋病感染者同事的权利。这个问题在涉及私营部门雇主相关的联邦法院案件"惠而浦诉马歇尔(1988 年)案"中已经得到解决。该案件重申,现有的最佳医疗信息不认为与艾滋病感染者的偶然接触是一种健康风险。事实上,在学校范围内,员工之间的接触、员工与学生之间的接触,就是偶然接触,因此没有感染艾滋病的风险。学区人力资源政策和程序必须体现这样的观点。

总而言之,案例法明确支持艾滋病患者、与艾滋病有关的并发症(ARC)患者和艾滋病毒检测呈阳性的患者的就业和隐私权。此外,案例法支持疑似被感染者拥有同样的权利。人力资源负责人助理确保学区的实践活动不会对艾滋病患者或前面提到的艾滋病相关情况人群歧视是非常必要的。在生命、医疗和住院保险计划方面存在严重歧视的可能性。附录 2.5 是一个教育委员会政策的样板,它包含了应该提供给艾滋病病毒携带者、艾滋病患者和与艾滋病有关的并发症员工的合法权利和人道待遇。

附录 2.5 艾滋病政策样板

教育委员会承诺为所有学生和工作人员提供一个没有健康风险的校园环境。这个政策使用联邦疾病控制与预防中心的信息制定完成。特别是,它的编写是为了保护感染了引起获得性免疫机能丧失综合征的人体免疫机能丧失病毒的学校工作人员的权利,而获得性免疫机能丧失综合征反过来又会引起与艾滋病有关的并发症。

此外,这一政策的制定受到医学信息的指导,这些信息证明艾滋病毒不能通过偶然的人际接触传播。

于是,教育委员会宣布了如下规定:

● 每一例艾滋病毒患者、艾滋病或与艾滋病相关的并发症患者将根据个人情况进行评估。

● 行政部门将向学生、教职员工和社区提供一个关于艾滋病毒、艾滋病和与艾滋病相关的并发症的教育项目。

● 鼓励已经被诊断感染了艾滋病病毒、艾滋病或有与艾滋病相关的并发症的员工向学校负责人报告,并附上执业医师的书面声明,说明员工的健康状况及继续担任现任职位的能力。

● 这份医学信息对学校负责人来说是保密文件。该负责人只有在"需要知道"的基础上,与受感染员工协商做出是否让其他员工了解这份资料内容的决定。该负责人还将向这些知情的工作人员提供法律和政策规定指导,要求这些资料保密。

● 这名员工将继续他/她的工作,除非他/她的健康状况恶化,严重影响到他/她岗位职责的工作表现为止。该员工的医师也可以确定他/她的岗位职责是否对他/她的健康造成了威胁。在这两种情况下,都应尽合理的努力让员工换一个岗位。

● 根据法律和教育委员会的政策,该员工享有其他雇员所享有的一切保护和保障。

越战时期退伍军人调整援助法案

《越战时期退伍军人调整援助法案》[26]于 1974 年由国会通过。因此,获得 1 万美元或更多联邦资金的学区必须采取平权运动,雇佣所有战争中的残疾退伍军人和越战时期的所有退伍军人。该法案将"残疾退伍军人"定义为在退伍军人管理局获得 30% 或以上伤残评级,或因与服役有关的残疾而退伍或退役的人。

调动军事储备和国民警卫队投入现役

1990 年 8 月 22 日,乔治·H. W. 布什命令调动美国军事储备和国民警卫队投入现役。这是 20 年来的首次调动,动用了大约 40,000 名士兵。这场战争被命名为"沙漠风暴"。

当一名员工进入现役部队服役时,他/她可以即刻享受到军队医疗保健系统的保障。该员工的家属在某些条件下有资格享受军警部门(以前称为 CHAMPUS,现在称为 TRICARE[27])的平民健康和医疗计划,其中最重要的是该员工在现役服役时间的长度。如果此次调动不足 30 天,员工家属不能参加军队医疗系统。可是,如果调动时间延长,员工家属从该员工服役日期开始的第 31 天享受军队医疗系统的保障。如果调动时间从一开始就超过 30 天,家属的医疗保障从服役的第 1 天开始享受。家属必须接受军事卫生机构的医疗保健,或者获得进入平民附加服务的许可。这项规定应有助于学区管理人员了解其职责的范围。

预备役人员和国民警卫队成员受到 1940 年的《退伍军人再就业权利法》条款的保护,这个法案在 1986 年进行了修订。该法案要求各学区给予预备役人员和国民警卫队成员从文职工作中休假的时间,以参加军事训练和现役。此外,该法案保护他们不因其军事义务而受到解雇和歧视。另外,该预备役人员或国民警卫队成员可以享受到"自动升迁原理"的待遇,这意味着他/她将继续累积年资,享受附加福利和加薪。因而,如果相同工作类别中作为预备役人员或国民警卫队成员的其他员工受到加薪和/或额外附加福利,服役成员返回工作岗位后,可获得相同幅度的加薪及/或附加福利。此外,如果该职业类别中的所有成员的附加福利或薪金都有所减少,返回的预备役人员或国民警卫队成员的福利或薪金也同样减少。

一旦他/她的军事训练或者现役期结束,该预备役人员或国民警卫队成员有 90 天时间来申请复职其以前工作的岗位。如果他/她以前的工作岗位没有空缺职位时,必须为他/她提供类似的职位或与他/她离开时职责上最接近的工作。

在医疗福利方面,用人单位不得在为预备役军人或国民警卫队成员重新投保之前,强制实施先前存在的排除或等待期。

1991 年公共交通工具员工测试法案

1991 年 10 月 28 日,乔治·H. W. 布什签署了《公共交通工具员工测试法案》[28]，该法案要求运输局长对安全敏感的职位人士，包括汽车运营商，颁布有关酒精及管制物质测试的法规。对于员工超出 50 人的学区，1994 年实施该法规。对于员工不足 50 人的学区，1995 年初实施该法规。

法规要求校车司机和运送旅客的私家汽车司机必须接受管制物质测试。

其他法规要求学区进行职前、事故后、随机、合理怀疑和复职测试。学区必须公布关于这类法律和实施程序的教育委员会政策，这个政策应该包括如果一个校车司机被发现违法，学区将采取的措施。

学区还必须制定尿液标本的收集、运输和登记程序。美国运输部要求尿样由国家药物滥用研究所认证的实验室来分析。实验室须向一名医学复核主任报告化验结果，然后由该主任就化验结果联络巴士司机，并向学区报告化验结果。当然，化验结果需要保密。负责确定是否存在合理怀疑并要求巴士司机接受测试的学区管理人员，必须接受至少 60 分钟的关于生理、行为、语言和可能的受控药物滥用表现指标的培训。最后，违反这项法律的校车司机必须从学区获得有关可用于帮助他/她解决其药物滥用问题的资源的信息。

1993 年家庭医疗休假法案

1993 年 2 月 5 日，克林顿签署了《家庭医疗休假法案》(FMLA)[29]。该法的基本目的是根据《公平劳动标准法》第 3(e) 条的规定，为符合条件的雇员提供每年在某些情况下休 12 周无薪假的权利。

以下情况，雇员可以同时援引本法：

• 孩子出生和对其第一年的照顾，包括陪产假。

• 收养或寄养父母安置孩子。当孩子满 1 岁或 12 周的期间结束时，该权利即告终止。

• 雇员配偶、子女或父母生病，包括继子女、寄养子女、18 岁以上无自理能力的子女及继父母。

• 雇员本人生病。这是指一种严重的健康状况，它不仅可能由疾病引起，还可能由伤害、损伤、身体或精神状况引起。它可能涉及住院治疗或任何需要缺勤三天以上并需要医疗服务提供者继续治疗的无工作能力。这也包括产前护理。

该法律于 1993 年 8 月 5 日生效。可是，在与一个或多个谈判单位有集体谈判协议的学区,法律生效时间或在主合同终止时,或在 1994 年 2 月 5 日,以较早日期为准。由于这是劳动法,美国劳工部是负责实施法规的联邦机构。

这项法律适用于所有私立中小学的雇员和所有公立学区的雇员。在商业和工业企业中,公司必须雇用 50 人或 50 人以上才适用于这项法律的规定。

雇员必须在学区工作满一年,才有资格享受本法规定的休假条件。这种工作可能是连续的,也可能是非连续的。此外,该雇员必须在休假前一年至少工作 1,250 个小时。因而,很多兼职雇员是没有资格享受休假的。还有一项豁免适用于学校负责人和许多其他管理人员。这一豁免允许教育委员会拒绝一名雇员的休假要求,该雇员的工资降幅最高在该地区工资的 10% 以内,因为该雇员的缺席可能会对学区造成实质性的、严重的经济损失。

学区可以使用多种方法来计算 1 年的期限,在这 1 年期限内,可能需要休 12 周的假。例如,学区政策可以使用日历年,从雇员休假回来之日起的 1 年,或任何固定的 1 年期间。当夫妇两人都是同一个学区的雇员时,出生、收养和家庭疾病的总假期可能以 12 周为限。显然,这一限制不适用于个人疾病。

有关于间歇性休假,减少计划休假和临近学期结束时的休假的特别规定。这项规定适用于教师,不包括教师助理和助手,除非他们的主要工作是实际教学。辅导员、心理专家、课程专家与诸如自助餐厅后勤人员、维修工和司机不在特别规定的涵盖范围。

因此,教师是可以休"间歇假"的,即时间从 1 小时到几周不等。例如,一个正在接受化疗的雇员。可是,如果一位教师将要休假的时间超过工作日总数的 20%,就要考虑减少计划假期,学区可以要求这名教师在一个特定的时期休假,但不得超过治疗期限。对于学区来说,另一种方法是临时将这名教师调到其他岗位。该教师一定能得到同等薪酬及福利。例如,学区可以安排这名教师去做全职代课教师。

一学年即将结束时休假,如果休假开始超过五周,但持续至学期结束前三周,学区可以要求教师继续休假至学期结束。此外,学区可以要求教师继续休假至学期结束,除非这个休假是因为教师本人如下两种情况的严重健康问题引起:(1)休假开始于学期结束前 5 周或更短的时间,但是持续时间超过 2 周,并于学期结束前 2 周内终止;(2)休假开始于学期结束前 3 周内,并将持续 5 天以上。

如果该雇员提前知道休假需求,应提前 30 天发出口头或书面通知。如果该雇员不能提前知道休假需求,通知必须在切实可行的情况下尽快发出,可以解释为两个工作日。

学区可以要求该雇员首先使用他/她积累的带薪假期,如病假、事假或例假。学区必须在假期期间继续为雇员支付健康计划保费,而在此期间必须视为继续工作,以便享有退休金及参加退休计划的资格。但是,雇员在无薪休假期间无权获得额外的福利,如额外支付的病假。

学区可能会要求员工的医疗服务提供者或其家庭成员的医疗服务提供者提供有关疾病开始的日期、持续时间、请假的必要性以及该雇员不能完成他/她的工作职责的证明。学区可以自费要求医疗服务提供者提供第二种意见;在同样的条件下,可以获得第三种意见,这种意见具有约束力。

雇员从休假返回工作单位时,有权从事同样的职位或与他/她休假之前有同样薪资、福利和工作环境相当的职位。学区可以要求该雇员的医疗服务提供者提供该雇员能够继续工作的证明文件。学区必须将这个法案的条款告知雇员。援引这个法案的政策和程序也必须在该雇员休假之前以书面形式提供给他/她,以便于学区执行该法案。

根据《家庭医疗休假法案》,雇员的投诉可以向美国劳工部提出。这个部门可进行行政调查或向法庭提出诉讼。因此,联邦记录保存要求和调查与《公平劳动标准法》是协调一致的。该法规的限制是两年,但如果被指控故意违法,则时间限制为三年。学区违反本法规定的,可以赔偿如下损失:(1)工资、福利损失;(2)因违反本法规定可能发生的除工资以外的其他费用。其他费用通常包括律师费和证人费,而且也可以包括如雇员被拒绝休假,所应有的等同于12周工资数额的专业护理赔偿款。

妇女平等

法国作家司汤达认为,给予妇女平等是文明最可靠的标志,将使人类的智力提高一倍。尽管他在100多年前写下这句名言,妇女的平等权至今仍然是我们社会中的一个重大问题。

在教育组织中,妇女平等就业机会的问题[30]传统体现在一个明确的职业分类——行政。所有的观察员都清楚地看到,妇女在教学、看护儿童、食品服务和公共汽车驾驶等职位上都表现良好。在大多数学区,技术性职业岗位(木匠、电工和水管工)则主要由男性担任,工艺美术教学岗位也是如此。在这种情况下,在本章以前概述的平权运动准则是适用的。然而,关键的问题是需要让妇女在行政评级中有更好的表现。

为什么女性管理者如此之少？许多研究者提出了各种各样的理论。其中一项研究认为,原因是教师的工资水平提高了,这吸引了更多的男性,他们后来被提升到了管理岗位;"二战"后和朝鲜战争后,男性退伍军人进入教育界,这也导致他们最终进入管理层;在20世纪50年代和60年代,对管理人员执行管理形象的投射,也吸引了更多的男性。

女性平等就业机会的法律授权特性主要来自两个联邦法律:1972年《教育修正案》第九篇,该法案禁止正在接受联邦资金援助的学区中,教育项目或活动存在性别歧视,包括就业歧视;当然,还有1964年的《民权法案》,1972年修正案第七篇,该法案禁止基于性别、宗教、民族、种族或肤色的歧视。

1992年2月,美国最高法院对"富兰克林诉昆内特郡公立学校"的案件发布一致意见,依据第九篇,支持对性别歧视的受害者施行无限惩罚性和补偿性赔偿金的做法。这是一个具有里程碑意义的决定。在这个案件之前,女性员工认为,她受到歧视,除了可以得到禁令性和宣告性安慰之外,只能要求返还工资。

2004年11月,美国最高法院裁定,在"杰克逊诉伯明翰教育委员会"一案中,支持者和吹哨人,连同受害者,依据第九篇可以起诉。这个案件涉及一位伯明翰(亚拉巴马州)学区的体育老师,他也是高中女生篮球队的教练。在他抱怨女篮球运动员因性别而受到歧视后,他被解雇了教练职位。

2001年,这名教练起诉教育委员会。审判法院驳回了该诉讼,声称第九篇不适用于此案件。美国第十一巡回上诉法院维持了这一裁决,但是美国最高法院推翻了下级法院的裁决[31]。

这对人力资源管理者来说是一项重要的裁决,因为它延续了一种普遍的态度,即法院和联邦机构不会容忍对违反法律规定的举报进行报复。例如,这一裁决无疑是符合平等就业机会委员会的指导方针,即政府在《民权法案》第七篇的管理中禁止实施报复行为。平等就业机会委员会的指导方针禁止对提出歧视指控,参与歧视诉讼,或反对歧视的个人进行解雇、降职、骚扰和其他形式的报复。然而,最高法院的裁决形成了一个新的维度,即它为维权人士和举报人提供了同样的保护,使他们免受报复[32]。

妇女就业遭受歧视的潜在领域

一般来说,学区和所有用人单位都被禁止设立源自女性刻板印象的职业资格。法院一致要求用人单位证实,任何性别限制确实是一种真正必要的职业资格。

在工商界,一些最常见的歧视女性的形式在教育机构中就几乎没有立足之地。例如,女性由于身高和体重限制而被拒绝就业。在这种情况下,一名能够完成与工作有关的任务的女性,在将用人单位告上法庭时,显然开创了案例法的先例。不过,仍会发生这样的事,一个非常有才华的女性没有被录用到管理职位上,只因她是一个"善良而娇小"的人,不符合强势领导者的形象。

平等就业机会委员会禁止由于女性的婚姻状况,由于她们怀孕了,由于她们不是家庭收入的主要来源或者由于她们有学龄前子女而歧视她们。

顾客和客户的偏好不是真正的职业资格标准。因此,在一个特定的学区,即便家长和学生对男性校长和男性管理者有偏好,该学区也不能歧视女性从事管理性岗位的工作。

孕产妇是歧视中的特殊形式

1978 年 10 月 31 日,卡特前总统签署法律文件,将怀孕及残疾修正案并入 1964 年《民权法案》[33]第七篇。该法律禁止在所有与就业有关的情况下给予孕妇不平等待遇。平等就业机会委员会发布了实施该法律的指导方针,这个指导方针表明用人单位,不能仅仅因为她是孕妇,就拒绝雇佣、培训、指派工作或提拔女性;要求在预先规定的期限内休产假的;因妇女怀孕而遭到解雇;拒绝已休产假的妇女再就业;对休产假的妇女,不给予工龄奖励;和因妇女在怀孕、分娩或者分娩后康复期间发生的与怀孕、分娩无关的残疾或者疾病而拒绝给予残疾或者医疗补助;否则,都是歧视行为。

招聘与选拔

为了确保在工作中不发生针对女性的歧视,第一步,学区领导层应该审查招聘和选拔程序。以下具体行动可以减少歧视发生的可能性:

- 利用女性作为招聘人员和面试官。
- 列出一份在学区内有晋升潜力的女性名单。

- 鼓励女性员工申请空缺管理岗位。

- 在学区外招聘时,应联系美国大学妇女协会、全国教育行政妇女理事会、全国妇女组织和少数民族就业机构等组织,征求他们的推荐。

- 选拔委员会包括女性代表。

- 在申请表格上删除先生、女士、小姐等称谓。

- 面试女性申请人时,仅提问与职位表现所需要的能力相关的问题。

- 审查并评估整个选拔过程,确保职位描述、选拔标准和数据采集工具(如测试、工作申请)是与职位相关的,而且没有将女性排除在外。

晋升与培训

必须采取积极步骤,克服在某些学区已成为传统的不平等现象。最有效的程序如下:

- 公布所有晋升机会。

- 如果可能,找出有能力的女性,可能委派她们管理性的工作,给她们提供步入管理性岗位的工作经历。

- 检查晋升程序,除了对员工能力和记录进行公正评估的程序外,取消所有其他方面的程序。

- 推荐女性参加管理性岗位实习和在职项目。

性骚扰

在1980年,平等就业机会委员会宣布性骚扰是一种违反了1964年《民权法案》[34]第七篇的违法行为。性骚扰主要有两种形式:交换条件歧视和敌对环境歧视。第一种形式是显而易见的。"交换条件歧视"发生在当一项雇用或人事决定是基于申请人或雇员对难以接受的性行为的服从或拒绝。因此,当雇员屈从于雇主或主管的性要求从而可以获得就业机会或附加福利时,就称为交换条件人事决定。

"敌对环境歧视"发生在当难以接受的性行为妨碍员工的工作表现时。判断敌对环境歧视是否存在的标准是性行为是否严重影响了一个理性的人的工作表现。调查敌对环境歧视应该考虑的因素:行为是身体上的、言语上的,还是两者兼而有之;行为发生的频次;骚扰者是同事还是主管;是否有其他员工参与;该行为是否针对一人以上;这种行为是敌对的还是公然的敌对。

　　调查性行为是否难以接受也同样重要。声称遭受性骚扰的人是否通过他或她的行为表明这些性行为是难以接受的？在做出这一决定时，抗议的时机以及以前是否与据称的骚扰者有经双方同意的性关系是重要的因素。

　　当这些个人在骚扰发生时充当学区的"代理人"时，学区应对其管理者和监督者的行为负责。作为交换条件的歧视，管理者或监督者总是作为学区的代理人。对于敌对环境歧视，如果学区知道或应该知道监督者的性骚扰，则由学区承担责任。

　　对于性骚扰同事的同事，如果代理人、管理人员和主管知道或应该知道这些骚扰，那么学区是有责任的。当性行为被发现时，相应的管理者或监督者必须采取行动来补救这种情况。

　　采取适当的行动保护雇员在工作场所免受非雇员的性骚扰也是管理者和监督者的职责。当学区代理人员知道或应该知道这些骚扰时，理应有这种责任。

　　学区应该向员工和公众表明，性骚扰是不可容忍的。教育委员会应通过禁止性骚扰的政策，并制定管理性程序，以有效地处理有关性骚扰的指控。此外，应要求所有员工参加有关性骚扰问题的员工发展计划。

　　教育委员会政策应阐明学区对迅速有效地处理性骚扰的承诺。实施该政策的管理性程序应该阐述投诉过程，并且应该包括投诉表格的填写，投诉表格必须由申投诉人签字。相关的人力资源管理者应该告知各方他们的权利。投诉和调查都应保密。程序还应包括完成调查的时间表。政策和程序必须通知所有员工。

　　针对所有员工的性骚扰员工发展计划应该包括教育委员会政策的解释和管理性程序；性骚扰的具体例证；性骚扰的流言蜚语；以及可接受的、自愿的和非法性骚扰之间的区别。管理者和监督者的发展应该不仅仅包括上述内容，而且还应该强调保护投诉者免受报复的重要性。附录2.6是教育委员会政策关于性骚扰的一个样本。

附录2.6　性骚扰政策样本

　　教育委员会承诺提供一个不会受到管理者、监督者、同事与非员工性骚扰的工作环境。

　　对于上述类别的雇员和非雇员，凡是进行难以接受的性冒犯，提出难以接受的性服务要求从事性骚扰，以及从事其他难以接受的带有性本能的言语或身体行为，都是违反这一政策的。

管理者或监督者根据某人对性行为的服从或拒绝,做出影响其就业的决定,是违反这一政策的。如果管理者或监督者根据某人对性行为的服从或拒绝,决定是否为员工提供机会或附加福利,也违反了这个政策。

不合理地干扰他人工作表现的性本能行为将被视为性骚扰。

为了维持一个没有性骚扰的环境,每个管理者和监督者都有责任监测其职责范围。另外,保护提出性骚扰投诉的员工免受报复也是每个管理者和监督者的责任。

雇员或以前的就业申请人如认为自己曾遭受性骚扰,应在事件发生后,尽可能快地向平权运动主任提出投诉。如果平权运动主任是被指控的骚扰者,学校负责人应该接受投诉。如果学校负责人是被指控的骚扰者,教育委员会应该接受该投诉。

接到投诉后,平权运动主任应该尽早启动调查程序。如果投诉人要求需同一性别的调查人员,而平权运动主任与投诉人不是同一性别,则该主任将委派另一名与投诉人性别相同的人进行调查。调查完成后,将会向投诉人、被指控的骚扰者及学校负责人提交调查结果报告。此次调查及调查报告都需要保密。员工如违反此政策,将会受到纪律处分,直至终止与学区的雇佣关系。

学校负责人有责任发起开展实施此政策的管理性程序,并开展与性骚扰、有关该政策及管理过程有关的员工发展计划。这个计划必须提供给每一个员工。

基于性别的非歧视政策

学校管理者纠正过去与防止今后歧视妇女的做法的良好意愿是不够的。唯一合理的行动方针是,学校负责人建议教育委员会采取一项非歧视政策,以补充学区的平权运动政策,这就提供了法律所要求的保证。美国学校管理者协会发布了一份政策样本,用于指导地方教育委员会制定政策。政策样本包括处理教育项目,设施和服务的部分;附录 2.7 中转载的部分只涉及就业活动[35]。

附录 2.7 地区就业活动

这个政策适用于地区就业计划的所有方面,包括但不限于招聘、发布职位信息、就业申请过程、职位晋升、任期授予、终止合同、解雇、工资、工作分配、各类休假、附加福利、培训计划、雇主赞助的计划、社会或娱乐计划,以及任何其他雇佣期限、条件或特权。具体来说,以下人事雇佣的做法被禁止:

1. 测试。根据性别对人产生不成比例不利影响的任何测试或其他标准的管理,除非它是工作成功的有效预测因素,并且没有其他测试或标准。

2. 招聘。只招聘一种性别或主要挑一种性别的申请者,并且这种做法产生了性别歧视的效果。

3. 薪酬。根据性别确定工资率。

4. 工作类别。工作类别有男性或女性之别。

5. 附加福利。按性别提供附加福利;所有附加福利计划必须平等对待男性和女性。

6. 婚姻状况及父母身份。任何基于婚姻状况或父母身份的行为;怀孕被认为是与所有工作有关的暂时性残疾,学区应给予与所有其他暂时性残疾相同的待遇。申请者在申请学区的工作时,不能被询问他/她的婚姻状况,包括该申请人是否为"小姐"或"夫人"。但是,如果对所有求职者的性别都进行了询问,就不是歧视的依据,则可以对求职者的性别进行询问。

7. 就业广告。任何基于性别的偏好、限制或规范的表达,除非性别是该特定工作应该考虑的真实职业资格。

政策执行 为了确保遵守这个政策,学区负责人将会:

1. 指定一名管理人员。

(1)协调全区的工作,以遵守这项政策;

(2)制定并确保维护一个文件档案系统,以保存本政策所规定的所有记录;

(3)调查根据本政策提出的所有投诉;

(4)管理依据本政策制定的申诉程序;

(5)酌情制定平权运动计划。

2. 规定向学生、家长、雇员、准雇员及学区雇员工会或组织持续发布本政策,此发布包括公司的名称、办公室地址以及根据本政策指定的合规管理人员的电话号码。

投诉程序 本学区任何雇员如认为自己因违反本政策中基于性别的部分而受到歧视、没有享受到福利或被排除在任何学区活动之外,可向本政策指定的合规管理人员提出书面投诉。合规管理人员应在收到书面投诉后十个工作日内,对书面投诉进行复审,并将书面回复寄给投诉人。还应向教育委员会的每位成员提供书面投诉和合规管理人员的答复副本。投诉人如对上述回应不满意,他/她可向教育委员会提出书面申诉,详细说明反对回应的性质以及反对的理由。

教育委员会在接到申诉后,将会在董事会下次定期会议上审议该项申诉。

教育委员会应准许投诉人在适当及合法的情况下,就其投诉向教育委员会公开或不公开会议发表意见,并应在会议结束后尽快向投诉人提供有关投诉的书面决定。

评估 大约在 1976 年 7 月 21 日,及在此后每年该日期周年日或周年日前后举行的公众会议上,学区负责人将会对教育委员会递交一份报告,说明该学区在过去一年遵守此政策的情况。而该报告可以作为教育委员会对这项政策的有效性评价的基础,并根据所有事实决定是否有必要采取额外的平权运动计划。

来源:转载自教育中性别平等的政策样本(阿林顿,弗吉尼亚州:美国学校管理者协会,1977 年)。

同工同酬法

1963 年,美国国会通过了《同工同酬法》[36],这个法案要求用人单位对同样的工作付给男性和女性的报酬相同。该法修正了《公平劳动标准法》,并保护为受州际贸易影响的企业雇主工作的员工。州际贸易是由美国第二巡回上诉法院在尤塞里诉哥伦比亚大学(1977)一案中被广泛定义的。另外,"同样的工作"的解释已经被广泛定义为实质上平等;因此,该法案不要求严格的工作平等,而是要求同等的技能、努力和责任,并在类似的工作条件下进行工作的同工同酬。但是,如果薪酬取决于资历制度、考核制度,或取决于以生产数量或质量来衡量的制度,或取决于除性别以外的因素衡量薪金的制度,则本法不适用。

一个涉及《同工同酬法》的法庭案件的例子是平等就业机会委员会诉麦迪逊社区单位 12 号学区一案,美国第七巡回上诉法院于 1987 年做出裁决。在这个案件中,在同一所学校执教女子田径和网球的女教练的工资明显低于执教男子田径和网球的男教练。此外,女子篮球队的一名女性助理教练的工资低于男子田径队的一名男性助理教练的工资,另一名女性执教女子篮球、垒球和排球的工资低于一名男性执教男子篮球、棒球和足球的工资。最后,女子田径队助理教练的工资低于男子田径队助理教练。

平等就业机会委员会对学区提起诉讼,称这种不平等违反了《同工同酬法》。美国印第安纳州北部地区法院做出了有利于平等就业机会委员会的裁决,但该学区向第七巡回法院提出上诉。本院在下列情况下维持地区法院的判决:男子和女子田径、男子和女子网球、男子棒球和女子垒球。然而,它推翻了地区法院在比较男子足球和女子排球、男子足球和女子篮球、男子田径和女子篮球方面的决定。本院声称,在上述这些情况下,需要的技能、工作努力程度和工作职责是不同的[37]。

同工同酬问题也有例外情况。当一个学区有一个基于绩效的评估体系,用来决定员工的工资和薪水时,《同工同酬法》并不适用。然而,在所有的组织中,员工倾向于与同事比较他们的工资和薪水,并比较他们的工作效率。这个现实,对学校管理人员来说影响很大。如果不加以重视,后果将会不堪设想。针对这个问题最好的解决方案是再次强调绩效和奖励之间的关系;同时,重申以绩效为基础的评估过程是决定业绩水平和奖励数额的工具也很重要。

显然,如果一个学区没有一个有效的评估过程,那么以绩效为基础的奖励计划就无法启动。绩效和奖励是同一个过程中的两个要素——他们相辅相成。

年龄平等

1967 年修订的《就业年龄歧视法》[38]对人力资源管理者的重要性与日俱增。国会通过了这项法案,通过禁止恣意的歧视,以能力而不是年龄来促进老年工人的就业。同样根据这项法案,美国劳工部一直在为老年人的需求和能力提供信息和教育项目。《就业年龄歧视法》中的调查结果和目的说明了其通过的理论依据,反映了当前社会趋势对老年工人的影响:

第二节　国会特此发现并宣布:

(1)面对生产力的提高和富裕程度的提高,老年工人发现他们在努力保持就业,特别是在失业时重新就业方面处于不利地位;

(2)不论工作表现如何,任意规定年龄限制已成为一种普遍做法,某些本来可取的做法可能对老年人不利;

(3)相对于较年轻的工人,老年工人的失业发生率更高,特别是长期失业的发生率,从而导致技能、士气和雇主接受度下降;他们的人数众多,而且还在增加;他们的就业问题相当严峻;

(4)由于年龄而在就业方面的任意歧视在传统产业中的存在,正在影响商业,给商业和商业中货物的自由流通造成负担。

《就业年龄歧视法》的条款

该法律保护至少 40 岁并小于 70 岁个体的权利。它适用于 20 人或 20 人以上的私营企业雇主,以及在影响州际贸易的行业中拥有 25 个或更多成员的职业介绍机构和劳工组织。该法律不适用于当选官员或其任命的人。

2000 年 1 月,美国最高法院以 5:4 的表决结果认为,根据美国宪法第十四条修正案,国会无权将这项法案扩大到各州及其行政机构。因此,公立学区似乎不能根据《就业年龄歧视法》在联邦法院受到起诉。然而,美国几乎每个州都有反年龄歧视法规,可以被认为因年龄而受到歧视的求职者和学区雇员援引。因此,州合规机构和州法院可以为年龄歧视提供补救措施。此外,学区的求职者和雇员可以向平等就业机会委员会提出年龄歧视投诉。

雇主因年龄而拒绝雇用或在报酬、雇佣条款、雇佣条件或雇用特权方面歧视任何人;或限制、隔离或分类员工,以剥夺任何个人的就业机会或因年龄而对该个人的雇员身份产生不利影响;均属违法行为。职业介绍机构拒绝介绍就业的,或者以年龄歧视个人的,或者以年龄分类介绍就业的,都是违法行为。工会因年龄歧视任何人,排除或者开除此人的会员资格;根据年龄限制、隔离或者分类会员;拒绝介绍他人就业,导致就业机会被剥夺或限制,或因年龄而对个人的雇员身份产生不利影响的行为;促使或企图促使雇主因年龄而歧视个人的行为,也都是违法行为。

而且,《就业年龄歧视法》的条款禁止雇主、职业介绍机构或工会因反对违反本法案的行为而歧视他人;禁止歧视根据本法案提出指控、协助或参与调查、诉讼程序或诉讼的人;禁止发布招聘职位通知,说明根据年龄的偏好、限制或要求。

《就业年龄歧视法》的例外

如果年龄是正常执行某项任务所必需的真实职业资格,则本法的禁令不适用。因此,试飞员的职位可以由年龄不超过 45 岁的人担任,因为准确和快速的反应是实验飞机安全飞行所必需的。然而,在教育机构中很难证明年龄是一种真正的职业资格。

当一个人因正当理由被开除或处分,以及新员工或现有员工的年资或福利计划因年龄不同而有差异时,《就业年龄歧视法》的禁令不再适用。然而,任何员工福利计划都不能作为因年龄原因而不招人的借口。

《就业年龄歧视法》的实施

该法案于 1979 年 7 月 1 日由美国劳工部提交给平等就业机会委员会。当时,每年投诉的平均数量达到了 5000 起。平等就业机会委员会可以进行调查,发布规章制度实施法律,并就无法自觉遵守的情况,通过法院执行法律规定。

结 论

本章讨论联邦政府对人力资源规划过程的四大影响。尽管平权运动和关于残疾人、妇女和老年人平等的立法代表了人力资源管理的核心趋势,但这些绝不是联邦政府影响人力资源管理过程的唯一考虑因素。

国会制定的下列法律是国家公共就业政策的重要组成部分,直接或间接地影响公立和私立教育机构的就业政策。所有的人力资源管理者都应该研究这些法律。

1883 年　彭德尔顿法(公务员制度委员会)

1931 年　大卫 – 培根法

1932 年　反禁令法

1935 年　国家劳工关系法

1935 年　社会保障法

1936 年　沃尔什—希利公共合同法

1938 年　公平劳动标准法

1947 年　劳工管理关系法

1959 年　劳动管理报告与信息披露法

1967 年　退伍军人再就业法

1968 年　扣发工资规定,消费者信贷保护法

1974 年　雇员退休收入保障法

1986 年　移民改革和控制法

1990 年　移民法

此外,必须记住,各个州和城市都制定了对人力资源管理产生重大影响的法规和条例。

最后,本章包含三个附录——附录 A:开展平权运动计划的步骤;附录 B:工作歧视的事实摘要;附录 C:递交工作歧视指控的步骤。这些附录提供了简要的信息,进一步阐明联邦立法对人力资源管理的影响方式。

从本章的尾注及参考文献中可以发现,互联网很显然是一个即刻提供联邦政府原始文档的最为宝贵的资源,如从平等就业机会委员会的网站上可以看到关于

雇主职责的指导方针。另外,互联网对于浏览特定联邦法律的某些章节也很有帮助,如1993年《家庭及医疗休假法案》,或者平等就业机会委员会关于性骚扰的宣言。没有任何东西可以替代原始文档,现在每个可以访问互联网的管理者都可以很容易地获得这些文档。

对中小型学区的影响

对中小型学区的明显影响始于所有联邦指导方针和法律对每个学区都是强制性的这一事实。违规行为没有借口。因此,学区负责人、校长及所有管理者都有责任了解和理解这些指导方针和法律。学区的规模不能为那些违规行为提供合理的辩解。

真正的问题是学区将如何颁布和实施这些指导方针和法律。管理者不会有时间去调查现有的指导方针和法律的变更并熟知新的指导方针和法律。因此,学区负责人采取的常用做法是雇佣一位能够使学区的人事工作跟上联邦指导方针和法律步伐的人力资源顾问或律师。这是学校管理者成为地方、州和国家专业协会会员重要性的原因之一,如美国学校管理者协会(AASA)、全国中学校长协会(NASSP)和全国小学校长协会(NAESP)。这些组织是教育行业管理者的法律责任信息搜集所。同样,学校董事会成员及时了解联邦指导方针和法律很重要,这也得益于国家学校董事会协会(NSBA)的成员资格。所有这些组织都有州分支机构,并且有许多地方教育管理者组织讨论这些问题。

中小型学区在如何处理人力资源规划过程,尤其是招生预测方面,有相当大的自由度。由于规模的原因,很容易对教师、管理人员和员工流动率进行基本的统计;同样,很容易知道这些地区的人口趋势。教师、管理人员、工作人员、家长、企业领导人和政府官员之间的沟通通常是直接的,并涉及影响人力资源规划过程和招生预测的问题。

协调人力资源规划过程、预测招生情况、遵守联邦指导方针和法律通常是学区负责人的职责,但也可能成为另一个行政管理者(如负责人助理)的职责,或被分配给多个管理人员。例如,基层校长可能会在他们各自的工作领域内为招生预测负起责任来。课程协调员可能负责学区中具有适当数量的,并有适当的州许可的教师。学区负责人可能带头与学区律师就联邦合规问题进行合作。负责员工发展的管理者可能也是组织教师、其他管理人员和工作人员开展有关联邦指导方针和法律合规培训教育的组织者。如果不可能进行这种授权,学区负责人就得承担这些责任。

年轻教师和管理者对人力资源规划的影响

很显然,大多数年轻教师和校长在很大程度上习惯通过电子方式交流,如手机、短信、电子邮件和网站。另外,这种交流方式可以非同步进行,也就是说,用户的交流不受时间限制。该交流方式也是即时的,通过聊天室,只要人们想交流,随时都可以实现。当然,完全依赖电子方式交流的危险是,这种交流方式不受时间限制,不受时间限制的交流方式往往也会使使用该交流方式的人处于孤立状态。这似乎很难理解,因为正在进行一系列的沟通;可是,如果我们只通过电子方式交流而不是面对面地交流,我们可能就不能完全了解所讨论的人或者与我们正在交流的人。

电子交流方式无法运用一种整体的交流方式,该方式中的语言和非语言的提示都很重要,而这些非语言的部分往往揭示了我们正在交流的人的真实意图,以及一个人的情感和感觉。年轻教师和校长当然需要与孩子们和同事们进行全方位的交流:电子方式,书面方式,语言方式与非语言方式。

在人力资源规划过程中,管理者使用电子设备与全体员工交流重要信息成为可能。这在通知教师、管理人员和工作人员有关影响某些类别的员工或所有人的法律和政策方面特别有用。因此,学区生育政策和程序的变化可以通过电子方式与员工交流。该信息一定够被年轻员工接收到,但是,其他年龄段的员工可能并不能收到。因而,电子交流方式不应该是唯一的交流方式[39]。

总　结

计划是所有人类经历的共同过程。它包括对目前状况、未来目标和实现这些目标的方法的理解。

人力资源规划作为人力资源管理的一个过程,它所承担的责任是确保一个学区在适当的时间、适当的地点,具备适当技能、适当数量的人员。

人力资源规划过程的第一步是评估人力资源需求,其中包括制定人力资源清单、五年招生情况预测、学区目标和人力资源预测。

学区面临的两个最紧迫的问题是人力资源规划和入学人数的增加与减少。减员的两个最成功的选择方案是提前退休激励计划和通过自然减员或项目开发而产生空缺职位的个人进行再培训。

当代美国社会的一个标志是联邦立法和法院裁决的剧增,这反过来又对人力资源规划过程产生了明确的影响。在所有民权立法中纳入或隐含的内容是社会正义和平权运动的重要概念。

正义是指导人们作为特定社会的一员如何生活的准则。正义的实质是权利,是指个人和群体有权要求的权利。社会对个人的责任是号召分配公平。个人对社会的责任被称为法律正义。交换正义涉及个人之间存在的责任。正义还包括恢复原状,即一个人恢复权利的权利。

约翰·罗尔斯是一位当代的政治哲学家,他用公平来描述他的正义理论。他认为,对任何社会的基本结构来说,正义的最佳原则是那些在建立社会时原始协议的原则。罗尔斯指出了人们应该选择实施公平概念的理由:(1)每个人都应该有平等的系统权利,而其所享有的自由与其他每个人所享有的同类系统的自由相容;与(2)社会和经济的不平等必须使社会中最弱势的人受益,获得公职和职位的平等机会必须向所有人开放。在解释目前的不平等怎样才能使社会中最弱势的人受益时,他提出了公正储蓄的原则。

平权运动本身不是一项法律,而是通过遵循一套确保遵守立法和行政命令的指导方针而达成的目标。平等就业机会委员会依据1964年《民权法案》第七篇设立,用来调查涉及基于种族、肤色、宗教、性别或国籍的就业歧视活动。这个由五名成员组成的委员会有时也会制定平权运动指导方针。涉嫌歧视的指控可以向平等就业机会委员会的任何一个地区办公室提出。管理性过程包括个人提出指控、调查指控、确定指控和调解过程。

《平等就业机会法》允许有限制的歧视,只要满足这样一个条件:如果有一项真正的职业资格规定雇用某一性别、宗教信仰或国籍的个人。因此,学区的人力资源管理者有权雇佣一名女性而不是一名男性担任游泳教练的职位,因为该工作职责包括监督女学生使用的更衣室。

1991 年的《民权法案》是一项具有里程碑意义的立法,因为它首次将惩罚性赔偿和陪审团审判扩大到因种族、国籍、性别、残疾或宗教信仰而受到歧视的雇员。

1973 年的《残疾人正常活动法》禁止接受联邦财政资助的单位在招聘、雇佣、薪酬、工作安排/分类以及附加福利提供方面歧视合格的残疾人。另外,还要求用人单位为合格的残疾人提供合理的工作环境。1974 年的《越战时期退伍军人调整援助法案》要求采取平权运动雇佣所有战争中有残疾的退伍军人和所有越战时期的退伍军人。

1990 年的《美国残疾人法》(ADA)也是一项具有里程碑意义的立法,因为它是有史以来通过的最全面的保护残疾人个体权利的立法。该法案由五篇组成,除了第四篇以外,都对学区有一些影响。

1990 年 8 月 22 日,总统乔治·W. 布什命令调动美国军事储备和国民警卫队组织投入现役。这引发了有关家属医疗保健和预备役人员和国民警卫队成员重返工作场所的若干问题。

1991 年 10 月 28 日,布什总统签署了《公共交通工具员工测试法案》,要求运输部长颁布有关学校的规章制度,并对校车司机等安全敏感岗位的人员进行受控物质检测。

1993 年 2 月 5 日,克林顿总统签署了《家庭和医疗休假法案》。该法的基本目的是为符合条件的雇员在某些情况下提供无薪休假的权利。

女性就业机会平等是人力资源管理中的一个焦点问题。女性机会平等的法律任务主要来自两项联邦法律:1972 年《教育修正案》中的第九篇,这部分内容规定,如果学区正在接受联邦的资金援助,禁止在教育项目或活动,包括就业活动中出现性别歧视;与 1964 年《民权法案》1972 年修订版中的第七篇。此外,1978 年卡特总统将《民权法案》的怀孕残疾修正案签署为法律。这项法律消除了在所有与就业有关的情况下对孕妇的不平等待遇。

自从 1980 年,平等就业机会委员会已经将性骚扰确定为是一种违反了 1964 年《民权法案》中第七篇的违法行为。工作场所中的性骚扰问题已引起全国关注,并将继续成为全国各地学区关注的问题。

1963 年的《同工同酬法》要求用人单位为同样的工作付给男性和女性同样的工

资和酬劳。

1967 年的《就业年龄歧视法》修正案通过禁止基于年龄的随意歧视来促进老年工人的就业。

由于其重要性,本章仅详细介绍联邦政府对人力资源规划过程的主要影响。可是,人力资源管理者也必须熟悉所有保护就业机会权利的立法。

 自评测验 这里是一份自主评分性质的自评测验。

问题讨论与陈述

1. 为什么评估人力资源需求对于一个学区如此重要?

2. 比较不同人力资源预测的方法。

3. 为平权运动下定义,在人力资源部建立问责制的时候解释它的重要性。

4. 约翰·罗尔斯的社会公平理论与人力资源管理的关系是什么?

5. 阐明平等就业机会委员会的作用和职能。

6. 从平权运动的司法审查能够得出什么结论?

建议的活动

1. 作为一个有 3 位行政管理者和 11 位基层管理者的学区的人力资源负责人助理,以书面形式写出一个关于性骚扰报告的大纲,这个报告的目的是让管理者们进一步意识到该学区性骚扰政策的潜在威胁。假设这个学区的性骚扰政策与这一章中呈现的是相同的。

2. 熟悉了解世代生存技术,为学区模拟一个招生规划。

3. 从学区拿到教育委员会关于平等就业机会和平权运动的政策。写出这些政策与本章中的政策的比较关系。

4. 以书面形式,写出本章节中阐述的联邦法律的重要方面的一个快速参考指南。

问题情境反思性行动

假如你已经阅读并思考过这个章节,你打算如何减轻教育委员会和学区负责人的担忧? 也就是说,你的行动计划是什么?

尾　注

1. David A. DeCenzo and Stephen P. Robbins, *Fundamentals of Human Resource Management*, 9th ed. (Hoboken, NJ: John Wiley, 2007), 124 – 126.

2. American Association of School Administrators (AASA). *AASA Executive Handbook Series*, Vol. II: *Declining Enrollment: What to Do.* (Arlington, VA: Author, 1974).

3. DeCenzo and Robbins, *Fundamentals of Human Resources Management*, 126 – 131, 138.

4. AASA, *AASA Executive Handbook Series*, Vol. II: *Declining Enrollment: What to Do.*

5. Ronald W. Rebore, *The Ethics of Educational Leadership* (Upper Saddle River, NJ: Merrill/Prentice Hall, 2001), 227 – 238.

6. John Rawls, *Stanford Encyclopedia of Philosophy*, plato. stanford. edu/entries/rawls/.

7. U. S. Constitution, Bill of Rights, and Declaration of Independence, www. archives. gov.

8. U. S. Department of Labor, Office of Federal Contract Compliance Programs, Labor Law Reports—Employment Practices, *Office of Federal Contract Compliance Manual*, 2nd ed. , 1975. Report 86, no. 580.

9. The eight steps are a composite of those found on the EEOC Website.

10. EEOC, verified.

11. EEOC, *Administrative Process.*

12. EEOC, *Bona Fide Occupational Qualification*, Title VII of the Civil Rights Act of 1964, www. eeoc. gov/laws/statutes/titlevii. cfm.

13. EEOC, www. eeoc. gov.

14. Peter Schmidt, "Affirmative Action Survives, and So Does the Debate," *Chronicle of Higher Education* (special report), (July 4, 2003): S1 – S7.

15. Civil Rights Act of 1991, www. eeoc. gov/laws/statutes/cra-1991. cfm.

16. U. S. Department of Health, Education, and Welfare, "Nondiscrimination on the Basis of Handicap," *Federal Register*, 41, no. 96 (May 17, 1976).

17. Ibid. , paragraph 87. 4.

18. EEOC, *The ADA : Your Responsibilities as an Employer.* August 1, 2008, www. eeoc. gov/facts/ada17. html.

19. EEOC, "Final Rule: Equal Employment Opportunity for Individuals with Disabilities," *Federal Register*, 56, no. 144.

20. Ibid. , 35735.

21. Ibid. , 35735 – 35736.

22. EEOC, www. eeoc. gov.

23. EEOC, *Accessibility*, www. eeoc. gov/facts/fs-disab. html.

24. EEOC, *Noncompliance.*

25. American Civil Liberties Organization, *AIDS and Employment Discrimination*, www. aclu. org; U. S. Department of Justice, *AIDS and Employment Discrimination*, www. usdoj. gov/crt.

26. U. S. Department of Labor, The Vietnam Era Veterans' Readjustment Assistance Act (VEVRAA), www. dol. gov/compliance/laws/comp-vevraa. htm.

27. TRICARE, www. tricare. mil.

28. Omnibus Transportation Employee Testing Act of 1991, www. dot. gov/odapc/omnibustransportation-employee-testing-act-1991.

29. Family and Medical Leave Act of 1993.

30. EEOC, *Equality for Women.*

31. Sara Lipka, "High Court Expands Protections of Title IX," *Chronicle of Higher*

Education, 51, no. 31 (April 8, 2005): A1, A36.

32. EEOC, *Retaliation*.

33. EEOC, Pregnancy Discrimination Act, Amendment to Title VII of the Civil Rights Act of 1964, eeoc. com/guidance/discrimination/pregnancy-discrimination.

34. EEOC, *Guidelines on Sexual Harassment in the Workplace*.

35. AASA, *AASA Executive Handbook Series*, Vol. II: *Declining Enrollment: What to Do*.

36. Equal Pay Act of 1963, www. eeoc. gov/laws/statutes/epa. cfm.

37. U. S. Department of Justice, *Equal Pay*, www. usdoj. gov.

38. EEOC, The Age Discrimination in Employment Act of 1967, www. eeoc. gov/laws/statutes/adea. cfm.

39. Robert Half Technology, "Attracting and Retaining Millennial Workers," *Information Executive*, 10920374, 11, no. 7 (July 2008): 4, 9, 11 – 13.

参考文献

The Age Discrimination in Employment Act of 1967. www. eeoc. gov/laws/statutes/adea. cfm.

The Americans with Disabilities Act of 1990. www. eeoc. gov/policy/ada. html.

Boohene, R. , and Asuinura, E. "The Effect of Human Resource Management Practices on Corporate Performance: A Study of Graphic Communications Group Limited. " *International Business Research*, 4, no. 1 (2011): 226 – 272.

Buckingham, M. , and Vosburgh, R. M. "The 21st Century Human Resources Function: It's the Talent, Stupid!" *Human Resources Planning*, 24, no. 4 (2001):17 – 23.

Civil Rights Act of 1991. www. eeoc. gov/laws/statutes/cra-1991. cfm.

Devadas, U. , Silong, A. , Krauss, S. , and Ismail, I. "From Human Resource Development to National Human Resource Development: Resolving Contemporary HRD Challenges. " *Pertanika Journal of Social Sciences and Humanities*, 20, no. 2 (2012):

265 – 279.

Deshmukh, R. D. "Human Resource Development in the Context of Globalisation." *Golden Research Thoughts*, 1, no. 10 (2012): 1.

Education Amendments of 1972, Title IX.

Equal Employment Opportunity Act of 1972.

Equal Employment Opportunity Commission. www. eeoc. gov.

Equal Employment Opportunity Commission. *Sexual harassment*.

Equal Pay Act of 1963. www. eeoc. gov/laws/statutes/epa. cfm.

Family and Medical Leave Act of 1993.

Human Rights Campaign. *Statewide Anti-Discrimination Laws and Policies*. www. hrc. org.

Jain, H. C., Sloane, P. J., Horwitz, F., Taggar, S., and Weiner, N. *Employment Equity and Affirmative Action: In International Comparison*. New York: M. E. Sharpe, 2003.

Kellough, J. E. *Understanding Affirmative Action: Politics, Discrimination, and the Search for Justice*. Washington, DC: Georgetown University Press, 2006.

Lee, Y., Hsieh, Y., and Chen, Y. (2013). "An Investigation of Employees' Use of E-Learning Systems: Applying the Technology Acceptance Model." *Behaviour and Information Technology*, 32, no. 2 (2013): 173 – 189. doi:10. 1080/0144929X. 2011. 577190.

Leonard, B. "On a Mission: Cari M. Dominquez Discusses Her Plans for EEOC." *HR Magazine*, 47, no. 5 (2002): 38 – 44.

Marler, J. H. "Strategic Human Resource Management in Context: A Historical and Global Perspective." *Academy of Management Perspectives*, 26, no. 2 (2012): 6 – 11.

Meisinger, S. "Challenges and Opportunities for HR." *HR Magazine*, 5, no. 5 (2005): 10.

Omnibus Transportation Employee Testing Act of 1991. www. dot. gov/odapc/omnibus-transportation-employee-testing-act-1991.

Pregnancy Discrimination Act, Amendment to Title VII of the Civil Rights Act of

1964. www. eeoc. gov/types/pregnancy. html.

Rawls, John. *Stanford Encyclopedia of Philosophy*. plato. stanford. edu/entries/rawls/.

Rehabilitation Act of 1973, Title V. www. eeoc. gov/laws/statutes/rehab. cfm.

Robinson, R. K., Mero, N. P., and Nichols, D. L. "More than Just Semantics: Court Rulings Clarify Effective Anti-Harassment Policies." *Human Resource Planning*, 24, no. 4 (2001): 36 – 47.

Rose, H. "The Effects of Affirmative Action Programs: Evidence from the University of California at San Diego." *Educational Evaluation and Policy Analysis*, 27, no. 3 (2005):263 – 289.

Russo, C. J. *Reutter's The Law of Public Education*, 6th ed. New York: Foundation Press, 2006.

Society for Human Resource Management. www. shrm. org.

TRICARE. www. tricare. mil.

U. S. Department of Justice. www. usdoj. gov.

U. S. Department of Labor. www. dol. gov.

Vickers, M. R. "Business Ethics and the HR Role: Past, Present, and Future." *Human Resource Planning*, 28, no. 1 (2005): 26 – 32.

The Vietnam Era Veterans' Readjustment Assistance Act (VEVRAA). www. dol. gov/compliance/laws/ comp-vevraa. htm.

Wang, G. G., Gilley, J. W., and Sun, J. Y. "The 'Science of HRD Research': Reshaping HRD Research through Scientometrics." *Human Resource Development Review*, 11, no. 4 (2012):500. doi:10. 1177/1534484312452265.

附录 A：开展平权运动计划的步骤[①]

● 制定强有力的政策和承诺。

---

①来源:EEOC,平权运动与就业平等。

- 将这个项目的职责和权限分配给公司的一位高级行政人员。

- 分析当前的全体人员,确定职责、部门和少数族裔与女性员工未得到充分利用的岗位。

- 在每一个未充分利用的领域,设定具体的、可测量的、可实现的雇佣和晋升目标与目标实现的时间。

- 让每个经理和主管都对实现这些目标负责。

- 重新评估岗位说明书和招聘标准,以确保它们反映实际的工作需求。

- 寻找有资格或有能力实现目标的少数族裔和女性。

- 审查并且修正所有的就业程序,确保它们不存在歧视现象,并有助于实现目标。

- 关心少数族裔和女性的晋升渠道和相应的培训途径,尤其是在以往没有建立这种通道的岗位。

- 制定持续检测和衡量进步的制度。如果检测结果对于实现目标不令人满意,找到原因,并做出必要的调整。

附录 B:工作歧视的事实摘要①

1964 年《民权法案》修订版第七篇,规定一个人不能由于以下原因被拒绝工作或在工作中得不到公正对待:

- 种族;

- 肤色;

- 宗教信仰;

- 性别;

- 国籍。

这个法案建立了平等就业机会委员会确保这些权利受到保护。如果一个个体受雇于以下任何一个组织,并在工作场所受到歧视,他/她可以向平等就业机会委员会递交书面材料,提起歧视指控:

---

①来源:EEOC,1964 年《民权法案》第七篇,www. eeoc,gov/laws/statutes/titlevii. cfm.

- 15 人或更多人的私人雇主；

- 州和地方政府；

- 公立和私立教育机构；

- 公立和私立就业机构；

- 具有 15 人或者更多成员的工会；

- 作为学徒制和培训项目的联合劳动管理委员会。

同样，如果有人声称受到过歧视并把指控权授权给相应参与者，指控也可以由其他个人或者一个团队提出。

平等就业机会委员会不涵盖以下原因的歧视：

- 公民权；

- 政治立场；

- 性倾向。

它也不涵盖联邦政府机构、政府所有权的企业、美国土著部落、残疾人歧视管辖权，或者少于 15 个雇员的私人雇主中发生的工作歧视问题。

如果一个人想要递交工作歧视指控材料，他/她必须在规定的时间段内做这件事——从发生歧视的时间开始 180 天之内。

法律禁止雇主骚扰或者以不正当的手段给一个提交了歧视指控的个体找麻烦，他必须协助调查，或者反对非法雇佣行为。

附录 C：递交工作歧视指控的步骤[①]

递交一份工作歧视指控申请，一个人必须这样做：

- 拜访最近的平等就业机会委员会地区办公室，或者邮寄一份歧视指控表格。如果拿不到歧视指控表格，可以递交一份书面陈述，明确所有参与者，并清晰地描述所发生的歧视行为。

- 在平等就业机会委员会地区办公室与涉案官员面谈，如果本人不能去，也可以采用电话的方式。

———————————

①来源：EEOC，提起工作歧视的指控，www.eeoc.gov/facts/howtofil.html

- 提供信息,包括录音资料和证人的名字。
- 宣誓:以宣誓的方式确认歧视指控,或根据伪证罪的刑罚做出声明。

作为指控方,个体必须:

- 与平等就业机会委员会合作;
- 参加实情调查会议和其他安排的会议;
- 当他/她的地址、电话号码和其他这类信息发生变化时,告知平等就业机会委员会;
- 如果他/她想要撤回歧视指控,与平等就业机会委员会取得联系。

在起诉之后:

- 指控中提到的雇主、工会、就业机构或者劳动管理委员会将会接到通知。
- 在很多州,该指控可向州或地方公平就业实践机构申请60天的补救期(如果机构刚成立,是120天)。
- 平等就业机会委员会可能需要递交指控的个人参加实情调查会议,以便澄清事实,明确问题,确定谈判解决方案的基础。
- 如果和解努力不能达成,平等就业机会委员会可以进行调查以确定指控的法律依据。
- 调查之后,平等就业机会委员会将会就指控的法律依据发送一份决定书。

第三章　人才招聘

问题情境

　　你是一个学区的人力资源负责人助理,这个学区的合格教师和其他辅助人员正面临短缺问题。你安排了一个由管理人员、教师管理者和后勤人员管理者参加的会议,这个会议是为了让他们协助招聘人员,同时也帮助他们了解什么样的招聘需求会更有效果。

　　在与不接受你的职位录用或退出选拔程序的合格候选人进行非正式电话访谈之后,很明显,该学区有许多障碍需要克服。首先,该学区的声誉不利于招聘到最好的候选人。为学生提供过时的课程和不充分的支持服务是该学区的声誉。此外,该地区似乎缺乏来自社区的支持,因为这所中学扩建的债券发行通过公投失败了。

　　当地报纸质疑政府的责任,因为一名教师因不称职而被该学区解雇。该教师公开批评行政当局和教育委员会滥用学区经费,因为一些代课教师使用过时的教科书和教学材料。该学区还被指控没有有效的技术教学计划,同时却为学区负责人提供了一辆学区所有的汽车,并给予他一笔年金,此外,教育委员会还为其支付医疗费和他的太太与孩子的医院保险。

　　同时,几名申请者表示邻近的其他学区有较高的薪金及更好的附加福利。这些问题似乎是学区无法雇佣到在选拔过程中发现的管理和教师岗位的首选申请者的原因。

　　为了帮助您找到处理本章节中的问题的方法,请使用这一章后面的"问题讨论与陈述"和"建议的活动"两个部分。

人力资源规划过程明确了目前和将来的人员需求之后,接下来的工作就是招聘人员。20 世纪 70 年代,许多学区的学生入学率大幅下降。这一现象迫使学区不得不解雇大批教师,这影响了大学生进入教育学校的数量。对教学工作感兴趣的年轻人在他们完成学业后,预料到就业市场相当低迷,因此改变了他们的职业目标。20 世纪 80 年代退休的大量教师和跳槽到商界的教师使这种情况更加严重。

在特殊教育、科学、数学和外语等领域,教师流动和教师短缺的现状没有根本的不同。在农村的学区尤其如此。美国国家教育统计中心已发出三份报告,必须一并分析与考虑,以充分了解未来的招聘需求。第一份报告于 2005 年发出,涵盖了教师队伍的流动性。1999—2000 学年期间,580,000 教师,约为 17% 的劳动力,是新聘用的。第二份报告于 2008 年发出,表明 2017 年教师队伍将需要增加 28%。可是,这里描述最重要的报告集中在教师职业选择上。这项纵向研究发现,截至 2003 年,大约 87% 的在校生表示他们不再教书[1]。招聘过程意味着,总体而言,对于最优秀、最聪明的教师职位候选人的竞争将非常激烈。

特别值得关注的是城市学区,非裔美国人、西班牙裔和印第安人学生的数量每年都在增长。人口统计学家预测,这一趋势将继续增强。可是,少数族裔教师的占比并没有相应地增长。实际上,趋势表明,非裔美国人和西班牙裔教师及管理人员[2]的数量在下降。

可是,对人力资源管理者来说,多样性是一个更广泛的问题。美国依然是一个移民国家,但移民不再来自西欧。虽然确实有来自东欧的移民流入,但大多数移民来自亚洲和美洲。这一事实必定改变了美国的人口结构,不仅在种族上,而且在宗教上。尽管美国仍然是一个由基督徒和犹太人组成的国家,但也是一个由穆斯林、印度教徒和儒家信徒组成的国家。

显然,人口按传统分类看,也是由年龄、残疾、性别、疾病和生活方式等各不相同的公民组成。因此,人力资源管理者面临的最重要的问题之一是从代表少数类别中招聘教师、工作人员和管理人员。这是必然的,原因有二:首先,有教师、工作人员和管理人员能在种族上代表学校所在社区,这点至关重要。其次,所有的儿童都应该接触到代表美国人口大多数的教师、工作人员和管理人员。显然,这种情况使人力资源管理人员有责任、即刻、长期地制定招聘少数族裔员工[3]的战略。

因此,对学区来说,招聘过程从来没有像现在这样重要,因为他们在寻找最优秀的人才,帮助实现每个学区的使命:教育儿童和青少年。这是每一个招聘计划的主旨——不是仅仅为了填补一个职位而招聘,而是为了获得当前和未来学区成功所必需的人员数量和类型。平权运动要求,未来人员需求和双重证书是影响招聘计划的问题。如果认为合适的人员组合可以填补职位空缺,而无需协同努力寻找最符合特定人力资源需求的人才,那就大错特错了。

招聘还需要发现预期空缺职位的潜在申请者。这种对招生过程的看法很大程度上取决于学区的规模。尽管一个城市或大都市的学区招募潜在申请者的频率高于较小规模的郊区学区,但许多其他变量影响着招聘活动的程度。首先,学区所在社区的就业环境影响招聘。例如,如果一所大学的教育学院位于学区附近,常常可以确保有充足的初级教学职位申请者来应聘。

影响招聘的第二组变量包括,由学区提供的工作环境、薪资水平和附加福利。这些都会影响员工的离职率,因此,需要进行招聘活动。正在经历学生人数快速增长的学区,需要增加员工人数,于是,将招聘视为人力资源的首要任务。

最后,即使正在经历招生人数减少、劳动力需求降低的学区,有时也需要招聘活动,因为某个特定的职位需要目前的员工所不具备的特殊技能,如科学、特殊教育及外语。学区可能会发现,由于缺乏必要的证明,那些已经被雇用并计划休非自愿假的教师不能被调去填补诸如工业艺术等方面的空缺。

因此,招聘应该对所有学区都是常见的工作。从其他公司"窃取"已被证明的员工已经成为一种可以接受的做法,如果没有对潜在员工施加胁迫或非法压力,这种做法就被认为是完全合法的。天赋与技能是稀缺商品。从道义上讲,学区一定要找到最具天赋和技能的人来完成教育儿童的任务。在实践中,这要求他们创造就业环境、工资水平和福利,以吸引最优秀的申请者,同时保持在学区的财政限制之内。

学区应该努力公开联系并招募符合一套特定工作要求的个人,并鼓励他们成为申请者。这是最纯粹的招聘形式。许多州的中小学教育部门已经认识到有必要帮助那些在寻找和聘用合格教师方面有困难的学区。因此,在很多州出现了替代认证项目的现象。通常,这些项目是学院和大学开设的课程,为拥有学士学位的个人提供在很短的时间内获得教师资格证书的机会。不同学院和大学开设的课程也不一样,但是,重点是讲授教育学的基本知识,使一个人的生活技能和学术知识适应教学过程。例如,这些项目将会帮助一名退休会计将他/她的知识转化为高中会计教学的教学计划。当然,在理解青少年和教育心理学方面也应给予足够的关注。很显然,这些项目的目标人群是退休人员和想从事第二,甚至第三职业的那些人。

求职者和学区的人力资源部门都发现了互联网招聘的好处。它改变了招聘的程序,在不远的将来,很可能报纸与专业杂志上的招聘广告、招聘宣传手册及所有其他与招聘有关的印刷资料将会被互联网取代。大多数学区已经为潜在员工设立了网站,登录这个网站可以获得学区的信息,如工资和附加福利、学生与教师的比率、财政实力、员工离职率、学生违纪处分、使命宣言等。一些学区还意识到了设计一个包含在线回应表单的网站的优势,该表单能让潜在的应聘者填写并提交求职申请。在另外一些学区,潜在申请人能够获得申请程序的信息,甚至可以通过电子邮件向用人单位发送简历。

工资不达标、福利待遇差的学区通过互联网招聘将不会成功。那是因为这些学区不可能会在它们的网站上提供有关工资和福利的信息,经验丰富的求职者不会考虑将这些学区作为他们未来的工作单位。

当一个学区出现意料之外的空缺职位时,互联网招聘可以在短时间内提供大量的申请者信息。各个在线招聘网站允许求职者发布他们的简历,于是,学区招聘人员每周或每天查询简历库,以找到合适的空缺职位申请人。虽然这是使用这类招聘工具的一个令人信服的理由,但通过互联网招聘的最大优势是能够以最具成本效益的方式接触尽可能多的潜在申请人。如果求职者能够接受这种招聘方式,就能够降低发布招聘广告的费用,甚至可以减少学区管理招聘过程的员工数量。

另一种流行趋势是"网上互动简历",它被最有进取心的求职者所使用。教师和管理者创建他们自己的网址,这个网址不仅包含简历,还有证明文件,某些情况下,甚至可以录制一段视频资料。这可以让求职者以积极的方式介绍自己,吸引学区管理者甚至教育委员会成员的关注。

另一种更新的方法"社交网络招聘",是对长期以来一直以某种形式或方式存在的网络招聘方法的修正。人们在寻求另一个工作地点时,总是与其他人进行社交,以形成一个相互支持的人际关系网。这已经发展到一些公司甚至提供网络服务的地步。网络公司保证隐私,通常承诺不向第三方出售个人信息。个人通过将自己的姓名添加到一个庞大的列表中进行注册,该列表可以通过邮政编码、工作甚至工作地点来查找联系人。目标是找到生活和工作在某些地方和某些组织中的人，而你也会对这些地方和组织感兴趣。一些公司准许人力资源管理者在网络上发布职位信息，甚至可以通过电子邮件发送求职申请和其他与工作相关的信息，联网的人还可以将就业信息直接发送给对方。这类招聘和求职的有效性并不是确定的。可是，没有人会质疑，很多人都属于基于互联网的社交网络的一员，这些社交网络的功能还有其他目的，比如寻找一位适合自己的人生伴侣。这是一个趋势，所有的人力资源管理者都应该谨慎调查。

因此，科技有能力帮助学区在最短的时间内，以最具成本效益的方式，找到并雇佣最合格的、最有创造力的应聘者。

影响招聘的问题

这里，我们考虑了四个影响学区员工招聘的问题：平权运动、学区的公众形象和政策、需要填补的职位以及工资和附加福利[4]。

平权运动

许多学区习惯提拔已经聘用的员工担任监督或管理职务。一名校车司机可以被提拔为调度员、路线管理员，最终成为负责学校交通运输的主管。一名代课教师可以成为学科主任，如果符合作为管理者的资格，将会成为校长助理，最终会拥有校长的身份。当然，这是一种合法的做法，在学区内建立士气有很多好处。

员工认识到学区为其提供了机会来升职发展事业，则更有可能对学区做出长期的承诺。同样，员工们应该了解到工作表现与职位晋升之间的联系。这就使得行政部门有责任制定程序，确保那些已经证明有能力处理较高级别任务的人有晋升的机会。对过程进行评估是记录此类绩效质量的工具。

第二章详细介绍了各种民权法律所要求的平权运动和平等就业机会要求。这个民权立法从根本上禁止了招聘过程中出现因种族、年龄、残疾、军役、肤色、性别、怀孕及国籍而产生的歧视活动。可是，机会平等的概念必须体现在招聘程序中。

内部晋升作为一种实践并不会让平权运动的要求无效。这个要求唯一的例外是在那些性别、非残疾或类似构成真正的职业资格的情况下。因此，一个学区可能会歧视一名有骨科残疾的教师助理,在其工作职责中包括示范日常动作的能力时,会提拔另一名助理担任体操教学职位。

除了真正的职业资格,学区还必须建立起晋升的程序,明确提出不歧视少数族裔和受保护的员工群体。一个学区可以通过宣传晋升机会、建立晋升标准、提供平等的职业发展培训计划来展示平等的机会。如果不给合格的员工申请的机会,任何职位都不应该被填补。这可以通过在公告栏或地区出版物,如时事通讯上,发布晋升机会来实现。无论采用何种方法,必须确定的是,合格的员工已经被告知空缺的职位,并获得了申请的机会。

晋升标准应该包含目前的工作表现、资格和技能水平以及工作所需要的知识背景。平权运动不要求晋升不合格的员工;而它只是要求对合格的个人给予平等的机会。最后,应该鼓励少数族裔员工与残疾人员工参与教育和培训计划,这种计划将会提高他们的知识与技能水平,从而为他们提供申请晋升所必需的资格。

通常,学区的规模不仅决定了内部晋升招聘的范围,也决定了外部招聘的范围。对于一个小型学区,可能的情况是,该学区现有的员工都不具备管理或监督的空缺职位资格。于是,外部招聘是唯一可以填补该空缺职位的可行方案。

在制定与实施招聘活动和程序的过程中,平权运动和平等就业机会必须是主要的考虑因素。雇佣一个人仅仅是因为他/她是某人的朋友或亲戚的时代已经过去了,外貌和面试官的"直觉"也不再是招聘或提升一个人的标准。

公众形象与学区的政策

第二个可能限制招聘某一职位申请人的因素来自学区本身。潜在申请人也可能会因为学区在大家心目中的形象而对某个特定学区的工作机会不感兴趣。例如,一个提供劣质课程、人手不足或缺乏支持服务的学区将很难吸引到教育领域最优秀的人才。

教育委员会的政策与学区的管理性过程和程序也是大多数申请人重要的考虑因素。这些是衡量工作环境质量的标准。例如,如果一个学区缺乏非常明确、有效的评估程序,未来的申请人对学区是否有能力充分评价他们未来的表现缺乏信心,反过来,这可能会影响他们加薪的机会。

需要填补的职位

第三个限制招聘某个职位申请人的因素集中在工作本身的吸引力上。一个被认为充满焦虑或缺乏晋升潜力的职位可能不会引起最优秀人才的兴趣。

这类问题中最常见的情况是继任问题。下面的情况,不管之前在这个职位的人是成功还是失败,继任者都会很艰难。如果之前担任这个职位的人非常有能力,继任者可能会发现学校董事会、家长、学生甚至同事的期望都超出了任何人的能力范围。接替一个在工作中失败的人可能会更容易,然而工作的责任可能被疏忽到了混乱和无组织的地步。被请来恢复秩序的人可能会让其他员工感到不安,如果他们已经习惯了缺乏监管。

工资与附加福利

只有在经济报酬方面符合某一职位的职责时,最适合该职位的人才会成为候选人。教育是一个服务型企业,因此,首要任务一定是吸引高素质的员工。招聘者可能需要与候选人协商报酬。这种做法有助于吸引高素质人才担任非理想的职位。可是,在学区内部,一个职位的工资通常是固定的,附加福利一般适用于某一类别的所有员工。这就使得高技能候选人的招聘工作很难实现,尤其是如果这个职位不是理想职位,或者学区的形象不好的时候就更难实现。

本规则的例外情况是学校负责人与负责人助理级别的行政管理性职位。在招聘这类职位的候选人时,工资和附加福利通常是可以商量的。

职业选择与招聘

尽管人力资源管理的要点是组织实践,在招聘过程中,了解那些影响潜在申请人[5]职业选择的因素很重要。

第一,人们具有不同的兴趣爱好、能力及性格特点,然而,这将使每个人有资格从事许多不同的职业。事实上,经验证明,一个人一生中可能至少会更换三个职业领域。为某一职位招聘人员时,招聘者应该明白一个人的能力、兴趣爱好及个性特征与不同的岗位该如何匹配。例如,成功的高中新闻教师可能是公共关系主任职位的合适候选人。这两份工作都需要与他人沟通观点的能力、写作的兴趣以及能在专业水平上与其他人建立关系。指导方针顾问与人力资源管理,及校长职位与行政管理之间也存在着联系。这一意见的实质是,招聘某一特定职位的候选人不应限于执行过类似任务的个人。

第二,职业偏好、胜任特性以及人的自我形象随着时间的变化会发生改变,个人调整是一个持续的过程。因此,认为目前的员工可能对在组织内部变换工作不感兴趣是不正确的想法。在组织内部寻找潜在的申请人常常反映了很多员工对变换岗位这件事是感兴趣的。

第三,一个人对生活和工作的满意程度依赖于他/她怎样利用自己的能力,为他/她的兴趣、个性特征以及价值观念找到合适的出路。某一特定职位的高离职率应该促使人力资源管理者重新评估该职位的职责,以确定该职位描述的准确性。那么,这种重新评估应该提供一份更清晰的个人资料,说明哪些类型的人会在该工作中取得成功。很显然,将潜在候选人的兴趣爱好、能力以及个性特征与该职位如何匹配这些个性特征联系起来是很重要的。例如,位于贫民区的某所中学的校长职位,可能需要一个积极主动的人,他/她能自如地处在不断要求处理有长期行为问题的学生的环境中,同时还需要监管高度工会化的教学人员。不是每一位申请者都具有在这种环境下取得成功所需的个性特征的。

第四,职业选择的过程受到就业变量,如工资、附加福利、工作地点、晋升机会及将要从事的工作性质的影响。这些变量的重要性对每一位申请人都是不同的。招聘时,将这些信息从一开始就以极其清晰的方式传达给每位申请人很重要。有时,人们如此热衷于寻找一份替代现有工作的方式,以至于他们最初忽视了这些变量。可是,当一份录用通知发出后,这些因素变得非常明确,求职者可能会在花费了学区大量时间和金钱的找寻之后拒绝这份工作。

最后,职业选择是个人特征与外部因素间妥协的结果,如兴趣爱好和能力与要从事的工作类型之间的利弊权衡。这种权衡的有效性是通过角色扮演来测试的,无论是在幻想、模拟还是实际的工作环境中。评估中心的出现证明了这一原则。评估中心为已经雇佣的员工建立了职业发展路径。在这个中心,员工的能力与学区内不同职位的需求进行匹配。然后,员工的职业发展路径就被规划出来,这条路径允许员工在不同的地点体验不同层次的责任。只要他/她在每个层次上表现成功,该名员工就会沿着这条路径被提拔到更高层次的职位上工作。因此,被聘为维修主管的个人经考核后,可晋升为维修主任助理,并最终晋升为维修主任。

这意味着某个职位的成功是衡量招聘过程有效性的唯一标准。可是,这个意义常常被忽视,因为很多学区从来不使用对那些已经雇佣的员工的跟踪研究的方式对他们的招聘程序进行评估。

招聘方法

经验可以证明,某些招聘方法可以为特定的空缺职位找到最佳候选人[6]。因此,在开始招聘过程之前,应该对每个空缺职位进行分析,以确定哪种招聘方法将最为有效。例如,在学校商业事务分类广告栏刊登的招聘商务经理职位的广告,最可能吸引到具备所需资格的个人。在当地报纸上刊登的广告即使能产生效果,找到合格候选人的概率也很小。同样,一名招聘者去看望四年制师范学院的学生,为了找到高中校长职位的候选人,而该职位需要具备最低教育管理专业硕士学位的教育背景,这个师范学院显然不是合适的地方。

内部寻找

一些学区发现,培训自己的员工,使其胜任所有职位,超越最低水平,对学区是有利的。如前面所述,内部晋升的优势很明确,尤其可以提升员工的士气。内部晋升的另一个明显的优势是已经在工资名单上的人是已知的个体。尽管将在第四章讨论的选拔过程有助于降低做出错误选择的风险,但关于员工绩效表现的第一手资料是人员晋升的最佳基础。

很多学区传统上还没有内部晋升,因为大多数学区的工作种类很少。代课教师、校长、厨师、保管员、校车司机以及学区负责人依然是构成农村和郊区小型学区人员配置差异的范围。

相比之下,坐落于大都市中的学区提供了如此多的服务,甚至于教师职位的内部晋升都是可能的。如果有空缺职位,教师助理和代课教师可以被提升到全职教师岗位。同样地,在许多大型学区中,一些具备资格的任课教师已经成为校长。类似的情况也发生在后勤领域,如运输部门、餐饮部门与维修部门。从理论上讲,厨师可以晋升到商品采购的职位,然后成为餐饮服务部门的主任。

严格遵循从内部提拔的制度也存在几点不足之处。第一点,学区内平庸的人可能会被提拔,而社区里优秀的人则不会被考虑。第二点,平权运动要求可能规定从组织外部寻找人员。最后一点,还有"近亲繁殖"的潜在危险。当一个学区的人员表现出安于现状的时候,新的思想和方法不仅是受欢迎的改变,而且是绝对必需的。

对校长与主管的观测数据与绩效评估数据是人力资源管理者在分析内部晋升政策时的可用信息资源。

在许多学区,在公告栏、时事通讯或人力资源办公室发行的特别刊物上刊登空缺职位是一个标准的操作程序。这就允许现在的员工申请这些职位,或者将这些职位介绍给朋友、亲戚、同僚。这里的臆测是,当前的员工不应该被忽视,但将所有升职机会限制在现有员工身上的政策,并不是对学区最有利的做法。

大型城市学区正在采用一种学区独有的招聘方式。由于很多这样的学区在招聘教师时存在困难,尤其是在招聘科学教师与数学教师时难度更大,他们为员工支付一定比例的费用,让他们去获得一个大学学位,然后雇佣他们来填补教师的空缺职位。教师助理已经成为可能利用这类项目的员工群体中的目标人员。

外部推荐

由于多种原因,当一个空缺职位出现时,现有员工可能是最好的推荐人。最重要的理由是,员工通常不会推荐别人,除非他/她认为被推荐的人会做得很好,因为是用他/她的声誉在做担保。

对现有员工推荐的质量控制是指推荐人的工作表现以及他/她对整个学区的满意度。现有员工推荐来的人若工作表现欠佳或者不断地抱怨学区的政策与程序的,应该仔细查明原因。

推荐朋友的员工也可能把友谊和胜任工作的可能混为一谈。出于社会和经济的原因,人们在职场中需要朋友是很常见的。例如,一个员工可能想要和住在同一社区的朋友共乘一辆车去上班。

可是,教师和校长推荐来的人经常反映了专业而不是社会关系。如国家中学校长协会或国家教育协会这样的专业组织中的会员,是人们了解同行能力的一种方式。因而,这种推荐可能比仅有社会关系的推荐更具可靠性。

学区应该建立鼓励员工为空缺职位推荐人员的政策和程序。通常的做法是员工为人力资源部提供潜在申请人的名字或名单。然后,人力资源部可以给被推荐的个人发送信函,表明他们已经被推荐为候选人,并邀请他们为要申请的职位提交职位申请。应该注意的是,邀请的是候选人,人力资源管理者必须非常谨慎,不要给被推荐人留下一种已经被录用该职位的印象。

职业代理机构

职业代理机构分为两种类型:公共或州代理机构与私营代理机构。出于所有实际的目的,教师和管理人员在寻找专业性职位时很少使用职业代理机构。而学区的后勤人员,如保管员、校车司机以及自助餐厅工作人员,情况则正好相反。

1933 年,作为联邦和州的伙伴关系,公共就业服务机构成立。它的成立不仅仅是为了个人找到合适的职业,也可以帮助用人单位找到合格的员工。五十个州的每一个州都有一个州就业服务机构,它的分支机构战略性地遍及各个州,由美国劳工部就业和培训管理局监管。这个州代理机构为那些领取失业救济金的人提供服务,而且失业救济金只有在州就业服务机构登记的人才可以领到。尽管州就业服务机构很乐意列出受过广泛培训和高度发展技能的个人,但大多数具备这些资格的人都去了私营代理机构。然而,学区不把所有空缺职位都列在合适的州就业服务机构是愚蠢的,因为合适的员工可能也会在这里登记个人资料。

当然,私营就业服务机构的服务是要收费的,可能向用人单位收费,也可能向求职者收费,或者双方各自承担一定的费用。费用的安排通常是由供需原则决定的——当申请者充足时,潜在的员工通常需要承担费用。当申请者很少时,用人单位支付费用。

公共就业服务机构与私营就业服务机构的另外一个主要差别在于提供服务的范围。私营机构不仅刊登招聘广告与筛选求职者,而且还保证在一段特定时间内(通常是 6 至 12 个月)不会出现令人不满意的表现。如果某个员工的工作表现不佳,该机构会把他/她安置到其他地方,并在不收取额外费用的情况下为公司找到另外一名员工。

一些私营就业服务机构专门帮助填补高管职位的空缺,这种做法通常被称为"猎头"。通过在全国范围内建立联系并对每一位潜在高管的资质进行彻底调查,这些机构能够推荐执行管理职位的候选人,通常是私营企业和行业的职位。他们对于这样的服务收费相当高,通常是高管第一年工资的一个百分比。

尽管大多数学区不会通过私营就业服务机构的帮助为学校的高管职位寻找潜在的候选人,但可以看出这方面的趋势日益明显,尤其是关系到学校负责人的职位。由美国全国学校董事会协会和伊利诺伊州学校董事会协会等州组织提供的咨询服务,在寻找学校负责人方面,基本上与私营就业服务机构提供的服务是相同的。可是,收费却没有私营服务机构那么高,依据寻找过程中花费的时间和支出的费用,通常在5,000到25,000美元之间。

另外,最近几年,私营咨询公司已经开始专门招聘学校负责人空缺职位的潜在候选人。如同其他私营服务机构,他们也在全国范围内建立联系,发布他们的职位信息,并且筛选潜在候选人。这对教育领域确实是一个健康发展的趋势,但是也为将来带来一些隐患。上述这些协会和私营咨询机构可能列出一份受欢迎候选人的名单,名单中的候选人被不停地推荐职位,反过来,对于那些想要"强行闯入"这个核心圈子的合格个体可能会面临重重困难。

学院和大学

大多数学院和大学不仅为应届毕业生提供就业信息,而且也为往届毕业生提供就业信息。这些就业部门提供的最重要的服务是保存个人文件,包括推荐信、成绩单及其他相关文件。因此,一个人每次离开一个岗位,他/她可能需要他/她的主管和其他同事给他/她的就业服务部门发送推荐信。反过来,这种做法又减轻了以前的雇主和同事在每次申请不同工作时都要写推荐信的负担。就业服务部门仅需要复印这些推荐信,并将它们发送给毕业生要求的未来雇主就可以了。

在招聘方面,列出学院和大学就业服务的空缺职位,不仅面向应届毕业生,也面向那些仍将该服务作为就业推荐信接受者的经验丰富的个人。由于学区内求职的教师和管理者很少使用私营或公共职业代理机构,学院和大学的就业服务部门是为专业岗位找到潜在候选人的最佳资源。

大多数学院和大学的就业服务部门也举办招聘会。在招聘会上,人力资源管理者能够与潜在的教师面对面交谈。招聘人员有机会在这些招聘会上突出展示他们学区的积极方面,以便吸引到高素质申请人。一些招聘教师困难的学区可能获得所属教育委员会授权,在这些活动中向符合资格的候选人发出录用通知书。

专业组织

许多专业组织与工会为他们的会员提供有限的就业服务。这些组织要么发布空缺职位名单,要么通知个人会员潜在的职位信息。它们通常会在该组织出版物的分类栏中列出空缺的职位。然而,在专业出版物的分类栏发布职位信息的情况,只有在那些代表教育管理专业的组织中才能经常见到。这样的组织包括美国学校人事管理者协会(AASPA)、监督与课程开发协会(ASCD)、国际学校商业官员协会(ASBO)、国际教育设施规划委员会(CEFPI)、全国小学校长协会(NAESP)、全国学生人事管理者协会(NASPA)、全国中学校长协会(NASSP)、全国学校董事会协会(NSBA)与全国学校公共关系协会(NSPRA)。

美国学校管理者协会(AASA)是一个例外。它在全国范围内公布以下类别的空缺职位:学区负责人职位、学区负责人助理职位、行政管理职位、高等教育管理性职位以及教育管理教授职位。

招聘的其他来源

获取潜在的求职者还有两种途径:不请自来("主动上门")的申请者和少数族裔媒体资源。尽管平权运动要求通常规定公布大多数职位,主动上门的申请者可能是一个好的候选人。大多数不请自来的申请人通过电子邮件和在线申请的方式联系学区。将学区的就业信息通知这样的潜在候选人并为他们展示一个申请过程很重要。如果出现符合申请人资格的空缺,应联系该申请人并邀请他/她激活其申请。

每个大都市都有媒体资源服务的少数族裔人口,这样的媒体资源可以用来招聘少数族裔人员。例如,在美国西南部,有许多地方广播电台直接面向墨西哥裔美国人。在这些广播电台发布空缺职位的信息是一种有价值的招聘方法。

发布空缺职位

一个学区想要通知申请人有空缺职位时,通常会发布正式的招聘广告,该广告可以实施各种招聘方法。

招聘广告的内容与形式

招聘广告的内容由职位描述以及为该职位选拔最具资格的候选人所使用的标准决定的。第四章讨论了确定和编写职位描述的程序以及制订选拔标准的方法。

为了有效,招聘广告必须准确反映该职位的主要职责以及能够成为候选人的最低资格要求。这项工作一点儿也不轻松,因为如果要刊登在报纸、时事通讯或专业性出版物上,招聘广告就必须非常简洁。附录 A 中有招聘广告的样板,可以用来作为写空缺职位通知的模板,还体现了一些应该考虑到的因素。

教育组织习惯首先给出组织名称,然后给出职位名称,以及具体且客观的要求。

例如,附录 A 中的第一个招聘广告表述如下:

古德维尔学区

特殊教育职位空缺

严重残疾学生辅导老师

此外,它还指出,这些职位要求获得特殊教育学士学位并具有与严重残疾的学生一起工作的认证(许可证),优先考虑有教学经验的申请者。

私营企业和行业的招聘广告通常先给出职位名称,然后是有关公司的信息以及真实需求和个人要求。另外,几乎所有私营企业和行业的招聘广告都强调个人资质。可是,很有趣的是,一些私营企业和行业的招聘广告被称为"盲目广告";也就是说,他们不确定是哪个公司在招聘。感兴趣的申请人被要求回复到邮局或报箱号。具有全国声誉的大公司在寻找填补空缺职位的申请人时,很少使用盲目广告。

学区通常会确定他们的工作地区并列出真实情况而不是个人要求。这些都是可取的做法。申请人应该知道这个教育组织的名称和地点,因为这可能会决定他们对这个职位感兴趣的程度,相应地,这种做法也有可能会减少对这个职位很感兴趣的申请者的数量。通过选拔过程,可以更好地评估个人对工作的需求。个人很少能很好地判断自己的个人资质,如果在招聘广告中列出了个人资质,很多人可能会被错误地鼓励或劝阻去申请某个职位。提供有关组织的信息并首先列出职位名称的做法,有效地吸引了那些最有资质申请这个职位的个人的注意力。

这两个模型展示了一种常见但有时具有误导性的方法。每个招聘广告包含多个空缺职位,这也意味着学区的员工离职率很高,此外,可能还会暗示,由于申请者的数量,选拔过程的辨别性并不高。对一个学区来说,在任何一个招聘广告中减少空缺职位,并在可能的情况下单独为每个职位做广告,可能更合适。

招聘手册

附录 B 中是招聘广告的一种特殊形式的样本,即"招聘手册",它通常是邮寄给对招聘广告中的职位表示感兴趣的个人。这个手册为潜在申请人提供了大量的信息,帮助他们更好地明确他们是否具备这个职位的最低要求,以及是否愿意申请该职位。很明显,招聘手册在内容和范围上比常规的招聘广告提供的信息量要大很多。

这种手册的形式多种多样,但是通常会提供某些信息。传达的最重要的信息包括:空缺职位的通告;申请程序;成功申请人必须具备的资格说明;学校或学区服务的社区信息;以及学校与/或学区的资料,如财务、人员和课程信息资料。

附录 B 包含学校负责人职位和高中校长职位两个招聘手册的模板。这种手册通常用于招聘学校高管职位的候选人。

招聘手册当然是一种很有用的招聘工具,并且应该尽可能多地用于学区所有空缺职位的招聘过程中。在招聘教师和后勤人员时,可使用包括社区和学区数据的基本信息手册。特别定制的特殊职位手册应该留给高级教育岗位。这个方法很好地控制了学区为更常见的空缺职位印制特殊手册的成本。

对中小型学区的影响

由于特殊教育、数学和科学等领域的教师短缺问题,招聘职能的必要性已经更加明显。此外,语言病理学家、物理治疗专家、学校心理学工作者以及咨询顾问在某些地区供不应求。而且,学区负责人与其他管理人员需委托专业,以寻找并雇佣到最具资格的申请人,无论该职位是否空缺。

在很多学区,没有人力资源管理者的职位,而是由一名行政管理人员负责多个职能,其中包括人力资源职能。当然,在小型学区,由学校负责人履行人力资源的职能。可是,无论学区的规模大小或者人力资源职能的人员配置如何,招聘职能的以下要素是必要的:

● 每个学区都应该建立一个网站,在这个网站上以最积极的方式说明成为这个学区的一名管理人员、教师或者工作人员的好处。

● 潜在申请人的申请过程应该尽可能地简单。网上申请正在迅速成为求职者们期待的事情。

● 在这种情况下,可以理解很多学区的管理人员可能还不具备开发一个学区网站的专业知识,但是由于网络招聘方式的优势,他们聘请一家专业公司来设计网站还是值得的。

● 本章中阐述的传统招聘方法需要花费大量的时间以及学区管理部门的投入。不过,负担过重的学区负责人与其他管理人员可以让教师与其他工作人员来协助完成这个职能,并对他们这部分额外的工作量给予经济补偿。学校员工在招聘优秀的同事方面有既得利益,因为学生和员工都会被受雇者的素质所影响。

年轻教师和管理者对招聘的影响

年轻教师和管理人员想要认识到,而不是被告知,成为某一学区员工的益处。因此,校长、学区负责人以及其他管理人员必须运用行销机构所采用的各种技巧来说服年轻一代教师和管理者,让他们相信在某个学区工作是一个大好机会。由于这一特点,学区必须将招聘概念化为市场营销而不是广告。

研究表明,年轻教师和管理者不仅希望他们的工作经历是令人愉快的,而且接受具有高要求和高挑战性的工作。此外,年轻教师和管理者把他们的工作经历更多地看作是一种事业或职业,而不仅仅是一份工作。这种观点很重要,因为他们认为自己在做有价值的事情,对自己、他人和整个社会都有价值[7]。值得注意的是,大约25%的年轻人在接受一个职位的录用前,会与他们的父母或其他人商议。

其他研究指出,年轻教师和管理者也在工作中寻求安全感和稳定性。因此,他们会寻找一个经济上有偿付能力的学区,即使学区的人口没有增长,至少也要保持稳定。

招聘年轻一代教师与管理者的另一个影响是,他们为了决定哪个用人单位能满足他们的需求和期望,大量使用学区的网站。反过来,这又影响了他们在那个学区找工作的决定。总体来说,大约75%的年轻人将会研究他们感兴趣的学区或公司的网站[8]。

总　结

人力资源规划过程确定了目前和将来的人员需求之后,接下来的步骤就是招聘合格的人员。可是,必须考虑某些制约招聘的因素。平权运动要求、学区的公共形象和政策、教育领域职位的职责以及某个学区提供的工资和附加福利,都会影响到学区实施招聘过程的方式。

为了有效实行招聘计划,人力资源管理者必须对职业发展理论有很好的理解。以下原则是许多理论的共同点,可以用来制定招聘策略。第一个原则,人们具有不同的兴趣爱好、能力和个性特征,这些让他们有资格从事很多职业。第二个原则,一个人的职业偏好、胜任特征以及自我形象会随着时间和经验发生变化,使得个人适应成为一个持续的过程。第三个原则,个人的生活满意度和工作满意度都要依赖于他们如何能更好地应用自己的能力为他们的兴趣爱好、个性特征及价值观找到出路。第四个原则,职业选择的过程会受到职业变量,如工资、附加福利、工作地点、晋升机会以及将要从事的工作的性质的影响。最终,从根本上来说,职业发展是如兴趣爱好和能力这样的个人性格特征,与将要从事的工作类型这样的外部因素之间相互妥协的结果。

经验表明,某些特别的招聘方法能为特定空缺职位找到最合适的申请人。因此,在开始招聘以前,人力资源管理人员应该分析每个空缺职位,以明确哪种方法将会最有效。最常见的方法包括,进行内部搜索、征求推荐、联系职业服务机构、在学院和大学的就业服务办公室或招聘会发布空缺职位招聘通知、通过网络发布职位信息、在报纸上和专业组织的出版物上刊登招聘广告、跟进主动提供的职位申请、联系促进少数族裔利益的社群组织。

学区想要通知候选人该学区有空缺职位时,通常会制作正式的招聘广告,广告的内容由职位描述与选拔该职位最具资格候选人时使用的选拔标准来决定。招聘广告必须精确地反映该职位的主要工作职责和成为该职位候选人必须具有的最低资质要求。

就内容和形式而言,最有效的招聘广告包括职位名称、学区基本信息、职位申请说明以及对候选人的期望资质。列出个人资质要求,使用盲目广告通常是不合适的。对一个学区来说,在一个招聘广告中只放置很少的几个空缺职位,或如果条件允许,最好每个空缺职位都单独发布招聘广告的话,效果更好。

包含社区和学区资料的基本信息手册可以用于招聘教师和后勤人员。招聘手册是招聘广告的一种特殊形式,用于为潜在申请人提供足够的信息来决定他们是否想要申请这个职位以及他们是否满足必须的要求。这种手册包括,招聘启事、申请程序、成功申请人必须具备的资质描述、学校或学区服务的社区信息以及学校和/或学区的财务、人员与课程资料。这种信息量更大的手册通常是为招聘学校高管而保留的,因为为每个空缺职位印制这种手册的成本可能高得令人望而却步。

 自评测验 这里是一份自主评分性质的自评测验。

问题讨论与陈述

1. 假如缺少教师,在招聘教师时,你能想到什么最有效的策略?
2. 写出影响人们成为某个学区应聘者的影响因素。
3. 职业选择理论是如何影响招聘过程的?
4. 写出构成一则有效的空缺职位报纸招聘广告的要素。
5. 使用招聘简章代替某个职位的报纸招聘广告的益处是什么?

建议的活动

1. 复印一份本地报纸上的管理性岗位、教师岗位和后勤人员岗位的招聘广告,写出它们与本章中广告的差别。
2. 复印一份本地学区使用的招聘管理职位的招聘手册,写出它与本章中的招聘手册的区别。
3. 评估一个学区的招聘政策,并写出它们潜在有效性的分析报告。
4. 面对面或者以电话的方式,访谈一位人力资源管理人员,他/她所在的学区在招聘管理者、教师或其他员工过程中正面临困境。弄明白他/她对这个学区招聘不成功的原因的看法。

5. 访问一所学院或者大学的就业办公室,与职业顾问交谈,以便对他们的服务更加了解。同时,询问他们关于招聘会的有效性和未来教师与管理者的新兴市场的相关问题。

问题情境反思性行动

假如你已经阅读并思考过这个章节,作为一个面临教师和其他岗位合格应聘者缺失的学区人力资源负责人助理,你将会怎么做? 你已经计划安排一个由管理人员、教师管理者、后勤管理者参加的会议,这个会议是为了让他们协助招聘人员。以书面形式写出你的发言大纲和五个将要讨论的问题,这将会有助于你与他们就这个话题进行讨论。

尾 注

1. National Center for Education Statistics, Institute of Education Sciences, U. S. Department of Education, *Teacher Career Choices* ; *Timing of Teacher Careers Among 1992 – 93 Bachelor's Degree Recipients*, Postsecondary Education Descriptive Analysis Report, NCES 2008 – 153 (Washington, DC: Author, March 2008), http://nces. ed. gov/pubs2008/2008153. pdf ; National Center for Education Statistics, Institute of Education Sciences, U. S. Department of Education, *Mobility in the Teacher Workforce*; *Findings from the Condition of Education 2005*, NCES 2005 – 114 (Washington, DC: Author, June 2005), http://nces. ed. gov/pubs2005/2005114. pdf; and National Center for Education Statistics, Institute of Education Sciences, U. S. Department of Education, *Projections of Education Statistics to 2017*; *Thirty-sixth Edition*, NCES 2008-078 (Washington, DC: Author, September 2008), http://nces. ed. gov/pubs2008/2008078. pdf.

2. Rebecca Moran, Bobby D. Rampey, Gloria S. Dion, and Patricia L. Donahue, *National Indian Education Study 2007 Part I*; *Performance of American Indian and Alaska Native Students at Grades 4 and 8 on NAEP 2007 Reading and Mathematics Assessments*,

NCES 2008 - 45 (Washington, DC: National Center for Education Statistics, Institute of Education Sciences, U.S. Department of Education, May 2008), http://nces.ed.gov/nationsreportcard/pdf/studies/2008457.pdf.

3. Kathryn H. Au and Karen M. Blake, "Cultural Identity and Learning to Teach in a Diverse Community: Findings from a Collective Case Study," *Journal of Teacher Education*, 54, no. 3 (May/June 2003): 192 - 205.

4. David A. Decenzo and Stephen P. Robbins, *Human Resource Management*, 7th ed. (New York: John Wiley, 2002), 150 - 153.

5. Sheila J. Henderson, "Follow Your Bliss: A Process for Career Happiness," *Journal of Counseling and Development*, 78, no. 3 (Summer 2000): 305 - 315; Shelley M. MacDermid and Andrea K. Wittenborn, "Lessons from Work - Life Research for Developing Human Resources," *Advances in Developing Human Resources*, 9, no. 4 (2007): 556 - 568; Roni Reiter-Palmon, Marcy Young, Jill Strange, Renae Manning, and Joseph James, "Occupationally Specific Skills: Using Skills to Define and Understand Jobs and Their Requirements," *Human Resource Management Review*, 16 (2006): 356 - 375; and Sherry E. Sullivan and Lisa Mainiero, "Using the Kaleidoscope Career Model to Understand the Changing Patterns of Women's Careers: Designing HRD Programs That Attract and Retain Women," *Advances in Developing Human Resources*, 10, no. 1 (February 2008): 32 - 49.

6. Decenzo and Robbins, *Human Resource Management*, 154 - 162.

7. Michael D. Coomes and Robert DeBard, eds., "Serving the Millennial Generation," *New Directions for Student Services* (San Francisco: Jossey-Bass, 2004), 52 - 56.

8. Robert Half, "Attracting and Retaining Millennial Workers," *Information Executive*, 11, no. 7 (July 2008): 2, 3, 5.

参考文献

Au, Kathryn H., and Karen M. Blake. "Cultural Identity and Learning to Teach in a Diverse Community: Findings from a Collective Case Study." *Journal of Teacher*

Education, 54, no. 3 (May/June 2003): 192 – 205.

Darling-Hammond, L. "The Challenge of Staffing Our Schools." *Educational Leadership*, 58, no. 8 (May 2001): 12 – 17.

Dhamija, P. "E-Recruitment: A Roadmap towards e-Human Resource Management." *Researchers World: Journal of Arts, Science & Commerce*, 3, no. 2(2012):33 – 39.

Equal Employment Opportunity Commission (EEOC). www. eeoc. gov .

Hoerr, Thomas R. "Finding the Right Teachers." *Educational Leadership*, 63, no. 8 (May 2006): 94.

Ingersoll, Richard M. "The Teacher Shortage: A Case of Wrong Diagnosis and Wrong Prescription." *NASSP Bulletin*, 86, no. 631 (June 2002): 16 – 30.

Lahey, Joanna N. "Age, Women, and Hiring: An Experimental Study." *Journal of Human Resources*, 43, no. 1 (2008): 30 – 56.

Liu, Edward, Susan Moore Johnson, and Heather G. Peske. "New Teachers and the Massachusetts Signing Bonus: The Limits of Inducements." *Educational Evaluation and Policy Analysis*, 26, no. 3 (Fall 2004): 217 – 236.

Long, J. E. "Grounded Theory: Its Use in Recruitment and Retention." *Journal of Management & Marketing Research*, 11 (2012): 1 – 8.

Najafi, A. "Investigation of Factors Influencing the Human Resources Recruitment and Maintenance: A Case Study of Educational Staff of Sistan and Baluchestan Province, Iran." *Interdisciplinary Journal of Contemporary Research in Business*, 3, no. 3 (2011): 174 – 183.

National Center for Education Statistics, Office of Educational Research and Improvement, U. S. Department of Education. *Digest of Educational Statistics 2001*. (NCES 2002 – 130). Washington, DC: Author, February 2002. nces. ed. gov/pubs2002/2002130. pdf.

National Education Association. *Meeting the Challenges of Recruitment and Retention: A Guidebook on Promising Strategies to Recruit and Retain Qualified and Diverse Teachers. Washington*, DC: Author, 2003.

Newton, Mary Rose. "Does Recruitment Message Content Normalize the Superintendency as Male?" *Educational Administration Quarterly*, 42, no. 4(October 2006):551 – 577.

Ordanini, Andreas, and Silvestri Giacomo. "Recruitment and Selection Services: Efficiency and Competitive Reasons in the Outsourcing of HR Practices." *International Journal of Human Resource Management*, 19, no. 2 (February 2008): 372 – 391.

Prince, C. *The Challenge of Attracting Good Teachers and Principals to Struggling Schools*. Arlington, VA: American Association of School Administrators, 2002.

Reeves, Douglas. "New Ways to Hire Educators." *Educational Leadership*, 64, no. 8 (May 2007): 83 – 84.

Taylor, Scott. "Acquaintance, Meritocracy and Critical Realism: Researching Recruitment and Selection Processes in Smaller and Growth Organizations." *Human Resource Management Review*, 16 (2006): 478 – 489.

Traistaru, C. "Strategies in Recruitment of Human Resources in Pre-Universitary Education." *Petroleum – Gas University of Ploiesti Bulletin*, *Economic Sciences Series*, 62, no. 1 (2010): 121 – 132.

Winter, Paul A., and Samuel H. Melloy. "Teacher Recruitment in a School Reform State: Factors That Influence Applicant Attraction to Teaching Vacancies." *Educational Administration Quarterly*, 41, no. 2 (April 2005): 349 – 372.

Winter, Paul A., and Jayne R. Morgenthal. "Principal Recruitment in a Reform Environment: Effects of School Achievement and School Level on Applicant Attraction to the Job." *Educational Administration Quarterly*, 38, no. 3 (August 2002): 319 – 340.

附录 A：报纸招聘广告模板

古德维尔学区特殊教育职位空缺

严重残疾学生辅导老师。要求:特殊教育专业大学本科以上学历,以及严重残疾工作认证证书;有教学经验者优先考虑。

教育审查员。要求:硕士学位及一个或一个以上特殊教育领域认证证书。具有心理测量管理和解释方面的知识和/或经验者优先。在职能能力、社会适应、感知和语言技能评估方面的专业知识是必需的。有诊断或教育计划方面的经验者优先。

言语/语言/听力病理学家。空缺职位语言任课教师;言语/语言病理学家。要求:硕士学位,州认证资格,美国言语语言听力协会颁发的临床工作能力资格证书。有教学经验者优先。也需要语言矫正的兼职职位,要求:硕士学位和州资格认证。工作时间是4－6个小时,周一到周四工作。

听障人士翻译。需要至少64个小时的大学学习时间,有表现力的口译员证书,不同的符号系统的知识,有与残疾学生工作的经验。

福利待遇优厚。电话或信件申请至:

古德维尔学区

人力资源主任

一个具有平等机会和平权运动的工作单位

~~~~~~

古德维尔州立大学

古德维尔州立大学是一所地区性多用途院校,招收学生9,000人。它坐落于古德维尔,一个拥有37,000人口的社区,距都市区域以南120英里。

教育管理和教育学原理。副教授或助理教授,协调教育博士学位项目,教授研究生与本科生课程,包括学术研究法及以下一门或一门以上课程:教育财政、中学管理和教育学原理。有州财务会计信息系统工作经验,熟悉东南部州或类似地区学校的优先考虑。具有教育管理或教育领导方面博士学位的可以考虑。五年以上学区管理工作经验。

教育管理和教育学原理。助理教授,教授研究生和本科生课程,包括学术研究法及以下一门或一门以上课程:教育财政、中学管理、中学监督以及教育学原理。给研究生和本科生提供建议。具有教育管理或教育领导方面的博士学位者优先考虑;博士学位,直接相关领域可以考虑。五年以上教育管理工作经验。有城市学校管理，多元文化项目或中学管理经验者优先。

阅读教育。助理教授或大学讲师，教授本科生与研究生课程：发展性阅读、中级阅读与补救阅读，以及研究生阅读实习。具备必要的评估技能。给研究生和本科生提供建议。阅读方面有博士学位者优先；阅读方面在读博士研究生可以考虑。需要小学或中学任课教师五年以上工作经验。高效教学经验首选。

大学附属学校教员职务。这所大学的附属学校是一所从幼儿园到高中共12年级的教学计划项目学校，共有340名学生，是教育部和教师教育项目的一个组成部分。所有职位都需要具有很强的课堂技能和对教师教育项目有特殊的兴趣。

申请程序。申请人需要立即转发他们的就业文件。请于2月1日前将填好的申请表、简历及成绩单寄往：

古德维尔大学

教育学院

院长

〰〰〰〰〰〰〰〰〰〰〰〰〰〰〰〰〰〰〰〰〰〰〰〰

人力资源主任

一家大型、信誉卓著的公司，其办事处位于美国中西部，交通便利，是该领域的领导者。该公司现招聘一名人力资源主任。该员工将完全负责指导人力资源部门的职能，包括福利管理、薪资管理、员工发展、选拔、员工关系和平等就业机会委员会等活动。

理想的候选人需具有4—6年的工作经验，拿到学位（最好是人力资源管理），有管理经验。良好的计划和组织能力以及有效沟通的能力是必不可少的。

这个职位在我们公司的员工中非常引人注目，除了提供专业化及个人化的发展机会外，还提供极好的薪酬和福利待遇。

请放心申请，可发送简历和薪资要求至：

都市日报325信箱

一个具有平等机会和平权运动的工作单位

〰〰〰〰〰〰〰〰〰〰〰〰〰〰〰〰〰〰〰〰〰〰〰〰

直接薪酬专家

我们是 Chemomax,一家规模 40 亿美元的领先业界的能源公司,正在丰富美国的能源选择。我们的业务范围广泛,包括天然气、液化天然气、丙烷、煤炭和石化产品。我们的业务范围从阿拉斯加延伸到墨西哥湾,在加拿大和美国大陆,包括陆上和海上。我们的业务范围从输送和勘探到管理大型石化企业。可替代能源项目的迅速发展为我们提供了绝佳的就业机会。

作为我们的直接薪酬专家,您将负责制定公司基本免税薪酬表和涵盖公司高管的薪酬表结构调整的年度提案。您将与我们的运营公司合作设计基本工资和激励计划,并推荐新的和/或创新的薪酬形式。

您将需要至少两年薪资计划设计与管理经验。有外企和高管薪酬方面的经验者优先。具备良好的职业评估,薪酬调查技术和薪酬结构设计知识,以及政府工资法律和相关法规。

想要探索这个绝佳的机会,请放心将您的简历,包括以往的薪资信息,发送到:

Chemomax 公司

人力资源部主任

一个具有平等机会和平权运动的工作单位

〜〜〜〜〜〜〜〜〜〜〜〜〜〜〜〜〜〜〜〜〜〜〜〜〜〜〜〜

人力资源规划与研究资深专家

作为我们公司有效选拔和发展员工的承诺的一部分,公司已经启动了广泛的选拔、职业道路规划和员工发展的方法。由于前期工作的成功,我们需要一名经验丰富的人力资源规划和研究专家加入一个由专业人才组成的团队中,协助开发和实施这些过程。

成功的申请人要有丰富的测试验证经验;评估中心的设计与管理经验;组织诊断工具的设计,管理与解释经验;职业生涯规划经验;以及继任计划经验。有课程设计与开发经验者更佳。这是一个独特的机会,将选拔与开发体系设计并任命为同一位行业领导者的机会,他的高级管理人员将会全力支持他的工作。成功的申请人需要具有行为科学专业硕士学位,博士学位优先考虑,并具有选拔/开发项目的工业应用经验。

我们提供优厚的工资和完整的公司支付的福利,包括口腔保健计划。对该职位感兴趣,并且符合要求的申请人需要发送一份个人简历,包括受教育背景资料和以往收入资料,到:

暴风工业

人力资源部主任

一个具有平等机会和平权运动的工作单位

劳动关系职位

古德维尔公司正在寻找一位劳动关系经理。我们是世界领先的公用家具行业,主要致力于开放式办公系统家具、娱乐和交通座椅。

对于喜欢劳动关系并愿意从事这个领域工作的人力资源专员,这是一个很好的机会。必须具有至少5年工作经验,包括合同解释。成功的申请人应该具有上进心,并且客观处理问题;有创造性,思维成熟,组织能力强,为人正直。沟通技巧是必需的,同时,在安全和培训方面也要有一定的经验。我们提供专业的氛围和安全的未来保障。

这个非常有价值的职位提供有吸引力的薪资,公平的搬迁援助以及极好的福利。符合条件的申请人应将个人简历及薪资记录投递至:

都市日报

645 信箱

一个具有平等机会和平权运动的工作单位

附录 B:招聘手册模板

招聘职位

古德维尔学区学校负责人

一个具有平等机会和平权运动的工作单位

空缺职位通知

古德维尔学区教育委员会正在招聘一位学校负责人。被选中的负责人的薪资将由他/她的专业储备和他/她在教育管理领域的成功经验以及其他任职资格决定。

已为初步甄选的申请人提供专业技术支持,这是一个由下列人员组成的特别顾问委员会:

- 一位来自附近学区的负责人。
- 古德维尔大学教育学院院长。

所有申请信、提名信、询问信、证明文件和管理资格的法律证明副本均应邮寄给古德维尔学校董事会主席。

申请人必须在1月1日之前完成下列工作,才可获得考虑:

1. 递交一份包含愿意成为这个职位申请人内容的正式申请信。

2. 从所在的学校发送最新的保密的证明文件、最新的简历和教育成就的清单。

3. 提供法律证明或其他具有负责人资格的证明。

需要的人

古德维尔学区教育委员会及它服务的社区致力于持续发展优质学校。它们正在招聘一位有成功管理经验的人,或者从事类似职责的行政职位的人作为该学区的负责人。该负责人应该对公立学校教育有深刻的理解并感兴趣;关心学生的健康幸福和积极性是重中之重的任务。通过他/她的经验、学识和声望,他/她必须反映自身以及其所服务的学区的信誉。

选拔出的负责人必须具备领导教育工作的能力;他/她必须是一个以目标为导向的教育工作者,在管理/教学人员、教育委员会和社区之间的团队合作的持续发展中取得成功。

虽然没有申请人能完全符合所有资格,但具备以下能力及/或潜质的申请人将会获得优先考虑:

- 有成功的财务管理、预算及财务责任的经验,能够评估地区的财务状况,并根据预期的收入及未来的课程计划制定管理计划。

- 在人际关系方面,具备与公众、学生、员工共同工作的能力,从而形成良好的学校人力资源管理;这方面还包括工作人员的评价和在职培训。
- 被委任为"教育管理者"职责的成功经验,仍然通过管理团队的概念保持问责。
- 基于现实和负责任的教育理念,展现领导能力,做出选择性决策的能力与实施教育优先级的能力。
- 能够客观地选拔、评估、分配和重组员工。
- 愿意协助制订、审查并有效执行教育委员会的政策,公开、诚实地与教育委员会沟通并建立联系,让委员们悉知学区内的问题、建议及发展情况。
- 保持学生行为模式的能力。
- 在类似学区成功的管理经验。
- 具有较强的课程规划学术背景,具备评估和规划课程和计划的能力,并能持续关注地区目前和未来的财务状况。
- 熟练掌握"管理型"教育领导能力,制定学区长期与短期的发展目标。

社 区

古德维尔学区正在为一个有将近 20,000 名居民的社区提供教育服务,这个社区处在一个具有巨大增长潜力的地理区域内,它占地 80 平方英里,是该州最大的学区之一。

该地区文化背景丰富,生活方式多样。大约 30% 的居民生活在农村,其余的 70% 住在郊区。该地区因各种各样的民族和种族构成而丰富多彩。古德维尔位于大都市以南 25 英里的一个地方,因此,很多居民去大都市上下班很方便。随着许多工业园区的发展,当地就业持续增长。学区是一个地区生活方式和文化的缩影,因此,该学区鼓励社区生活和教育机会的独特性。这是一个由公园、森林保护区、教堂、学校、购物中心和完备的娱乐设施构成的地区。除了一家大型日报社和一家地方电台外,还有三家地方报社为该地区提供服务。古德维尔州立大学在这个地区,还有很多其他学院和大学也都在 1 小时车程范围内。

学　校

古德维尔学区从幼儿园到高中十二年级注册人数超过 5600 名。此外,该区还提供学前教育、特殊教育和成人教育服务。目前,有 6 所从幼儿园到五年级的小学、2 所六至八年级的中学和 1 所完全达标并被认可的高中。该学校系统由 361 名有执业资格的员工和 171 名后勤人员构成。

学校董事会和管理人员都意识到要加强对教学基本技能的关注和支持,有许多创新的服务和项目提供给教师、家长和学生。一项针对中学生的替代教育计划被认为是全郡最好的计划之一。此外,在确定学生的学习风格和适当的教学模式以加强这些风格方面也采取了重大步骤。双语计划、特殊教育、教师队伍发展与家长工作坊引领了各州的发展趋势。课外活动一直是教育计划中的重要组成部分。该地区还以其为男孩和女孩提供的体育项目和乐队/管弦乐队活动而自豪。

教育委员会的理念

决策性机构

教育委员会从根本上说是一个决策性机构,并保持用现有资金高效办学的管理体制,不断完善学校制度的各个方面,使公众充分了解教育问题。

儿童教育

该委员会认为,该地区内每个孩子的教育是整个学校运作的核心,行政管理、商业管理、建筑管理及所有其他服务都应根据其对教学进展的贡献来进行评价。教育委员会的目标是为每个儿童提供机会,最大限度地发展其教育潜能。教育委员会的目的是为所有儿童提供教育机会的平等性,而不受他/她的性别、种族、肤色、信仰、国籍或者是否残疾的影响。

人员结构

管理者	1	学区负责人
	2	负责人助理
	5	主任
	9	校长

	7	校长助理
	6	课程协调员
	1	商务经理
员工	314	任课教师
	14	咨询顾问
	12	学习资源专家
	16	特殊教育教师
	8	看护人员
	5	言语及语言专业人员
	30	专业人员助手
	43	秘书/办公室工作人员
	40	保管/维修人员
	30	校车司机
	20	餐厅工作人员
学生构成	730	非裔美国人
	152	西班牙裔美国人
	32	亚裔美国人
	9	原住民美国人
	4,677	欧裔美国人
	5,600	总学生人数

财务数据

评估值	$280,000,000.00
税收率	4.50
抵押负债	10,000,000.00
预算支出	40,000,000.00

发布空缺职位

托马斯·杰斐逊高中校长

社　区

古德维尔主要是一个郊区的居住社区,可以很容易地到达大都市区和所有主要的购物中心。教区学校,包括小学和中学,都位于学区的范围内。有很多活跃的家长组织代表学生的利益在起作用,所有这些都促进了学校和社区家长之间的密切关系。商会是商界的一个活性催化剂。在州内的学区中,古德维尔学区是收税最高的学区之一。

校　长

古德维尔学区正在为托马斯·杰斐逊高中的校长职位招聘合格的申请人。下面的资质和领导能力是在选拔过程中需要考虑的方面:

- 良好的人际关系技巧;
- 具备各种沟通技巧;
- 能够在学生、教师和社区中对整个教育项目,包括课外活动,激发出支持和热情的能力;
- 具有制定和实施短期和长期目标的能力;
- 有员工和项目评估过程的经验;
- 中学管理者认证证书;
- 5 年课堂教学经验;
- 3 年教育管理经验。

学　区

古德维尔学区成立于 1875 年。古德维尔的教育包括整个社区。从年龄在 3—5 岁儿童的学前教育开始,在幼儿教育方面有学费资助的项目。夜校是为成人提供的继续教育项目。

全区大约招收 5,600 名学生。有 4 所小学、1 所中学与 1 所高中。学区雇佣大约 361 名专业教育工作者和 171 名后勤人员。

教育委员会由 6 名成员组成,每届任期 3 年。学区的预算是 4000 万美元,每个学生的开销大概是 7000 美元。

高　中

托马斯·杰斐逊高中招收了 2,000 名学生,并拥有 98 名全职及兼职认证专业人士。这所学校获得了北方中央大学和中学协会的全面认证。

毕业班大约 68% 的学生进入大学继续学习。这需要提供全面的课程,目前大约有 150 门课程。

这个高中校园占地 24 英亩。学校分几个阶段建造,1972 年竣工,当时一个主要的扩建项目提供了急需的教室,并扩大了体育和戏剧设施。

人　员

"经验丰富且素质高"是描述高中教师的最佳词语。大约 65% 的教师有 15 年以上的教学经验,60% 的教师在高中任教 15 年或 15 年以上,75% 的教师具有硕士学位或更高的学位。

薪金是根据工作经验、受教育程度及时间长短和安排的工作任务决定的。附加福利是包括员工病假、事假、主要医疗保险、牙医保险、定期人寿保险以及很好的退休福利构成的一个独特的计划。有 12 个月合同的管理人员可以享有 1 个月的假期。

联系古德维尔学区人力资源部获取申请材料清单。

第四章　人才选拔

问题情境

　　家长和学区专业教师协会已经向学校负责人和教育委员会投诉,学区的人力资源部没有为本地区的教师岗位雇佣到"最优秀、最聪明"的教师。你是刚刚上任的人力资源负责人助理。由该学区服务的社区某种程度上说是富裕的,大多数的家长受过良好的教育,至少有学士学位,还有很多家长获得了研究生或专业学位。可是,有些家长已经亲身感受到了经济的衰退,他们损失了一笔可观数量的投资资金,还有一些家长由于公司裁员而失业了。那些失去工作之后正在寻求新职位的家长痛苦地意识到就业市场的机会越来越少,以及在一些运转不良的公司里选拔过程中体现出的类似问题。

　　选拔过程中也存在其他的问题。例如,申请过程本身有缺陷,申请表格已过时,似乎对员工选拔已经起不到作用。职位描述好像也过时了,选拔标准只是由人力资源负责人助理单独决定,他是应该雇佣谁的主要决策人。事实上,雇佣决定仅仅由他的专业观念判断,而没有听取其他管理人员或教师的建议。一些管理性岗位在没有公开发布招聘广告的情况下就被这位负责人助理选定的候选人填满了。

　　最终,有两位已经被雇佣的员工由于背景调查不充分,在申请过程存在欺瞒行为而导致解约。其中已经雇佣的教师是在另外一个学区由于在校园酗酒而被终止合同的员工,另外一名校车司机曾被判虐待儿童罪。因此,教育委员会与学校负责人鉴于你在人力资源管理方面的经验而雇佣你来负责这个职位的工作,并且希望你制定合理有效的人力资源选拔程序。

请使用本章结尾处的"问题讨论与陈述"和"建议的活动"来帮助你找到处理这部分问题的方法。

选拔过程的目的是聘用那些有潜力、将会在工作上取得成功的人,这些人是由学区的正式绩效评估来衡量的。这一目的似乎是不言而喻的,它的执行需要一个相当彻底的过程。选拔员工的费用对大多数学区来说都是一笔很大的支出。如果选拔过程不能找到合适的员工,那么由于绩效不佳而终止合同所产生的相关费用以及雇佣新员工所涉及的费用,就该学区的花费而言往往是无法计算的。

雇佣一个新员工的最低费用已经计算过了,是 1,000 美元,而雇佣一位学校负责人的费用可能会超过 25,000 美元。在为一个学区的大多数职位选择人选时,费用包括为该职位发布广告以及打印和邮寄申请的实际费用,以及审查申请、面试申请人、核实推荐信所需要的时间。这是假设在很多常规工作,如撰写职位描述与建立适当的选拔标准,已经完成的情况下。学区的常规培训和对新员工的入职培训的额外成本与招聘过程直接相关,但往往被忽视。因此,选拔出有潜力达到绩效评估标准并将在学区工作相当长一段时间的人员是极其重要的人力资源过程,这不仅对履行该区教育儿童的任务意义重大,而且也影响到学区的财政状况。

在本书的第二章中确立了人力资源规划的必要性,因为,对于学区或者任何组织,为了实现它的总体目标和具体目标,如果在适当的时间、适当的地点,却没有适当数量且具有一定技能的人员,确实是不可能的。充足的人员、资金和物质资源是促成组织成功的三个必要条件。可是,组织的成功也就意味着组织的变革。学区想要获得成功,必须能够很好地应对不断变化的教育需求和家长与学生的期望。在第六章中,组织变革的概念被转化为专业学习型社区的概念。

人力资源管理者了解目前组织变革方面的研究成果很重要,已经证明这不仅对学校和学区有帮助,而且对很多商业企业也很有帮助。学区与其他组织有许多共同之处,许多有关变革的原则适用于所有组织。例如,有两个基本点适用于包括学区的所有组织,那就是相关人员和愿景。

首先,相关人员构成组织。因此,教育委员会、学校负责人、行政部门管理人员、校长、教师和其他员工共同组成学区,建筑物、资金和其他物质资源不构成学区。当然,教育委员会、管理人员、教师和其他员工要使用这些资源来履行他们的职责并实现教育使命。

其次,组织是由愿景驱动的。教育委员会、学校负责人、其他管理人员、教师和工作人员通常通过建立总体目标和具体目标来实现愿景。一个学区的愿景通常关注学生的智力、情感、身体和道德的发展。当然,相关人员应该参与建立学区的愿景,这意味着家长、学生和其他社区成员以及董事会和学区工作人员,必须参与公共讨论。

这对人力资源管理的影响是显而易见的。如第二章中所述,人力资源规划过程要求学区专注于能传递时代信息的愿景以及运营总体目标和具体目标。接下来要谈到的选拔过程的步骤必须支持这些指示。这在选拔标准方面尤其重要,选拔标准必须反映包含学区愿景、总体目标和具体目标的指标。由这种方法雇佣到的管理人员、教师和学区员工不仅有能力,而且愿意实施这些指示。附录 B 包含展示这些指示的选拔标准指标。

一次选拔过程可能会产生四种可能的决定:两种是正确的,两种是错误的。如果雇佣的员工在他/她的工作岗位上绩效表现良好,或者没有雇佣的申请人如果被雇佣绩效表现会不良,就是正确的决定。在这两种情况下,选拔过程都达到了聘用更合适人选的目标。如果被拒的申请人能够把工作做得很好,或者雇佣到的员工绩效表现不佳,就证明选拔过程是失败的。因此,在选拔过程中嵌入的因素必须是成功的预测因素,这些因素通常通过第五章中叙述的绩效评估过程来识别。这里讨论的步骤经过经验证明,拥有信度和效度,在做出合理的就业决定方面具有不可估量的价值。有鉴于此,人力资源管理人员以及中小型学区的负责人,有必要从选拔过程的角度,分析绩效评估过程的影响[1]。

选拔过程中的步骤实施可以通过技术的使用大大增强,尤其是在中小型学区。例如,学区的网站可以包含一个在线申请的链接,该链接可以将申请资料直接发送到学区,甚至可以发送给指定接收申请的人,如基层校长,他的学校有教学空缺职位。可以通过电子邮件与申请人交流,而且,因为申请资料是电子版本,也能够被发送给招聘委员会的成员。推荐信和证明资料的核实以及背景评估也可以部分或者全部以电子方式进行。另外,证明资料,如成绩单与教学证书,能够扫描存入数据库,电子存储方式可以被招聘委员会审查。最终,它们可以开始为成功的候选人形成一个永久文件。实际上,选拔过程的每个方面都需要纸质资料——包括职位描述、选拔标准、空缺职位招聘广告发布与之前提到的那些资料——能够被制作并以电子格式保存的资料和当前或将来需要的时候可以调用的资料。

选拔过程应该通过一系列的活动来实施,以便将雇佣到表现不佳的人员的概率降到最低水平。附录4.1按顺序列出这些活动,作为一个范例而贯穿本章。

附录4.1 选拔过程中的步骤

1. 撰写职位描述。

2. 建立选拔标准。

3. 写空缺职位通知,并发布职位招聘信息。

4. 接受申请资料。

5. 选出要面试的申请人。

6. 面试选出的申请人。

7. 核查任职资格证书及推荐信。

8. 选出最佳申请人。

9. 履行职位录取和接收程序。

10. 通知未选中的申请人。

选拔过程中的步骤

撰写职位描述

书面的职位描述是通常所说的"工作分析"过程的产物。该过程收集相关职位的信息:员工做什么;为什么他要完成这些职责;他的工作方式;完成工作所需要的技能、教育经历或者培训经历是什么;这个职位与其他职位的联系是什么;以及影响该职位的物质需要与环境条件是什么。许多公认的方法可用于职位分析。这些方法包括:

1. 观察法。例如,人力资源管理者或基层校长直接观察教师、秘书或其他员工正在工作的时候。

2. 个人面试。同样地,人力资源管理人员或维护主管在面试中也会让资料保管人员参与进来,并可能会分析多次面试的结果,以创建职位描述。

3. 集体面试。学区使用招聘委员会的方法时,该委员会可以在为校长职位制定职位描述之前先面试一位基层校长。

4. 工作问卷。一些学区已经开发出了工作问卷,来代替创建职位描述时采用的面试方法。

5. 咨询公司。在很大型的学区,聘请一个人力资源咨询公司为教师、管理人员和员工职位制定分类的职位描述的方式,这样的效果可能更好。

6. 主管分析。当然,在撰写职位描述之前,与员工主管——中学教育负责人助理、基层校长、运输部门主管或者学校负责人咨询总是很有帮助的。

7. 日记法。对于行政职位,那些在这个职位的人在一段时间内记录他们的日常活动的日记可能会更有效[2]。

这里讲述的方法不是单独使用的,而是互补的,如果结合使用,可以得到更好的职位分析。当然,这里列举出来的技术是适合进行职位分析,并形成职位描述的。可是,特定的技术更加适合特殊类别的职位。上面的方法 1 到 3 可能对分析分类员工的职位更有效。方法 4、5 和 7 有助于分析专业职位的共同任务。方法 6 在分析专业职位时总是很有帮助的。

就像前面提到的,职位分析是获取撰写职位描述的工具。职位描述是提供有关工作的详细信息和成功完成工作所需的最低资格的大纲。

没有一种格式的职位描述在任何情况下都是最有效的;然而,某些要素对于大多数职位描述应该是共通的,包括职位名称、必须完成的职责、工作的权限和职责以及成功完成工作所需的具体资格。

附录 A 中的两个职位描述的样本采用的格式尤其适合学区的职位。你会发现这两个职位的职位名称很具体:第一个是中学校长的职位描述,第二个是高中生物教师的职位描述。

每个职位的描述都以工作概述开始,概述该职位的总体职责,然后详细解释特定的工作任务以及该职位与学区组织结构中的其他职位的关系。在父母和员工都强调法律权利和责任的时代,组织关系是极其重要的,必须向未来的员工解释清楚。最后,将最低工作资格作为职位描述的一个组成部分列出。

职位描述应该定期更新,因为随着科技与教育的进步,工作环境也会发生变化。另外,当一个职位出现空缺时,进行职业分析并修改职位描述绝对是至关重要的。这影响到选拔标准的建立,并确保被聘用的人员正确理解工作的责任和职责。

努力制定一份准确完整的职位描述,还有一个重要原因。如果最终被聘用的人没有以令人满意的方式达到该职位的工作要求,最终导致他被解雇,职位描述提供了规范性标准,用于确定履行不被接受的职责。

建立选拔标准

选拔程序中的第二个步骤是建立评估申请人的标准,以确定谁能得到这份工作。"选拔标准"不同于"职位描述",因为选拔标准规定了那些理想的特征,如果一个人具有这些特征,就能最大限度地确保工作的成功进行。很显然,没有一个人能够最大限度地具有所有的这些特征,也不是所有的特征对决定谁是最佳申请人都同样重要。

选拔标准也可以用来量化面试者的专家意见。在没有标准的情况下,面试官可以自行决定对方是否能胜任这份工作。

量化面试官的意见也为最佳申请人被该职位录用提供了数据支持,因而表明这个学区是一个具有平权运动和平等机会的用人单位。得分最高的申请人理应首先被该职位录用;如果他没有接受这个职位,那么得分排名接下来的申请人应该被录用,以此类推。

人力资源部负责组织和开展职位分析,撰写职位描述,制定选拔标准,是一种普遍接受的做法。

撰写职位描述并制定选拔标准的时机极其重要。这两项工作任务应该在空缺职位发布招聘广告前与接收申请资料前完成,不仅仅是因为职位招聘广告是依据职位描述撰写的,而且因为它表明,这些标准不会偏爱某个特定的申请人。

附录 B 展示了三组选拔标准:第一组用于高中英语教师,第二组用于六年级教师,第三组用于小学特殊教育教师。构成选拔标准的每一种方法都是将特定的特征转化为可以被评级的最终分数。第一组和第二组中使用的方法与第三组中方法的重要差别是第三组中各项评价标准的权重不同。第三组的方法表明,申请人的教育理念与学区的政策以及课程体系的一致性是最重要的。职业准备其次,个人特征居第三位,经验最不重要。第三组选拔标准的方法的基本假设是,如果一个人有正确的态度和教育理念,他就能最好地满足学区的需要。经验丰富了个人的表现,但是教育理念必须指导从经验中获得的好处。同样,如果一个人的教育价值观与学区的价值观相一致,他在工作中也会成长。

还需要注意到的是,第三组的方法在描述理想的特征时不够具体,这使得面试官在判断应聘者的资格的时候,自主决定权更大。例如,一个具有儿童早期教育博士学位的人可能不是一年级特殊教育职位的最佳申请人。而在一所大学附属的实验学校,胸怀大志的教师在那里观察教学方法,这位申请人可能更适合这样的工作。在后面的情况下,拥有博士学位的申请人可能会在"职业准备"这项标准中的得分最高。

前两组的方法,包含高中英语教师和六年级教师的选拔标准,在风格与内容上都比较详细和传统。每一组的方法都被分为学术资格、个人资格和经验资格。这种评估申请人的方法要求每位面试官对每个人的资格做出有洞察力的判断。然而,面试本身并不是充实选拔标准工具的唯一信息来源;面试官还会通过申请表、就业介绍信、成绩单和推荐信来确定应聘者获得职位的资质。

每位面试官为每位面试者签署并返还人力资源部一份选拔标准文件,然后由人力资源部负责汇总结果。

写空缺职位通知,并发布职位招聘信息

在第三章中叙述了撰写空缺职位广告的微妙之处。撰写空缺职位广告是一项具体的工作任务。空缺职位广告应该被看作是选拔过程的一个组成部分,依据职位描述来制作,并为潜在申请人提供决定是否申请该职位的足够信息。因此,一份招聘广告必须清晰地明确职位名称、该职位的主要职责、学区的名称和地址、申请该职位的程序,以及成为候选人的最低资质要求。

制作招聘广告并依据学区的招聘政策发布招聘职位信息,是人力资源部的职责。招聘广告中应该包括接受申请的截止日期。常规做法是留出两周时间用于接收分类及教学职位的申请资料,而对于学校的高管职位通常会分配一个月的时间用于接收申请资料。当然,每个人的情况决定了分配给接收申请的时间长度,并可能偏离这些时间。

一些学校管理者与经验不足的人力资源管理人员常常会犯的错误是没有为有效实施选拔过程提供足够的时间。匆忙的选拔过程可能会使学区在平权运动的要

求方面处于无法辩解的位置,此外,还可能会导致聘用错误的人。对一个中等规模且拥有一个人力资源部门或至少在行政部门有一名人力资源管理人员的学区,从发布招聘广告到发送工作邀请,两个月时间用来选拔是合适的。

接收申请资料

一位行政部门的工作人员,通常是秘书,应该被委派来接收特定空缺职位的所有申请资料。在收到申请资料时,应注明日期并将申请资料放入指定的档案夹内,从而使整个程序完整统一,并提供一种方法来监测收到的申请资料中的某一特定空缺职位。

很多申请者要求他们的学院或大学的就业办公室将他们的成绩单和推荐信发送到学区。这些文件也必须注明日期,并归入合适的申请资料类别中。

接收申请资料的最后期限到了之后,应该编辑出一份含有申请者姓名、地址和电话号码的总清单。总清单还应该按标题列出为支持每项申请而收到的文件,例如成绩单和推荐信。总清单与含有支持性文档的整个申请资料文件夹应该交给人力资源管理者,然后,此人进行申请资料的最初筛选。

在选拔过程中,保持与申请人的信息沟通,有助于减少人力资源部申请人询问的数量。一个有效的方法是寄一张明信片给每一位申请人,说明他的申请已收到,并列明被选定参加面试的日期。

立即通知那些在截止日期之后发送申请的申请人,他们的申请将不再被考虑,这同样也很重要。习惯的做法是盖上邮戳的截止日期,并包括截止日期的申请。

一些学区与很多学院和大学已经开始接收申请的实践,直到该职位招聘到合适的人员。在这个过程中,在截止日期之前给学区发送申请的个人会首先予以职位考虑。如果没有确定合适的候选人,则会考虑那些在较晚指定日期前向学区发送申请的个人,依次类推,直到合适的候选人被录用并接受该职位为止。这是一个可以接受的做法,鼓励符合资格的个人申请某个职位,即使他们没有及时知道这个职位的信息。

在这个时候,可以启动一个程序来帮助评估学区平权运动计划的有效性。职位申请人总清单应该发送给负责监督平权运动计划的管理者。然后,他可以给每个申请人发一封信,要求他们在随信附上的表格上注明自己是否属于一个或多个少数族裔,并要求他们将表格寄回学区。因为选拔过程的目的是雇佣到最合适的候选人,在这封信中声明,填写和返回表格与该职位雇佣的人员无关,这样做很重要。因此,该表格不应该由申请人签名,不应该寄给人力资源部,而应该寄给平权运动计划负责人。

选出要面试的申请人

筛选申请资料是选拔过程中的第五个步骤。它的目的是确定哪些申请人将会为了该职位参加面试。申请表格应该包含一份需要申请人将他的就业介绍信、成绩单和推荐信发送到人力资源部的陈述信。这些文件,连同申请表,为人力资源管理人员提供了足够的信息,以便能够根据选拔标准以及最低教育和认证要求,对每个人进行评估。

参与面试的申请人的数量依据申请人的数量和招聘职位的性质确定。如果只有五个人申请一个职位,而且每个人都符合最低资质要求,那么,这五个人都参加面试。当然,这不是常态,除了少数几个缺乏合格人才的职业分类,例如特殊教育领域。通常,有三到五名申请人被挑选出来参加行政和教学职位的面试。对于学校高管职位,一般会有五到十名申请人参加面试。

面试选出的申请人

面试申请人是人力资源部门员工和学区其他部门员工共同承担的一项职责。面试中参加的人由招聘职位决定。重要的是,不仅要包括那些新员工将来的主管人员,还要包括那些对成功申请人将要履行的职责有专业知识的人参加面试。例如,高中生物教师职位的申请人应该由这所高中的校长、生物教研室主任、一位生物老师、一位人力资源管理人员以及中学教育负责人助理参加面试。同样,小学校长职位的申请人应该由这所学校的负责人、小学教育负责人助理、一位小学校长和一位人力资源管理人员参加面试。同样的过程在招聘行政员工时也很有用。申请保管员职位的申请人可以由物业总保管员、维护及保管部主任、一位保管员以及人力资源管理人员参加面试。

面试组成员应该参加员工发展计划的任职资格评估与面试策略。挑选一组教师、教研室主任、行政员工及基层校长,让他们参与一年时间的选拔过程,可节省开支,并让学区能够最大限度地利用他们通过员工发展计划所学到的技能。每年,挑选并培训不同组的员工参与评价任职资格及面试申请人。

这些人员怎样被挑选出来参加招聘,需要由学区的规模大小决定。当然,在学区的资历是挑选这些参与者最合理的方法之一,但也必须有代表所有工作类别和教学学科的个人。因此,负责维护的员工、校车司机、餐饮部工作人员、小学艺术教师、数学教师、科学教师、社会研究教师等都是需要的,并应该是被挑选出来参加招聘过程的。

让员工参与进来最有效的方法是让他们能够从工作中解脱出来。需要有代课教师和临时行政员工来代替在工作日进行任职资格评估和面试申请人的人员。一年中员工的平均流动率通常在5%到10%之间。这意味着一个选定的员工只在特定的场合参与选拔过程,可能一年不超过十个工作日。

一些学区的高管,如负责人助理,参与选拔过程的机会更多,因为他们是很多类员工的顶头上司。例如,小学教育负责人助理面试所有小学教学和管理空缺职位的申请人。当然,这个职位的直接主管的招聘常常是由教育委员会的成员来面试的。

面试的定义

大多数面试都是围绕着有相关目标的个人之间的对话构成的。在这种情况下,申请人的目标是获得一个职位,而学区面试官的目标是为某个职位雇佣到最合适的申请人。所有面试的本质都是交流,这对于教学和其他专业教育岗位尤为重要[3]。然而,每一次面试都有不同于普通谈话的地方。求职面试有明确的目的和形式,有开头、中间和结尾。

面试类型

面试有两种基本类型:标准化面试与开放式面试。"标准化面试"是通过问一组确定的问题来进行的,这些问题有助于确保申请人的回答易于比较。它在所有申请人的初次面试中是最有效的。

"开放式面试"鼓励申请人自由、详细地谈论面试官介绍的话题。这种类型的面试在选拔管理人员时很有帮助。面试官试图尽可能多地了解申请者的专业观点和态度。

一些学区由于成本和时间的限制,已经不再进行面对面的面试。在这些学区,申请人通过电话进行面试,选出该职位的最终候选人之后,进行面对面的面试。很多面试官的观点是电话面试与面对面面试一样有效[4]。

面试官的作用

面试官的责任重大。他不仅要通过提问来引导面试,还要记录下被面试者的回答,给被面试者展现一个良好的学区形象。通过面试过程,面试官必须进行评估并对每个申请人做出是否适合该职位的结论。选拔标准工具被用来量化面试官的观察结果,但最终这些观察结果是主观的解释。

通常,如果面试是在愉悦的环境下进行的,效果会更好。这样的环境有助于申请人放松心情,促进语言交流,使每个申请人提供给面试官最多的信息量。面试应该被安排在最能让申请人对他今后工作的场所了解的地方。因此,教室是面试教学岗位申请人的最佳地点[5]。同样,车库是面试大巴司机申请人的最佳地点,学校大楼是面试后勤岗位申请人的最佳地点。

当然,面试官必须谨慎地表现出这样一种态度,即能让应聘者毫不犹豫地回答问题,并明白没有错误的答案[6]。面试官还必须避免在无意中认同应聘者时的陷阱;例如,当面试官和应聘者都是有资格证书的数学教师,来自同一个城市,或者有相同的爱好[7]。

法律对面试的影响

联邦立法与法院决议对面试中能够合法提出问题的类型有很大影响[8]。例如,过去,询问候选人是否曾被捕或入狱是一种常见的做法。由于美国第九巡回上诉法院对格雷戈里起诉利顿系统公司案件的判决决议,学区现在只允许询问候选人的犯罪记录。以下是受到法律影响的常见的询问主题:年龄、种族、民族、是否残疾、宗教信仰、生活方式以及婚姻与家庭状况。

提问的艺术

面试过程要想成功取决于面试官的提问技巧。技巧从经验中得来。然而,即使是最有经验的面试官,事先准备好一套问题的面试也会非常有用,这在标准化面试中是必不可少的。

小组面试

一些学区比较喜欢"小组面试",这种面试是由几个面试者一起面试一个申请人。小组面试是有效的,它确实可以减少花在这个过程中的时间。本章描述的互动也适用于小组面试法。但是,为了有效,必须有一名工作人员担任组长,并负责指导面试。

核查任职资格证书及推荐信

检查任职资格与推荐信是选拔过程中的第七个步骤,对员工选拔具有深远影响。

任职资格

申请人的任职资格材料包括的东西有学院或大学的成绩单、管理人员或教师认证证书文件以及医生的健康证明。成绩单和健康证明不应该由申请人接收,而应由各自的学院或大学与内科医生直接邮寄到学区。重要的是,直到收到这些文件,才能通知申请人他的文件资料已经收集齐了。

通常可接受的做法是,只有申请人被该职位选定,才需要他的健康证明。而直到人力资源部收到这份健康证明,正式的就业合同才生效。最好在申请表上注明,如雇主提供工作机会,必须接受健康检查。

管理者或教师认证证书通常是由州教育部颁发,并直接发给获得证书的个人。尽管申请人向人力资源部呈现了这个资格证书,仍然有必要联系颁发证书的州确定证书是否还在有效期。当证书被撤销时,个人并不总是会将实际文件返还给州教育部门。

如果一个申请人正在一个他目前没有资格证书的州申请教学或管理职位,他有责任从这个州的教育部门获得他有资格获得证书的书面证明。对于这样的职位,在缺少认证书或者证明信的时候,不应该和申请人签订劳动合同。

推荐信

选拔过程中,推荐信是最薄弱的部分。人力资源管理人员必须亲自写信、打电话或通过其他途径联系那些给申请人写推荐信的人。申请表应该申明:最少需要三个人的推荐信;这些推荐信应该直接邮寄到人力资源部门,并且必须包含申请人目前或者上一个工作的直接主管的推荐信。

评估推荐信是一项艰巨的任务。推荐信有三种基本类型。第一种,是热情洋溢的推荐信,信中详细肯定了这位求职者是一位极具潜力的优秀员工。第二种,是表明申请人的表现欠佳的推荐信,因此,他不适合这个职位。第三种,推荐信很少提及申请者,语言含糊。实际上,推荐信经常包括隐含的信息,读懂这些推荐信的真实含义需要人力资源管理人员具有从申请人的任职资格、面试表现以及推荐信中感受到差别的能力。例如,仔细想一下,申请人在面试中的表现相当不好,资格证明也没有亮点,但是他却有一份主管写得极好的推荐信。这可能是该申请人在他现在的工作中表现不尽如人意,而他的主管又希望他找到另一份工作。

很显然,查证已经参加面试的申请人的推荐信是人力资源管理人员的职责。不可能也没有必要去核实每一个申请人的推荐信。可是,不去验证推荐信就从被面试的申请人当中选出最佳人选却是一件很困难的事情。

在一个爱打官司的社会环境中,另一个对推荐信验证过程有重要影响的问题是,害怕因为写出真实但是负面的推荐信而被起诉。当然,这个问题对于现在正在招聘的学区与申请人工作的学区都是一个重要的考虑因素。一些州已经通过法律,保护用人单位免于因为提供负面但是真实、善意的推荐信而遭到起诉。同样,如果一个雇员给他以前的用人单位书面许可,允许其向他未来的用人单位提供资料,则以前的用人单位在有可能发生的诉讼中受到保护,即使它提供的资料是负面的、不能公开的、保密的[9]。

犯罪背景调查

雇佣有犯罪记录的人的风险已经引起了人力资源管理者的极大关注。学区已经意识到这种可能性,因为新闻媒体就喜欢盯着那些被判猥亵儿童罪的教育工作者不放,这可能是每个学校管理者的终极噩梦。

犯罪背景调查耗时耗力,成本高昂,另外,还存在争议。美国教育协会(National Education Association)已经采取了反对将指纹识别作为一个工作环境的立场。经常听到的指责是,指纹识别是对教师及其职业的侮辱。可是,很多学区需要未来雇员的指纹作为通过执法机构进行背景调查的一部分。

是否进行犯罪背景调查以及调查的范围不应取决于人力资源管理者的判断,而应不受州法规的限制启动。对于大多数学区,调查的范围通常局限于与当地和州警察局核实,确定未来的雇员是否曾经被判有罪。如果他是一名教师,还可以向教师身份核查中心(Teacher Identification Clearinghouse)核实他的身份,该中心由美国教师教育与认证州理事协会(National Association of State Directors of Teacher Education and Certification)维护。这个全国范围的核查中心有一个所有教师的数据库,通过这个数据库可以查到哪个教师认证失败、谁的证书已经撤销,或由于道德原因而受到质疑。只有参与的州才能加入教师身份核查中心,而有关资料只提供给这些加入的州。单独的学区既不能加入教师身份核查中心,也不能直接从它那里获取信息资料。

那些已经加入教师身份核查中心而成为会员的州同意按姓名、任何已知别名、出生日期及社会保障号码,列出在过去十五年内被撤销或认证失败的个人名单。各个州的认证官员有责任查明采取这一行动的原因。

学区想要根据联邦调查局(Federal Bureau of Investigation)的文件检查申请者的指纹,只有当学区所在的州已经通过立法授权此类调查才可以。这项立法还必须得到美国司法部部长办公室(U. S. Attorney General's Office)的批准。即便如此,这一请求也必须由州警察局等执法机构处理。最后,每个州都有性犯罪者登记处,这使得学区管理人员可以获得由此产生的性犯罪者登记表。因此,开展犯罪背景调查是很好的人力资源管理实践。事实上,如果因为没有进行犯罪背景调查而雇用了不该雇用的人,学区对这个人所犯的错误需要承担的责任是令人震惊的。

关于一般背景调查,尤其是犯罪背景调查问题的最后一点说明是,在人员有限的中小型学区可能会发现,聘请第三方公司进行背景调查,从而避免基层校长、负责人助理或学校负责人必须花费大量日常职责的时间进行背景调查,这样的做法对学区是有利的,也具有成本效益。因为中小型学区可能雇佣的教师和其他员工的数量不是很多,外包背景调查的成本可能也会相对较小[10]。

非法雇佣外国人

1986 年,美国国会通过了《移民改革与控制法案》(Immigration Reform and Control Act),因此,在知情的情况下雇佣非法移民,在知情的情况下继续雇佣即将成为非法移民的人,或在没有首先核实其受雇能力和身份的情况下雇佣任何个人,都是非法的。

选出最佳申请人

负责为某一特定空缺职位实施选拔过程的人力资源管理人员必须将所有有关数据资料整理妥当,以便学校负责人可以做出选择。这些数据应包括根据使用参加面试人员的选拔标准、经过核实的证书和推荐信以及申请表获得的分数排序。

然后,学校负责人选择最符合条件的申请人。如果采用这样的选拔过程,通常选定按照选拔标准得分最高的申请人。

履行职位录取和接收程序

专业职位

学校负责人可能想要面试他为某个职位选定的申请人或者在做出最后选择之前面试最优秀的两位、三位或五位申请人。在做出最后决定的时候，必须以正式的方式录取该职位选定的申请人。如果这个人接受了录用通知书，他的劳动合同必须得到教育委员会的批准，并由最终入选者签字确认。通常，教育委员会要求学校负责人提出录用推荐，并要求解释为什么选定这个人。

行政职位

学校负责人可能想要面试行政职位的申请人，但是，在大多数情况下，他会接受人力资源部的推荐，聘用依据选拔标准得分最高的申请人。学校负责人可能亲自制作某个职位的录用通知书，或者将这个工作交给一位人力资源管理者来做。一旦申请人接到录用通知书，工作日期可以在双方都能接受的时间开始。

通知未选中的申请人

选拔过程的最后一个步骤是通知所有申请人，该职位的招聘工作已经结束。这项工作在选定的申请人已经接受某个职位的录用通知书之后进行，因为如果选定的申请人没有接受录用通知书，还可以将这个职位的录用通知书发给另外一个申请人。良好的公共关系还要求，所有申请人都必须在职位招到合适的人员时得到通知，因为申请人在申请该职位上花费了时间和金钱。

构建申请表的原则

申请一个职位的最初步骤是填写一份申请表，这是一项很少有人喜欢的乏味的工作。大多数人不喜欢这些申请表的主要原因有两个：首先，一些申请表需要填写看似无关紧要的信息；其次，一些申请表为填写所需信息留出的空间太少。

申请表采用两种基本形式之一。一种形式强调详细而大量的关于个人的信息，很少或不关注个人的态度、观点与价值观。相反，另一种形式的申请表注重申请人的态度、观点与价值观，事实信息不是很看重。

所有申请表必须包含平权运动和平等就业机会的申明,为了让这些可能的申请人和学区所在的社区知道,学区正在并且将会继续遵守联邦和州管理就业的法律。此外,法律上也有必要做出虚假陈述申明,如果申请人故意在申请表上提供虚假或不正确的信息,便可终止在该学区的工作。

附录 C 提供了这两种形式的样本,是由不同学区使用的形式组合而成的。教学职位与编制职位的申请表采用注重事实信息形式的样本。第三个申请表用于申请高中校长职位的,是更看重申请人的态度、观点与价值观的样本。

这些样本也展示了通常用于特殊岗位的形式。形式是由学区必须从申请人那里获得的信息的种类决定的。对于教学和编制职位,关于申请人个人特征的事实信息、他们的工作经历、专业准备以及支持性数据,如推荐信,可以帮助人力资源部做出谁应该参加面试的决定。对于学校高管类职位,最低要求是高度专业化的,因此,可以在相对有限的空间内要求申请表。即将参加面试的申请人最好通过评估一组反映每个人的态度、观点和价值观的回答来选择。

申请表的内容

构建申请表的基本原则是仅提问你想了解的信息。所要求的关于申请表的大多数信息属于下列标题之一:个人信息、教育与专业准备、工作经历以及推荐信。附录 4.2 中所列出的是申请表中不应该出现的信息,或者是无关紧要的信息,或者是依据公民权和劳动法是违法的信息。

申请表的实际布局应该给申请人留出足够的空间回答问题,并提供所需要的信息。所需要的各种信息资料也应依据标题分类,以提供连续性。这有助于申请人提供数据资料及人力资源部分析这些申请表。

附录 4.2　申请表中无关紧要的或不适当的信息

- (女子的)婚前姓;
- 婚姻状况;
- 配偶姓名;
- 配偶职业;
- 孩子的年龄和数量;
- 犯罪记录("定罪"合理);

- 身高与体重（除非这是职业资格真实需求）；
- 申请人拥有房屋或租赁房屋；
- 申请人在该学区是否有亲戚（不允许雇佣现有员工的亲属的政策是值得怀疑的）；
- 申请人是否有汽车和驾照（除非这是职业资格真实需求）；
- 申请人在哪儿读的小学和高中（与专业申请无关）；
- 宗教信仰；
- 国籍；
- 种族。

职业测试

智力、天赋、能力和兴趣测验在选拔行政事务性员工时能够提供很有价值的数据。可是，法律规定对它们的使用有很大的限制，因为测试必须与工作明确相关，才能证明它们的管理是合理的。天赋和能力测验最容易证明，并可以成功地用于大多数事务性工作。实际上，雇用不具备机械才能的人培训他成为校车机械师是不合适的。同样，应该为秘书职位的申请人准备一个计算机技术的能力测试。应该切记，测试有一定的局限性，结果解释必须与面试、推荐信和其他工作证明相结合。

评估中心

评估中心是主管有机会观察特定职位申请人的地方。它们主要用于管理职位。申请人将通过一系列模拟来处理可能在工作中遇到的这类管理问题。模拟通常采用案例评估或决策练习的形式。尽管对于大多数学区，创建评估中心的费用高到令人望而却步，但从大都市学区可以发现，使用评估中心在选拔教师晋升为校长和其他管理职位方面极为有益。

对中小型学区的影响

毫无疑问，学区应该遵循选拔过程中的步骤，因为它们实现了两个主要目标。第一个目标，州和联邦的平等机会和平权法案要求一个合理的、明确表明遵守这些法律的过程。第二个目标，选拔过程的步骤也能够说明，一个学区已经采用了为教学岗位与其他岗位雇佣最佳申请人的过程。一个小型学区行政部门的工作人员，甚至可能只是由学校负责人一个人构成,因此,很有必要让教师、校长及其他员工负责选拔过程中某方面的工作。

于是,撰写职位描述与建立选拔标准可能就会成为全体教职员的职责。发布职位信息与接收申请资料可能会变成有空缺职位学校校长的职责。以教学职位为例,由教师、校长以及学校负责人组成的招聘委员会可能要选出参加面试的申请人进行面试,并向教育委员会进行推荐。学校负责人应该负责验证此人的任职资格证书、联系推荐人,并进行背景调查工作。当然,学校负责人应该制作职位录用通知书,校长应该通知没有申请成功职位的申请人。采用这种方法的次要作用是巩固管理人员、教师和其他工作人员之间的职业关系。

年轻教师和管理者对选拔的影响

现在,年轻一代的员工与其他年代的员工在职业发展的程度上是不同的。前几代教师和管理人员在他们职业生涯的某个阶段,会对他们想要完成的目标做出决定,通常是以直线晋升的方式,这种方式将会贯穿他们职业生涯的未来。例如,一名教师可能决定要成长为校长助理,他可能会离开目前的教学岗位,在另一个学区获得他理想中的岗位。为了给这个职业做准备,他可能会想先获得学校管理方面的一个硕士学位。年轻一代教师和管理者们往往更加关注他们的职业需求与个人成长经历之间的平衡。当这种平衡感减弱时,他们就会寻找其他的工作来实现他们失去的个人成就感。**推动年轻一代前进的是一种内在的探索,而不是严格的职业生涯**[11]。

同样的内在激情也影响着那些可能正在寻找学校负责人职位的年轻一代管理者。当然,正在探索自我实现的年轻一代教师和管理者们肯定也能够意识到,为了使自己有资格获得新的机会,与他们的竞争对手一样,他们必须取得一个学校领导能力或管理方面的硕士学位与/或一个博士学位。这样看来,年轻一代想要比前几代人更快地实现下一阶段的职业责任。可以这样说,年轻一代希望在一个提供专业与个人成长机会的学区工作[12]。

总　结

选拔过程的目标是为了能够雇佣到由学区的绩效评估过程来衡量将会在工作中获得成功的个人。个人的成功是由组织的成功来衡量的,而组织的成功就是组织变革的同义词。由于人类需求的变化,学区必须不断地让相关人员参与制定他们的愿景。另外,选拔过程对于大多数学区来说都是重大支出,包括职位招聘广告、打印和邮寄申请表的货币成本,以及面试申请人、检查任职资格证书和推荐信的人力资源成本。选拔过程应该通过以下一系列步骤来实施,以尽量减少雇用表现不佳的个人的机会:

1. 撰写职位描述。

职位描述被认为是职位分析过程的产物,并采用观察法、面试法、问卷法、咨询以及日记法收集每个职位的信息。职位描述概括了一个职位的具体细节,并建立了需要成功完成某项工作的最低资格要求。

2. 建立选拔标准。

选拔标准工具描述了那些理想的特征,即如果一个人能最大限度地具备这些特征,就能确保工作的成功完成。它们还可以用来量化面试申请人的专家意见。

3. 撰写空缺职位通知,并发布职位招聘信息。

职位招聘信息建立在职位描述的基础上,并为感兴趣的申请人提供了用于他们决定是否愿意申请该职位的充足信息。职位招聘信息必须清晰地注明职位名称、主要职责、学区名称与地址、申请程序以及职位最低资格要求。

4. 接收申请资料。

应该指派一名行政部门的工作人员来接收某个空缺职位的所有申请资料。当接收到申请资料时,应该将它们注明日期,放入特定的文件夹存档,从而为这一过程提供完整性,并建立一种监测填补空缺职位进展情况的方法。

5. 选出要面试的申请人。

申请表应该包含一则申明,要求申请人将他们的介绍信、成绩单及推荐信发送到人力资源部。这些申请资料应该为依据选拔标准和该职位的最低要求评估每一个人提供足够的信息。然后,对一组为该职位挑选出来的申请人进行面试。

6. 面试选出的申请人。

面试申请人是由人力资源部员工和学区其他员工共同承担的一项职责。重要的是,参与面试的人员不仅要包括新员工的直接主管,还要包括对成功的申请人将要完成的职责具有专业知识的那些人。面试本质上是两个或两个以上的人进行的对话,目的是获得关于申请人的信息。面试是一项需要学习的技能,它还具有深远的法律意义。

7. 核查任职资格证书及推荐信。

任职资格证书是指像学院或大学成绩单、教学资格证、医生的健康证明这样的资料。这些任职资格证书,包括推荐信,尽可能由原发证单位直接发送到人力资源部。

8. 选出最佳申请人。

负责实施特定职位选拔程序的人力资源管理人员必须组织所有相关数据,以便学校负责人能够做出选择。

9. 履行职位录取和接收程序。

对于专业职位,在此步骤完成之前,合同必须得到教育委员会的批准并由最终选定的申请人签字确认。对于行政职位,一旦申请人确认他接受了这份工作,就可以从双方商定的时间开始工作。

10. 通知未选中的申请人。

通知只有在申请人接受录用通知后才会发出,因为如果第一个被选中的申请人拒绝录用通知,可能需要将该职位提供给另一个人。

近几年来,聘用一个有犯罪记录的人员存在的风险已经引起人力资源管理者们很大的关注。是否要进行犯罪记录背景调查与调查的范围通常取决于学区政策、州成文法以及面试人力资源管理人员的判断力三个方面的综合考虑。在大多数学区,调查的范围通常仅限于与当地和州警方进行核实,以确定将来的雇员是否已被定罪。如果这名雇员是一名教师,而该学区所在的州是教师身份查核中心的一名成员,也可以与该组织取得联系,进行核查。一个想要通过联邦调查局的档案核查申请人指纹的学区,只有在学区所在的州通过了授权进行此类调查的法律后,才能这么做。

申请一个职位的第一步是填写申请表。构成申请表的基本形式有两种。第一种形式的申请表看重详细的事实信息,而第二种形式的申请表则看重申请人的态度、观点和价值观。

构建申请表的基本原则是仅询问你需要了解的信息。大多数申请表要求填写的信息是以下标题中的一个:个人资料、教育与专业准备情况、工作经历及推荐信。申请表的布局应该留出足够的空间用于回答问题,并提供所需要的信息。

能力倾向测验可作为学区大部分行政职位选拔程序的一部分。实际上,这些测验对于一些职位是必须的。评估中心是主管有机会观察某个特定职位申请人的地方。申请人将通过一系列的模拟来处理可能会在工作中遇到的管理问题。大都市学区可以发现,使用评估中心有助于选拔出将会晋升为校长和其他管理职位的教师。

 自评测验 这里是一份自主评分性质的自评测验。

问题讨论与陈述

1. 确定选拔过程中的步骤,并解释它们是如何相互关联的。
2. 为什么选拔过程中各步骤的顺序这样重要?
3. 描述进行工作分析最常用的方法。
4. 职位描述与选拔标准有何关系?

建议的活动

1. 受联邦法律保护的几名少数族裔成员递交了书面材料投诉你所在学区的面试过程,因此,你的学区已经受到了平等就业机会委员会的调查。该学区因提出对非白人有偏见的问题而被指控。你作为人力资源负责人助理,要与参与面试的行政人员、教师和后勤服务人员会面,以填补一些空缺职位。写一份简短的面试过程说明,阐述面试的目的和形式。同时,确定问题的类型,哪些是适当的,哪些是不适当的。

2. 从一个学区拿到该学区的选拔政策,并比较它们与本章中阐述的选拔过程的相同与不同之处。

3. 查看一个学区教学岗位和管理性岗位的职位描述,并与本章中的描述做比较。

4. 查看一个学区的申请表格,并根据本章的申请构建原则对它们进行评估。

5. 以书面形式列出你认为有助于识别出最合格申请者的面试问题。

6. 亲自或以电话方式采访一位人力资源管理者,了解他所在的学区是如何进行背景调查的。

问题情境反思性行动

假如你已经阅读并思考过这个章节,你将如何重建教育委员会和学校负责人对人力资源职能将是公平、公正和透明的信心?

尾 注

1. David A. DeCenzo and Stephen P. Robins, *Human Resources Management*, 7th ed. (New York:John Wiley, 2002), 191.

2. Ibid., 136 – 143.

3. H. B. Polansky and M. Semmel, "Hiring the Best and Retaining Them," *School Administrator*, 63, no. 8 (2006): 46 – 47.

4. M. Yate, *Hiring the Best: A Manager's Guide to Effective Interviewing and Recruiting* (Avon, MA: Adams Media, 2006), 109.

5. S. M. Koenigsknecht, "Stacking the Deck During Interviews," *School Administrator*, 63, no. 3(2006): 55.

6. W. G. Cunningham and P. A. Cordeivo, *Educational Leadership: A Problem-Based Approach* (Boston: Pearson, 2006), 286 – 287.

7. L. Davila and L. Kursmark, *How to Choose the Right Person for the Right Job Every Time* (New York: McGraw-Hill, 2005), 44.

8. Equal Employment Opportunity Commission (EEOC). www.eeoc.gov.

9. N. L. Essex, "The Legal Toll of Candor in Personnel Recommendations," *School Administrator*, 62, no. 9 (2005): 47.

10. C. Garvey, "Outsourcing Background Checks," *HR Magazine*, 46, no. 3 (2001): 95 – 104.

11. Robert Half, "Attracting and Retaining Millennial Workers," *Information Executive*, 11, no. 7(July 2008): 2, 3, 5.

12. Michael D. Coomes and Robert DeBard, eds., *Serving the Millennial Generation: New Directions for Student Services* (*San Francisco: Jossey-Bass*, 2004), 52 – 56.

参考文献

Anderson, N., "Applicant and Recruiter Reactions to New Technology in Selection: A Critical Review and Agenda for Future Research." International Journal of Selection and Assessment, 11 (2003): 121 – 136.

Equal Employment Opportunity Commission (EEOC). www. eeoc. gov.

Gibson, Cathy Lee. *Mission-Driven Interviewing: Moving Beyond Behavior-Based Questions*. Huntington, CT: PTI, 2006.

Katsurayama, M., S. Silva, W. Eufrázio, R. de Souza, and M. Becker. "Computerized Tests as anAid in the Selection of Human Resources." *Psicologia: Teoria E Prática*, 14, no. 2 (2012):141 – 151. ISSN: 15163687

Laurer, Steven D. "A Practitioner-Based Analysis of Interviewer Job Expertise and Scale Format as Contextual Factors in Situational Interviews." *Personnel Psychology*, 55, no. 2 (Summer 2002): 267 – 306.

Liu, Edward, and Susan Moore Johnson. "New Teachers' Experiences of Hiring: Late, Rushed, and Information-Poor." *Educational Administration Quarterly*, 42, no. 3 (2006): 324 – 360.

McDermid, Shelley M., and Andrea K. Wittenborn. "Lessons from Work – Life Research for Developing Human Resources." *Advances in Developing Human Resources*, 9, no. 4 (November 2007): 556 – 568.

Nicholsen, Gilbert. "Screen and Glean: Good Screening and Background Checks Help Make the Right Match for Every Open Position." *Workforce*, 79 (October 2000): 70, 72.

Posthuma, Richard A. , Frederick P. Morgeson, and Michael A. Campion. "Beyond Employment Interview Validity: A Comprehensive Narrative Review of Recent Research and Trends Over Time." *Personnel Psychology*, 55, no. 1 (Spring 2002): 1 – 81.

Reiter-Palmon, Roni, Marcy Young, Jill Strange, Renae Manning, and Joseph James. " Occupationally-Specific Skills: Using Skills to Define and Understand Jobs and Their Requirements." *Human Resource Management Review*, 16 (2006): 356 – 375.

Rothstein, Mitchell G. , and Richard D. Goffin. "The Use of Personality Measures in Personnel Selection: What Does Current Research Support?" *Human Resource Management Review*, 16 (2006): 155 – 180.

Russo, Charles J. "Teacher Certification, Employment, and Contracts." In *Reutter's The Law of Public Education*, 6th ed. , 476 – 564. New York: Foundation Press, 2006.

Society for Human Resource Management (SHRM). www. shrm. org.

Stone, Dianna L. , Kimberly M. Lukaszewski, Eugene F. Stone-Romero, and Teresa L. Johnson, "Factors Affecting the Effectiveness and Acceptance of Electronic Selection Systems." *Human Resource Management Review*, 23 (2013): 50 – 70. (Emerging Issues in Theory and Research onElectronic Human Resource Management (eHRM)). doi:10. 1016/j. hrmr. 2012. 06. 006

Sullivan, Sherry E. , and Lisa Mainiero, "Using the Kaleidoscope Career Model to Understand the Changing Patterns of Women's Careers: Designing HRD Programs That Attract and Retain Women." *Advances in Developing Human Resources*, 10, no. 1 (February 2008): 32 – 49.

U. S. Department of Justice. www. usdoj. gov.

U. S. Department of Labor. www. dol. gov.

Wright, E. W. , T. A. Domagalski, and R. Collins. (2011). "Improving Employee Selection with a Revised Resume Format." *Business Communication Quarterly*, 74, no. 3 (September 2011): 272 – 286. doi:10.1177/1080569911413809

Young, I. P., and D. A. Delli. "The Validity of the Teacher Perceiver Interview for Predicting Performance of Classroom Teachers." *Educational Administration Quarterly*, 38 (2002): 586 – 612.

Young, I. P., and J. A. Fox. "Asian, Hispanic, and Native American Job Candidates: Prescreened or Screened Within the Selection Process." *Educational Administration Quarterly*, 38, no. 4 (2002): 530 – 554.

附录 A：职位描述

中学校长职位描述

职务概述

中学校长负责在他的学校内维持和延续一个良好的教学计划。其中包括在与教师、辅导员和其他专业人员以及编制人员打交道时运用领导与沟通技巧,以形成促进高质量教育实践的氛围。

工作关系

中学校长与中学教育负责人助理是上下级关系。他直接向中学教育负责人助理汇报工作。中学校长与建筑综合设施内的基层员工,包括校长助理、教师、辅导员、图书馆管理员和其他有资质的人员和行政人员也是上下级关系。

工作任务

中学校长负责在中学的以下领域内建立管理性过程和程序:员工发展、课程规划、日程计划和分级、制定预算、建筑物与场地的维护、课堂教学以及与个别学生、家长和职员沟通。他也负责由中学教育负责人助理安排的其他工作,并且直接负责建筑综合设施内的校长助理、教师、辅导员、图书馆管理员、教育专家、秘书和保管员的监督和评估工作。

任职资格

中学校长应该具备以下教育与专业资质:

- 教育管理硕士学位。
- 州中学校长证书。
- 至少 5 年任课教师经验。
- 至少 2 年校长助理经验。

高中生物教师职位描述

教学职责

高中生物教师负责在工作日教授五个课时的生物学Ⅰ，并有一个非教学时间用来规划、批改试卷以及与家长和学生进行单独面谈。教授生物学需要遵循由科学主管部门建立，由基层校长审核通过的一般课程规划。高中生物教师直接向基层校长汇报工作。

专业职责

高中生物教师负责在课堂上促进有效的教学计划。他通过评估课程计划和教材的优缺点来承担学生学业成功的责任；帮助开发、实施和评价生物日常教学的新思想、新方法和新技术；协助部门编制预算，确保教学用品的适宜性；认识到每个学生都是具有不同需求和能力的个体；对每个个体使用不一样的教学技术；担任教材委员会委员；保持良好的纪律和学术水平；接受建设性的批评；并认识到持续自我评估的必要性。另外，教师应通过参加地方和州科学协会，及时了解生物研究成果。

任职资格

高中生物教师应该具备至少以下教育和专业资质：

- 主修或辅修生物科学，并取得学士学位。
- 州高中生物中学教师证书。

附录 B：选拔标准

高中英语教师选拔标准

申请人姓名 　　　　　　　　　　　　　　　　日期

程度检查是初步判断的标志。假设其他信息来源可能会改变面试官对申请人

是否合适的判断。1 = 程度最轻,5 = 程度最重

A. 个人特点及资格

1	2	3	4	5

1. 个人形象——整洁,干净等。

2. 沉着自信 /坚定——了解自我。

3. 表达想法的能力。

4. 声音投射力。

5. 使用英语语言/口语。

6. 令人愉快的个性——不易怒。

7. 展现领导特质。

8. 表现出良好的判断力。

9. 良好的团队合作精神。

10. 显示出创造力。

11. 变通能力——合作性为证。

小计：_____

B. 专业特点及资格

1	2	3	4	5

1. 学科内容知识。

2. 教育思想与本学区思想相融合。

3. 关注学生差异。

4. 具有教学热情。

5. 教学方法——多样化。

6. 学生控制技巧。

7. 职业态度。

8. 熟悉英语课程。

9. 发起课外活动的意愿。

10. 大学和/或研究生英语成绩。

11. 课堂管理技巧。

12. 与工作相关的爱好和/或特殊天赋。

13. 大学和/或研究生年级平均成绩。

14. 教学/学习过程知识。

小计：_____

C. 经验与培训

1	2	3	4	5

1. 以往教学经验的相关性。

2. 以往教学经验的范围。

3. 学生教学的相关性。

4. 参加适宜的专业组织。

小计：_____

5. 非专业工作经验的相关性。

总分数：_____

下面是对个人将来在我们学区做一名成功的英语教师的一般评价。

不应该被考虑；不好的申请人	支持保留；稍有不足的申请人	应该被考虑；普通申请人	第一印象好；偏爱的申请人	特殊潜能；优秀的申请人

附加说明：

面试开始_____   面试结束_____

面试官_____

六年级教师职位选拔标准

学术标准

1. 具有相关的专科学院或大学课程学习经验并取得学位。

2. 本科及/或研究生课程的平均成绩是否符合学区可接受的标准。

3. 通过适当的面试,展示英语口语和书面语言的应用知识。

4. 展示与学区数学课程指南相一致的基础数学技能的理解和应用知识。

5. 展示与学区阅读课程指引相一致的方式教授阅读的技巧。

6. 接受过正规或非正规的音乐教育并可以演奏一种乐器。

7. 高中或大学期间,已经完成戏剧课程或参加过课外戏剧表演、比赛或音乐剧表演。

个人标准

8. 愿意以建设性的方式与学区员工及社区人士互动及沟通。

9. 表现出健康、体贴、成熟的态度,以促进积极的内部员工和社区关系。

10. 穿着符合学区的期望,并符合社会可接受的卫生和保健标准。

11. 是否有能够积极参与六年级户外活动的最基础的水平,包括绳索下降、皮划艇、洞穴探险和绳索课程。

12. 表示愿意遵守及执行教育委员会所制定的学区政策。

经验标准

13. 具有相关的教学经验。

14. 具有相关的学生实习教学经验。

15. 在高中和/或大学期间有参加课外活动的记录(课外活动是指任何经学校批准的有组织的活动)。

16. 申请人是否有教学经验,有兴趣通过参加专业工作坊、研讨会、学院/大学课程或其他专业课程,持续自我提升。

六年级教学岗位选择标准表格

申请人姓名＿＿＿＿＿＿＿＿＿＿＿　　面试日期＿＿＿＿＿＿＿＿＿＿＿

	学术标准							个人标准					经验标准				总分
	1	2	3	4	5	6	7	8	9	10	11	12	13	14	15	16	
3																	
2																	
1																	

3 是最高分数　　　　　　　　　　　　　　　　总计＿＿＿＿＿＿＿

附加说明:

面试官＿＿＿＿＿＿＿＿＿＿＿

小学特殊教育教师选拔标准

申请人＿＿＿＿＿＿＿ 面试日期＿＿＿＿＿＿＿ 面试官＿＿＿＿＿＿＿

	最高分数	得 分
1. 职业准备。申请人是否持有所需的大学预科和州资格证书?	25	
2. 经验。申请人过去的教学经验或学生实习教学经验是否成功?	10	
3. 个人特征。申请人的举止和穿着是否符合学区的标准?	15	
4. 教育理念。申请人的教育思想和价值观是否与学区政策和课程体系相一致?	50	

注释:

附录 C:工作申请

教师职位申请
古德维尔学区

仅限工作使用

面试日期＿＿＿＿＿＿＿＿＿＿

面试者＿＿＿＿＿＿＿＿＿＿ 日期＿＿＿＿＿＿＿＿＿＿

职位＿＿＿＿＿＿＿＿＿＿ 社会保险账号＿＿＿＿＿＿＿＿＿＿

Ⅰ. 个人信息:

姓名＿＿＿＿＿＿＿＿＿＿＿＿＿＿＿＿＿＿＿＿＿＿＿＿＿

　　　名字　　　　　　姓　　　　　　中间名字

出生日期＿＿＿＿＿＿＿＿＿＿＿＿＿＿＿＿＿＿＿＿＿＿

现住址_____ 电话_____

　　　　街道　　城市　　州　　邮编

永久住址_____ 电话_____

　　　　街道　　城市　　州　　邮编

一般健康状况_____

你愿意参加身体检查吗？_____

Ⅱ. 专业信息：

按顺序写出你更愿意教哪个科目或哪个年级：

1. _____ 2. _____ 3. _____

你所持有的教师资格证：　　　　　州退休号码：_____

_____

你所持有的教师资格证(其他州)：

_____

专业团体会员资格：_____

你准备发起什么课外活动(中学程度)？_____

Ⅲ. 教学经历：

按时间顺序列出你的教学经历(从你所拥有的第一份工作开始)，并填写你开始教学以来的每一个学年的情况。

序号	起止日期		学校名称	所在城市或县,州	年级、科目或岗位	年度薪资	负责人名字	校长现在的地址
	开始时间	终止时间						

幼儿园_____年　中学_____年

小学_____年　　高中_____年　其他_____年

总的教学经历_____年

你上一个学校负责人的名字_____

Ⅳ. 教育经历和专业教育经历：

到目前为止的总小时数_____　　大学_____　　研究生_____

主修科目_____　　主修科目小时数_____

辅修科目_____　　辅修科目小时数_____

	受教育机构名称	所在州	起止时间		以年为单位	毕业		科目	
			开始时间	终止时间		时间	学位	主修	辅修
A. 大学									
B. 研究生									
C. 其他教育									

D. 中、小学专业均适用

教学小时数	
教学地点	
合作教师姓名	
教授的科目或年级	

Ⅴ. 专业证明：

机密人员安置文件地址_____

申请人有责任将他/她的人员安置文件和技术专业院校/大学成绩单寄到学区。

请列出三位对你的工作表现直接了解的人。如果在你的人员安置文件中没有他们的推荐信，请把这些人的推荐信寄到人力资源部。其中必须有一份推荐信是你现在或上一个工作单位的直接主管写的。

姓　名	职　务	现在地址

签名：＿＿＿＿＿＿＿＿

古德维尔学区
仅限工作使用

接收日期＿＿＿＿＿＿＿＿＿＿＿

面试时间＿＿＿＿＿＿＿＿＿＿＿

开始日期＿＿＿＿＿＿＿＿＿＿＿

职位＿＿＿＿＿＿＿＿＿＿＿

学校＿＿＿＿＿＿＿＿＿＿＿

薪资＿＿＿＿＿＿＿＿＿＿＿

终止日期＿＿＿＿＿＿＿＿＿＿＿

就业申请表

职位：＿＿＿＿＿＿＿＿＿＿＿

字迹书写必须工整清晰,不连写。

填表日期：＿＿＿＿＿＿＿＿＿＿

个人信息

姓名＿＿＿＿＿＿＿＿＿＿＿＿＿＿＿＿＿＿＿＿＿＿＿＿

　名字　　　　　　姓　　　　　中间名字

现住址＿＿＿＿＿＿＿＿＿＿＿＿＿＿＿＿＿＿＿＿＿＿＿

　街道　　　　城市　　　州　　　　邮编

电话＿＿＿＿＿＿＿＿＿＿　社会保险号码＿＿＿＿＿＿＿＿＿＿

出生日期＿＿＿＿＿＿＿＿　出生地＿＿＿＿＿＿＿＿＿＿＿

一般健康状况＿＿＿＿＿＿＿＿＿＿＿＿＿＿＿＿＿＿＿＿＿

你愿意参加身体检查吗? _____

受教育情况

在完成的最高年级处画圈: 1 2 3 4 5 6 7 8 9 10 11 12 13 14 15 16

学校名称和地址	入学日期	白天上学/晚上上学	全日制/业余时间	课程类型
小学	从_____到_____	_____	_____	_____
初中	从_____到_____	_____	_____	_____
高中	从_____到_____	_____	_____	_____
大学	从_____到_____	_____	_____	_____

服兵役情况

兵种_____ 从_____到_____ 目前状况_____

最高军衔_____ 职责_____

列出服役期间接受的特殊培训_____

退伍模式_____

工作经历

首先列出最近的一份工作,然后依次列出。

开始时间	终止时间	公司名称&主管名字	公司地址	薪 资		职位、职责和离职原因
				起薪	最终薪资	

列出任何你认为特别适合在我们学区工作的经验、技能或任职资格:_____

_____

你是非教师退休计划的成员吗? _____

如果是,请填写退休号_____

基本情况

你什么时候可以开始工作? _____ 你期望的工资或薪金是多少? _____

列出你所属的民间团体及过去三年所担任的职务：_____

除了交通违章外,你是否曾被判有其他违法行为？_____

_____

如有,请详述每项定罪,并说明每项定罪的处理方法：_____

_____

请三位对你的工作表现直接了解的人将他们写的推荐信寄到人力资源部。这三份推荐信中必须有一份是你现在或上一个工作单位的直接主管写的。

签名_____

高中校长申请表

个人信息：

日期_____

名字_____　姓氏_____　中间名字_____

办公地址_____　电话_____

所在城市_____　州_____　邮政编码_____

家庭地址_____　电话_____

所在城市_____　州_____　邮政编码_____

现任职位_____

学校学生人数_____　学校年度预算_____

本学年薪金_____

专业储备:取得的最高学历_____

机构名称和地址　　　主修科目/辅修科目　　　学位　　　取得日期

_____　　　_____　　　_____　　　_____

_____　　　_____　　　_____　　　_____

可以拿到我的机密档案：

机构名称：_____

地址：_____

经验汇总：

按照由近及远的时间顺序列出所有经验,包括学校经验和非学校经验。

机构名称和地址	职位	开始时间/终止时间	时间段（以年为单位）	规模	最高薪金
————	——	————	————	————	————
————	——	————	————	————	————
————	——	————	————	————	————

持有的管理人员证书类型_____

所在州 _____

问题：

以下问题旨在帮助面试官了解你的为人和职业。你简洁坦率的回答非常重要。

1. 你为什么想成为一名中学校长？

2. 作为一名管理者，你认为你最大的优点是什么？

3. 在你之前的经历中，你对学校影响最大的是什么？

4. 你会使用什么基本的解决问题的方法来处理学校的问题？

5. 你会用什么方式或方法来改变学校？

6. 你如何或将会如何把职责委派给别人？

7. 作为一名校长，什么沟通方法对你来说最有效？

8. 作为一名校长，您如何或将要如何最有效地与行政管理人员一起工作？

9. 成为一名高中校长对你来说有什么意义？

签名_____

第五章　就业安置与岗位培训

问题情境

　　你作为人力资源主任的其中一项职责是对管理人员、教师及其他员工安置工作,并进行岗位培训。你所在的学区位于人口不断变化的农村地区,现有教师 400 名、后勤人员 150 名。多年来,该学区所在的地区中,欧洲裔美国人的人口数量在逐年下降,而由于最近一家制造厂的开业,大量的墨西哥移民现在住在这个学区。社区的文化已经发生了变化,新来的居民对管理人员、教师和后勤人员就墨西哥文化缺乏了解一事表示严重关切。事实上,该学区的管理人员和教师还没有墨西哥裔美国人。

　　由于经济衰退,该州的工商业收入减少。因此,学区下一个财政年度的州资助额已经减少了 20%。

　　此外,家长们普遍认为,第一年的教师缺乏指导来自不同文化背景的孩子的专业培训,因为他们的大学教学实践经验是与来自欧美家庭的孩子一起度过的。而且,以英语为第二语言的孩子们缺乏课程材料。学区内的学生家长曾多次向学校负责人和教育委员会表达他们对儿童的关心;可是,家长们仍然认为教育委员会并没有充分理解他们提出的文化问题,因为该委员会的所有成员都是正统的欧洲裔美国人。

　　你作为人力资源主任,已经决定制定一个战略规划,解决员工分配、员工岗位培训,特别是指导第一年的教师的流程和程序。

　　请使用本章结尾处的"问题讨论与陈述"和"建议的活动"来帮助你找到处理这部分问题的方法。

一个人被雇佣之后,接下来的两个过程包括,给他/她分派工作,并确定他/她在学区中的位置。本章将讨论这两个过程,因为它们是相互关联的;两者都是连续的过程,因为一些工作人员每年都要被重新分派工作,因此需要一定数量的岗位培训。就业安置和岗位培训不是一次性的任务,而是人力资源部一直关注的问题。

就业安置

除了最小的地区外,所有的新员工都不应该被告知他/她是为某所学校的某项特定工作而被雇佣的。第四章中所述的选拔过程是为某个特定职位招聘人员。可是,员工从开始就必须明白,工作任务可能会发生变化,如果管理层认为这样做可以保证学区的最大利益的话。

就业安置政策

以下是教育委员会就业安置政策的样本,详细说明一个学区如何处理就业安置:

学校系统内员工的就业安置是学校负责人的职责。该负责人可以根据需要将就业安置过程的实施委托给其他管理人员,但是他或她最终将保留就业安置的职责。在确定工作任务的时候,如果不与学区规划、员工平衡及学生福利的要求相冲突,员工的偏好应予以考虑。其他因素,诸如教育准备与培训、资格证书、工作经历、工作关系以及在学校系统内的资历,在分派工作任务时也应该被考虑。

1月份,每位员工将填写一份《年度人员安置调查表》,以协助制定下学年的工作分配计划。

专业人员工作分配将于4月1日公布。受到工作任务分配变动影响的管理人员将由学校负责人通知此项变动。因年级、科目或教学楼的变动而受到影响的教师,会由他们各自所属的基层校长通知工作变动。

分类员工的工作分配将于5月1日公布,7月1日生效。受到工作分配变动影响的主管与经理们将会由学校负责人或他/她指定的代表通知工作变动。受到工作分配变动影响的其他员工将会由他们的直接主管通知。

该就业安置政策样本清晰明确地说明,在学校系统内部,在为特定职位的工作人员分配工作任务时,学校负责人所起的作用。分配工作任务所需的规划是复杂的,在大多数大都市里的校区,需要至少一名人力资源管理人员的专职关注。在第二章中描述的人力资源规划清单能够为人力资源部在分配工作任务时提供宝贵的信息。当然,在分配工作任务时与员工的愿望一致对学区是有利的。低士气的主要原因,尤其是在教师当中存在的低士气,是由于将他们分配到他们认为不理想的学校、年级和学科领域。员工调查表的使用是一个减少工作任务再分配时不满意情况出现的方法。该调查工具结构简单,填写方便。附录5.1是一个能够为人力资源部提供员工安置偏好信息工具的样本。

附录5.1 员工调查表

姓名:＿＿＿＿＿＿＿＿＿＿＿＿＿＿＿＿＿＿＿＿＿＿＿

目前的工作职位任务:＿＿＿＿＿＿＿＿＿＿＿＿＿＿＿＿＿＿＿＿＿＿＿＿＿＿＿

＿＿＿＿＿＿＿＿＿＿＿＿＿＿＿＿＿＿＿＿＿＿＿＿＿＿＿＿＿＿＿＿＿＿＿＿＿

目前新增的任务:＿＿＿＿＿＿＿＿＿＿＿＿＿＿＿＿＿＿＿＿＿＿＿＿＿＿＿

＿＿＿＿＿＿＿＿＿＿＿＿＿＿＿＿＿＿＿＿＿＿＿＿＿＿＿＿＿＿＿＿＿＿＿＿＿

我希望被考虑重新分配到如下岗位:＿＿＿＿＿＿＿＿＿＿＿＿＿＿＿＿＿＿＿

要求的职位任务:＿＿＿＿＿＿＿＿＿＿＿＿＿＿＿＿＿＿＿＿＿＿＿＿＿＿＿

＿＿＿＿＿＿＿＿＿＿＿＿＿＿＿＿＿＿＿＿＿＿＿＿＿＿＿＿＿＿＿＿＿＿＿＿＿

要求增加的任务:＿＿＿＿＿＿＿＿＿＿＿＿＿＿＿＿＿＿＿＿＿＿＿＿＿＿＿

＿＿＿＿＿＿＿＿＿＿＿＿＿＿＿＿＿＿＿＿＿＿＿＿＿＿＿＿＿＿＿＿＿＿＿＿＿

我能够理解重新分配工作任务的要求将会被考虑,但是不能保证一定能够实现,而且所有决定将以资历和可行性为基础,并且以学区的最大利益为前提。

签名＿＿＿＿＿＿＿＿

同时,人力资源部也必须考虑多种情况——包括产假、辞职、退休、死亡以及解

雇——尽量满足员工重新分派工作的愿望,同时也得兼顾平衡员工、平权运动要求、专业员工的资格证书、工作经验以及工作关系。

例如,如果一位教师难以接受某位校长关于如何处理有行为问题的孩子的理念,他可能会要求重新被分配到另一所学校。于是,人力资源部就要考虑是否有另一个职位需要教师所持有的认证资格。此外,必须进行一项分析,以确定这种重新分配是否会破坏任何一所学校在经验丰富和缺乏经验的教师、男教师和女教师以及少数群体代表方面的平衡。

学生的福利和学区教学计划的实施是另一个重要考虑因素。如果一名生物教师同时获得了体育教师的证书,他可能会被拒绝重新分配到体育部门,因为申请生物教师职位的人很少,或者因为那位老师在他或她 15 年的教学生涯中只教过生物学。

当有很多人要求重新分配工作任务时,只有在考虑到学区的需要之后,资历才是做出决定的一个合理标准。对所在学区资历最高的员工,在分配任务时应给予优先选择权;对于资历最低的雇员,应给予非自愿调动,有时由于意想不到的空缺职位而必须这样做。

就业安置申诉程序

以下是申诉程序的例子,解释如何就工作调动提出质疑:

如果一个员工对于一次永久的或者暂时的工作调动存有疑虑,必须遵守以下程序:(1)员工应该与负责工作调动的管理人员进行一次面谈。(2)如果此时此刻没有达成共识,员工可以与学校负责人进行面谈,并且正式要求对此次的工作调动进行评估;如果员工仍然对处理结果不满意,他或她可以辞去该学区的职务。

这一申诉程序将学校负责人确定为审查学区内工作分配的最终权威。申诉程序是有效运作该学区所必需的;它强调了这样一个事实:一个人受雇于该学区,而不是受雇于某一所特定的学校或职位。附录5.2是一个表单的例子,在评估员工认为不满意的工作分配时,可以使用该表单。

附录5.2　工作分配评审要求

姓名：_____

目前的工作职位任务：_____

_____

目前新增的任务：_____

_____

重新分配的工作：_____

_____

请详细陈述你希望做工作分配评审的理由：_____

_____

签名_____

入职培训

岗前培训是一个旨在使新入职人员熟悉社区，学区及其同事的过程。岗位调动的员工需要与他们新的学校、新的工作以及新的同事互相了解；因此，岗前培训同样适用于新入职的员工和岗位发生变动的个人。岗前培训是一项管理性职责，在很多学区，它常常被忽视或组织得很松散。工商界非常重视岗前培训；多年来，他们已经认识到这一过程与员工保留和工作绩效之间的因果关系。

一个有效的岗前培训一定有明确的目标，反映新员工的需要和学校系统的具体理念。尽管每一个学区的岗前培训计划的目标不尽相同，可是对于所有计划的一些通用的目标应该是一致的：

1. 让员工感觉受到欢迎，并且是安全的。

2. 有助于员工成为"团队"中的一名成员。

3. 激励员工绩效表现卓越。

4. 帮助员工适应工作环境。

5. 提供关于社区、学校、教学楼、教职工以及学生的信息。

6. 将该员工介绍给他/她的同事。

7. 为每年开学提供便利。

上述这些具体目标有利于实现岗前培训计划的最终目标:促进儿童的素质教育。能够在合理的时间内适应新职位的员工有助于实现这一最终目标。

一旦确定了总体目标和具体目标,接下来的步骤包括决定最有效的实施方法和计划的内容。一些学区认为,在每个学年开始的时候,安排一到两天培训就足够了,而另外一些学区则为新员工和调岗员工提供持续性的培训计划。当然,持续性的培训计划能够更好地满足大型学区内调岗人员的需求,他们需要关于他们新的教学楼、教师、学生以及该学区所服务的社区的信息。如前所述,对入职培训错误的理解是,假设它是一次性的任务,只是针对新员工的。

入职培训计划分为两大类:信息计划和个人调整计划。信息计划提供初始材料信息或更新信息。初始材料信息主要由学校系统,学校系统服务的社区以及新员工将工作的学校的信息构成。当然,新员工的培训项目是属于这种类型的。更新信息计划是针对重新分配岗位员工的培训,这个项目更加关注员工将要服务的特定学校和社区的信息。

个人调整计划旨在帮助新聘用的员工或被重新分配工作岗位的员工与特定学校的校长、教师、学生和家长进行互动。对于编制内员工,重点应该是帮助他们与他们的主管和同事,那些管理人员、教师、学生以及他们将要接触到的父母进行互动。

以下四部分涉及四种入职培训项目的内容和方法。第一种方法在引导员工适应新学校体系方面最为有效;第二种方法有助于员工适应学校系统或特定学校所服务的社区;第三种方法是用来让员工更好地了解他们所在的学校;第四种方法是使员工适应他们必须与之建立关系的人。

学 区

人力资源部负责实施这部分岗前培训过程。主要目的是了解学校系统的政策和服务,以及认识学校系统范围内的人员,例如负责人助理、项目主任及协调员。

所有员工都应该收到学校委员会政策的复印件及与他们的具体工作相关的员工手册。应该允许他们在入职培训期间有时间熟悉这些政策和手册。为了真正起效,该计划还应该让员工有机会就政策和程序提出澄清问题。

当然,学区的政策应该提出该学区的愿景和使命。以愿景和使命陈述开始入职培训总是一个好主意。因为学校是提供服务的机构,其愿景和使命是由人驱动的;因此,大部分陈述的重点是为学生提供一个机会,以最大限度地开发他们潜力的所有方面,包括智力、情感、身体、道德以及文化方面。学校的教师、员工及管理人员通常对这种发言感兴趣;这是他们选择教育行业作为他们职业的原因。这样的方法在就业取向的世俗基础上赋予了重要意义。

学区提供的员工福利必须对新员工详细地做出解释。在入职培训过程中,主要的医疗和住院保险申请、退休表格、政府代扣代缴工资表格以及其他入职文件一般都要尽早向新员工解释清楚。大多数保险项目需要新员工在受雇后的三十天内登记配偶及/或抚养人信息。如果超出这个时间登记配偶及/或抚养人的信息,通常需要他们去做一个体检。例如,新雇佣的女教师如果在三十天宽限期内没有为她的丈夫参加医疗保险计划,可能会因为他有心脏病而拒绝为他投保。传达对政策、程序及服务理解最有效的手段是小组讨论会,通常在刚入职的前几天,将五到十名员工分配给一名人力资源管理人员,由他提供材料并指导他们填写所有必需的表格。每年可以举行一次会议,早餐会或午餐会,在此期间,可以将学校负责人、董事会成员、其他行政管理人员以及工作人员介绍给新员工。这样一个特别的活动能有效地向新员工传达他们对于学区的重要性。

社 区

对社区的情况介绍也是人力资源部门的责任。员工应该了解社区的经济、社会、种族、文化、民族以及宗教组成。情况介绍还应该包括职业、习俗、俱乐部和组织、教会教派、博物馆、图书馆、学院或大学以及社会服务的具体范围。

这样的情况介绍通常从选拔过程开始,尤其是面试的时候。申请人被告知该社区的情况,并被问及如果他们受雇于该地区,他们将如何面对该社区的不同公众。

选拔结束后,一个有效的开始入职培训的方法是由人力资源部门或商会组织的一次社区参观。其他方法包括在俱乐部或组织会议上介绍新员工,邀请社区资源服务机构(如图书馆或博物馆)的代表向新员工介绍他们的计划。

对社区的情况介绍并不会终止于招聘计划的最初阶段;相反,人力资源部门应该提供持续的信息更新。例如，社区服务资源的改善或者变化应该引起学校工作人员的注意。

学校建筑与计划

基层校长负责一所特定学校新入职教师的入职引导。第一步，也是最重要的步骤是将新入职的教师介绍给学校的全体员工，包括在这里工作的专业员工与行政员工。行政员工应该由他们的直接主管介绍给专业员工与其他行政员工。

新入职的员工必须详细地了解他们将要工作的建筑物的布局图。最好的办法是让新员工参观一下学校的设施，如果是一所大学校，给他们看一下地图。解释管理程序也是基层校长的职责。新教师必须知道如何填写出勤表，从哪里获得用品和材料、如何申请领取视听设备以及学校的时间表是如何运作的。与大楼负责人、助理校长或部门主管的初次会议是解释这些程序的一种方法。

将教学计划的相关情况介绍给新教师是基层校长的职责。至于管理程序方面的培训，可委派给助理校长或部门主管。有时，解释教学计划可能是行政部门的一项任务，特别是当学区在所有学校都有专业事务协调员和统一的课程时。

在一些学区，会为入职一年内的新教师指派一名经验丰富的教师。这样，新教师在课程或者建立程序方面遇到问题时，可以有一个具体的人来请教。事实证明，这是一种成功的方法，因为经验丰富的教师不会对新教师构成威胁，而管理人员可能会。

个人适应

根据目前关于参与式决策有效性的研究，如果一个组织要实现其目标，那么在同事之间建立良好的工作关系被认为是最重要的。在一个提供服务的组织中，例如学区，更为重要的是，良好的人际关系为有效提供服务建立了基础。与其他职员建立关系有助于员工获得工作满意度。没有什么比与组织内的同事疏远更令人不满意的了。帮助新员工做这些事情的责任由该员工的直接主管负责。如果新员工是教师，则由基层校长负责。

对于新员工来说，一种非常有效的介绍方法是组织活动，让他们有机会与其他员工交流。许多学校在会前或会后提供茶点，并为个人互动分配出一定的时间。假日聚会或晚餐会也是一种有效的方式，使员工能够在社交层面上交往，这可以为员工提供彼此之间的新见解。

为教员、学校和地区委员会提供服务是员工相互了解的另一种方式，同时为该地区执行项目提供宝贵的帮助。在许多学区，教科书的选择、节能和校长咨询委员会都很常见，而且这种做法被证实在入职培训过程中非常成功。

最后，专业人员必须与地方、州和国家的教师和管理者组织建立联系。这些组织不仅提供了交流思想的途径，而且是当前专业信息的来源。他们的社会活动当然有助于个人与其他学区的专业人士建立关系。

最后需要注意的事项

很多新员工来自其他国家或者其他州，再或者至少是不住在学区附近的。虽然不是正式入职培训计划的一部分，但帮助新员工重新安置下来是人力资源部提供的一项有价值的服务。这可以通过与新员工的房地产代理进行初步联系，并开车带他们在周围转转，指明与其学校和地区相当接近的社区的各个方面来为他们提供帮助。

评估入职培训计划的有效性是入职培训流程中极其重要的一部分。最好的办法是成立一个由人力资源管理人员担任主席，由教师、校长以及各部门主管组成的入职培训委员会。这个委员会应该收集新教师的意见与建议，用来改进入职培训计划。同样的程序也可用于评估行政员工的计划，即成立一个由行政员工及其主管组成的委员会，对新员工在进入学区第一年后的建议和见解做出反应。

第一年入职教师的入职培训

尽管其他职业为新成员提供过渡期援助（例如，住院医师、建筑实习生、法律助理），但从历史上看，教育行业忽略了新员工的支持需求[1]。

有关新教师困境的统计资料显示，近四分之一的新教师在任职两年后离职；三年后，令人震惊地有三分之一的人离职。这些数据清楚地表明，学区没有满足新教师的需求。针对这种情况的可能补救措施属于以下类别：

- 学校层面的系统指导方法；
- 协助了解和理解教师的角色和职能；

- 协助了解和理解学校和学区的政策和程序；
- 集体组织的鼓励和支持[2]。

学区和学校基层管理性政策对初任教师的入职有着重要的影响。如果他们需要更多的方法来指导新教师，这些政策的范围和顺序是最有效的。从这个角度来看，学区和个别学校的管理者承担着教师教育者的角色[3]。

为了研究第一年入职教师的入职培训，全国中学校长协会成立了一个委员会，该委员会制定了一段分四阶段的时间，在此期间应进行入职培训。第一阶段从夏季开始，集中精力将新教师介绍给学校、学区和社区。第二阶段，计划在开学前一周，强调程序并确定支持人员。第三阶段，在第一学期，是一个新教师和一个经验丰富的合作教师之间的日常会议，他们在会议上回顾教学的实践方面，如课程规划、测试、评分和学科技术。在第二学期，第四个也是最后一个阶段强调更理论性的教学方法，鼓励新教师开始评估自己的表现，并描述自己的教育理念。

导师制作为新任教师的入职培训策略

教育改革运动正式开始于《国家处在危机中》（*A Nation at Risk*）的出版。作为该运动的成果，27个州（截至本文撰写之时）颁布了一项立法，要求将指导计划作为新聘教师的入职培训战略。这些计划在某种程度上有所不同，但是基本概念是一样的，一个有经验的教师和一个新入职的教师配对，能够为新入职的教师提供支持和鼓励。

有经验的教师作为榜样，通过指导，能够帮助新入职的教师发展其能力、自尊和职业精神。在一些学区，新教师参加传统的入职培训计划。每个新教师都会有一名导师，并且在随后的一整年内，为该名新教师提供支持。在另外一些学区，新教师被分配到一个由其他新教师组成的小组，他们之间的互动是由一名导师来指导。

明确导师对校长和新任教师的作用是很重要的。这在教师评估方面尤其如此。导师不应该是评价者，而应该是在第一年帮助新任教师的人；教师评价应该只由管理者负责。

选择导师的标准以及将这些导师与新任教师相匹配的过程也是重要的考虑因素。研究表明，在同一学科领域或同一年级的有经验的教师和新任教师进行课堂辅导时,辅导是最成功的[4]。

其他研究提出了新任教师面临的问题,因此揭示了导师必须具备的各种能力,这是导师选择过程中非常有用的信息。新任教师不仅需要导师的帮助,主要是在教学方法和课程规划方面,还需要在如何处理时间压力、不断增加的文件资料和非教学会议方面接受帮助[5]。

新选择的导师通常需要某种类型的员工发展,以获得或提高某些技能。例如,提高导师监督和指导技巧或更新指导策略的计划可能最有帮助。

导师制作为新任管理人员的入职培训策略

尽管为新任教师提供指导计划是司空见惯的,但这并不是新任管理人员所面临的情形。通常,一名新任校长或学校负责人可以凭借管理人员专业协会或区域和州管理人员会议上的成员资格,征求经验更丰富的管理人员的意见。

然而,导师制通常被认为是专业发展不可或缺的工具,一些学区确实将经验丰富的校长或其他教育管理者指定为初级和经验不足的管理者的导师。此外,对于管理人员来说,沿着一条从一端被指导者到另一端作为导师的路线并不罕见。同一个人甚至可以在两个角色中找到他或她自己。这一现象并不奇怪,因为领导职位的变化是一个持续的过程。社会、政治和经济因素不断影响学校负责人、校长以及所有其他教育管理人员的职责。私营企业部门多年来一直在经历这一现象,并认为导师制关系对经验不足的管理人员的实践影响最大。而且,被指导者和导师的感情投入可能非常强烈[6]。

关于被指导者与导师之间关系的研究似乎表明:那些被指导的领导同时也是最有效的导师。导师们也更热衷于自己的角色,因为他们认识到了被指导人的积极领导特质,并认为自己是导师过程中的榜样。最后,导师从他们的导师那里学到了他们作为导师的角色。因此,导师制被认为是在传递领导智慧[7]。

在指导过程中有道德方面的考虑,主要围绕三个问题:文化因素、可能性和权力。当导师的影响力如此之大,以至于被指导者毫无原则地接受了导师的意见和做法时,导师制会产生负面的影响。指导过程中的一个关键目标是,指导者鼓励和指导学员批判性的分析，并在决策时使用证据和数据。在这种情况下，指导者是一个支持者，而不是主要的决策者[8]。

在有经验的女性和少数族裔管理者很少的学区，获得指导权是一个令人关注的问题，他们可以作为女性新员工和少数族裔管理者的导师。跨性别和跨种族辅导通常非常有效。然而，在某些情况下，如果这是被指导者或导师的愿望，相同性别或相同种族的指导可能更有效[9]。

当然，有时会出现权力问题，这并不总是发生在导师一边。潜在的担忧是权力游戏背后的动机。关于新任管理者应如何解决问题或做出决定的强烈意见分歧并不是问题所在。相反，当一个被指导者使用欺骗或利用指导关系时，权力问题需要引起学校负责人的注意。例如，一个不道德的被指导者可能会通过对他或她的导师的建议撒谎而损害一个有经验的管理者的声誉[10]。

入职培训模型

附录"新任教师的入职培训清单"中讨论的模型通过一系列一对一的访谈、解释、观察和评估性讨论，来应对与入职培训相关的主要问题，并形成了指导方法的扩展。

新教师遇到了能够帮助适应整个学校社区的关键员工。附录中陈述的方法将团队概念应用于入职流程。根据他们的职位和专业知识，有几个人在入职过程中需要发挥作用。与新高中教师合作最合适的团队包括校长、副校长、新教师部门主管、指导顾问、技术协调员和导师，每个人在整个学年都会与新教师会面。校长或副校长和部门主管单独观察课堂活动。导师应新教师的邀请观察课堂活动。

指导支持

尽管新任教师和管理人员可能会得到导师和其他人的帮助，这些人使他们适应学校和学区的细微差别，但他们仍然在一定程度上依靠自己，并肯定能够从在线服务中受益。从某种意义上说，它打破了新任教师和管理人员被教学和管理的要求压垮时，有时会出现的孤立无援现象。

一些最有价值的帮助来自 www. teachers. net,一个服务将近 50,000 名教师的网站。它提供了一个论坛,教师可以在这里交流他们的教学方法和其他教育主题以及工作清单。教室的照片和共享的课程计划扩大了聊天室的功能。订阅这个网站的教师来自世界各地。教师社交网络,www. teachersnetwork. org,除了提供与前一个网站类似的帮助外,还拥有一条新教师热线,使他们能够在 72 小时内就教育问题获得专家建议。

加州大学圣克鲁斯分校新教师中心,newteachercenter. org,对负责管理入职培训项目的管理者和员工是一个宝贵的资源。该网站支持创新方法的发展,以引导新教师和管理人员。它还试图加强学区和大学之间的关系。具体来说,指导质量是该中心教师入职培训研究人员社交网络的一个焦点,该网络提供与入职培训相关的论文和演讲。学区还可以共享学区管理人员用于入职流程的信息、文档和其他材料。

加利福尼亚州发起了针对第一年和第二年新入职教师的支持和评估入职培训(BTSA)计划,其网址是 www. btsa. ca. gov。它有助于教师了解有效的教学方法,包括教学专业的课程标准。

在招聘教师方面有困难的学区可以从全国教师招聘交流中心 www. Teachers-Teachers. com 的网站上得到帮助,该网站提供有关求职策略、就业资料库、与州教育部门的链接以及有关财政援助的信息的建议。

还有一些国际网站提供有关国外有效的入职培训计划的信息,这些信息可以在美国转移到教育领域。例如,WestEd,www. wested. org,包含了关于外国有效计划的文章。英国国家教学与领导学院,www. ncsl. org. uk,是一个支持英国新任和有经验校长们的网站。该网站上还有一个研究与开发的链接,列出了有关美国管理者们感兴趣的问题的出版物[11]。

对中小型学区的影响

安置校长、其他管理人员、教师和职员的流程,在所有学区都是同样的。学区负责人有权与教育委员会协商。在学区目前所经历的不确定的金融时代,具有双重或多重认证和经验的教师和管理者将继续受到需求。无论学区大小,这一过程都不能改变。

然而,入职培训是一个完全不同的过程,当然会受到学区规模和每年新员工数量的影响。一些大学区每年雇用数百名教师和其他员工,而在一些学区,总体人数可能会很少。学区的流动率是一个重要因素,甚至比教师和其他就业人员的实际人数还重要得多。在中小型学区,每年新增就业人数可能不超过十个人。对于这么少的人数,入职培训过程可以不再需要人力资源管理人员的协助,可以由基层校长和学校负责人来完成这项职责。当然,管理工资单和招募新员工参加医疗和住院保险等福利,可以由业务经理或学校负责人处理。

在中小型学区,入职培训有两个主要的推动因素:学校社区文化和教学或管理的细微差别。学校社区由学校和学区以及学生居住的社区组成。在该地区乘坐校车可以帮助新任教师或管理人员从观察社区经济状况中学习。在"与家长见面"活动中与学生及其家长进行个人接触,可以帮助新教师或管理人员了解家长对社会和教育的担忧以及他们遇到的问题。

更困难的挑战存在于教学或管理过程中,这是在与经验丰富的教师或管理者的指导关系中更有效地学习到的。有时,由于缺乏经验或工作过多,很难找到一个有能力或愿意成为导师的人。解决这种情况的一个可能的办法是让一些小型学区聚集起来,作为一个小组来支持新聘的教师和管理人员。即使导师不与新任教师或管理人员来自同一个地区,指导也是有效的。因为每个学区在将来的某个时候都需要雇佣新的教师和管理人员,因此向另一个学区提供帮助可以确保在提供帮助的学区需要时得到帮助。

如果一组新教师或管理者开会讨论他们的职责以及他们遇到的问题,指导也是有效的。因此,由三到五名新任教师或管理人员组成的小组可以相互学习,并可以邀请有经验的教师或管理人员尽可能参与讨论。

年轻教师和管理者对安置与培训的影响

年轻教师、管理人员和学校职员对学区和学校文化有一定影响。人力资源管理人员必须认识到这一事实在安置和培训年轻员工方面的重要性。当然,影响是相互的。特定学校和学区的文化也在影响年轻员工调整与其他年龄段的教师、管理人员和员工合作时的行为方式。

年轻员工当然具有冒险精神,但在某种程度上与其他年龄段的员工有所不同。他们肯定喜欢合作,因为合作涉及与其他教师和管理人员的不断参与。他们想知道其他专业人员知道的事情,并思考在履行职责过程中出现的问题。从某种意义上说,他们更喜欢有一个与其他教师共享的工作区,而不是与他们隔离[12]。

年轻教师和管理人员也往往以不同的方式看待变化的现象。他们不去处理变化的后果,而是寻求促成变化的方法,并且经常接受变化,这不仅是让人期待的,而且是令人兴奋的——只要他们看到变化的价值及其积极作用。因此,开发课程和新课程材料的新模式经常受到欢迎,并对年轻教师和校长们提出了期望的挑战。年轻员工认为,接受变革更为重要的是,他们自己被变革所改变,甚至更为丰富。在某种程度上,他们自己的观念是被改造而不是被改变所困扰[13]。

在安置年轻员工时,重要的是要利用这些优势,同时让不同年代的其他人参与到相互学习中来帮助他们。对于那些需要计划和实施采用年轻员工观点的入职培训计划的人来说,了解这些特征也很有价值。

总　结

一个人被雇佣之后,接下来的两个过程是,将这个人安排到一项工作中去,并将他或她介绍给学校社区。学校系统内部的人员安置是学校负责人的职责。分派工作任务所需要的规划是一项复杂的工作,要求在大多数大都会学区至少有一名人力资源管理人员全职负责。以学区的利益为出发点,分派工作任务时也要与员工的愿望相一致。人员配备调查是一种系统地收集员工安置偏好信息的方法,同时平衡员工、资格认证要求、经验和工作关系。然而,学生福利和学区教学计划的实施是最重要的考虑因素。当有许多重新分配的请求时,在考虑那些其他变量之后,资历是一个合理的标准。应该建立一个程序,让员工有机会让适合的管理人员审查他们的工作任务。

使新就业者熟悉学校制度和其他工作人员的过程被称为入职培训。这也是让重新分配工作任务的员工熟悉新学校、新计划以及新同事的过程。有效的入职培训计划必须有明确的目标,帮助员工感觉受到欢迎并且有安全感,成为"团队"中的一员,激励他们获得卓越的绩效,适应工作环境,熟悉学校群体。

入职培训计划分为两大类:信息计划和个人调整计划。信息计划提供初始材料信息或更新信息。初始材料信息主要包括学校系统、学校系统服务的社区以及新员工将工作的学校的信息。更新信息计划面向已被重新分配工作岗位并且针对特定学校和社区的员工。个人调整计划旨在帮助新聘用的员工或被重新分配工作岗位的员工如何与他们的上级和周围同事进行互动。

为了让新员工更好地适应学区,必须全面地向他们解释学区政策及其服务范围以及该学区系统内的人员。对社区的情况介绍必须为员工传达社区的经济、社会、文化、民族、种族以及宗教组成的知识。社区的职业组成、风俗、俱乐部和组织、教会教派、博物馆、图书馆、学院和大学以及社会服务也是该计划应该涵盖的主题。

让新员工适应一所特定的学校,从将他介绍给其他员工开始。参观学校设施、解释管理性程序、同时介绍教学计划的情况也是入职培训的很重要的方面。

个人调整入职培训旨在鼓励新员工与他们的同行建立工作关系。有组织的活动,如教职工会议、假日聚会或晚餐会、教师和地区委员会以及专业组织,为新员工提供了与其他专业人士建立理想关系的机会。

评估入职培训过程的有效性极其重要,它为该过程的改进提供了必要的数据。特别值得关注的一个领域是第一年入职教师的培训。许多潜在的优秀教师可能因为没有接受适当的入职培训而离开了教育职业。有许多建议和模型制定出来就是因为认识到给第一年入职的教师时间与同事协商并向他们提供有关他们表现的反馈的重要性。许多学区不仅为新任教师制定了指导计划,也为新任管理者制定了指导计划。

 自评测验 这里是一份自主评分性质的自评测验。

问题讨论与陈述

1. 把员工安排在特定的工作岗位上,应该考虑哪些变量?
2. 存在分配申诉程序的依据是什么?
3. 入职培训最常见的目标是什么?

4. 认识到第一年入职教师的入职培训如此重要的原因。

5. 描述督导,并解释为什么它是如此有效的入职培训方法。

6. 对于第一年入职的教师和刚入职的管理人员,督导计划的要素是什么?谁(按职位)在项目中的什么时间做什么?

建议的活动

1. 作为员工发展主任,你已经为新入职的员工准备好了入职培训计划。以书面形式,确定你制定这个计划的要素,并进一步说明该计划与针对教师和行政人员的培训计划有怎样的差别。

2. 获得一个学区安置政策的复印件,并写出它们与本章中的安置政策和申诉程序的相同点与不同点。

3. 获得一个学区入职培训政策的复印件,并写出它们与本章中提到的入职培训原则的相同点与不同点。

4. 或以电话的方式采访一名人力资源管理人员,引出他或她对入职培训过程中的困难和积极方面的看法。

问题情境反思性行动

既然你已经阅读并学习了这一章,你将如何着手制定一个战略性计划?详细说明谁将负责什么。

尾 注

1. Linda Molner Kelley, "Why Induction Matters," *Journal of Teacher Education*, 55, no. 5 (November/December 2004): 438.

2. Synthia Simon Millinger, "Helping New Teachers Cope," *Educational Leadership*, 61, no. 8(May 2004): 66 – 69.

3. Pamela Grossman and Clarissa Thompson, "District Policy and Beginning Teach-

ers: A Lens on Teacher Learning," *Educational Evaluation and Policy Analysis*, 26, no. 4 (Winter 2004): 298.

4. Elizabeth Useem and Ruth Curran Neild, "Supporting New Teachers in the City," *Educational Leadership*, (May 2005): 46.

5. Linda Gilbert, "What Helps Beginning Teachers?" *Educational Leadership*, 62, no. 8 (May 2005): 38.

6. Connie R. Wanberg, Elizabeth T. Welsh, and Sarah A Hezlett, "Mentoring Research: A Review and Dynamic Process Model," in *Research in Personnel and Human Resources Management*, *Volume 22*, eds. Joseph J. Martocchio and Gerald R. Ferris (Oxford, UK: Elsevier Science, 2003), 39 – 124.

7. Manda H. Rosser, "Mentoring from the Top: CEO Perspectives," *Advances in Developing Human Resources*, 7, no. 4 (November 2005): 527, 530 – 537.

8. A. Darwin, "Critical Reflection on Mentoring in Work Settings," *Adult Education Quarterly*, 50 (2000): 197 – 211.

9. Kimberly S. McDonald and Linda M. Hite, "Ethical Issues in Mentoring: The Role of HRD," *Advances in Developing Human Resources*, 7, no. 4 (November 2005): 571 – 572.

10. Lillian T. Eby, Stacy E. McManus, Shana A. Simon, and Joyce E. A. Russell, "The Protégé's Perspective Regarding Negative Mentoring Experiences: The Development of a Taxonomy," *Journal of Vocational Behavior*, 57, no. 1 (August 2000): 1 – 21.

11. Rick Allen, "Web Wonders/Supporting New Educators," *Educational Leadership*, 62, no. 8 (May 2005): 96.

12. Robert Half, "Attracting and Retaining Millennial Workers," *Information Executive*, 11, no. 7 (July 2008): 4 – 5.

13. Michael D. Coomes and Robert DeBard, eds., *Serving the Millennial Generation: New Directions for Student Services* (San Francisco: Jossey-Bass, 2004), 34 – 43.

参考文献

Achinstein, B. , and A. Barrett. "(Re) Framing Classroom Contexts: How New Teachers and Mentors View Diverse Learners and Challenges of Practice. " *Teachers College Record*, 106, no. 4(2004): 716 – 745.

Allen, Rick. "Web Wonders/Supporting New Educators. " *Educational Leadership*, 62, no. 8 (May 2005): 96.

Athanases, S. Z. , and B. Achinstein. "Focusing New Teachers on Individual and Low Performing Students: The Centrality of Formative Assessment in the Mentor's Repertoire of Practice. " *Teachers College Record*, 105, no. 8 (2003): 1486 – 1520.

Barry, Carol Kuhl, and Jan Kaneko. "Mentoring Matters!" *Leadership*, 31, no. 3 (January/February 2002): 26 – 29.

Carver, Cynthia L. , and Daniel S. Katz. "Teaching at the Boundary of Acceptable Practice: What Is a New Teacher Mentor To Do?" *Journal of Teacher Education*, 55, no. 5 (November/December 2004): 449 – 462.

Cochran – Smith, M. , and K. Fries. "Researching Teacher Education in Changing Times: Politics and Paradigms," in *Studying Teacher Education*, eds. M. Cochran – Smith and K. Fries, 69 – 109. Mahwah, NJ: Lawrence Erlbaum, 2005.

Fadia Nasser-Abu, A. , and Barbara, F. "Socialization of New Teachers: Does Induction Matter?" *Teaching and Teacher Education*, 26 (n. d.): 1592 – 1597. doi:10.1016/j. tate. 2010. 06. 010

Fox, Suzy, and Paul E. Spector. "Emotions in the Workplace: The Neglected Side of Organizational Life Introduction. " *Human Resource Management Review*, 12, no. 2 (2002): 167 – 172.

Gilbert, Linda. "What Helps Beginning Teachers?" *Educational Leadership*, 62, no. 8 (May 2005): 36 – 39.

Grossman, Pamela, and Clarissa Thompson. "District Policy and Beginning Teachers: A Lens on Teacher Learning. " *Educational Evaluation and Policy Analysis*, 26, no.

4 (Winter 2004): 281 – 301.

Hezlett, Sarah A., and Sharon K. Gibson. "Mentoring and Human Resource Development: Where We Are and Where We Need To Go." *Advances in Developing Human Resources*, 7, no. 4 (November 2005): 446 – 469.

Hezlett, Sarah A., and Sharon K. Gibson. "Linking Mentoring and Social Capital: Implications for Career and Organization Development." *Advances in Developing Human Resources*, 9, no. 3 (August 2007): 384 – 412.

Hoerr, Thomas R. "Meeting New Teachers' Personal Needs." *Educational Leadership*, 62, no. 8 (May 2005): 82, 84.

Ingersoll, R. M., and M. T. Smith. "Do Teacher Induction and Mentoring Matter?" *NASSP Bulletin*, 88 (2004): 28 – 40.

Johnson, S. M. *Finders and Keepers: Helping New Teachers Survive and Thrive in Our Schools.*, San Francisco: Jossey – Bass, 2004.

Kardow, S. M., S. M. Johnson, H. G. Peske, D. Kauffman, and E. Liu. "Counting on Colleagues: New Teachers Encounter the Professional Cultures of Their Schools." *Education Administration Quarterly*, 37, no. 2 (2004): 250 – 290.

Kelley, Linda Molner. "Why Induction Matters." *Journal of Teacher Education*, 55, no. 5 (November/December 2004): 438 – 448.

Laiho, M., and Brandt, T. "Views of HR Specialists on Formal Mentoring: Current Situation and Prospects for the Future." *Career Development International*, 1, no. 5 (2012): 435 – 457. doi:10.1108/13620431211269694

Maloch, B., and A. S. Flint. "Understandings, Beliefs, and Reported Decision Making of First-Year Teachers from Different Reading Teacher Preparation Programs." *Elementary School Journal*, 103, no. 5 (2003): 431 – 457.

McCauley, Cynthia D. "The Mentoring Tool." *Advances in Developing Human Resources*, 7, no. 4 (November 2005): 443 – 445.

McDonald, Kimberly S., and Linda M. Hite. "Ethical Issues in Mentoring: The Role of HRD." *Advances in Developing Human Resources*, 7, no. 4 (November 2005): 569 – 582.

Millinger, Synthia Simon. "Helping New Teachers Cope." *Educational Leadership*, 61, no. 8 (May 2004): 66 – 69.

Rosser, Manda H. "Mentoring from the Top: CEO Perspectives." *Advances in Developing Human Resources*, 7, no. 4 (November 2005): 527 – 539.

Strong, M., and W. Baron. "An Analysis of Mentoring Conversations with Beginning Teachers: Suggestions and Responses." *Teaching and Teacher Education*, 20, no. 1 (2004): 47 – 57.

Tillman, Linda C. "Mentoring New Teachers: Implications for Leadership Practice in an Urban School." *Educational Administration Quarterly*, 41, no. 4 (October 2005): 609 – 629.

Useem, Elizabeth, and Ruth Curran Neild. "Supporting New Teachers in the City." *Educational Leadership*, 62, no. 8 (May 2005): 44 – 47.

Wanberg, Connie R., Elizabeth T. Welsh, and Sarah A. Hezlett. "Mentoring Research: A Review and Dynamic Process Model," in *Research in Personnel and Human Resources Management*, *Volume 22*, eds. Joseph J. Martocchio and Gerald R. Ferris, 39 – 124. Oxford, UK: Elsevier Science, 2003.

Wang, Jian, and Sandra J. Odell. "An Alternative Conception of Mentor/Novice Relationships: Learning to Teach Reform – Minded Teaching as a Context." *Teaching and Teacher Education*, 23, no. 2 (May 2007): 473 – 489.

Wang, Jian, Sandra J. Odell, and Sharon A. Schwille. "Effects of Teacher Induction on Beginning Teachers' Teaching: A Critical Review of the Literature." *Journal of Teacher Education*, 59, no. 2 (March/April 2008): 132 – 152.

Wayne, Andrew J., Peter Youngs, and Steve Fleischman. "Improving Teacher Induction." *Educational Leadership*, 62, no. 8 (May 2005): 76 – 78.

附录：新任教师的入职培训清单

新任教师通常需要同事的协助。他们可以提供有关学校的课程、教学技术、教材、政策和学区的程序等方面的信息。这些信息对于新聘教师履行教学职责和个人适应至关重要。以下是完成专业和个人情况介绍以及入职培训的最低要求,同时指出在学校和学区内谁有哪些职责。该清单指出了培训的时间范围。

人员	将会采取的行动
学校负责人	• 欢迎教师来到他所在的学区。
	• 讨论学区关于教师的政策和学习与教学过程。
	• 为教师提供学区手册。
	• 提供附加福利、退休以及工资中扣除项目的相关信息。
	• 向教师提供其合同会签副本或与教师协会签订的主协议的会签副本。
校长	• 欢迎教师来到他所在的学校。
	• 为教师提供关于课程与其他教学材料及用品的信息。
	• 为教师提供有关学生服务的信息,包括学生权利和责任指南。
	• 当教师有事不能上课时,向教师提供有关代课教师流程的信息。
校长助理或校长	• 讨论学校与学区的特殊教育政策及程序。
	• 讨论报告学生缺勤的程序。
	• 讨论学区有关病假、事假及参加专业会议的政策。
部门主管	• 将教师介绍给部门或年级的其他成员。
或校长助理	• 讨论部门目标、教学法、教学科技及教材。
或校长	• 审查学校及学区有关演讲嘉宾和实地考察的政策。
	• 讨论学生进步与评分的评估。
	• 阐述学生可参与的多种不同活动及教师顾问所起的作用。
	• 阐述州体育协会政策及实施指南。
	• 阐述如何资助学生活动以及教师在募集资金中的作用。
	• 讨论学生不上学期间使用学校设施的规定和指南。
	• 讨论学生和教师可以使用的图书馆服务。

导师
- 与教师会面,并解释指导过程。
- 强调指导过程的保密性。
- 强调指导过程的范围,包括教与学的过程、学校和学区的政策及程序、专业水平及个人适应。

就业辅导员
- 讨论学生身体的一般特征。
- 讨论将学生介绍给辅导员的程序。
- 为教师提供有关学生纪律的基本指南。
- 讨论教师在处理学生纪律问题时所起的作用。

技术协调员
或技术协调主管
或校长助理或校长
- 阐述获得技术硬件与软件知识的程序。
- 解释在教与学的过程中技术是如何被应用的,包括常见问题以及如何获得帮助。

部门主管在第一学期开始两个月之后对教师的绩效进行评估。第一学期结束时,校长或校长助理评估教师的绩效。

部门主管
- 讨论绩效观察,并强调观察的积极方面,尤其是教师可能没有意识到的方面。
- 讨论绩效观察消极的方面,尤其是教师可能并没有意识到的方面。
- 为教师提高绩效提出建议的方法。
- 讨论学区能够帮助教师提高其绩效的员工发展计划。
- 与教师的行动计划意见一致会帮助教师进步。
- 为校长写一份总结报告,阐述对教师表现的看法。
- 给教师一份报告的副本。
- 指出学校或学区内能够帮助教师的人,如就业辅导员、图书管理员或者特殊教育老师。

导师
- 与教师见面,一起讨论部门主管的绩效评估结果为教师带来的反应。
- 强调指导关系的保密性。
- 如果教师分享了他或她的行动计划,讨论计划将如何实施。

- 如果教师分享了他/她给校长的报告，讨论报告中涉及行动计划的那些方面。
- 询问教师是否需要有关教学技术、特殊教育程序、学生权利与责任程序、教学设备以及教师职责的更多信息。

校长或校长助理
- 讨论由教师和部门主管商定的行动计划。
- 讨论绩效观察。
- 讨论行动计划的成功或者失败。
- 为第二学期建立一个修正过的行动计划。
- 确保该计划不仅解决了不足之处，而且还解决了应继续实施的积极成果。
- 审核学区的技术资源。
- 审核由学区提供的员工发展机会。

导师
- 与教师见面一起讨论校长的绩效评估结果为教师带来的反应。
- 再次强调指导关系的保密性。
- 如果教师分享了行动计划的评价，讨论他/她如何实施这个计划。
- 如果教师分享了校长修改过的行动计划，建议如何实施这个计划。
- 再次询问教师是否需要学校和学区有关政策和程序的信息或者帮助。

部门主管和导师在第二学期与教师会面，帮助他/她完成行动计划，并且提供支持与指导。

部门主管
- 讨论教师在实施修订后的行动计划方面取得的成功。
- 询问教师是否需要学校和学区有关政策和程序的信息或者帮助。
- 为了在工作上鼓励并且支持教师，以及帮助他或她适应学校和学区，与教师会面。
- 如果将修订后的行动计划与导师分享，导师会和教师一起讨论好的方面和需要改进的地方。

在 4 月,校长将会与教师会面,一起讨论他或她的绩效表现。

校长

- 为了获得教师在实施修订过的行动计划方面的成功的反馈,与部门主管会面。
- 与教师会面,了解有关教师行动计划的实施情况。
- 讨论教师修订过的行动计划的实施情况。
- 讨论下一个学年教师合同的延期情况。
- 讨论教师第一年的经验,以及他或她对教学生涯、学校和学区、教师和学生的感受。
- 讨论教师在教学过程中的优势和劣势、学生权利和责任、学校和学区的政策及程序以及为教师提供的帮助。
- 讨论入职培训过程的有效性,尤其是指导过程的有效性。

在学年结束的时候,校长或者校长助理将会评估教师的绩效表现。

第六章　员工发展

问题情境

　　如果你是一所大约有 300 名教师、125 名行政人员的学区的员工发展主任。由于来自家长组织的压力,州立法机关刚刚规定,学区接收到的州援助资金的 1% 必须用于教师的发展。因此,你有大约 250,000 美元的资金可以用于员工发展计划。

　　学区有些不稳定。在征税和债券发行全民公投方面,该学区的家长和其他公民也不太支持。学区在 20 世纪 50 年代和 60 年代学生人数显著增长,可是到了 70 年代和 80 年代却出现了学生人数的减少。学区的房价贬值,使有孩子的家庭想在其他学区购买房屋,而空巢家庭即使还清了抵押贷款,也无法出售他们的房屋,以获得更好的住房。这种状况使得学区招不到学生,于是,学区被迫辞退年轻教师。管理人员、教师和行政人员在做事时变得相当保守,他们需要员工发展计划帮助他们重新恢复工作热情,并向他们介绍目前管理和教育学生的最佳做法。当地教师协会已认可该地区需要重新考虑员工发展承诺和规划。另外,管理者和教师对此事持积极态度,已经做好准备参加员工发展计划。

　　请使用本章结尾处的"问题讨论与陈述"和"建议的活动"来帮助你找到处理这部分问题的方法。

　　变化是当代社会中一个经常发生的现象。即时通信方式是技术进步的结果,它为学生和教育工作者们呈现了来自世界各地的政治、经济、科学以及社会地位方面发生的变化。当然,公立学校的任务是教育美国的儿童、青少年及年轻人,以帮助他们迎接未来由于这些变化而带来的挑战。

作为一个组织,学区需要高素质的管理人员、教师及后勤人员来完成这项任务。由于学区内的岗位与工作要求变得更为错综复杂,于是,员工发展计划的重要性也日益增强。

20世纪90年代初以来,员工发展实践发生了重大变化。促成这种转变的三个趋势是结果导向教育,学校和学区组织的系统方法及建构主义。作为一种实践,结果导向的员工发展关注的是改变教师、管理者及其他员工的行为和态度,而不是计算这一项目的参与者人数。组织的系统方法确认了一所特定学校直至一个学区所有组成部分之间的相互关系。因此,小学教学技术的创新可能会对学校的辅导计划和课程委员会产生影响。在整个地区,一所小学的创新可能会影响该地区中学的教学计划,并最终影响到该地区高中的教学计划。最后,建构主义是以学习者在头脑中建立知识结构为前提的。对教育工作者的启示是,当这些活动产生于他们的日常职业责任时,他们可以从提供专业发展活动(如研讨会和演讲)的非传统方法中获益。行动研究是一个很好的例子,说明如何将注意力集中在一致的目标上,才能建立员工发展的建构主义方法[1]。

如今,任何人都不可能接受一份工作或进入一个行业,并在其技能基本不变的情况下,在这一行业待上40多年。因此,员工发展不仅是一项有意义的活动,而且如果要保留一名技术熟练并且知识丰富的员工,每个学校系统都必须投入人力和财政资源。

专业学习型社区

作为人力资源的一个职能,可以根据不同结构形式来组织员工发展计划。目前,最有效的结构是建立专业学习型社区,它有四个要点:

1. 学习而不是教学;
2. 合作精神;
3. 将社区内的所有成员都看作是学习者;
4. 实行自我管理。

第一个要点背离了传统的教育学生的方法,这种方法以学校和学区的责任为中心,以确保有效的教学。当把关注点放在学习上时,教师、管理者以及其他工作人员往往会从不同的角度看待他们的责任。他们开始分析学校和学区的文化,以确定他们的做法是否在支持学生学习。另外,教师、管理者以及工作人员开始认识到有效的学校和学区文化建立在对学习的承诺之上,必须向所有相关人员包括学生和家长,阐明这一点。重要的是,必须记住,所说的"工作人员"是指就业辅导员、媒体专家、特殊教育老师、教学负责人助理、人力资源管理人员以及学校和学区所在社区的所有其他专业人员和行政人员。

当然,这种对学习的关注,可以通过文化分析和承诺进行调查,于是,引出了第二个要点,即合作。教师、管理者以及其他工作人员必须协同讨论,并调查学生需要学习的内容、通过什么方式评估学生已经掌握的知识以及如何帮助学习困难的学生。合作也意味着教师、管理者以及工作人员应该认识到学习过程的每一个方面都取决于团队的努力。例如,如果某个学生学习困难,帮助该学生不仅仅是他或她的代课老师的责任。所有具有相关专业知识的社区成员都应该制定及时且必要的干预计划,以帮助这名学生。合作通常的形式是团队合作,通过这种合作,由许多不同组织的教师、管理人员及工作人员组成的团队根据各自成员的专业知识聚集在一起,以解决常见的专业问题。一个特定的团队一旦成立,团队成员可以持续不断地开会,或者只在必要的时候开会。

专业学习型社区的第三个要点授权学校和学区所在社区的所有成员,而不仅仅是学生,成为学习者。当然,这个要点最基本的现实是变化的现象。因此,任何人都不可能知道他或她需要知道的与其工作相关的一切。因此,家长、教师、管理人员和员工需要不断更新信息、知识、技能及态度。在学校和学区的动态环境中,不可能保持静止。当然,这是员工发展的领域。

最后一个要点是自我管理。专业学习型社区的概念取决于所有成员以有助于各自学校和学区使命的方式自我实现的能力。对于人力资源职能,这不仅意味着必须针对专业学习型社区的四个要点组织和开展专业人员发展计划,而且其他人力资源职能也必须针对这些要点组织并开展。专业学习型社区的方法对招聘、选拔及绩效评估职能的影响程度最大。因此,本章中提出的概念和过程构成了一种专业学习型社区的人力资源管理方法,尤其是专业人员发展方法[2]。

学习过程的维度

由于对专业学习型社区的关注,员工发展活动有时会导致新任教师、管理人员和工作人员对员工发展计划的误解。通常,某些教育工作者认为员工发展活动是他人以业务陈述和信息的形式带给他们的。然而,为了符合成人学习理论和专业人士的有效计划安排经验,发展活动建立在教育工作者现有的知识基础和技能之上;参与者必须通过个人反思和与其他同事讨论来加强专业发展活动。另外,学习型社区模式需要负责员工发展的人力资源管理人员与员工发展对象的教育工作者之间的合作与对话。员工发展计划的规划、交付和评估是这种合作的组成部分。[3]

员工发展通常是以培训和继续教育的学习方式实现的。培训是学习一系列程序化任务的过程,这些任务构成了员工的工作职责,如保管员、厨师和维护人员;员工通常在工作中完成这些任务,需要了解执行这些任务的最佳实践过程。继续教育是帮助教师、管理人员和工作人员获得有助于他们根据履行工作职责时所面临的实际情况做出自主决定的过程。继续教育强调获得合理的推理过程,而不是记忆一系列事实。继续教育有助于员工发展一种理性的方法来分析变量之间的关系,从而理解现象。

在大多数情况下,教师和管理人员的工作职责需要接受继续教育而不是培训。教师和管理人员通常不是履行程序化的工作,例如,管理人员可以接受管理技术和程序方面的培训。但是,不能对管理人员进行管理培训。说到私营部门的经理,戴维·A. 德森佐和斯蒂芬·P. 罗宾斯总结了培训和继续教育之间的差别:

> 准备好承担更大职责的成功员工具有分析、人性化、概念化和专业化的技能。他们思考并且了解了事实的真相。培训本身不能帮助个人理解因果关系,从经验中总结、看清事物之间的联系或者逻辑思考的。因此,我们建议员工发展主要是一个教育过程,而不是一个培训过程[4]。

在讨论培训和教育之间的区别时,必须注意不要假定某一职位的所有与工作相关的活动都是可以通过培训或教育实现的。教师和管理人员履行一些可以通过培训来加强的活动,是因为这些活动能够被程序化。教师和管理人员都需要良好的倾听能力和面试技巧;在当今的科技社会,他们还需要使用各种类型的计算机软件的技能。然而,了解教学过程并能够创造一个有助于教学的学习环境超出了培训范围,需要接受继续教育。

同样的区别也必须应用于辅助人员。行政助理必须在使用文字处理程序和执行日常办公程序方面发展并提高技能,这些是可培训的技能。然而,这个人经常被要求做出为管理人员安排会面并且确定会面优先级的决定;这需要了解每个会面对于管理人员职责的重要性。一名高效的行政助理还应该能够分析询问并将其转交给适合的工作人员。获得这种能力超出了培训范围,需要接受继续教育。

对某些人来说,培训和教育之间的区别似乎只是一种学术活动;然而,它有着非常实际的应用。如本章后面所述,对员工需求进行分类和分析,以确定员工发展计划各组成部分的目标,这一点非常重要。了解满足这些需求所需的学习类型对于有效的员工发展计划至关重要。

员工发展计划以教学学习情境为中心。因此,那些负责创建这样一个程序的人必须了解并熟悉学习的心理维度。关于学习是如何发生的,人们提出了许多理论。本章仅涉及与员工发展相关的几个学习原则。

学习是一种个人能力的改变,这种改变是可以一直拥有的,而不仅仅是因为成长过程。这个定义中描述的变化体现在学习者的行为中。学习发生的程度是通过将个人在教学情境中的行为与经历学习之后能够展现的行为进行比较来衡量的。所期望的改变通常是一种技能或能力的提高,而不仅仅是暂时的影响。这种变化是由学习过程的某些方面引起的。某人或某物作为一种激励因素启动了一个行动。教员通过提问来激励学习者。学习者以回答问题的方式做出反应。如果教员以"这是一个正确且恰当的答案"回应学习者,则学习者的行为就可能得到强化。最后,如果学习者认为完成教学课程是获得一份工作、升职、加薪或其他期望目标的一种手段,则认为学习者存在动机。尽管对学习的四个基本组成部分的解释相当简单,但它确实为学习提供了必要的条件。

这里提到了影响学习过程各个方面的考虑因素,因为它们与员工发展规划有关。首先,必须在教学学习情境之前制订一定的计划,以确定最适合所教主题的学习结构。在学习中,每一种新的能力都是建立在习得的学习能力的基础之上的。规划具体细节并对这些习得的学习能力进行排序,以便实现学习目标。例如,为帮助教师构建为课堂教学所使用的公制系统材料,应先开展讲习班,在讲习班先向不精通该方面知识的教师解释公制系统。

其次,必须有效管理学习环境。负责计划的人应该问自己,进行教学最合适的时间和背景应该是什么。一个舒适而趣味盎然的环境当然可以提高学习能力,尤其是对于成人学习者来说,教学应该在一天中他们不犯困的时候进行。这表明,某些员工发展研讨会、讲习班或教师课程应安排在学校不上课的日子;或者,应向员工提供其正常职责的休息时间,以便他们可以在工作日参加。

第三,对于成人学习者来说,教学必须能够实际应用。当成年人了解到这些材料可以帮助他们工作时,他们通常能够在较短的时间内掌握更多的材料。参加学生行为管理讲习班的校车司机,必须向他们展示他或她实际上能够应对爱捣乱的学生的技术。

第四,学习很少以不变的速度进行;应该说,它会根据要学习的主题或技能的难度以及学习者的能力而波动。发展计算机技能就是一个很好的例子。在最初三个月的教学中,学习者逐渐熟悉基本的方法。在接下来的三个月里,个人发展速度及学习速度加快。经过六个月的教学,学习通常会变慢,因为个人已经发展到了技术精进的程度[5]。

制定员工发展计划

经验已经告诉人力资源管理人员,使用"让我们开一个研讨会"的模式进行员工发展是一种愚蠢的做法。这种过去和现在在一些学区被称为在职培训的传统概念,不仅在范围上,而且在效果上都有严重的局限性。应该说,员工发展的概念满足了教育机构的实际需求[6]。这种方法的演变反映在所有的社会制度中。在过去,学校被迫进行改革,而没有给教师和管理者一个为这种改革做好准备的机会。随着学生入学人数的下降,更需要开发现有的人力资源来承担由这一变化而产生的与以往不同的职位。此外,1965 年的《中小学教育法》和 1968 年的《教育行业发展法》都为员工发展计划提供了资金资助。这些资金有助于鼓励员工对发展的兴趣。

自从 21 世纪早期,人们对员工发展进行了大量的研究。这些研究中的大多数集中在识别那些产生有效员工发展计划的变量上。这项研究创建了许多模型。在员工发展文献中,最常提到的是 PET(有效教学计划)、RPTIM(准备、规划、培训、实施、维护)、CBAM(基于关注的采用模型)以及 SDSI(用于学校改进的员工发展)。所有这些模型的共同点是通过符合实际情况的监督产生有效的指导。由于校长评估并监督教师改进教学,员工发展计划成为教师提高技能、弥补不足的一种手段。

一些员工认为员工的发展活动是无效的,因为他们在实施最新获得的技能和想法方面得到的支持很少。缺乏适当的计划组织与实施过程中缺乏监督也会影响到该计划的成功。显然,这些情况是一个更根本问题——缺乏承诺的表现。在任何组织中,这一承诺都必须从最高的责任级别到其他级别的管理层再到员工。为了有效性,教育委员会必须支持员工发展计划,管理层负责组织与监督,至少有一部分是由员工参与规划的。

在界定学区各组成部分要执行的任务时,教育委员会必须为员工发展计划创造一个积极的环境,并提供必要的财政资金和适当的执行政策,以此为该计划的执行奠定基础。行政管理部门通过员工发展主任负责制定总体规划,并对该计划进行全面管理和监督。基层校长和部门主管负责确定实现学区长期目标和短期目标所需要的知识、技能与能力。教师和工作人员不仅要参与计划规划,还要参与该计划。因此,员工发展计划的成功取决于学区各层级内每个人的承诺。费尔斯通、曼金、马丁内斯和波洛夫斯基证实了承诺的重要性:

> 这个地区的主要负责人把提高识字能力和后来的提高数学能力作为他的首要任务。通过雇用与解雇员工以获得一个与他有共同承诺的团队之后,他开始了一个长期的过程,帮助教师加深对学科领域的理解以及如何教学……专业发展工作是一项更广泛的变革计划的一部分,该计划成为该地区所有决策的核心,它需要不断保护自己的资源及一致性免受威胁[7]。

费尔斯通和他的同事们也提倡地方倡议和内部问责的概念,特别是当一个学区利用专业发展来启动并维持改革工作时[8]。

图 6.1 总结了设计有效计划所需的步骤,并在接下来的几页中进行阐明。

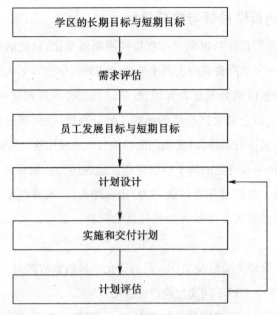

图 6.1　员工发展计划模型

学区的长期目标与短期目标

从最广泛的意义上讲,美国教育的长期目标与短期目标是相似的。学校关心的是教育我们的孩子掌握基本技能,培养他们的价值观,使文化传统永存。

学区教育的长期目标与短期目标是其员工发展计划的基础。当它们被制定成教育委员会的书面政策时,这些长期目标和短期目标为员工发展计划提供了必要的指导,以便将员工的个人目标与学区的目标整合在一起。

需求评估

员工发展计划的主要目的是增加员工的知识和技能,从而增加学区的潜能,以便实现它的长期目标和短期目标。评估员工需求的过程本质上是确定现有员工能力与所需员工能力之间的差异[9]。这项分析还必须考虑到预期的人力资源需求。因此,员工发展计划不仅要考虑到个人目前担任的职位所需要的能力,还要考虑到个人晋升到更重要职责的职位所需要的能力。从人力资源规划过程中使用的人力资源清单中获得的数据,以及从需求评估技术中获得的数据,为建立员工发展计划长期目标与短期目标提供了框架。

员工发展的长期目标与短期目标

员工发展的长期目标与短期目标在持续不断地变化,以此满足员工个人及学区的变化需求。一个欧洲裔美国人占主导地位的郊区学区开始大量涌入美籍墨西哥人的家庭,该学区可能会考虑为管理、教学以及支持人员创建一个计划,以应对这两种不同文化的融合对学区功能的影响。另一种情况是,新的计算机设备的购置,需要对行政人员进行指导,以使他们能够最有效地使用这些新购置的设备。

这些影响学区运行变化的例子应该更广泛地表述为长期目标和短期目标。例如,涉及融合的员工发展目标可以表述为,让管理人员、教师以及工作人员做好准备,以解决美籍墨西哥人学生融入学校社区的问题。支持这一长期目标的短期目标可制定如下:

- 培养教师、管理人员以及工作人员对文化差异的鉴赏能力。
- 制定帮助学生了解不同文化遗产的策略。

这样一个长期目标及其附带的短期目标,为下一阶段创建员工发展计划——设计计划提供了方向。

计划设计

设计计划不仅仅是找一个对某个特定主题感兴趣的大学教授举办工作交流会。从广义上讲,计划设计是通过有效的交付方法将需求与可用资源相匹配的过程[10]。因此,在不考虑一项活动如何帮助实现长期目标和短期目标的情况下分配或批准这项活动显然是徒劳的。

另外,只考虑员工发展计划的一种交付方法,效果也不会好。国家教育协会的研究部门列出了计划交付中使用的19种方法:

1. 讲座;
2. 研究机构;
3. 正式会议;
4. 工作交流会;
5. 员工会议;
6. 委员会工作;
7. 专业阅读;
8. 个人会议;
9. 实地考察;
10. 旅游;
11. 露营;
12. 学生实习;
13. 教师交流;
14. 调查;

15. 专业写作；

16. 专业协会的作用；

17. 文化体验；

18. 参观与演示；

19. 社区组织工作。

这当然不是设计员工发展计划的所有可能性的详尽清单，重要的是要认识到没有一个设计能满足所有的需求。各种资源丰富的员工，即最有用和最有知识的员工如教师、高级职员、学院和大学教授、专业顾问、期刊作者、教师组织代表以及管理人员，增强了员工发展计划。

小组导向设计已经被证明是交付员工发展计划的有效方法。其中一些以小组为导向的课程以教学环境中的行为矫正技术为中心。个性化课程是传统课程设计模式的另外一种替代模式，允许个人最大限度地发挥创造力，使个人兴趣和需求与学区的长期目标和短期目标相匹配。从事个性化活动的教师通常会提高其教学技能；这些活动包括为专业期刊撰写文章，为学区课程研究委员会服务，参加会议，在会议上做演讲，从事专业阅读，参与专业发展旅行，开发课程材料，积极参与社区关系活动，赞助学生活动。计划设计是一个有组织的过程，它将不断地变化，以满足个体员工的需求和学区的需求。

实施和交付计划

所有员工发展计划的一个至关重要的方面是实施和交付阶段[11]。最佳的意图和计划可能会失败，除非注重为员工提供适当的激励措施参与计划，做出令人满意的时间安排，并妥善处理日常的组织问题。

一种常见的做法是补偿员工参加工作交流会或课程所产生的学费和费用。许多学区还为促进计划部署支付替代者的费用。对员工发展计划的研究通常认为应该提供激励措施。对于参加专业性会议，学习大学课程以及提前安排工资计划的补偿也是一种激励。虽然以加薪的形式直接支付是一种已被证实的激励方式，但研究表明，间接财政援助更能影响促进员工发展计划的参与。

时间是所有员工的宝贵财富，因此，它是组织和鼓励员工参与发展计划的关键因素。将员工发展计划作为工作日的一部分，或者至少作为工作日的延长，这种趋势越来越明显。一些学区每月留出几个下午用于发展计划，其他学区直接向学校提供课程和讲座。这种方法的一个变化的形式是按学科领域给学生放假，以便某一学科的教师可以开一整天的会。

无论实施员工发展计划的安排如何,经验表明,在一整天的教学或工作之后,开展员工发展计划的效果最差。任何教师、管理者或员工在疲劳时都无法吸收新的想法。

管理员工发展计划的最后一个考虑因素是提供管理机制,以处理所有人与人之间发生的一般性问题。例如,有些教师可能不确定员工发展计划的短期目标。同样地,如果一个计划的结构不能使教师容易地认识到它与他们的特定情况的相关性,那么他们可能会认为该计划是在浪费时间和精力。针对大量教师的员工发展计划往往会妨碍参与性,而没有最好的主办人可能会对该计划产生负面影响。最后,所有教师都理解评估整个计划的必要性,如果它们是员工发展计划,这一点更为重要。当管理者尽最大努力有效地处理这些问题时,员工更愿意参与并对发展计划更为满意。

计划评估

有效评估是员工发展计划的最后阶段[12]。一些学区认为这是一项相当复杂的任务,涉及多种统计数据的应用;还有一些学区则完全忽视了这一阶段。对于大多数计划来说,基于感知的方法既合适又有效。要求学员对指导老师或执行计划的个人、计划内容、计划的组织以及计划发布会的时间和地点进行评分。

当一个特定的计划以技能或技术获取为中心时,在参与者有机会实施该技术或使用其新技能后,进行后续评估是合适的。然后,评估将用于以后的计划规划,还应提供改进整个员工发展计划所需的数据。计划评估的重要方面如下:

- 对员工发展计划的评估应尽可能确定学员是否获得了预期的知识和技能。
- 评估应该尽可能确定学员是否应用他们新获得的知识和技能来完成他们的职责。
- 评估应该显示新的知识和技能对学生学习成果的影响[13]。

此外,员工发展主任应该评估该计划,以确定该计划是否如前面所述将有助于实现学区的使命作为它的长期目标和短期目标。这个过程与评估一门特定的课程或工作交流会相比更为错综复杂,并且必须包含教育委员会、学校负责人、其他行政管理人员以及基层管理人员的看法。

员工发展支持资源

教育管理者寻找信息和机会，以加强其学区的员工发展计划，在网上没有能比国家员工发展委员会（NSDC；www. LearningForward. org ）和监督与课程发展协会（ASCD；www. ascd. org ）更好的资源了。

国家员工发展委员会为个人提供学习机会，并为学区、时事通讯以及博客提供定制设计的服务。学习机会包括年会、专业会议及研究机构。然而，网络技术服务的中心是定制的机会设计，支持员工发展管理者和其他负责员工发展职责的管理者的工作职责。国家员工发展委员会将在线审计员工发展，以协助学区建立专业发展目标并制定发展规划。员工发展[14]管理者可以利用在线培训，并可以利用标准评估清单，这是一种有效的研究工具，帮助学区评估他们目前在满足既定员工发展标准方面的有效性，然后制定适当的目标。此外，图书和员工发展资料可在线购买。因此，员工发展机会是支持员工发展的管理者、学校负责人、校长、教师以及工作人员履行其职业职责的资源综合体。

监督与课程发展协会对于员工发展计划的管理者以及对个人发展感兴趣的管理者，教师及工作人员来说，是一个同样重要的网络技术资源。除了为教育工作者提供会议和研讨会外，监督与课程发展协会还赞助了 LEAP 研究所，该研究所汇集了员工发展管理人员，向国会和各国家机构介绍他们的教育需求、关注以及建议。有关健康学校社区和杰出青年教育工作者等国家举措的信息，请访问网站。监督与课程发展协会商店有可以在线购买的书籍、视频、时事通讯和其他材料。有许多相关的网站链接在特定方面很有帮助。例如，www. ascd. org/professional-development. ASPX 包含有关现场员工发展咨询和在线课程的信息，包括课堂管理和各种学习维度。此外，www. ascd. org/research-a-topic 允许职业发展管理人员和其他教育工作者有机会研究神经科学等特定主题，并能教会教育工作者什么是学习。

教学人员的发展

在 20 世纪的前几十年里，教育委员会关注的是鼓励教师获得学士学位。20 世纪70年代,重点转向对教师缺陷的补救。目前的重点是为教师提供机会,保持良好的教学观,并提高他们在课堂上的效率[15]。有时,校长有必要向没有达到教育委员会规定水平的教师推荐某些员工发展计划。因此,绩效考核和员工发展与有效监督是相辅相成的。员工发展计划可以为教师提供如下机会:

1. 更新一个学科领域的知识和技能。知识爆炸产生了对原有知识进行重新解释和重新建构的需要。教师不能再设想根据过去的学习来理解某一学科领域的细微差别。

2. 了解社会需求。我们所处的社会在不断发生变化。这使教师有必要理解并解释社会对所有机构,尤其是学校的新要求。教师必须熟悉教学过程和新教学方法的研究。与其他专业人士一样,教师通常很想跟上他们所在领域的进展。然而,可用时间的限制常常阻碍他们实现这些意图,而员工发展计划可以满足这一需要。

3. 熟悉教学材料与设备的最新进展。互联网和计算机辅助教学只是许多有可能提高课堂教学质量创新中的一小部分。

在评估教师需求和设计一个反应迅速的员工发展计划时,以下信息来源可提供相当大的帮助。

第一,教师需求评估调查是一种有效的技术手段。大多数调查采取一个清单的形式,其中包含了许多可能的需要和感兴趣的领域(见附录)。

第二,通常通过家长教师协会等校本组织对家长进行的社区调查,可能会揭示家长对各种问题的关注,如评分、学生分组、纪律和学生吸毒等。

第三,资格要求在州与州之间具有差异,而且偶尔还会发生变化。员工发展主任必须让所有教师和其他有资质的员工了解要求,并在校外和校内规划适当的学分课程。人力资源总体规划还向员工发展主任提供了有关特定类别有资质员工的地区未来需求的信息。

信息的最后一个来源是课程研究。可以规划员工发展计划,以与未来课程变化相关联。研究指出,未来的技能和能力可以获得并逐步引进,以确保平稳过渡。

由国家教育卓越委员会出版的具有历史性意义的报告《国家处在危机中》,是许多州通过以提高教育质量为中心的立法的动力。这项立法的大部分要求建立由教师和其他工作人员组成的专业发展委员会,这个委员会负责协助管理部门确定教师的员工发展需要。这些委员会与管理部门一起参与员工发展计划交付系统的创建。

学校校长的发展

所有管理者偶尔会想弄明白他们如何能够继续面对工作中的多重挑战,而学校校长尤其容易受到这种想法的困扰,因为他们处在工作的最前端[16]。加利福尼亚学校管理者协会成员,詹姆士·L.奥利韦罗在《美国学校管理者协会公报》上写了一篇重要的文章,题为《减轻战斗疲劳——或学校校长的员工发展》,这篇文章解决了这个问题。这一部分的诸多材料都是从这篇文章中收集来的。

员工发展计划的类型

自20世纪90年代初以来,许多关于校长角色不断变化的研究已经开展,并确定了以下适合发展计划的主要领域:

教学技能

- 有效评估和监督教学过程,包括提供课程领导和确保教学资源。

管理技能

- 建立工作岗位目标,并评估员工需求。
- 找出问题所在,并制定有效的解决方案。
- 在有效利用稀缺资源方面执行单位预算并审查优先事项。

人际关系能力

- 在学生、家长、教师及其他社区成员之间建立一种开放的沟通制度。
- 发展家长、学生以及教师参与校本决策的方法。
- 在学校内部创造一种互相信任的氛围,激励员工与学生表现出最佳状态。

政治和文化意识

- 确定社区内的领导并让他们参与学校层面的决策。
- 用积极的技术解决学校与社区之间的冲突。
- 通过学校计划努力满足学校所有客户的需求。

领导技能

- 通过自我发展计划保持教育领域的进步。

- 与其他专业人士、家长及其他公众分享领导技能。

自我认知

- 通过校内公众的评估制定自我完善计划。

对校长的规划

两种类型的规划可以满足校长的发展需求。第一种是更为传统的方式,包括工作交流会、会议以及论坛,通常侧重于一个单一的主题,并试图传播有关最新立法与药物滥用等问题的特定信息。

越来越多的学区正在为校长的发展采取更加个性化的方式,他们强调获得有助于校长工作或提高个人发展的技能。第一种方法包括编制预算、制定绩效目标以及启动改进建筑维护的程序;而第二种方法强调个人成长,可能涉及与顾问小组合作的技术、口头与书面沟通的方法、压力管理以及时间管理。

无论一位校长把什么认定为个人需求的范围,成功的先决条件就是承诺。因此,最好将这些个性化的计划写在一份文件中,其中包括个人需求评估和行动计划。

校长未来的方向及员工发展

自从21世纪初以来,我们的社会发生了翻天覆地的变化,相应地,他们又创造了一套新的能力,这些能力是校长必须具备的。许多校长在出现文化多元化、社区参与、计划评估、技术辅助教学以及残疾学生融入等当前趋势之前,接受了教育。当然,这些趋势并不是结束,而是加速发生更巨大变化的开始。我们必须做好准备,迎接员工发展中持续不断的挑战。如果发展计划是系统的、具体的与校长的工作相关的,不仅包括工作是什么,还包括工作应该是什么,那么对校长而言,可以提高有效的员工发展。因此,员工的发展机会应该是:

- 一直存在且个性化的;
- 灵活的、随时随地能够适应需求的变化;
- 在参与者不因工作而疲劳时进行;
- 学区政策的组成部分且有足够的资金支持。

行政员工的发展

一些学区的员工发展计划仅仅局限于教师与管理人员。针对行政员工的发展计划,最近在美国刚刚大范围地发展起来。

通常用于行政员工的三种发展方式是,在职培训、非在职培训以及学徒制培训。鉴于他们工作职责的性质,行政员工的发展计划目的更多在于培训而不是继续教育。然而,人们越来越深刻地认识到,如果给予行政助理、保管员、校车司机及自助餐厅工作人员参与个人成长活动的机会,他们的工作效率会更高。时间管理和人际关系技能是所有学区员工的重要能力,尤其是在如今强调社区参与学校事务的形势下,这两个技能就显得更为重要。

员工发展对行政员工有明确的定位。它不仅用于更新技能,还用于向新员工介绍他们将负责执行工作的要求和任务。在大多数情况下,被提拔到管理性岗位的行政员工,通过员工发展计划学习如何应对他们的新的工作职责。这也是行政员工发展计划的一个细微差别。

在职培训

大多数培训都是在工作中进行的,而且很可能,这种方法是一种有效的培训方法[17]。它不仅是最容易组织的培训形式,而且实施成本最低。员工被安排在实际的工作环境中,这会立即让他们觉得有生产力。他们是通过实践来学习的,这是最适合的、难以模拟的或能够通过绩效快速学习的、针对工作职责的培训方法。在职培训的一个显著缺点是未来生产力低下的可能性,因为在这种情况下,当一个人单独工作时,可能永远无法充分发挥必要的与工作相关的技能。

在职培训的一个改进方式是岗前培训,这是一种较为系统的培训方法。这种高效的方法包括以下步骤:(1)告知受训者有关工作的情况,以便让受训者为其工作做好准备;(2)提供完成工作所必需的信息;(3)让受训者展示他们对工作的理解;(4)让受训者自己工作,如果他们需要帮助,分配一个有能力的人协助他们。

非在职培训

非在职培训是指各种课程,如讲座、研讨会、工作交流会、案例研究、程序教学及模拟[18]。讲座的方式最适合于传递程序、方法以及规则等信息。与一般假设相反，讲座可以是高度结构化的，也可以是相当随意的，允许大量的双向交流。

自20世纪90年代初以来，案例研究、程序化教学及模拟练习在培训项目中的使用有所增加。案例研究允许员工深入研究特定问题。在对问题进行分析之后，个体评估备选的行动方案，最后选择一个看似最有可能解决问题的方案。

程序化教学是一种可以通过手册、教科书和教学设备来实现的教学方法。这种方法将要学习的材料浓缩成一个高度组织和逻辑的序列。受训者对一个问题或一组情况做出回应，并立即得到反馈，得知其回应正确还是错误。

模拟不仅费用最高，而且是最有效的培训方法。受训者被安置在一个几乎与实际工作情况相同的环境中。这种方法已被航空公司广泛应用于飞行员培训，学校也广泛应用于驾驶员教育课程的学生培训。通过使用计算机加持的教学，可以模拟各种不同的工作维度，而不会在现实生活中冒出错的风险，后者可能是危险的或非常昂贵的。

学徒制培训

最古老的培训形式是学徒制，通常被称为职位助理[19]。这种方法是，受训者在一位老师傅的带领下学习一段确定的时间，或者是学到受训者掌握了必需的技能为止。职位助理的形式通常出现在技术行业，很少在员工发展计划中被采用。然而，这个概念是可操作的，并且越来越受到欢迎。

教师中心与员工发展计划

美国国会在1976年的《教育修正案》中资助建立了地方教师中心，该中心以在职项目的形式运营，旨在提高教师的课堂技能和技术。这项立法是国家教育协会在帮助教师更好地控制课程创新方面所采用的直接结果。教师中心在美国出现之前的很长时间已经在世界范围内存在了，而到了20世纪80年代初，美国教育部的教师中心项目下有90个教师中心。尽管这些中心的定位差别很大，但许多中心已经发展成为一种帮助教师应对变化的机制。随着教师中心文学的兴起，美国出现了许多不同的中心模式。许多教师中心是合作经营的，包括由当地学区和大学建立的中心。一些州资助的教师中心以及根据《中小学教育法》第三章设立的联邦资助的中心也出现了。

从本质上讲,教师中心项目涉及一个或多个地方教育机构的中小学教师的课程开发和/或在职教育。尽管管理人员、学区董事会成员或高等教育机构的代表也可以担任教师中心政策委员会成员,然而,该委员会的成员主要还是由服务区域内的中小学实习教师组成。

教师中心建立的前提是,教师是自我激励的专业人员,能够确定自己的需求,并且通过理事会的政策,能够更好地履行员工发展计划以满足这些需求。尽管这一前提不可否认是正确的,但仍有许多关注点需要简单叙述一下。第一,联邦对教师中心的资助已经不复存在。第二,员工发展不仅是教师的需要,也是一个学区所有员工的需要。因此,教育委员会在提供财政资源以开发并管理此类员工发展计划方面应承担最初的职责。第三,教师中心基本上是交付系统,如果确定这是实施员工发展计划最有效的方式,则应该得到地方和州基金的资助。教师和所有员工一样,如果员工发展计划能够满足他们的需求,必须参与到整个计划过程中来。这是所有有效的员工发展计划的正常程序。

对于那些执行员工发展计划效果不佳的学区来说,教师中心是一项很有价值的创新,但不应将其视为所有学区的灵丹妙药。有了承诺和适当的地方和州资金资助,大多数学区都能够在一名员工发展主任的管理下,以更加传统的模式,建立适合本学区的员工发展计划。

对中小型学区的影响

由于很多学区没有设立人力资源部,甚至连一名人力资源管理人员都没有,这时,推动、组织并实施员工发展计划的职责就落在学校负责人、基层校长或者他们两人的身上。同样,由于很多学区教师、管理人员及工作人员的数量相对较少,员工发展的规划更多针对个人,而不是针对各个群体。因此,最有效的员工发展规划与学习型社区的概念一起提出。于是,自我问责制和协作精神通常是这类学区员工发展计划的特点。当然,交付方法通过科技发展得到了增强。另外,由其他专业人士使用的模式来定制员工发展计划,会更加适合教师和管理人员。参加专业会议也是一项重要的员工发展活动。在某些地区,很多学区可能会为员工发展计划而聚集在一起,解决共同面临的问题。导师制也适用于中小型学区。所有学校和学区的需求通常是相同的,仅仅是交付方式有所不同,有的学区是针对群体设计的,有的学区是针对个体设计的。因此,前面章节中关于技术和员工发展中所述的员工发展机会对中小型学区非常有帮助。

年轻教师和管理者对员工发展计划的影响

关于年轻一代员工的大量研究似乎在说明,他们对关注个人发展的员工发展计划非常感兴趣。因此,这项计划很容易应用于年轻一代教师和管理人员,他们从事的是对所有儿童进行全面教育的工作。这是一种复苏,基于的前提是,个人生活的核心在不断地发生变化。这种复苏倾向于有所作为而不是倒退。年轻一代教师和管理人员的这种自我意识,在他们的生活方式中是显而易见的,他们似乎倾向于成为能够驾驭生活愿望的全面发展的人。因此,他们强烈地意识到员工发展的需要,不仅仅对他们的专业发展有帮助而且对他们的个人发展也有帮助。

在追求职业生涯的过程中,他们也看重有能力指导并愿意在职业生涯方面指导他们的校长或学校负责人。他们需要一位他们可以信任的校长或学校负责人,此人是一个富有同情心且真正的专业人士。他们喜欢不断地反馈,并对职业发展在其职业生涯中所具有的价值表示赞赏。

年轻一代教师和管理人员有能力从事多重任务的工作,这意味着他们可以很好地教学和指导学生,让同事参与委员会工作,并且他们很愿意成为学习型社区的成员。他们想对学生和同事产生影响。因此,年轻一代的教师和管理人员不仅很感激,而且也期望一个学区能够为他们提供发展机会[20]。

总　结

变化是生活方式中的常态。由于电子通信方式的发展,社会各阶层的变化一旦发生就摆在学生和教育工作者面前。

学区肩负着教育国家年轻一代的使命。要想很好地完成这一使命,学校需要高素质的教师、管理者及其他工作人员。如果没有接受某种形式的继续教育和培训,任何员工在面临加速变革的环境时都不会让自己始终符合要求。这是最近强调员工发展计划的动力。

作为人力资源职能的一个方面,可以根据不同的结构形式来组织员工发展计划。目前,最有效的结构可能是建设专业学习型社区。这种结构形式有四大要点:学校而不是教学、合作精神、将社区的所有成员都看作是学习者以及实行自我管理。

成人学习通常由两个过程构成:培训与继续教育。培训旨在教授一系列程序化的行为;继续教育寻求传授理解和解释知识的能力。根据要达到的目标,这两种类型的学习都可以发生在员工发展计划中。

在所有的学习环境中,必须有四个基本组成部分来确保成功:激励、反应、强化和动机。

制定员工发展计划由六个独立而连续的过程组成:(1)建立学区的长期目标与短期目标是该计划的基础;(2)评估学区员工的需求,以确定员工的能力与组织的要求之间是否存在差异;(3)建立员工发展的长期目标与短期目标;(4)制定一个满足员工发展要求的计划;(5)以有效学习的方式实施制定的计划;(6)评估该计划以确定是否达到其目标,进而影响到未来计划的制定。

教学人员的员工发展计划侧重于更新学科领域的技能和知识,以改进教学,简述社会需求与变化,展现教学方法和实践研究的成果,以及更新教师在教学材料和设备进展方面的知识。

在评估教师需求时,四种信息来源可能会有所帮助:(1)教师需求评估调查;(2)社区调查;(3)与人力资源总体规划相结合的资格认证信息;(4)研究成果与课程学习。

从21世纪初到现在,学校校长经历了文化多元化、社区参与、计划评估、技术辅助教学以及残疾学生融入等趋势带来的多重挑战。在加利福尼亚州进行的一项研究确定了以下适合校长发展计划的领域:教学技能、管理技能、人际关系能力、政治和文化意识、领导技能以及自我理解。

除了传统的校长员工培养模式(包括工作交流会和研讨会)外,许多学区采取了更加个性化的方法,旨在帮助校长获得与工作和个人发展同时相关的技能。

　　员工发展计划仅限于许多学区的专业员工。但是，所有员工都可以从发展计划中获益，行政员工应该有机会提高技能并参与个人成长活动。新聘用及晋升的行政员工可通过员工发展计划，接受其岗位职责的入职培训。三种最常用的方法是在职学习、非在职学习与学徒式培训。

　　教师中心的出现，是 1976 年《教育修正案》的直接结果，是员工发展计划的一项创新。这些联邦资助的中心由地方管理和运营。他们的目标是不断地提高教师的教学技能。

 自评测验　　这里是一份自主评分性质的自评测验。

问题讨论与陈述

1. 阐述员工发展与员工绩效评估之间的关系。
2. 探讨有效的员工发展计划的益处。
3. 激励员工加入员工发展计划的一些策略是什么？
4. 成人学习的原则是怎样影响员工发展计划的制定的？
5. 哪种类型的员工发展计划最适合行政岗位的员工？
6. 确定并描述对管理人员建设最有益处的员工发展计划。

建议的活动

1. 你是一所拥有 250 名教师和 9 名管理人员的学区的员工发展主任。州立法机构刚刚规定学区收到的州政府援助资金的 1% 必须用于教师发展计划。这样，你有大约 150,000 美元的资金用于员工发展计划。以书面形式描述你将用这笔钱开展的员工发展计划，以长期目标和具体目标的陈述作为开始。

2. 完成一个学区的员工发展政策。应用本章所列出的原则，写一篇类似的政策。

3. 完成一个学区为管理人员、教师和行政员工制定员工发展计划而进行的需求评估调查的结果。应用本章中的原则写一份调查分析报告。

4. 采访一名员工发展主任,了解制定和实施有效的员工发展计划的策略。

问题情境反思性行动

既然你已经阅读并学习了这一章,请列出一份详细的计划,说明你将如何使用学区收到的州政府援助资金,为教师和管理人员提供更多的发展机会。

尾 注

1. William A. Firestone, Melinda M. Mangin, M. Cecilia Martinez, and Terrie Polovsky, "Leading Coherent Professional Development: A Comparison of Three Districts," *Educational Administration Quarterly*, 41, no. 3 (August 2005): 415 – 416.

2. Richard DuFour, "What Is a 'Professional Learning Community'?" *Educational Leadership*, 61, no. 8 (May 2004): 6 – 11.

3. Vicki R. Husby, Individualizing Professional Development: *A Framework for Meeting School and District Goals* (Thousand Oaks, CA: Corwin Press, 2005), 3 – 4.

4. David A. DeCenzo and Stephen P. Robbins, *Fundamentals of Human Resource Management*, 9th ed. (Hoboken, NJ: John Wiley, 2007), 211.

5. Husby, *Individualizing Professional Development*, 6 – 7.

6. Peter Earley and Sara Bubb, *Leading and Managing Continuing Professional Development: Developing People, Developing Schools*, (London: Paul Chapman, 2004), 39 – 46.

7. Firestone et al., "Leading Coherent Professional Development," 417.

8. Ibid.

9. Early and Bubb, *Leading and Managing Continuing Professional Development*, 47 – 52.

10. William G. Cunningham and Paula A. Cordeiro, *Educational Leadership: A Bridge to Improved Practice*, 4th ed. (Boston: Allyn & Bacon, 2009), 315 – 319.

11. William Penuel, R. Barry, J. Fishman, Ryoko Yamaguchi, and Lawrence P.

Gallagher, "What Makes Professional Development Effective? Strategies That Foster Curriculum Implementation," *American Educational Research Journal*, 44, no. 4 (December 2007): 928 – 932, 949 – 952.

12. Earley and Bubb, *Leading and Managing Continuing Professional Development*, 77 – 84.

13. Thomas R. Guskey, "Does It Make a Difference? Evaluating Professional Development," *Educational Leadership*, 59, no. 6 (March 2002): 45 – 51.

14. Stephen P. Gordon, *Professional Development for School Improvement: Empowering Learning Communities*, (Boston: Pearson Education, 2004), 129 – 130.

15. Gabriel Diaz-Maggioli, *Teacher-Centered Professional Development* (Alexandria, VA: Association for Supervision and Curriculum Development, 2004), 1 – 18.

16. Gordon, *Professional Development for School Improvement*, 138 – 140, 145 – 153.

17. DeCenzo and Robbins, *Fundamentals of Human Resource Management*, 211 – 212.

18. Ibid. , 211 – 213.

19. Ibid. , 212.

20. Suzette Lovely and Austin G. Buffum, *Generations at School: Building an Age-Friendly Learning Community*, (Thousand Oaks, CA: Corwin Press, 2007), 75 – 88.

参考文献

Association for Supervision and Curriculum Development (ASCD). www. ascd. org.

Berdo, S. Education Factor and Human Resources Development. *Academicus*, 1 (2010): 72 – 79.

Bereiter, C. *Education and Mind in the Knowledge Age*. Mahwah, NJ: Lawrence Erlbaum, 2002.

Borko, Hilda. "Professional Development and Teacher Learning: Mapping the Terrain." *Educational Researcher*, 33, no. 8 (November 2004): 3 – 15.

Brewer, P. D. , and K. L. Brewer. "Knowledge Management, Human Resource Management, and Higher Education: A Theoretical Model." *Journal of Education for Business* 85, no. 6 (2010): 330 – 335.

Bullock, A. A. , and P. P. Hawk. *Professional Teaching Portfolios for Practicing Teachers.* Bloomington, IN: Phi Delta Kappa Educational Foundation, 2001.

Cohen, S. *Teachers' Professional Development and the Elementary Mathematics Classroom: Bringing Understanding to Light*, Mahwah, NJ: Lawrence Erlbaum, 2004.

Cordingley, P. "Bringing Research Resources to School Based Users." *Professional Development Today*, 4, no. 2 (2003): 13 – 18.

Dall'Alba, Gloria, and Jörgen Sandberg. "Unveiling Professional Development: A Critical Review of Stage Models." *Review of Educational Research*, 76, no. 3 (Fall 2006): 383 – 412.

Davis, E. A. , and J. S. Krajcik. "Designing Educative Curriculum Materials to Promote Teacher Learning." *Educational Researcher*, 34, no. 3 (2005): 2 – 14.

Diaz-Maggioli, Gabriel. *Teacher-Centered Professional Development*. Alexandria, VA: Association for Supervision and Curriculum Development, 2004.

DuFour, Richard. "What Is a Professional Learning Community?" *Educational Leadership*, 61, no. 8 (May 2004): 6 – 11.

Earley, Peter, and Sara Bubb. *Leading and Managing Continuing Professional Development: Developing People, Developing Schools.* London: Paul Chapman, 2004.

Firestone, William A. , Melinda M. Mangin, M. Cecilia Martinez, and Terrie Polovsky. "Leading Coherent Professional Development: A Comparison of Three Districts." *Educational Administration Quarterly*, 41, no. 3 (August 2005): 413 – 448.

Fishman, B. J. , R. W. Marx, S. Best, and R. Tal. "Linking Teacher and Student Learning to Improve Professional Development in Systemic Reform." *Teaching and Teacher Education*, 19, no. 6 (2003): 643 – 658.

Florea, N. "New Forms of Human Resources Development: e-Learning in Education." *Petroleum-Gas University of Ploiesti Bulletin, Educational Sciences Series*, 62, no. 1A (2010): 249 – 257.

Gordon, Stephen P. *Professional Development for School Improvement*: *Empowering Learning Communities*, Boston: Pearson Education, 2004.

Huang, W. H., W. Y. Huang, and C. C. Chui. "The Impact of Specified Professional Development Programme Information as a Marketing Tool for Effective Recruitment." *Human Resource Development International*, 14, no. 1 (2011): 57 – 73. doi: 10. 1080/13678868. 2011. 542898

Husby, Vicki R. *Individualizing Professional Development*: *A Framework for Meeting School and District Goals*, Thousand Oaks, CA: Corwin Press, 2005.

Jaffry, Q. , F. Rahman, M. Ajmal, and N. Jumani. "Education as an Indicator for Human Resource Development." *Language in India*, 10, no. 10 (2010): 378 – 389.

Kirkpatrick, Donald L. , and James D. Kirkpatrick. *Evaluating Training Programs*: *The Four Levels*, 3rd ed. San Francisco: Berrett – Koehler, 2006.

Knapp, M. S. , M. A. Copland, B. Ford, A. Markholt, M. W. McLaughlin, and M. Milliken. *Leading for Learning Sourcebook*: *Concepts and Examples*. Seattle: Center for Teaching Policy, 2003.

Kuchinke, K. "Human Development as a Central Goal for Human Resource Development." *Human Resource Development International*, 13, no. 5 (2010): 575 – 585. doi:10. 1080/13678868. 2010. 520482

Lama, S. , and M. Kashyap. "Empowering the Human Resources and the Role of Distance Learning." *Turkish Online Journal of Distance Education* (*TOJDE*), 13, no. 3 (2012): 239.

Lawless, Kimberly A. , and James W. Pellegrino. "Professional Development in Integrating Technology into Teaching and Learning: Knowns, Unknowns, and Ways to Pursue Better Questions and Answers." *Review of Educational Research*, 77, no. 4 (2007): 575 – 614.

Martin, Vivien, and Joyce Barlow. "Staff Development for a More Inclusive Curriculum." *Learning and Teaching in Higher Education*, 3 (2007 – 2008): 3 – 19.

Miron, L. F. , and E. P. St. John, eds. *Reinterpreting Urban School Reforms*: *Have Urban Schools Failed or Has the Reform Movement Failed Urban Schools?* Albany:

State University of New York Press, 2003.

National Staff Development Council (NSDC). www. nsdc. org.

National Staff Development Council (NSDC). *Standards for Staff Development*, *Revised and Edited*, Oxford, OH: Author, 2001.

Nen, M., R. Stoika, and C. Radulescu. "Lifelong Learning of Human Resources for Sustainable Development." *Environmental Engineering & Management Journal* (*EEMJ*), 10, no. 9 (2011): 1305.

Penuel, William R., Barry J. Fishman, Ryoko Yamaguchi, and Lawrence P. Gallagher. "What Makes Professional Development Effective? Strategies That Foster Curriculum Implementation." *American Educational Research Journal*, 44, no. 4 (December 2007): 921 –958.

Peterson, Kent. "The Professional Development of Principals: Innovations and Opportunities." *Educational Administration Quarterly*, 38, no. 2 (April 2002): 213 – 232.

Sambrook, S. "Finding Connections in Human Resource Development (HRD): Factors, Actors and Activities." *Human Resource Development International*, 14, no. 3 (2011): 249 – 251. doi:10. 10 80/13678868. 2011. 585059

Scherer, Marge, ed. *Keeping Good Teachers*, Alexandria, VA: Association for Supervision and Curriculum Development, 2003.

Senge, Peter M. *The Fifth Discipline: The Art and Practice of the Learning Organization.* New York: Currency, 2006.

Senge, Peter, Nelda Cambron – McCabe, Timothy Lucas, Bryan Smith, Janis Dutton, and Art Kleiner. *Schools That Learn: A Fifth Discipline Fieldbook for Educators, Parents, and Everyone Who Cares about Education*, New York: Doubleday, 2000.

St. John, Edward P., Genevieve Manset – Williamson, Choong – Geun Chung, and Robert S. Michael. "Assessing the Rationales for Educational Reforms: An Examination of Policy Claims about Professional Development, Comprehensive Reform, and Direct Instruction." *Educational Leadership*, 41, no. 3 (August 2005): 480 –519.

The Teaching Commission. Teaching at Risk: *A Call to Action*, New York: Author,

2004.

Tripon, A., and P. Blaga. "Stimulation of the Innovative Potential in Online Life Long Training of Human Resources." *Scientific Bulletin of the Petru Maior University of Targu Mures*, 8, no. 2 (2011): 262.

附录：用于教学人员的需求评估调查表

注意事项:请根据您的兴趣程度完成所有项目。

	兴趣程度		
	毫无兴趣	有一些兴趣	很感兴趣
激励学生学习	_____	_____	_____
行为矫正	_____	_____	_____
应对个体差异	_____	_____	_____
学习型社区	_____	_____	_____
教授批判性思维技能	_____	_____	_____
独立设计项目	_____	_____	_____
勤工俭学项目	_____	_____	_____
生涯教育	_____	_____	_____
应用绩效目标	_____	_____	_____
大学先修课程	_____	_____	_____
教师考试和电子计分	_____	_____	_____
深入浅出的数学研讨会	_____	_____	_____
小学科学实验	_____	_____	_____
在线编程	_____	_____	_____
口头沟通	_____	_____	_____
经济能力教育	_____	_____	_____
发展性阅读	_____	_____	_____
使用网络技术研讨会	_____	_____	_____

非裔美国人历史研讨会	_____	_____	_____
在中学课程中进行消费教育	_____	_____	_____
生态学研讨会	_____	_____	_____
小学教室的季节性艺术项目	_____	_____	_____
为教师开设西班牙语	_____	_____	_____
学习障碍的识别和纠正	_____	_____	_____
艺术研讨会	_____	_____	_____
实地考察旅行	_____	_____	_____
物理治疗	_____	_____	_____
学生人事服务	_____	_____	_____
语言障碍矫正	_____	_____	_____
教授英语写作	_____	_____	_____
经济学	_____	_____	_____
学校法律更新	_____	_____	_____
数学改进	_____	_____	_____
教师退休与社会保障	_____	_____	_____
儿童早期教育课程	_____	_____	_____
教师的法律责任	_____	_____	_____
学校与行为	_____	_____	_____
学校资源中心	_____	_____	_____
家长老师关系	_____	_____	_____
为中学教师准备的音乐	_____	_____	_____
特殊儿童的心理学	_____	_____	_____
课堂管理	_____	_____	_____
议会议事程序	_____	_____	_____
咨询工作室	_____	_____	_____
青少年心理学	_____	_____	_____
教室里的报纸	_____	_____	_____
创意性教室展示与公告板	_____	_____	_____

创意性教学资料	————	————	————
创意性教学游戏	————	————	————
社区资源	————	————	————
有效提问	————	————	————
交互作用	————	————	————
药物滥用的研讨会	————	————	————
其他建议	————	————	————

第七章 绩效评估

问题情境

你是一所大约有 500 名教师、250 名辅助人员的学区的人力资源负责人助理。直到现在,该学区还是很稳定。家长和其他公民以通过税收征收和债券发行全民公投的形式支持该地区。该学区在 20 世纪 70 年代和 80 年代经历了显著的增长,但是到了 20 世纪 90 年代至 21 世纪初学生人数不断减少,因为学区的许多住房抵押贷款高于其市场价值。房子主人无法出售他们的房子,有学龄儿童的年轻家庭负担不起该地区的住房。空巢者对离开这个地区没有兴趣,因为他们的房子的市场价值较低。

这种情况导致学区学生越来越少,学区被迫解雇了年轻教师。管理人员、教师和辅助人员的做事方式已经相当固定,他们需要员工发展计划来激发他们的工作热情,并使他们了解目前管理和教育儿童的最佳做法。当地教师协会赞同学区需要重新考虑其员工发展承诺和规划。此外,管理人员和教师对此持积极态度,已经准备好并愿意参与员工发展。

然而,教育委员会和学校负责人发现,有些教师对改进教学方法或学习更新课程的实践不感兴趣。因此,教育委员会要求制定一个新的绩效评估过程,从学习型社区的角度更直接地关注学习教学过程。此外,教育委员会还要求审查并更新员工离职流程,重点关注管理者的责任,以启动更有效的程序性正当过程程序。学校负责人要求你制定一个新的员工发展计划,并审查离职过程。

请使用本章结尾处的"问题讨论与陈述"和"建议的活动"来帮助你找到处理这部分问题的方法。

教师绩效的评价与教育行业一样古老。然而,在大多数情况下,美国教育只在20世纪的三个阶段关心对教师的正式评价。20世纪20年代,这些努力主要集中在分析一种特定的教学风格是否与威廉·詹姆斯或约翰·杜威的教育哲学和心理学相关。第二阶段更关注的是将某些人格特质与教学的卓越性相关。最后一个阶段出现在20世纪60年代,持续到20世纪70年代,强调在所有教学环境中有效的一般教学行为。这一领域的研究创造了这样一个口号:当谈到产生有效学生成绩的教师行为类型时,为结构导向型和任务导向型。

1976年,国家教育学会在一份征求意见书中呼吁采用新的方法来定义有效教师的培训。这标志着一项根据教师的能力和表现而非在认可的学院或大学完成教师教育计划的运动的发展。显然,这种方法是建立在对什么是构成有效教学的预想概念之上的。

增值绩效评估的出现

在过去的十年中,以教师资格、教师准备、教学绩效以及教育成果之间的关系为中心的优质教学理念发生了巨大变化[1]。此外,一个持续的趋势是需要在所有绩效水平上有更多的责任感。学校董事会成员也受到这种问责制趋势的影响,这种趋势发展到学校员工、家长甚至组织都支持特定候选人参加学校董事会选举,因为他们对特定董事会成员的政策不满意。

在20世纪60年代初,当罗伯特·S.麦克纳马拉(Robert S. McNamara)在美国国防部倡导使用系统管理方法时,该方法已被工业界广泛使用,并得到了极大的推动,将重点从传统的评估概念转移到了更广泛的员工绩效的概念。目标绩效已成为衡量标准,意味着只有在实现某些预先确定的目标的背景下,才能对员工进行有效的评估。建立这些目标是确定学区学习教学目标的整个过程中的一部分。

由于所有员工之间的组织关系是完整的,而且一个员工的绩效会影响其他员工的绩效,所以应该对所有员工进行评估。这从教育委员会对学校负责人的评估开始,并通过管理层级向下推进,每个管理者评估向其报告工作的员工。这个过程不仅适用于专业人员的评估也适用于编制员工的评估,他们的绩效表现应该由他们的直接主管进行评估。

重要的是,所有员工都必须认识到增值绩效评估的积极性。

- 评估促进每个员工的自我发展。
- 评估有助于明确员工能够完成的各项任务。
- 评估有助于明确员工的发展需求。
- 评估有助于改善员工的绩效。
- 评估有助于确定一个员工是否应该被留在学区;如果应该留住该员工,那么应该给他或她多大程度的工资涨幅。
- 评估有助于确定员工的安置、调动或职位晋升。

在这里给出的六个评估原因中,只有第五个是有消极的一面的。然而,这也出于一个积极的原因,因为学生有权获得尽可能最好的服务。因此,并不是因为绩效评估的原因才使其成为一种消极的体验,而是一些学区绩效评估的实施方式。

程序性正当过程是增值绩效的重要组成部分,它既保证了评价的公平性,又保证了评价的积极性影响。这是教师和工会发挥的作用,也是协商主合同所起的作用。增值绩效评估一直被看作是一个管理优先权过程;然而,教师或工会谈判的主合同肯定会包括一个关于程序正当过程的条款,该条款有助于保护员工的公平权利。

家长和纳税人要求提高员工绩效的问责制,而员工则要求在对其评估中所使用的评估方法和技术方面的问责制。管理人员和主管被要求为他们的评估和制定评估所用的程序辩护。因此,在建立增值绩效评估过程中,制定一致的基准非常重要。

基准是个人被雇佣岗位的职位描述。因此,根据员工的职位描述对员工进行评估,这是衡量绩效的唯一合理标准[2]。尽管这并不意味着既定的工作岗位将保持不变,但这确实表明如果工作经历了相当大的变动,则可能需要修改职位描述。

在这一点上必须做出明显的区分,以避免混淆。本章从行政办公室的角度讨论评估过程,重点是程序的制定、仪器与方法的使用以及过程的法律考虑。但是,增值绩效评价也涉及作为校长和其他管理者任务的监督职责。监督显示了教师与管理者之间的人际互动,这种互动是校长在履行其作为特定学校教学领导角色时所需要的。

制定绩效评估过程

所有学区的最终目标是为了教育好儿童和青少年。如何做到这一点取决于为数众多的长期子目标和短期子目标。学校董事会确立政策声明，以服务于这些目标，这不仅在组织上是合适的，在法律上也是明智的。这一政策指导了学区各行政区域制定组织目标。政策声明可以是：

> 教育委员会认识到该学区儿童和青少年的优质教育取决于教师、管理人员及工作人员的表现水平，因此指导学校负责人制定并实施员工评估程序。

> 这一过程必须作为其第一要务，公正客观地评估个体员工在学区内的职位要求。第二个要点是分析这些职位如何帮助实现并支持本校董事会的教学目标。

因此，组织环境对于制定并实现学校和学区的目标至关重要[3]。大多数学区的三个主要部门是人力资源部、教学部与支持服务部门。根据第一章中所述的组织结构、人力资源、行政服务、小学教育、中学教育以及教学服务的负责人助理必须制定部门目标。对于人力资源部门的目标，可能更多的是关注招聘技术、人力资源规划方法或者面试程序的改善。行政服务部门可设立业务管理目标，以建立更有效的投资计划。该部门的交通方面可能会致力于节省燃料的行车路线，这样做可以腾出资金来改善组织中的其他领域。

很显然，制定目标的这一程序可能会实现一个部门内的精细化水平，从而实现各部门主任（联邦计划主任、特殊教育主任、学生人事服务主任等）制定的部门目标。然而，个别学区可能不需要这种精细水平，有部门目标可能就足够了，就像本章中提到的假设。

由相应的负责人助理建立起各个部门的目标之后，这些部门内的所有员工负责制定个人目标以支持部门目标的实现。一位负责中学教育的负责人助理通过亲自观察学校的运行，更有可能会发现学校的需求。这也构成了在一段既定时间内需要完成的个人目标。一位教美国历史的高中教师可能会制定一个目标,即在课堂演示中使用更多的视听技术。管理员可能会尝试重新组织地板打蜡计划,以便在学生放学时更好地利用工作时间。这是管理员的目标。

制定评估过程的下一步是确定正式的评估程序,这些程序应以书面形式提供给全体员工。员工经常表示担心的是,他们没有充分了解评估过程。因为评估程序适用于学区的所有员工,通常的做法是,将它们与教育委员会制定的政策相结合,以政策手册的形式,发给受雇员工。其他学区设有员工手册,概述工作条件,并明确规定评估过程中使用的程序和表格。

开发实际程序是表现最好的员工代表的一项任务,他们既完成评估过程,也是被评估的对象。这种委员会方法产生了一种参与感和责任感,有助于在面对可能的批评时捍卫评估程序。

在组织评估发展委员会时,学区的员工应该被分为两个小组:专业型和编制型。这两个小组的工作情况截然不同,因此,可能需要不同的评估程序。由他们所代表的员工选出评估发展委员会的成员比任命更有说服力。如果学区的员工是工会或者专业协会的成员,这些组织应该任命代表为评估发展委员会服务。

评估发展委员会成员的数量依据学区的大小、代表员工的数量以及学区内活跃的工会和协会的数量而有所不同。然而,最重要的考虑因素是,委员会成员人数为奇数,如三人、五人、七人或九人,以避免决策陷入僵局的可能性。

除了根据个别学区的需要进行调整外,每一套程序还应解决以下问题:

● 按职位划分,谁主要负责评估?例如,小学教育负责人助理、校长、交通运输主管、餐饮服务主管。

● 由这些指定的职位评估谁?例如,中学教育负责人助理评估中学校长,基层校长评估教师,维修主管评估木工。

● 正式评估将在什么环境下进行?例如,评估教师会在他或她在教室上课的时候;评估校长将如何召开员工会议。

● 正式评估会发生多少次?例如,终身教师每年在一个正式场合进行评估;试用教师至少在两个正式场合进行评估。

● 在什么情况下,正式评估的结果会传达给被评估的人?例如,对教师上课评估之后,立即召开会议,宣布评估结果;每学期结束时,校长办公室召开的会议上,宣布评估结果。

• 如果一名员工对他或她的评估结果不满意,有什么样的申诉程序? 例如,评估表可附加书面反驳表格,可以向学校负责人提出申诉。

• 评估对加薪有什么影响? 例如,一位被评估为优秀等级的教师可以涨两级工资;一位员工可以获得价值提升,另外,涨一级工资。

附录 A 为大多数问题提供了一套典型的表格和指标。在分析这些表格和指标时,重要的是要认识到对所有员工的评估是一个持续不断的过程。然而,当员工能够展示其绩效能力时,进行"正式"评估同样重要。正式评估适用于涉及个人与特定群体之间互动的情况。由于教师与学生的互动,他们必须服从这一过程。对校长的评估也可以采用这种方式,评估他们处理管理性事务的效率如何(见附录 B)。此外,所有员工的工作都是在持续的基础上进行更适当的评估。而一些员工,如保管员、看门人与维修人员,没有在正式场合进行评估。他们由获得的结果进行评估。但是,他们的评估结果通常是在正式场合传达的(见附录 C)。三个附录都呈现了最初于1985 年制定并在随后几年进行了修改的表格和指标(www. lindbergh. k12. mo. us)。

评估过程的最后一个步骤是分析通过员工评估得到的评估结果,以确定部门目标是否得到满足。如果部门目标没有达成,这一步骤就表明,员工目标很明显不支持部门目标。如果部门目标仍然与执行校董会的长期目标和短期目标有关,则应重新调整部门目标以支持校董会的目标。如果部门目标和员工目标都实现了,就可以确定新的目标,从而进一步促进组织的目标和个人员工的发展。图 7.1 是评估过程开发与实施的示意图。

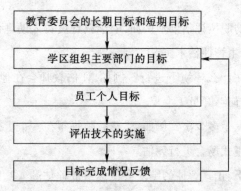

图 7.1 员工评估过程开发与实施模型

还有很多流行的评估技术,如自我评估、同伴评估及学生评估,在本章中没有讨论。这些评估技术更多地关注个人成长,从行政管理的角度并没有直接对评估过程产生影响。它们更确切地说应该被称为监督技术。

绩效评价工具的构建

随着评估程序的发展,应该使用委员会流程构建评估工具。许多管理咨询公司已经开发出评估表,很容易适应特定学区的要求。而特别是在相邻学区提供了许多原型的情况下,评估表的构建并不困难。

评估工具的基本形式具有一定的理论意义。大多数开发者认为有两个基本类型:特征形式和结果形式。特征形式根据预先确定的指标列表对员工进行评分,以确定其绩效水平;而结果形式则将员工的绩效与员工制定并经其主管同意的目标进行比较。通过教学评估,教师和主管可以用记录证明如何实现目标[4]。

许多学区正在使用多个专业协会制定的标准,以此作为构建绩效评估工具的指导。州际教师评估与支持联盟标准由州首席学校官员理事会主持,目前被认为是许多州颁发许可要求的最佳做法。州际教师评估与支持联盟标准还与新的国家专业教学标准委员会的高级认证标准相兼容,并可转化为绩效标准。

来自教学行业、学院与大学以及州教育机构的代表制定了州际教师评估与支持联盟标准。州际教师评估与支持联盟还列出了满足每项标准所必需的知识、配置及性能。其中还有艺术教育、基础教育、英语语言文学、外语、数学、科学、社会研究以及特殊教育的标准[5]。

本章的附录提供了与州际教师评估与支持联盟制定的标准、知识、配置及绩效类似的特征工具,而这是考虑到个别学区与州机构的具体问题及关注点、重点可能有所不同。理应如此,因为标准和指标必须由学区和州机构进行个性化处理。

尽管北卡罗来纳州教育委员会和公共教学部采用了州际教师评估与支持联盟的许可证发放标准,但他们制定了自己的指标。北卡罗来纳州指标的构建不仅受到州际教师评估与支持联盟标准的指导,而且还受到这些标准中的知识、配置及绩效指标的指导。例如,下面是北卡罗来纳州第一个州际教师评估与支持联盟标准的关键指标。申请人应该做到:

- 展示他或她对其学科的核心概念的理解;

- 使用将课程与先前学习联系起来的解释和表述；
- 评估资源和课程材料是否适合课程和教学传达；
- 让学生从不同的角度理解观点；
- 采用跨学科的教学方法；
- 使用对本学科至关重要的调查方法[6]。

本书认为,最合适的绩效评估方法是结合使用特征工具来确定整体绩效,并使用结果方法来制定绩效改进目标。结果方法也有助于明确员工目标是否支持部门与学校委员会的目标。如果对员工的总体绩效进行了衡量,则可以轻松地制定员工目标。虽然同时使用特质工具和目标不是一种常见的做法,但是一种或另一种的单一使用在经验上从未被证明具有优越性。附录 A、B 和 C 代表了教育组织中广泛使用的各种特征形式。

职位描述在构建绩效工具和制定目标过程中发挥着重要的作用。一个职位的工作要求是可以进行评估的法定参数。员工以优秀、可接受或不可接受的水平完成工作要求。要求员工承担不在其工作职责范围内的任务,并评估其如何完成这些构成管理不善的任务。因为没有完成职位描述中不存在的职责而被开除的案例,在法庭上也得不到支持。

员工纪律

"纪律"一词通常有消极的含义。然而,这个词本身是指员工按照组织的规章制度和社会认可的方式在组织中创造的一种环境。大多数人都是自律的,遵守规章制度没有什么困难。此外,周围同事也可以对违反社会公认规范的人施加很大的压力。对大多数人来说,一个典型的冒犯行为就是使用不恰当的语言。

不当行为有两个方面需要管理层采取一些行动:过度旷工和不当的在职行为。旷工已经成为一个主要问题,花费了数百万美元。对于这种职业道德的转变,人们提出了许多理论,但其根源往往在于必须对自身行为负责的人。不当的在职行为包括各种各样的违反行为,如粗心大意、不使用安全装置、打架、酗酒和吸毒。

许多变量影响旷工和不当的在职行为的严重性。管理部门必须考虑问题的自然持续时间、问题发生的频率、员工的工作经历以及其他可以谅解的因素。但是,执业管理人员知道必须做出反应才能纠正问题。

管理部门对这些问题的反应必须是纠正性的而不是惩罚性的,如果要经受正当程序的考验,采取的行动必须是渐进的。例如,如果保管员在一周内迟到两次,保管员主管应该给该保管员一次口头警告。如果这名保管员接下来的一周仍然迟到,那么他的主管应该给他提出一次书面警告。如果第三周继续迟到,保管员应被停职一周,没有薪水。如果停职期之后,不当行为仍然存在,主管必须继续进行逐步的纪律处分,包括降职、降薪,最后是解雇。

在解雇员工时,主管和人力资源部的指定员工必须与学区律师仔细审查解雇原因,以确保遵守合乎情理的和适当的程序,这样做很重要。在准备通知员工被解雇消息的会议时,员工的主管和一名人力资源部门的工作人员应该完成所有必要的报告和文件,并了解员工的最终工资。重要的是,有两名学区的代表,通常是员工的主管和一名人力资源部的工作人员出席会议。这为诉讼提供了证人,在被解雇员工对学区提起诉讼的情况下,这可能很重要。排演会议中将会发生什么,包括被解雇者的预期反应,可能会有帮助。

会议的时间和地点很重要,因为会议的目标是以专业的方式为被解雇的人员举行会议,并且对其他员工的干扰尽可能做到最少。例如,周一下午可能是举行会议的最合适时间,因为被解雇的人将能够利用一周的剩余时间来寻找另一份工作,而周五下午可能会导致被解雇人员周末的愤怒情绪加剧。开会时,告诉员工被解雇的原因很重要。当然,员工有权提出问题要求澄清,但不是为这个决定辩护的时间。然而,在会议期间,解释学区的申诉程序也很重要。这也是讨论解雇员工的离职金和法律福利等问题的时间[7]。会议结束后,被解雇人员应立即归还所有地区财物,并在收齐所有个人财物后,由主管或人力资源工作人员护送其离开办公大楼。

在签订集体总协议的学区,协议中应明确规定处罚的纪律处分程序。虽然这类纪律处分程序对诸如保管员、厨师及大巴司机等行政员工非常有效,但对教师和管理人员来说并不是太有用。下面的部分将讨论更适合应用于认证员工的正当程序。然而,这两个程序可能会导致相同的结果——终止劳动合同。重要的是要记住,处罚的纪律程序不会取代评估过程;应该说,它是一种处理问题的方法,这些问题不能等到通过正常的评估过程来处理。

制定解雇程序

评估个人绩效的一个普遍接受的目的是,确定是否愿意保留某个人作为学区的雇员。当然,解雇员工的决定极其难做,因为就业对员工及其家属的利益很重要。

就业顾问已经看到了被解雇对一个人的生活在经济和心理上造成的毁灭性影响。事实上,创伤通常集中在个人的自我认识上。常见的情绪是不够好、失败、自卑以及愤怒的感觉。尽管大多数人能够应对这种情况,还有一些人永远无法完全恢复。因此,这不仅是良好的人力资源管理,也是学区管理者的一项人道主义责任,即制定客观公正的解雇程序,并结合适当的程序,使员工有机会改正或捍卫自己的行为。密苏里州为有关吊销许可证、合同管理及解雇程序的法规提供了一个模型,用于解释正当程序的细微差别与终止雇佣关系的理由。尽管法规专门针对教师,但所解释的概念适用于其他类别的员工。

解雇终身教师的理由

终身教师可能因以下一个或多个原因而被终止工作:身体或精神状况使其不适合指导或与儿童交往;不道德行为;不服从,工作效率低或不能胜任工作;故意或坚持违反,或不遵守与学校有关的州法律;故意或持续违反学校董事会公布的政策和程序;旷工过多或无故旷工;重罪或涉及道德败坏的罪行的定罪。

所列出的第一个理由,身体或精神状况使其不适合指导或与儿童交往,必须在1973年《残疾人正常活动法》的范围内加以理解。残疾并不构成一种身体状况,而这种状况可能以任何方式被理解为使一个人不适合与儿童或学生交往或指导他们。事实上,法律的普遍解释是,必须雇佣一名助手来帮助残疾员工履行教学职责。防止一名员工与儿童交往的唯一可能的身体状况是他或她患有传染性疾病,只有当这名员工拒绝接受医药治疗,并且在他或她的疾病具有传染性的时候继续工作,传染性疾病才是解雇他或她可能的理由。如果员工在生病期间拒绝接受医药治疗并坚持工作,那么产生危险或怪异行为的情绪疾病也可能成为其被解雇的原因。在这两种情况下,都需要医生提供的文件来办理解雇过程。当然,学区负责确保医生的专家意见所产生的所有费用。

不道德行为必须在当地标准的范围内进行判定,但该判定也必须合理,并与最近的法院判决保持一致。一些已被审查的重要法院案件,形成了以下原则用来判定员工行为的基础:首先,健康的师生关系是判定员工行为的标准。教师或其他员工与学生建立超越友谊之外的关系,并且以某种形式出现的"约会"是不可接受的。其次,非法的性行为会立即停职。如果员工被判犯有实行此类行为的罪行,则必须终止其在该地区的雇佣关系。如果员工在这期间收到了工资,在调查性行为不端指控时,停职是一种正当的做法。再次,私人的非常规性生活方式不是解雇员工的理由。例如,同性恋或婚姻以外的同居对于社区中的一些人来说可能是不可接受的,但这些生活方式本身并不影响个人在工作场所的表现。这种做法和另外一些做法在电视和其他的媒体上公开展示,在某种程度上消除了它们对学生的影响。最后,如果一名员工在学校提倡一种非常规的性生活方式,那么当这种生活方式与当地标准直接冲突时,该员工会将他或她自己置于可能被解雇的境地。

不服从职责常常是员工被解雇的一个理由。虽然对什么构成不服从的解释似乎是不言而喻的,但它的应用是有限的。只有当员工拒绝服从很明显是他们工作专长的主管指令时,才构成不服从。如果一位校长要一名教师在他的工作时间去照看操场上玩耍的本班级儿童,而这名教师拒绝了,他的行为就是不服从领导指令,因为照看儿童是教师的工作职责。但是,如果这位校长要求保管员去照看操场上玩耍的儿童,保管员拒绝了,他或她的行为就不构成不服从领导指令的理由,因为这项职责不是他或她的工作专长。校长的秘书因病请假没有来上班,教师拒绝做秘书的工作,也不是不服从指令的行为。教师不是被雇来完成秘书的职责的,因此可以拒绝这样的指令。如果员工完成了他的工作任务,那么,他回应指令的方式通常不构成不服从指令。于是,如果一名教师以尖锐的语气回应校长安排的在操场上照看儿童的工作任务,但仍遵守了这项指令,他或她的行为不构成不服从指令的罪名。

工作效率低相对来说容易记录,通常指个人无法管理那些与工作职责相关的任务。一个从不出勤或不能对分配给他或她的班级的设备、书籍或材料负有责任的教师显然效率低下。一位校长总是晚上交增项预算或其他报告,也属于这类行为。

不能胜任工作或许是在解雇员工时最难记录的理由。它也和正规的评估过程直接相关。如果一名终身教师表现不称职,就意味着他或她阻碍了教学过程。由校长进行的评估必须清楚地表明已经确定了重大缺陷,并且还没有达到补救这些缺陷的目标。

故意声称或持续违反与学校有关的州法律或教育委员会公布的政策和程序,可以作为解雇的原因,这一前提是学区员工已被告知这些情况。通知员工这些法律、政策可以及程序的一种有效方法是通过出版物和手册或指南的发行,清晰地概述员工职责。

旷工过多或无故旷工只能通过定义过度或不合理含义的政策来证实的相对情况。地方学校董事会可能依赖缺勤的模式来做出决定。例如,如果员工没有患有慢性疾病影响上班,那么在一年的时间内,每月连续五天的工作时间离岗可能被认为是旷工过多。

确定的重罪显然是解雇个人员工的一个理由。然而,对涉及道德败坏的罪行的定罪需要一些解释。卖淫通常被归类为轻罪,但因为根据大多数社区标准,它涉及道德上的冒犯行为,因此,是解雇终身教师的一个理由。出售色情作品或者使用或贩卖毒品也属于道德败坏的定义范围。

1988 年,国会通过了《无毒品工作场所法》,该法允许由雇主决定是继续雇佣或解雇在联邦拨款项目中工作的工作人员,这些工作人员被判在工作场所滥用毒品罪。该法和联邦行政法规要求学区明确禁止员工在工作场所制造、分销、分配、持有及使用非法药物,以此来维持无毒品的工作环境。另外,学校必须提供一个无毒品意识宣传计划,其中必须包括对滥用毒品危险的描述、新要求的通知和对违规行为的处罚以及现有员工援助计划的信息。员工必须在因工作场所毒品犯罪被定罪后五天内通知他们的主管。求职者必须告知可能的雇主他或她在之前的工作场所毒品定罪。1988 年的法律还赋予学区管理人员在有理由怀疑这些人在学校上班期间或学校工作场所使用或受毒品影响时,要求对其进行毒品测试的权利[8]。

对于学区来说,通过向被判犯有工作场所毒品犯罪的人提供戒毒康复计划的服务,给他们第二次机会已成为普遍做法。这也说明,越来越有必要将员工援助计划作为所有员工的自愿附加福利。

对终身教师的指控通知

在确定可能导致员工离职的行为后,正当程序的下一步是通知,即向员工提供书面指控的正式程序,明确通知的理由,如果不纠正,将会被解雇。必须记住,有机会纠正行为的通知仅适用于因不能胜任工作、工作效率低或不服从职责而产生的指控。正如前面讲述的因身体或精神状况、不道德行为、违反与学校有关的州法律或学校董事会公布的政策和程序、旷工过多以及犯有重罪或涉及道德败坏的罪行,在解雇前需要开一次听证会,但他们显然不需要一段时间来纠正这种行为。这种行为已经超出了教育环境中可纠正的范围。但是,需要进行听证,以确定事实是否证实了指控。

指控通知是一种非常正式的程序,不得与允许员工有权不同意书面评估的评估程序相混淆。作为一个正常的行动过程,员工可以在评估工具上附上一份书面的反驳意见,阐明分歧点,包括支持其立场的任何文件。

时间段是通知过程的重要组成部分。密苏里州法规规定了三个时间段:(1)30天,在此期间,雇员有机会纠正其行为;(2)举行听证会前20天,允许雇员有时间收集支持其立场的证据;(3)在雇员获得听证机会后的10天内,他或她必须对是否希望举行听证会的通知作出回应。如果雇员对于指控不想举行听证会,教育委员会可以通过委员会成员多数票通过的方式结束他或她与学区的雇佣关系。

这些法规还规定了解雇过程中的另一个常见做法:教师可以被停薪留职,直到教育委员会就其雇佣关系作出决定。

针对终身教师的指控,听证会后解除合同

密苏里州法规概述了在进行听证会时必须遵循的程序,这可能导致终身教师被解雇。这些法规再一次提出了适用于所有解雇程序的一个模式。

1. 听证会应当在公开场合举行。公开听证会和公开举行的听证会是有区别的。在公开听证会中,出席听证会的人通常可以按照预先确定的程序向进行听证的人讲话;在公开举行的听证会中,只有代表提出指控的一方和代表被指控的一方的人才能发言,并参加听证会。

2. 双方可以由一位律师代表,该律师可以询问证人。

3. 听证时提供的证据,必须要宣誓。像学区这样的政府机构通常被允许在正式程序中管理誓言。通常情况下,教育委员会主席或秘书是以这种方式授权的官员。

4. 教育委员会可以传唤证人和要求教师提供书面证据。与管理宣誓的权力一样,学区通常有传唤权,可能会限制代表教师或学区管理人员传唤的证人数量。

5. 听证过程应由学区雇用的速记员记录。听证会录音带代替速记员通常是可以接受的。听证过程的文字记录不仅要提供给学校董事会,还要提供给教师。公开举行的听证会的文字记录应当公开供公众查阅。

6. 除了向代表教师的律师支付的费用外,举行听证会的所有费用应当由学区支付。

7. 教育委员会应在预先确定的时间内做出决定,以确保公平对待员工。

教育委员会正在行使司法权举行听证会,并就可能解雇终身教师作出决定。这是一种独特的情况,因为学校董事会有两种职能:起诉,即以学校董事会的名义对员工提起诉讼;司法,因为学校董事会做出了决定。在这方面,教育委员会正在审查自己的行动。因此,尽可能证明听证结构的公正性非常重要。证据应当由代表基层校长和其他直线管理人员的律师出示,因为这些管理人员有责任评估和审查员工绩效。

听证会空间的布置应清楚地表明听证会上将要行使的职能。教育委员会将会在这个空间中央的一张桌子旁边就座。第二张桌子和一把椅子,是证人作证的地方,设置在委员会成员面前,面对委员会成员大约10到15英尺的地方。教育委员会成员桌子的两侧,应该分别放置两张桌子,它们彼此面对面——坐在桌子一侧旁边的,是教师和他或她的律师;坐在另一侧桌子旁边的,是学区适合身份的管理人员和学区的律师。出席听证会的人应该明确地坐在观察席,而不是与会者的座位上。

另一种机制是内部董事会会议,在讨论可能解雇员工时,有时代替正式听证会。大多数州都制定了法律,允许政府机构举行此类只有部分人可以参加的会议,这类会议不允许公众出席。如果一名教师或任何员工面临可能导致其离职的书面证据,并且该员工已经收到必须纠改其行为的通知,则可能会受邀请在学校董事会的执行会议上讨论他或她的不足。如果员工面对书面证据时辞职,公众听证会的费用和潜在的尴尬就会避免了。

在图7.2展示了根据这部分内容中讨论的法规规定解雇终身教师的过程的示意图。

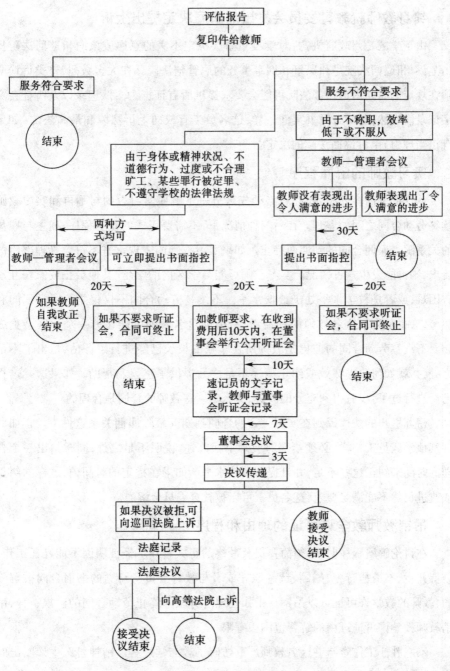

图 7.2　终身教师的评估

来源："终身教师的评估"资料,密苏里州中小学教育部,1970 年。

终身教师就教育委员会发出的解雇决定提出上诉

由于学区是州政府机构,对学校董事会决定不满的意愿应该向州巡回法院提出上诉,州巡回法院是州民事和刑事事务的原管辖法院。在大多数州,这类诉讼必须在规定的时间内进行。法院可能会要求提供所有证据、文件、记录以及听证会文字记录。当然,与所有民事案件一样,这名员工有权向上诉法院和最高法院(如果有正当理由)上诉巡回法院的决定。

实习教师的解雇程序

从这部分内容开始,我们就必须先区分一下解雇实习教师与不再和实习教师续签劳动合同之间的差别。在后一种情况下,不需要正式的正当程序;雇主与雇员的关系随着雇佣合同的到期而终止。如果实习教师的表现水平不符合管理部门的要求,则可能发生这种情况。实习教师可能与学区内的学生、其他员工或家长互动有困难,或者是教学水平处于最低水平。不续签劳动合同不仅仅是为了学区的利益考虑,也是为了这名教师的利益考虑,因为这名教师可能在另一个学区会更成功。不续签劳动合同的前提是教师所在学校的校长已经进行了评估,指出了不足之处,并就如何改进绩效或纠正所述不足之处提供了建议和帮助。如果这一过程已经进行过了,没有得到充分的改进,那么不续签教师的合同是合理的。

密苏里州的法律提到在实习教师的合同到期前解除雇佣关系这件事。正如所有其他学区员工一样,必须给实习教师书面陈述,说明不足之处,同时给出一个合理的时间来纠正这些不足,并且提高绩效水平。如果在指定的时间内,这样的纠正或改进仍然不能满足要求,这名员工可以被教育委员会解雇。

吊销教师教学许可证的理由和程序

在讨论解雇程序时,必须简要提及最终的正式程序。经证明因不能胜任工作、虐待儿童、不道德行为、酗酒、玩忽职守或者与教育委员会订立的书面合同被解除的,教师的教学许可证可以吊销。正如处理终身教师终止劳动合同的法规一样,吊销教师教学许可证理由的解释范围很有限。

不能胜任工作意味着这名教师严重妨碍了教与学过程。精神科医生诊断出的慢性精神疾病或社会病态行为是一个不能胜任工作的例子,可能导致吊销教师的教学许可证。

虐待儿童不仅是指身体上的虐待,而且也指精神或情感上虐待儿童。构成虐待的条件可以概括为,任何有意伤害或使儿童受到严重嘲笑和尴尬的行为都是虐待和残忍的行为。

当然,不道德行为是一个极其敏感的指控。出于实际原因,这一指控通常被解释为个人被判犯有严重的性犯罪或涉及道德败坏的罪行。本章前面提供的例子适用于作为吊销教师教学许可证原因的不道德行为。

酗酒作为吊销个人许可证的一个理由通常被解释为员工在工作时喝醉酒或喝酒精饮料。在大多数州,在政府大楼(如学校)喝含有酒精的饮料是一种轻罪,这一事实进一步强化了这一理由。一个复杂的因素是如何将酗酒与酒精中毒事件相关联。因为酒精中毒被医学界认为是一种疾病,所以应该像对待其他有医疗问题的员工一样看待酗酒者。这些考虑通常涉及给接受医疗治疗的员工批准病假,或在治疗期间将员工重新安排到职责有限的岗位上。如果一名员工未被诊断为酒精中毒或酗酒,而他或她在工作时仍在喝酒精饮料,或连续到学校时喝醉酒,吊销教学许可证对学区客户(儿童)是最好的决定。

玩忽职守的前提是,员工已经被告知其在学区的职位所应承担的职责。这通常通过书面职位描述或者在政策说明书和指南来明确规定这些职责。由于玩忽职守而被吊销教学许可证的教师,可以被给予一次纠正他或她行为的机会。因此,在这种情况下,有必要对员工的缺陷进行评估。还必须记住,吊销教学许可证是极其严重的行为,同样地,玩忽职守也是极其严重和长期的行为。一位教师在实地考察中让年幼的儿童无人看管,这种行为可能会对儿童造成伤害,并且在被校长告知危险后继续这种不负责任的行为,表现出缺乏理解,这种行为严重影响到他或她监管儿童的能力。这不仅是解除个人雇佣关系的一个理由,而且是为了防止这名教师在另一个学区有可能就业的机会,避免他或她的教学许可证被另一个学区吊销。

在密苏里州的法规中,关于解除与教育委员会签订的书面合同的规定措辞不当。宣告无效是指双方同意解除合同,并经董事会正式批准解除合同。可是,作为吊销教学许可证的理由,这方面的法规是指由教师中断了合同的履行。有时,教师或其他员工会在另一个学区或私营企业和行业中获得一个职位。如果该教师忽略了向学校董事会申请解除合同并担任其他职务,教育委员会可以继续吊销其教学许可证。大多数学校董事会不会拒绝解除合同,除非在那些情况下学生的教育将会受到严重的影响。9 月份开学前一天提出辞职的教师,在找到合适的替换人选之前,不得解除劳动合同。

应当清楚地理解,教育委员会没有吊销教学许可证的权力;而教育委员会可以遵循可能最终导致教师许可证吊销的法定程序。颁发教学许可证的州教育委员会拥有吊销教学许可证的唯一权力。

最后,被吊销的教师教学许可证通常是不能挽回的,除非无视法定程序或者证据是错误的。因此,只有在目前或未来儿童的教育或健康与安全受到重大危害时,才能着手处理这一严重问题。解除个人的雇佣关系很显然让他或她不再会对其照看的儿童造成伤害了。吊销他或她的教学许可证可以防止他或她对雇佣他或她的另一个学区的儿童造成类似的伤害。一个典型的例子是,涉案教师被判猥亵儿童罪并被解雇,但他设法在另一个学区找到了工作,并犯了类似的罪行,因为他的教学许可证没有被吊销。

解雇过程中的人道考虑

这部分内容所阐述的程序似乎过分强调了评估过程的法律和消极方面。而它却极其重要,且很少涉及评估方面。对适当和公平的解雇程序的混淆可能导致一个学区被一名妨碍教学过程的员工所困扰,或者实际上,该员工可能会将孩子们置于不安全的境地。

儿童的教育安全与健康是学区的主要职责。雇佣、保留、发展以及解雇员工都应该由这一使命作为指导。可是,在制定程序和处理员工评估时,员工的权利也必须被考虑进去。正当程序是长期以来英国普通法的一项基本原则,也是美国民主法律程序的基础[9]。

第六章指出,员工发展计划的合法目标是帮助教师和其他员工克服影响其工作绩效的缺陷。同样,第五章也为人员的调动和安置提供了指导方针,以提高其绩效。人性化人力资源管理的前提是,在启动解雇程序之前,所有替代方案都已用尽,以帮助员工提高绩效或消除缺陷。

其他有关绩效评估的人性化考虑因素可以分为两个不同的方面:首先,带薪和小时制工资的员工的绩效评估倾向于使用特征方法。学区的人力资源部门或者负责人制定了一套与特定任务相关联的、有效且高效的绩效指标。例如,校车司机可以在他或她驾驶校车时由主管进行评估。可以设计一个安全协议,让司机在接孩子时打开停车标志,并在行驶线路结束时检查巴士,以确定可能没有在他们的车站下车的孩子。

在观察后,利用标准来记录员工表现,可以确保绩效评估的一致性和易操作性。同样的方法也适用于自助餐厅员工、保管员、文书/秘书人员以及维护人员。另一个例子是,在评估自助餐厅员工和保管人员时,遵守学生安全和健康标准是一个至关重要的问题。其他电子设备和计算机是保持准确、及时的绩效评估记录的有效工具。这些关于表现的记录很容易得到并分析,这也能表明员工发展计划的成功与否。如果在餐厅食品的储存和制备方面严重违反了安全协议,必须审查餐厅员工的培训计划。这种方法不仅类似于企业和公司中使用的方法,而且也类似于医疗管理中使用的方法。

其次,教师和校长等合同制人员的绩效评估往往在某种程度上有所不同。任务的表现并不是专业人员的主要职责;应该说,决策过程是重点,它涉及在做出这些决策时考虑到大量因素。因此,关于教学方法、学生行为管理、课程材料以及家长问题的决定不受教师绩效评估中"特征与因素"专用方法的限制。此外,校长对具有不止一个或几个可能解决方案的事件和问题做出持续的决策。寻找解决方案有时需要使用试错法,这种方法最终可能被视为在给定环境下的"最佳办法"。

但是,重要的是要准确记录教师和校长如何处理与学生、家长及同事合作的人类动力学中出现的各种情况。例如,教师的人际关系技能可能是有效的,有时是有效的,或者是无效的;也许他或她的技能对学生有效,但对家长无效;或者他或她的技能对学生和家长有效,但对同事无效。这表明观察到的人际关系技能应用的情况类型可能对未来有所帮助。

保持准确及时的记录可能在解雇教师或校长时会很重要,通过程序性正当过程,他或她没有能够学会新的方法有效地处理人际关系情境中出现的状况。准确及时地保存记录可能会在解雇无效教师和管理人员时,情况完全不同。

结合这种方法,学区网站上的绩效评估政策和程序提供了解雇过程中经常需要的透明度类型。通过这种方法,毫无疑问,教师或校长知道学校对他或她的期望是什么。最后,对于家长和公民来说,了解如何根据政策和程序对所有员工进行评估是非常重要的。

对中小型学区的影响

学区的大小与员工绩效评估至关重要的原因无关。很多文献是在讨论教师的绩效评估,有些文献也讨论管理人员的绩效评估。可是,关于秘书、厨师、保管员、校车司机以及维修人员的绩效评估信息存在严重缺失。原因是同样的。绩效评估是促进自我发展、提高绩效、确定员工发展需求、制定绩效激励、决定员工晋升和安置以及制定离职流程和程序所必需的。学校和学区领导的所有这些方面都取决于绩效评估的质量。

无论学区的规模如何,组织问题都是相同的,包括教育委员会处理绩效评估的政策以及个人目标与学校或学区绩效目标的融合。因此,所有学区的流程和程序基本相同。同样重要的是,要记住学区的大小不一定与更多或更少的绩效评估相对应。例如,一个小型学区的管理人员可能太少,以至于一个人要评估的教师人数可能比一个大型学区的教师人数还要多。

当然,绩效评估的过程、标准的制定及评估工具的创建应该与不同员工类别的代表一起发起。一些中小型学区可能遇到的问题是,实施这些绩效评估要素所需的时间。毫无疑问,在大型学区,行政人员可以协助学校负责人和基层校长完成这些必要的工作任务。此外,许多评估原型可以适应特定的学校或学区。邻近的学校和学区通常愿意分享他们的绩效材料和程序,这对管理人员数量有限的学区很有帮助。

解雇程序需要相当长的时间才能正确启动。但是,有律师可以指导校长和负责人克服解雇不履行职责,并获得必要的正当程序的员工的困难。关于实施解雇程序的法律条款和指导方针也可以咨询州教育部门。再次申明,小型学区不同于大型学区的主要差别是,能够协助学区负责人和校长完成评估工作的行政人员数量更少。

年轻教师和管理人员对绩效评估的影响

年轻教师和管理人员做事往往非常积极主动。例如,教师在课堂上必须有一定的秩序。对经常干扰教学过程的学生或表现水平低于基本水平的教师,需要做出反应,即调整行为以符合最佳的实践。年轻教师和校长们似乎不只是在教学,他们不仅想要寻找解决需要做出反应的情况的方法,而且还想改变这种情况。换言之,他们似乎积极主动地以政策的方式在解决问题。

在寻找问题和事件的答案时,年轻教师和管理人员似乎已经准备好并愿意采取综合学科的方法。他们不局限于对教育理论和实践的探索,而是愿意在任何可以发现他们的地方找到解决办法。

年轻教师和管理人员能够同时进行多项任务,这意味着他们可以很好地为学生提供教学和指导,让同事参与委员会的工作,并享受成为学习型社区成员的乐趣。他们想对学生和同事产生影响。在所有这些努力中,他们都支持绩效工资的概念,因为他们相信这样的制度能激励和奖励那些想超越作为一名教师或管理人员工作要求的人。

因此,在制定绩效评估政策和程序时,年轻教师和管理人员的这些特征应该被学区负责人和人力资源管理人员考虑在内。如果在大多数学区都能找到对几代员工的期望和价值观具有文化敏感性的员工,那么同样的绩效标准就更加有效[10]。

总　结

在 20 世纪,美国教育对教师的评价涉及三个历史阶段。20 世纪 20 年代,研究的重点主要是分析某一特定的教学风格是否与威廉·詹姆斯或约翰·杜威的哲学和心理学有关。第二阶段是将某些人格特质归因于教学的卓越性。在 20 世纪 60 年代,最后一个阶段强调一般的教学行为。

在过去的二十年中,评估程序发生了巨大的变化。传统的教师评估观念已被更广泛的评估管理观念所取代。使用这种方法,可以根据员工是否达到了某些预先确定的目标来对其进行评估。

为所有学区员工建立和实施评估流程是合理的,以促进自我发展,确定员工能够完成的各种任务,明确员工发展需求,提高员工绩效,决定员工是否应该被保留并且他或她的薪资是否应该增加,以及有助于将员工安置在适当的位置或提升员工的职位。

员工评估过程的一个重要方面是按照职位描述中规定的某个员工的岗位职责衡量其绩效。在制定评估过程时,教育委员会应该建立一个员工评估政策,给学区的各个部门指明方向。这些部门负责制定实施教育委员会目标的部门目标。然后,每一个员工负责制定为实现部门目标的个人目标。因此,员工绩效是根据每个人达到其目标的程度来衡量的。然后,反馈数据可用于确定是否达到了部门目标。在将要接受评估的员工代表的参与下,最好制定实施该流程的实际评估程序。

一些学区正在使用州际教师评估与支持联盟制定的标准作为构建基于绩效的评估工具的指南。从本质上讲,该标准随后成为绩效标准。这十项州际教师评估与支持联盟的核心标准被认为对所有教师都是必要的。

随着评估程序的发展,评估委员会的过程更为恰当地构建了评估工具。评估工具有两种基本类型:特征形式和结果形式。特征方法根据预先确定的特征列表对员工进行评分,以确定整体绩效。结果方法将员工的绩效与员工制定并且经他或她的主管同意的目标进行比较。使用这两种工具有助于确定需要改进的领域。

解雇程序是评估过程中很少涉及的一个方面,非常重要。被解雇对一个人的经济和情感健康会造成毁灭性的影响,因此,解雇程序必须是公平、客观的。大多数州都有法律规定,概述了在解雇教师前必须向其提供的正当程序。这类立法虽然适用于专业人员,但也为教育委员会为所有员工建立类似程序提供了一种模式。学生的教育福利是一个学区的主要关注点,但是,在制定评估程序与处理员工解雇事件时,员工的权利也必须考虑在内。

 自评测验　这里是一份自主评分性质的自评测验。

问题讨论与陈述

1. 员工绩效评估的依据是什么?

2. 绩效评估对员工和学区有何益处?

3. 阐述绩效评估是怎样成为有效监督的一个不可或缺的组成部分的?

4. 你认为哪种类型的评估报告格式最为有效? 并说明理由。

5. 阐述学区绩效的长期目标与具体目标和员工个人目标之间的关系。

建议的活动

1. 你是一个大约有 500 名员工的学区的人力资源负责人助理。制定一个你认为是人道的,同时也符合教育委员会职责的、正当的程序来解雇员工。将你的程序与你所居住的州的管理解雇程序的法律条款进行比较。

2. 以书面的形式,将同一个州相应的法律条款和根据本章中的教师解雇原则,与你制定的解雇程序进行比较和对照。

3. 获得一个学区评估报告格式的复印件,并写出它与本章中的模板格式的对比分析。

4. 创建你认为理想的管理人员评估表。

5. 亲自或以电话方式采访一名人力资源管理人员,了解绩效评估和解雇程序之间的相互关系,并进一步讨论这两个程序的实际含义。

问题情境反思性行动

既然你已经阅读并学习了这一章,你将如何着手制定一个新的员工发展计划?同时,描述员工离职过程中的基本要素。

尾 注

1. Marilyn Cochran-Smith, "Teaching Quality Matters," *Journal of Policy, Practice, and Research in Teacher Education*, 54, no. 2 (March/April 2003): 95.

2. David A. DeCenzo and Stephen P. Robins, *Fundamentals of Human Resource Management*, 9th ed. (Hoboken, NJ: John Wiley, 2007), 291-293.

3. Carolyn J. Kelley and Kara Finnigan, "The Effects of Organizational Context on Teacher Expectancy," *Educational Administration Quarterly*, 39, no. 5 (December 2003): 618-620.

4. Charlotte Danielson and Thomas L. McGreal, *Teacher Evaluation: To Enhance*

Professional Practice, (Princeton, NJ: Educational Testing Service, 2000), 110 – 114.

5. Council of Chief State School Officers, *New Teacher Assessment and Support Consortium*, (May 2005), www. ccsso. org.

6. North Carolina State Board of Education and Department of Public Instruction, *The InTASC Standards* (May 2005), www. dpi. state. nc. us/pbl/pblintasc. htm.

7. DeCenzo and Robins, *Fundamentals of Human Resource Management*, 100 – 106.

8. Drug-Free Workplace Act of 1988, www. dol. gov/asp/programs/drugs/working partners/regs/dfwp1988asp.

9. Equal Employment Opportunity Commission, www. eeoc. gov.

10. Suzette Lovely and Austin G. Buffum, *Generations at School: Building an Age-Friendly Learning Community*, (Thousand Oaks, CA: Corwin Press, 2007), 75 – 88.

参考文献

Barkert, Cornelius I., and Claudette J. Searchwell. *Writing Meaningful Teacher Evaluations—Right Now*!! *The Principal's Quick-Start Reference Guide.* Thousand Oaks, CA: Corwin Press, 2004.

Barkert, Cornelius I., and Claudette J. Searchwell. *Writing Year-End Teacher Improvement Plans—Right Now*!! *The Principal's Time-Saving Reference Guide*, 2nd ed. Thousand Oaks, CA: Corwin Press, 2008.

Cederblom, Doug, and Dan E. Pemerl. "From Performance Appraisal to Performance Management: One Agency's Experience." *Public Personnel Management*, 31, no. 2 (Summer 2002): 131 – 140.

Coppola, Albert J., Diane B. Scricca, and Gerard E. Connors. *Supportive Supervision: Becoming a Teacher of Teachers.* Thousand Oaks, CA: Corwin Press and the National Association of Secondary School Principals, 2004.

Dana, Nancy Fichtman, and Diane Yendol-Hoppey. *The Reflective Educator's Guide to Classroom Research: Learning to Teach and Teaching to Learn through Practitioner*

Inquiry, 2nd ed. Thousand Oaks, CA: Corwin Press, 2009.

Danielson, Charlotte, and Thomas L. McGreal. *Teacher Evaluation: To Enhance Professional Practice*. Princeton, NJ: Educational Testing Service, 2000.

Daresh, John C. *Leading and Supervising Instruction*. Thousand Oaks, CA: Corwin Press, 2006.

Downey, Carolyn J., Betty E. Steffy, Fenwick W. English, Larry E. Frase, and William K. Poston, Jr. *The Three-Minute Classroom Walk-Through: Changing School Supervisory Practice OneTeacher at a Time*. Thousand Oaks, CA: Corwin Press, 2004.

Glickman, Carl D., Stephen P. Gordon, and Jovita M. Ross-Gordon. *SuperVision and Instructional Leadership: A Developmental Approach*, 6th ed. Boston: Allyn & Bacon, 2004.

Gullickson, Arlen R. *The Personnel Evaluation Standards: How to Assess Systems for Evaluating Educators*, 2nd ed. Thousand Oaks, CA: Corwin Press, 2008.

Hall, Susan L. *Implementing Response to Intervention: A Principal's Guide*. Thousand Oaks, CA: Corwin Press, 2008.

Ho, Andrew Dean. "The Problem with 'Proficiency': Limitations of Statistics and Policy under NoChild Left Behind." *Educational Researcher*, 37, no. 6 (August/September 2008): 351 – 361.

Hursh, David. *High-Stakes Testing and the Decline of Teaching and Learning: The Real Crisis in Education*. Lanham, MD: Rowman & Littlefield, 2008.

Jha, S., & Bhattacharyya, S. "Study of Perceived Recruitment Practices and Their Relationships toJob Satisfaction." *Synergy (0973 – 8819)*, 10, no. 1 (2012): 63 – 76.

Kelley, Carolyn, Herbert Heneman III, and Anthony Milanowski. "Teacher Motivation and School-Based Performance Awards." *Educational Administration Quarterly*, 38, no. 3 (August 2002):372 – 401.

Kennedy, Mary M. "Contributions of Qualitative Research to Research on Teacher Qualifications." *Educational Evaluation and Policy Analysis*, 30, no. 4 (December 2008): 344 – 368.

Lawrence, C. Edward. *The Marginal Teacher: A Step-by-Step Guide to Fair Proce-*

dures for Identification and Dismissal, 3rd ed. Thousand Oaks, CA: Corwin Press, 2005.

Love, Nancy, ed. *Using Data to Improve Learning for All: A Collaborative Inquiry Approach*. Thousand Oaks, CA: Corwin Press, 2009.

Margulus, Lisabeth S., and Jacquelyn Ann Melin. *Performance Appraisals Made Easy: Tools for Evaluating Teachers and Support Staff*. Thousand Oaks, CA: Corwin Press, 2004.

McEwan, Elaine K. *Ten Traits of Highly Effective Teachers: How to Hire, Coach, and Mentor Successful Teachers*. Thousand Oaks, CA: Corwin Press, 2002.

McEwan, Elaine K. *How to Deal with Teachers Who Are Angry, Troubled, Exhausted, or Just Plain Confused*. Thousand Oaks, CA: Corwin Press, 2005.

McMillan, James H. *Formative Classroom Assessment*. New York: Teachers College Press, 2007.

Peterson, Kenneth D., and Catherine A. Peterson. *Effective Teacher Evaluation*. Thousand Oaks, CA: Corwin Press, 2006.

Saginor, Nicole. *Diagnostic Classroom Observation: Moving Beyond Best Practice*, Thousand Oaks, CA: Corwin Press, 2008.

Stronge, James H. *Evaluating Teaching: A Guide to Current Thinking and Best Practice*, 2nd ed. Thousand Oaks, CA: Corwin Press, 2006.

Sullivan, Susan, and Jeffrey Glanz. *Supervision That Improves Teaching: Strategies and Techniques*, 2nd ed. Thousand Oaks, CA: Corwin Press, 2004.

Tobias, Sigmund, and Thomas M. Duffy, eds. *Constructivist Theory Applied to Instruction: Success or Failure*. New York: Routledge, 2009.

Wiles, Jon W. *Supervision: A Guide to Practice*, 6th ed. Upper Saddle River, NJ: Merrill/Prentice Hall, 2004.

Wilkerson, Judy R., and William Steve Lang. *Assessing Teacher Competency: Five Standards-Based Steps to Valid Measurement Using the DAATS Model*. Thousand Oaks, CA: Corwin Press, 2007.

Wilkerson, Judy R., and William Steve Lang. *Assessing Teacher Dispositions: Five Standards-Based Steps to Valid Measurement Using the DAATS Model*. Thousand Oaks,

CA：Corwin Press，2007.

Woo，Yen Yen Joyceln. "Combining Qualitative and Quantitative Methodologies in Research on Teachers' Lives，Work，and Effectiveness：From Integration to Synergy." *Educational Researcher* 37，no. 6（August/September 2008）：321 – 330.

附录 A：教师绩效评估报告格式与绩效指标①

林德伯格学区

地址：密苏里州圣路易斯市南林德伯格大道 4900 号，邮编：63126

教师评估报告

教师：_____ 学校：_____ 年度：_____

科目或年级：_____ 工作年限：_____

教师身份： （ ）实习 （ ）长期

评估理念是提高教学质量的一种手段。

目的：

1. 提高教学质量和对学生的服务质量。

2. 使教师认识到他或她在整个学校计划中的作用。

3. 协助教师实现课程的既定目标。

4. 帮助教师明确自己的长处和弱点，作为个人成长的指南。

5. 为教师改正缺点提供帮助。

6. 识别教师的特殊才能，并鼓励与促进这些才能的展现。

7. 为终身教师提供重新就业，终止劳动合同，职位晋升，重新分配工作以及停职休假的指导。

8. 保护教师免于没有正当理由被解雇。

9. 保护教师职业不受不道德和不称职人员的伤害。

---

①来源：改编自密苏里州圣路易斯市林德伯格学区，1985 年。

实施:

评估应该由基层校长、年级长、助理校长或代理校长进行。如果教师不认同评估结果,他或她可以要求一位由他或她选择的管理者进行额外的评估。

实习期(非终身)教师服务的评估将在实习期内每半年进行一次,其中一次评估在第一学期完成,两次评估均在4月1日之前完成。每次评估必须至少进行一次课堂访问。

终身教师的服务评估每年进行一次,在4月1日之前完成评估。每次评估必须至少进行一次课堂访问。

术语的解释:

1. 优秀:始终如一地优秀。

2. 良好:通常超过林德伯格学区的标准。

3. 达标:总体上满足林德伯格学区的标准。

4. 有待提高:有时不能满足林德伯格学区的标准。

5. 不符合要求:达不到林德伯格学区的标准。

注释:该表格末尾处标有"校长意见"的空白处可用于记录教师的突出表现观察结果和/或记录校长的改进建议。

教师可使用该表格末尾的空白处,标记"教师意见",记录其想要发表的任何意见或评论。

I. 教学表现

	优秀	良好	达标	有待提高	不符合要求
	1	2	3	4	5
A. 认真地计划与组织					
1. 制定有计划的课程					
2. 制定明确的目标,包括学生参与					
3. 作业要求明确,具体					
4. 熟悉适当的指南并采纳其中的建议					
5. 提供个人和小组指导					
B. 善于提问和解释					
1. 提出发人深省的问题					

（续表）

2. 对主题做出明确解释				
3. 让学生了解不同的观点				
4. 有意识地口头与非口头地接受或拒绝学生的想法,并积极运用这种技能				
C. 通过创新活动和资源促进学习				
1. 鼓励课堂讨论,学生提问以及学生展示				
2. 使用各种教学辅助工具和资源				
D. 展示所教主题的知识和热情				
E. 提供有利于好好学习的课堂氛围				
1. 保持一种健康向上,灵活多样的氛围				
2. 关注教学材料与设备的保养				
F. 保持充分准确的记录				
1. 记录足够的定量与定性数据,以作为学生进步报告的基础				
G. 与学生有健康的关系				
1. 了解并与学生一起工作				
2. 鼓励相互尊重和友好的关系				
3. 对学生使用积极的语言而不是挖苦讽刺学生				
H. 发起并维护课堂与常规的学校管理和纪律				
1. 学生行为准则已经制定,教师要求遵守这些准则				
2. 安全准则已经制定,教师要求遵守这些准则				

Ⅱ. 专业素质

	优秀	良好	达标	有待提高	不符合要求
	1	2	3	4	5
A. 认识并接受课外责任					
1. 参加正常的和必要的学校活动					
2. 有时志愿者要承担"额外的"工作					
3. 为学校委员会服务					

B. 校内关系				
1. 与同事、管理层及非专业人士高效,愉快地合作				
C. 公共关系				
1. 与家长们愉快而高效地合作				
2. 在学校和社区之间建立良好的关系				
D. 专业成长与视野				
1. 接受建设性的批评				
2. 参加会议、讲习班,并且学习提高自己				
3. 尝试新的方法与材料				
E. 利用员工服务				
1. 适当使用现有的特殊服务				
F. 了解学生在不同发展阶段的成长模式和行为,并能令人满意地应对各种情况				
G. 道德行为				
1. 保护机密数据的专业使用				
2. 支持教师职业				

个人素质术语的解释:

符合要求:达到或超过林德伯格学区教师标准。

有待提高:不符合林德伯格学区教师所达到的标准。

III. 个人素质

	符合要求	有待提高
A. 健康与活力		
1. 有良好合理的出勤记录		
2. 是快乐的		
3. 具有幽默感		
B. 言语		
1. 是清晰的		
2. 能够被教室里的所有学生听到并理解		

（续表）

3. 以学生的理解水平讲话		
C. 着装的整洁和适当性		
1. 养成良好的卫生习惯		
D. 履行义务的及时性		
1. 按时上课		
2. 正确完成安排的工作		
3. 按时完成报告		

经过观察之后，在会议举行时将向教师提交一份书面评价的副本。最终评估报告表由校长签字并留存，教师留存一份副本。如果教师认为评估不完整、不准确或不公正，可以将异议以书面形式附在评估报告上，并将其置于个人档案中。老师的签名表示会议已经召开。

观察日期：_____

观察时间：_____

观察时长：_____

评估日期：_____

校长签字：_____

教师签字：_____

校长意见：_____

教师意见：_____

绩效指标

林德伯格学区的管理人员制定了教师评估报告中评估项目的指标。这些指标代表了评估者在课堂环境中观察教师时希望看到的教师学习技能的种类。期望每位教师都将表现出下面所列出的技能，但最终的评估将依据表现的程度。

Ⅰ. **教学表现**

A. **认真地计划与组织**

1. **制定有计划的课程。**

（1）教师按照已有的书面计划上课；

（2）课程包括概述、目标陈述和课堂回顾；

(3)课程应在规定的时间内完成；

(4)课程遵循一个逻辑顺序；

(5)课程能够满足学生的需求；

(6)长期与短期目标设定清晰；

(7)课程表明教师已经应用了诊断与处置的概念；

(8)课程灵活,允许非结构化教学；

(9)提供计划和程序；

(10)材料和设备随时可用。

2. 制定明确的目标,包括学生参与。

(1)长期与短期目标设定清晰；

(2)适当的时候,学生可以参与目标的制定过程。

3. 作业要求明确,具体。

(1)以书面形式,给学生合理、清晰的作业要求；

(2)留出足够的时间进行解释作业与讨论。

4. 熟悉适当的指南并采纳其中的建议。

(1)课程体现了对课程指南的全面了解；

(2)表明了课程指南中目标覆盖范围的长期规划。

5. 提供个人和小组指导。

(1)课程提供个人指导；

(2)课程提供小组指导；

(3)指导的形式要与课程的呈现方式相匹配。

B. 善于提问和解释

1. 提出发人深省的问题。

(1)提出的问题需要超过一个字的答案；

(2)问题激发批判性与发散性思维；

(3)书面问题是发人深省的；

(4)所问的问题能够激发学生的回应。

2. 对主题做出明确解释。

(1)在进一步解释之前得到回应能够表明理解程度；

(2)按照一个逻辑顺序陈述自己的观点；

(3)始终使用适合学生的正确语法和词汇；

(4)提供准确完整的内容信息。

3. 让学生了解不同的观点。

(1)在提出不同的观点之前,先建立有关该主题的一般信息的背景；

(2)提出与课程一致的不同观点；

(3)引出学生的观点。

4. 有意识地口头与非口头地接受或拒绝学生的想法,并积极运用这种技能。

(1)不通过语言或身体表达表现出拒绝；

(2)不允许同伴拒绝；

(3)在进行下一个项目之前,表扬,引出并回应学生的问题和答案。

C. 通过创新活动和资源促进学习

1. 鼓励课堂讨论,学生提问以及学生展示。

(1)耐心地听取学生的评论,提问及回答；

(2)根据学生能够正确回答的能力提出问题；

(3)给每一个学生参与的机会。

2. 使用各种教学辅助工具和资源。

(1)寻找并使用模型,可操作的材料,电影,外部演讲,工作表,记录等；

(2)材料与资源要适合课程；

(3)展示与课程相符合的材料。

D. 展示所教主题的知识和热情

1. 展示所教主题的知识。

(1)展示教科书内容的知识；

(2)表现出对主题事件的能力和熟悉程度；

(3)对相关学科有全面的了解,并在适当的时候应用这些知识；

(4)乐意并彻底回答学生的问题；

(5)探究所呈现内容的知识(鼓励旨在激发批判性思维的问题和活动)；

(6)超出教科书的范围,扩大知识面(可以通过电影、某个方面的专家、参考资料、图表等进行观察)。

2. 展示所教主题的热情。

(1)学生积极地回应教师(学生是否看上去很感兴趣？他们在听教师讲话吗？他们的热情被调动起来了吗？他们与其他学生交谈吗？他们看起来很不耐烦吗？)；

(2)从老师的陈述中可以看到兴趣和热情；

(3)从语言和行动上,积极地回应学生；

(4)激发学生对问题和答案的热情反应；

(5)使用能激发学生热情的技巧(节奏变化,声音变化,身体姿势变化)。

E. 提供有利于好好学习的课堂氛围

1. 保持一种健康向上、灵活多样的氛围。

(1)为学生设定提问和回答问题的自由氛围(学生不会受到恐吓)；

(2)课堂气氛是被控制的,但是不是由教师控制的(学生也会影响课堂气氛)；

(3)不同的观点和价值观可以在课堂上讨论；

(4)很容易观察到积极的人际关系；

(5)恰当地使用幽默的方式；

(6)教室里可以看到学生的学习成果。

2. 关注教学材料与设备的保养。

(1)对使用中的设备进行仔细监督；

(2)对不适用的设备要做到恰当地储存；

(3)设备要受到很好地维护,并且/或者报告行政部门维修；

(4)课桌不能乱写乱画；

(5)推动对教学材料和设备的重视。

F. 保持充分准确的记录

1. 记录足够的定量与定性数据,以作为学生进步报告的基础。

(1)在成绩册中记录一些书面作业,测验分数,平时成绩以及考试成绩(每个学生的表现指标)；

(2)记录的数据质量表明目标和成绩之间的关系；

(3)每天的出勤也被很好地记录下来。

G. 与学生有健康的关系

1. 了解并与学生一起工作。

（1）了解每个学生的个人优点和缺点；

（2）记住每个学生的名字，并用名字称呼他们；

（3）认真、礼貌地倾听每个学生；

（4）鼓励学生的想法，专注于学生的反应；

（5）学生们毫不犹豫地要求澄清某个疑问；

（6）学生们似乎是班里活跃的一部分；

（7）鼓励创造性回应。

2. 鼓励相互尊重和友好的关系。

（1）通过管理好自己来鼓励积极的行为；

（2）语言和行动都是正向的；

（3）表现出对学生热情的品质；

（4）激发学生的反应；

（5）树立尊重的榜样；

（6）对学生的情绪很敏感；

（7）行为与所有学生和情境一致；

（8）处理学生的不当行为要集中于行为，而不是学生；

（9）需要学生的关注，并反过来给予学生关注。

3. 对学生使用积极的语言而不是挖苦讽刺学生。

（1）表扬学生做出回应，并激发学生回应；

（2）不使用挖苦讽刺的方式；

（3）行动、声调以及动作都是积极的；

（4）声调温和、均匀。

H. 发起并维护课堂与常规的学校管理和纪律

1. 学生行为准则已经制定，教师要求遵守这些准则。

（1）处理课堂事件，以免影响整个课堂；

（2）学生了解规章制度；

（3）学生们在没有教师指导的情况下，很容易理解并遵守课堂惯例；

（4）表现出以成就为导向或商业化的行为；

（5）对行为的期望是一致并且公平的；

（6）学生们安静地进入教室并就坐；

（7）学生请求并获得改变模式的许可。

2. 安全准则已经制定，教师要求遵守这些准则。

（1）课堂行为表现出对安全的关注；

（2）正确张贴并遵守安全程序；

（3）不允许打闹嬉戏；

（4）在大厅、洗手间、午餐室、课前/课后时间以及集会的监督方面发挥着积极主动的作用；

（5）教室里不存在危险。

Ⅱ. 专业素质

A. 认识并接受课外责任

1. 参加正常的和必要的学校活动。

（1）始终如一地完成分配的工作；

（2）遵守学校的时间表；

（3）参加学校相关的活动；

（4）参加安排好的会议。

2. 有时志愿者要承担"额外的"工作。

（1）承担日常或必要责任以外的责任；

（2）为整个学校计划启动志愿者服务。

3. 为学校委员会服务。

（1）为地区和/或学校委员会服务；

（2）参加学校和/或地区委员会的会议；

（3）加入学校和/或地区级别的委员会。

B. 校内关系

1. 与同事、管理层及非专业人士高效、愉快地合作。

（1）与其他专业人士的关系表明你接受不同的观点或价值观；

（2）建立相互尊重和友好的关系；

（3）分享观点、资料与方法；

（4）通知相关人员学校相关事宜；

(5)公平合作,与学校所有工作人员相处得好;

(6)有效地提供鼓励自己与专业同事之间交流的氛围。

C. 公共关系

1. 与家长们愉快而高效地合作。

(1)保持与家长们的良好沟通;

(2)把学生的最大利益放在心上;

(3)提供打开教师与家长之间沟通的氛围。

2. 在学校和社区之间建立良好的关系。

(1)加强学校与社区的联系;

(2)鼓励社区参与并体验学校环境。

D. 专业成长与视野

1. 接受建设性的批评。

(1)提出积极的问题;

(2)愉快地回应批评。

2. 参加会议、讲习班并且学习提高自己。

(1)参加促进职业成长的活动;

(2)参加额外的专业活动。

3. 尝试新的方法与材料。

(1)在适当的时候,使用新的方法与材料;

(2)必要的时候,更换材料;

(3)在使用前,了解新技术。

E. 利用员工服务

适当使用现有的特殊服务。

(1)利用并与地区服务人员(领导、图书馆工作人员、监管人员、专家以及行政员工)合作;

(2)根据需要向适当的工作人员提出学生建议和推荐。

F. 了解学生在不同发展阶段的成长模式和行为,并能令人满意地应对各种情况

(1)使用各种技术来实现期望的工作和技能,并根据学生的年龄和成熟度调整

技术；

(2)不期望所有学生的行为都相同,允许个体差异；

(3)理解并同情有特殊学习和行为问题的学生。

G. 道德行为

1. 保护机密数据的专业使用。

(1)有关学生及其家长以及员工的机密信息不得在休息室、自助餐厅或者教室谈论；

(2)谨慎对待机密信息。

2. 支持教师职业。

(1)对教师持有一种正向积极的态度；

(2)关于教学、学生、学校以及职业使用积极的陈述。

Ⅲ. 个人素质

A. 健康与活力

1. 有良好合理的出勤记录。

(1)缺勤不常发生,而且是合理的；

(2)强调指派的任务；

(3)除非生病很严重,都要去学校并为上课做好准备。

2. 是快乐的。

(1)允许偶尔的幽默打岔；

(2)能够放松并与学生开玩笑；

(3)与他人一起欢笑,但是不嘲笑其他人。

3. 具有幽默感。

(1)常常面带微笑；

(2)与人相处态度友好。

B. 言语

1. 是清晰的。

(1)总是使用适当的语法；

(2)沟通交流清晰。

2. 能够被教室里的所有学生听到并理解。

(1)总是使用适当的语调；

(2)很容易听到并理解。

3. 以学生的理解水平讲话。

根据学生的理解水平,使用适当的词汇和例证。

C. 着装的整洁和适当性

养成良好的卫生习惯。

(1)干净整洁；

(2)衣着符合工作要求；

(3)着装为课堂表现加分,而不是为课堂表现减分。

D. 履行义务的及时性

1. 按时上课。

(1)先于学生进到教室；

(2)在学生到达之前,打开教室门,准备就绪；

(3)课堂准备不妨碍履行义务；

(4)在规定时间到达教学楼。

2. 正确完成安排的工作。

(1)及时完成工作；

(2)按照工作安排的字面意思和精神实质完成工作。

3. 按时完成报告。

(1)不需要提醒报告完成的截止日期；

(2)按照管理者的期望完成报告。

林德伯格学区

地址:密苏里州圣路易斯市南林德伯格大道4900号

邮编:63126

简短的课堂参观表

这个表格的目的是为了记录教师整体评估中的相关数据。该表格将与教师评估报告一起使用。

教师＿＿＿＿＿＿＿＿＿＿＿＿＿　参观时间＿＿＿＿＿＿＿＿＿＿＿＿＿

参观时长＿＿＿＿＿＿＿＿＿＿＿＿＿　课时＿＿＿＿＿＿＿＿＿＿＿＿＿＿＿

1. 课程感觉规划得很好吗？＿＿＿＿＿＿＿＿＿＿＿＿＿＿＿＿＿＿＿

讨论的主题是＿＿＿＿＿＿＿＿＿＿＿＿＿＿＿＿＿＿＿＿＿＿＿＿＿

2. 老师的课堂表现是否具有热情？＿＿＿＿＿＿＿＿＿＿＿＿＿＿＿＿

＿＿＿＿＿＿＿＿＿＿＿＿＿＿＿＿＿＿＿＿＿＿＿＿＿＿＿＿＿＿＿

3. 课堂反应如何？＿＿＿＿＿＿＿＿＿＿＿＿＿＿＿＿＿＿＿＿＿＿＿

学生的参与程度如何？＿＿＿＿＿＿＿＿＿＿＿＿＿＿＿＿＿＿＿＿＿

他们看上去对这堂课很感兴趣吗？＿＿＿＿＿＿＿＿＿＿＿＿＿＿＿＿

4. 描述教师与学生之间的互动的形式以及学生与学生之间的互动形式。＿＿

＿＿＿＿＿＿＿＿＿＿＿＿＿＿＿＿＿＿＿＿＿＿＿＿＿＿＿＿＿＿＿

5. 有一些不同寻常的活动吗？＿＿＿＿＿＿＿＿＿＿＿＿＿＿＿＿＿＿

6. 教室的外观有什么变化吗？＿＿＿＿＿＿＿＿＿＿＿＿＿＿＿＿＿＿

7. 个人素质是否积极乐观？＿＿＿＿＿＿＿＿＿＿＿＿＿＿＿＿＿＿＿

（言谈举止,服装,整洁度）

校长建议,评语＿＿＿＿＿＿＿＿＿＿＿＿＿＿＿＿＿＿＿＿＿＿＿＿

＿＿＿＿＿＿＿＿＿＿＿＿＿＿＿＿＿＿＿＿＿＿＿＿＿＿＿＿＿＿＿＿

＿＿＿＿＿＿＿＿＿＿＿＿＿＿＿＿＿＿＿＿＿＿＿＿＿＿＿＿＿＿＿＿

校长签字

附录 B　管理人员绩效评估报告[①]

管理人员评估报告

管理人员：＿＿＿＿＿＿＿＿＿＿＿　年度：＿＿＿＿＿＿＿＿＿＿＿＿＿

职位：＿＿＿＿＿＿＿＿＿＿＿＿＿＿　学校：＿＿＿＿＿＿＿＿＿＿＿＿＿

林德伯格的管理年限：＿＿＿＿＿＿＿＿＿＿＿＿＿＿＿＿＿＿＿＿＿＿＿

---

①来源:改编自密苏里州圣路易斯市林德伯格学区,1985 年。

目的：

评估的目的是为了确保管理人员们能够在学生、员工以及社区中充分展现其管理能力与领导能力。评估过程将确保管理人员具有适合他或她职责水平的目标，并且与学校系统的整体目标相一致。这个过程将协助管理人员提高他或她的表现，并且为绩效工资调整提供依据。

实施：

1. 学区负责人将会对所有基层校长进行评估。

2. 年级长和助理校长的评估将会由基层校长来完成。在正式评估之前，学区负责人将会审核这些评估结果，并与校长一起就这些评估结果进行协商沟通。

3. 在完成评估之前，评估人员会收到来自所有行政管理人员的适当的反馈意见。

4. 管理人员将会按照林德伯格学区的标准和期望来评估。

5. 评估将按 1 到 9 的范围进行，从需要改进到始终优秀。

6. 整体评级不会受到标记为不适用的项目的不利影响。

7. 正式评估将在学年结束后进行。

管理技能	始终优秀							需要提高	不能接受
	9	8	7	6	5	4	3	2	1	0
1. 已实施预算编制程序及监控预算的财务方法									
2. 已实施有效清洁与维护设施的计划									
3. 已实施设备的清单明细，采购及更换流程									
4. 已实施安全与节能程序									
5. 已经建立使用学生、教师及家长反馈的程序									
6. 已制定并遵守管理计划与报告的程序									
7. 已准确、按时完成书面沟通									

总分_____ ÷ _____ 项目标记数量 = _____ 平均分

教学领导力	始终优秀								需要提高	不能接受
	9	8	7	6	5	4	3	2	1	0
1. 在各个学科领域展示了有关课程议题的知识										
2. 协助课堂教师完成课程										
3. 已经对教学计划进行了评估,并利用该评估结果规划教学改进计划										
4. 具有良好的教学方法的知识,并帮助教师提高诊断技能和教学策略										
5. 已经实施了评估程序,以及维护有助于学习的教学场所气氛的程序										

总分_____ ÷_____ 项目标记数量 =_____ 平均分

监督能力	始终优秀								需要提高	不能接受
	9	8	7	6	5	4	3	2	1	0
1. 使专业人员与辅助人员的工作与学校计划协调一致										
2. 已经实施了一个教师与员工监督计划,包括定期拜访、开会以及对所有人员的评估										
3. 实施了所有新员工的入职培训和监督程序										
4. 制定并实施了维持有效学校纪律的程序										
5. 保持了对校外活动的监督制度										

总分_____ ÷_____ 项目标记数量 =_____ 平均分

学校与社区	始终优秀								需要提高	不能接受
	9	8	7	6	5	4	3	2	1	0
1. 通过积极地解释与实施地区政策,促进学校与社区之间的良好关系										
2. 与学校的学生进行了全面而有效的沟通										
3. 与学校的家长们进行了全面而有效的沟通										
4. 协调并维持了学校的志愿者计划										
5. 参加了各种公民、服务和社区团体与职能,以帮助确保公众了解并领悟学校计划										
6. 已经对家长教师组织(PTO)、妈妈俱乐部以及其他家长团体提供支持与指导										

总分_____ ÷ _____ 项目标记数量 = _____ 平均分

个人素质	始终优秀								需要提高	不能接受
	9	8	7	6	5	4	3	2	1	0
1. 通过员工发展活动、会议和集会、加入并参与专业组织以及继续接受正规教育,展现了专业成长										
2. 通过认识问题、评估现实并进行决策,表现出适当的决策技能										
3. 与管理部门、教职员工、家长及学生建立起良好的人际关系										
4. 在所有关系中表明了个人素质与职业道德										
5. 对所完成的工作的质量与数量显示出持续的努力与热情										

总分_____ ÷ _____ 项目标记数量 = _____ 平均分

构建优先级

每一个构建出来的优先级分别依据以下标准的组合进行评级:

1. 通过教师,学生和/或家长的意见确定构建优先级。

2. 满足每一个优先级的设计都有明确的步骤和时间表并写得清清楚楚。

3. 定期审查完成各项优先事项的进展情况,并在一年中做出必要的调整。

构建优先级	始终优秀								需要提高	不能接受
	9	8	7	6	5	4	3	2	1	0
优先级 Ⅰ										
优先级 Ⅱ										
优先级 Ⅲ										
优先级 Ⅳ										
优先级 Ⅴ										
优先级 Ⅵ										
优先级 Ⅶ										

总分_____ ÷_____   项目标记数量 =_____   平均分

4. 构建优先级的完成包括学校教员和其他受影响群体的参与和意见(如适当)。

5. 每项优先级都是根据原始书面设计中的时间表和确定的步骤完成的。声明并解释来自该设计的偏差。

评级制度

1. 每一项中的平均分乘以给定的权重百分比。

2. 每个区域的加权分数相加。总和将在 1 到 9 之间。总分将精确到小数点后三位。

3. 加权分数的总和直接应用于管理者工资表的绩效部分。

	平均分	权重百分比	加权分数
管理技能:	_____	0.10	_____
教学领导力:	_____	0.20	_____

监督能力：＿＿＿＿＿＿＿　　　0.20　　　　　　　　＿＿＿＿＿＿＿

学校与社区：＿＿＿＿＿＿＿　　0.10　　　　　　　　＿＿＿＿＿＿＿

个人素质：＿＿＿＿＿＿＿　　　0.10　　　　　　　　＿＿＿＿＿＿＿

构建优先级：＿＿＿＿＿＿＿　　0.30　　　　　　　　＿＿＿＿＿＿＿

　　　　　　　　　　　　　　　　　　　　　　　　总分数：＿＿＿＿＿＿＿

评估者意见：

管理者意见：

评估者签字：＿＿＿＿＿＿＿＿＿＿＿＿＿＿＿＿　　日期：＿＿＿＿＿＿＿＿

管理者签字：＿＿＿＿＿＿＿＿＿＿＿＿＿＿＿＿　　日期：＿＿＿＿＿＿＿＿

附录 C　对保管人员、园艺师及维修人员的绩效评估[①]

员工姓名：＿＿＿＿＿＿＿＿＿＿＿＿＿＿＿＿＿＿＿＿＿＿＿＿＿＿＿＿＿＿

职位：＿＿＿＿＿＿＿＿＿＿＿＿＿＿＿＿＿＿＿＿＿＿＿＿＿＿＿＿＿＿＿＿

工作地点：＿＿＿＿＿＿＿＿＿＿＿＿＿＿＿＿＿　学年：＿＿＿＿＿＿＿＿＿

使用说明：

　　主管应在这张表上提供的空白处填写每个项目的评估等级编号。如果一个项目被评为1级或2级,则应在评价区进一步陈述,说明需要在哪些方面做出改善。这张表应该在新员工入职满三个月时完成,第二次评估在每年6月1日之前完成。这张表的一份复印件将会交给员工本人,另一份复印件由人事部门保存,存入员工档案。

　　Ⅰ.工作质量　　　　　　　　　　　　　　　　　等级：＿＿＿＿＿＿＿

---

①来源:改编自密苏里州圣路易斯市林德伯格学区,1985年。

指标:干净整洁,准确,质量一致。

5. 非常干净整洁与准确。几乎没有错误出现。

4. 一般都很准确,非常干净整洁,很少有必要检查工作。

3. 可以接受的,通常干净整洁,偶尔会出错——有时需要指导。

2. 如果受到密切监督,工作可以接受。

1. 工作不可以接受,错误太多。

评价:_____

Ⅱ. 岗位知识　　　　　　　　　　　　　　等级:_____

指标:工作经验,特殊培训,受教育程度。

5. 工作各个阶段的知识储备都很充分。

4. 知识储备足够完成工作,不需要协助。

3. 对工作相当了解。

2. 经常需要协助来完成工作。

1. 知识储备不足。

评价:_____

Ⅲ. 工作数量　　　　　　　　　　　　　　等级:_____

指标:正常条件下要求的工作数量。

5. 数量上超出常规水平,干活儿快的工人,通常是好产品。

4. 数量多——比预期完成的数量要多。

3. 数量达到平均水平——按照预期数量完成工作。

2. 不能总是按照预期的数量完成工作。

1. 干活儿有点儿慢,经常不能按照预期数量完成工作。

评价:_____

Ⅳ. 工作可靠性　　　　　　　　　　　　　等级:_____

指标:按时完成工作。

5. 总是按时完成工作。

4. 几乎总是按时完成工作。

3. 通常按时完成工作。

2. 只有在密切的监督下才能够按时完成工作。

1. 几乎不能按时完成工作。

评价：_____

Ⅴ. 工作主动性   等级：_____

指标：发展新思想，发展有效的工作方式，在需要做的事情上负起责任，具有自主性。

5. 积极性强，经常提出新想法，不需要交代就能主动承担其他工作。

4. 随机应变能力强，能够独立完成工作，偶尔会提出新的想法和工作方法，不交代工作就几乎不开始工作。

3. 工作做得非常好，只有交代才会承担其他工作任务。

2. 几乎不愿意帮助其他人，通常等待领导指示。

1. 需要不断的监督，工作积极性不高，上进心不强，只做领导安排的工作。

评价：_____

Ⅵ. 合作及与其他人的关系   等级：_____

指标：员工如何与同事、主管、下属、家长、教师、学生、访客合作。

5. 走出去与他人合作，总是有积极的态度，容易接受和给予指令。

4. 与他人相处很好，不抱怨其他人，态度好。

3. 与他人的关系令人满意，只是偶尔抱怨。

2. 不愿意合作，经常抱怨。

1. 合作能力差，不听从领导指令，经常抱怨。

评价：_____

Ⅶ. 学习能力   等级：_____

指标：理解新计划的速度快，理解新的解释说明的能力强，执行指令的程度高，继续学习的能力强。

5. 学会分配的工作并适应新环境的特殊能力。

4. 快速学习的能力强,能够很好地听从指令,并按照指令完成工作。

3. 通常能够理解指令,并相当好地掌握新的观点。

2. 需要额外的指令,必须叮咛再三才能完成工作。

1. 理解指令非常慢,记不住指令,掌握新观点的速度也很慢。

评价:_____

Ⅷ. 出勤情况   等级:_____

指标:旷工天数,迟到天数(考虑旷工原因)。

5. 旷工天数少于3天,迟到天数少于3天。

4. 旷工天数3天或4天,迟到天数少于3天。

3. 旷工天数5天或6天,迟到天数少于5天。

2. 旷工天数7天或8天,迟到天数少于7天。

1. 旷工天数9天或9天以上,迟到天数超过6天。

评价:_____

Ⅸ. 外表   等级:_____

指标:干净整洁,着装得体(适当的时候穿制服)。

5. 总是干净整洁,穿着得当。

4. 几乎总是干净整洁,穿着得当。

3. 通常干净整洁,穿着得当。

2. 通常干净整洁,但是穿着不得当。

1. 经常不干净整洁,经常穿着马虎。

评价:_____

总体评估说明:

1. 将以上九个项目的评估等级相加求和。   _____

2. 除以9。   _____

3. 圈出评估等级得分为平均值的项目。

4. 6 – 5. 0　优秀

3. 6 – 4. 5　良好

2. 6 – 3. 5　符合要求

1. 6 – 2. 5　需要提高

1. 0 – 1. 5　不能接受

员工意见：_____

_____

_____

_____

_____

主管签字：_____　　　员工签字：_____

日期：_____　　　日期：_____

员工签名表示该员工已与他或她一起审阅了此表单。签名并不表示同意。员工可以将主管的决定上诉给再上一级的直接主管。学校负责人的决定是最终决定。

第八章　薪酬体系

问题情境

　　你是一名员工福利主任,所在学区正面临合格教师和其他支持员工短缺。在与一些没有接受学区提供的职位或者在选拔过程中被淘汰的符合资格的申请人非正式的电话访谈后,你清楚地明白导致你现在所就职学区问题的原因之一是因为同一地区的其他学区提供更高的薪水和更好的福利制度。此外,在更大的教育社区内流传的学区声誉给人的印象是学区不重视其员工。另一个难题则是,你所在的学区似乎缺少社区的支持。因为要为扩建中学而发行债券的公民投票没有通过。

　　管理部门的财务考核制则在去年遭到当地一家报社的质疑,因为教师薪水只上涨了2%,而员工家属的附加福利却上涨了18%。同样出现在报纸上的,而且或许这是所有关于学校名誉问题上最为严重的,是关于学区负责人的雇佣合同。此合同显示,学区为这位负责人提供了一辆学区所有的汽车、年金,还为他的妻子和孩子购买了医疗和住院保险。

　　请使用本章结尾处的"问题讨论与陈述"和"建议的活动"来帮助你找到处理这部分问题的方法。

薪酬体系

　　在参加任何活动之前,很多人会考虑同一个问题:"我会从中得到什么?"心理学家很久以前就已经认识到了需求的满足是所有行为背后的动机。这种满足或者说是回报可以是金钱、职位提拔、认可、被他人所接受、信息获取或者是努力完成工作之后的良好感受[1]。

这种利己主义的动机常常会带有负面的隐含意义，然而，这是生活的现实。人们以他们所认为的对自己最有利的方式做事。一个特定的行为是否真正符合一个人的最大利益都是无关紧要的；重要的是，他或她认为是对自己最有利的。甚至于某个行为看上去是不理智的，就比如因为工作上一点儿小小的误会就递交辞职报告，这种行为或许与辞职者本人认为最符合自己的最大利益的想法相一致。

从管理的角度来看，如果管理者们懂得他们的员工所认为的自我利益最大化，他们可以建立一个独特的薪酬系统。不是所有个体都会认同同一种类型的薪酬系统。因此，一个薪酬计划必须具有足够的灵活性以满足每一个员工个体的预期。这个薪酬计划还有必要让人们认识到，当他们为学区的最大利益做事时，他们也是在为自己的最大利益做事。这说明了在基于绩效的模型中薪酬计划的重要性，该模型使用激励作为薪酬计划的基础。这种方法也能最大程度弱化基于成员资格的计划，这种方法按照员工的资历和资格证来决定教师、管理人员以及工作人员的薪酬。无论员工的绩效如何，成员资格的方法都会按照资历和资格证而增加工资，提高附加福利。因此，通过这个基于绩效的模型，有几点变得清晰起来：

- 薪酬必须和学校系统认为可取的行为联系起来。
- 员工应该认识到良好的工作表现和自身利益是对应的。
- 员工应该认识到薪酬制度也会同时满足他们的个人需求。
- 管理人员必须分析并且能够解释员工的需求。

上面的第四条陈述需要进一步解释。在建议管理人员分析并解释员工需求时，产生的主要问题是如何最好地实现这一建议。

知道个体需求最明显的方式就是询问员工本人。然而，一些人并不总是能明白他们自身的需求和自身的利益；还有一些人认为他们很难组织合理的语言对其进行解释。管理人员能够最直接了解到员工需求的方式，就是去观察并且提高自己对员工行为的认识。行为通常比员工的语言表达更能说明问题。遗憾的是，开发解释行为的技术需要花费很长时间，并且通过大量的实践才能获得。确认需求的唯一可靠的方法是通过社会科学研究，旨在确定需求模式，通过统计应用进行量化和分析。很多咨询公司都能够提供这项服务，并且一些打包程序可以由员工来管理[2]。

网络技术支持薪酬职能的过程和程序。它可以提供有关工资总额和工资收入的在线信息,工资总额和工资收入在工资表上以电子方式转移到金融机构(如银行、储蓄贷款公司以及信用合作社)的员工账户中。这些数据也包括附加福利的所有工资扣除部分和当地政府、州政府以及联邦政府的需扣税款。网络技术还将提供通常通过工资存根提供的收入金额的历史记录、工资存根仍然邮寄给一些学区的员工。

此外,通过学区的内部网络,能够提醒员工自愿附加福利(如牙科或视力保险)的登记时间,以及税前服务(如家属护理计划)可扣留的款项。当然,邮件是一种告知员工关于他们的自愿性和强制性附加福利的信息以及解释其中各计划细微差别的方式。

在这种情况下,在涉及薪水和福利计划时,学区内部网络可以保证其透明性和可说明性。员工可以了解到很多关于这些计划如何制定的信息,并且有机会表达他们对此或满意或不满的情绪。

最重要的是,如何利用科技使员工适应与绩效导向的评估计划相关的绩效导向的薪酬计划。这一点可以确保每一个员工个体以及不同类别的员工的工资上涨机制是公平合理的。电子科技也可以作为一种员工发展技术,帮助员工了解并理解加薪的标准。

最后,很明显,所有员工都可以通过电子科技了解学区的薪酬政策和程序。因此,学区网站上应随时提供1996年《健康保险流通与责任法案》(HIPAA)的实施条款以及所有其他联邦和州立法政策和程序。当然,很明显涉及赔偿的州立法是关于工人在工作中遭受伤害的赔偿。

影响薪酬体系的变量

建立一个薪酬政策的主要目的是它可以使学区有效地吸引并留住那些工作表现可以受到大众认可的合格员工。重要的是,员工必须了解薪酬结构,并对薪酬体系实施的客观性具有信心。管理部门在制定并向教育委员会推荐一个薪酬政策以供他们审核时,有五个主要变量必须考虑:绩效、努力、资历、技能及任职要求。如何为薪酬体系分配拨款并不重要;无论是通过董事会批准预算还是与员工工会协商,这些变量都是政策所必须考虑的。

绩　效

绩效评估只关注一个基本问题:你的工作完成了吗? 在给予员工报酬时需要确定其个人表现的标准。建立一个有效且可靠的绩效评估标准的任务在第七章中已经讨论过了。作为给员工报酬的基础,绩效表现的使用对所有有效的薪酬制度都是至关重要的。

努　力

学区要求教师将学生的努力作为判定学生个人表现的决定因素。尽管努力不会直接影响成绩,一些方法还是经常被用来判断一个特定学生有没有付出他或她的最大努力。因此,具有讽刺意味的是,学区长期以来忽略了将员工的努力程度作为薪酬体系的一个组成部分。然而,如果没有一个判断,学区将沦为数量付酬而不是为质量,会将方法当目的。也有一些情况,结果很难评估,努力程度就成了决定薪酬的主要因素。所以,以学生为主教学的课程创新项目,依靠成绩或学习成果来评判并不都是成功的。然而,在调查、开发和评估教学计划的有效性方面,努力是重要的。因为教学和学习是人类的活动,所以不会只有一种方式来实现这些活动。应该说,研究和开发需要一定的风险承担,帮助教育者理解教学学习过程,这种努力应该得到回报。

这一讨论显然与教育中争论颇多的一个主题有关——绩效激励。用金钱来奖励绩效并没有最好的方法,而下面的评论能阐明这个问题。学区教师和管理人员的薪酬计划往往是狭隘的,忽视了奖励那些追求卓越表现的人的一些基本考虑。表明学区正朝着绩效导向而不是资历导向发展的一个指标是,向能证明他们的知识和技能对提高学生的成绩有帮助的教师付酬。另外一些指标是支付经验丰富的教师,以便他们能够指导不太成功的教师,并且给那些愿意接受艰难教学任务的教师更高的薪酬[3]。

更加系统地来说,一个绩效导向的方法在以下情况下提供激励作用:

• 初级教师必须从绩效激励计划中获益,即在他们开始职业生涯时获得所有工资。

●学区居民必须愿意通过增加税收为绩效激励计划提供资金支持。这是只有当他们认识到资历导向的方法不再适用时,才会发生这种情况。

●绩效激励计划必须为那些拥有最急需技能的人付酬。

●所有教师和管理人员必须要认识到,用普通标准来衡量,那些在工作上付出最大努力的员工应当拿到最多酬劳。

●绩效评估政策和程序必须是公平合理的,且易于被所有员工接受[4]。

资　历

在公共部门的薪酬体系中,特定职位的时间长度发挥着重要作用。美国的公务员制度是资历如何在薪酬计划中运作的最好例子。许多学区采用的硕士特级工资计划方法,结合了证书渠道和因多年服务递增的美元数额,证明了资历在薪酬制度中的影响。在商业和工业领域,资历对工会协商的薪酬制度有一定的影响。然而,对于管理职位来说,资历对报酬几乎没有或根本没有影响。

资历被教育组织用来确定经济酬劳,因为它很容易应用。校长可以评估某一教师的表现比另一位教师的表现更高或更低,但如果两名教师的表现都在令人满意的范围内,则如果他们在学校体系中服务的年限相同,则两名教师的加薪幅度相同。这就免除了校长根据他或她对该教师表现的评估,向学区负责人建议对每位教师给予不同数额酬劳的责任。

而资历是一个被纳入薪酬体系的变量,因为建立薪酬政策的基本目的是吸引和留住合格的员工。当薪酬体系对员工的唯一奖励标准是资历时,它是无效的。

在一个奖励绩效的薪酬计划中保留某种形式的资历有必要,这就形成了通常所说的"职业晋升阶梯"。其中两个被经常讨论的计划是夏洛特—梅克伦堡学校职业发展计划和田纳西州改善学校计划。这两个计划以及大多数其他计划的目标是鼓励教师沿着完善技能并且具有更高责任水平的方向发展其职业。例如,一个进入教育行业的实习教师必须表现出以下所有准则:

1. 完成由认可的学院或大学提供的教师教育计划;

2. 获得学士学位;

3. 成功完成学生教学;

4. 通过国家教师考试。

这个实习教师可以晋升到更高级别的职位,如专业教师、高级教师,最后是特级教师。通往这些更高级别职位的道路需要接受额外的教育并且承担越来越多的责任。例如,一名特级教师可以作为课程专家、员工发展计划中的研讨会主讲人或实习教师的指导人员。每一级的实现都可以得到一份更为有利的工资计划。达到每一个相继级别的额外津贴是奖励达到这一级别者的另一种方法。附录 8.1 显示了田纳西州教师的职业道路。

技　能

组织中的通常做法,尤其是在私营组织中,是根据员工的技能来分配薪酬比例的。那些掌握了最高技术级别的员工能够获得最高的薪资。当一个个体被组织所雇佣的时候,他或她的技术级别通常是确定其薪酬数目的主要考虑因素。

因此,能够雇佣到具有一定技能的个人成为具有竞争性的薪酬方案中的一个要素。组织的人力资源要求或职业类别本身,规定了构成理想技能的标准。如果教育委员会已授权实施社区教育计划,则实施该计划所需经验和教育资格的个人必须具备符合高薪酬方案的技能。

附录8.1　教师的职业发展道路

实习教师

入职路径

- 由认可的高等教育机构完成教师培训计划并提供推荐信;
- 符合行业人员的相应标准。

资格/要求

- 学生教学;
- 成功完成国家教师考试;
- 学士学位;
- 需要具备行业人员的就业标准。

证书

- 三年;
- 不可延长有效期的。

合同/州工资

- 正常学期 200 天；

- 根据培训和经验的州工资计划。

专业教师

入职路径

- 三年实习教师经验；

- 拥有三年或三年以上经验并希望进入新的职业道路的现任认证教师。

资格/要求

- 学科内容知识；

- 可接受的学生成绩；

- 参加专业成长活动；

- 通过评估团队/教师面试观察。

证书

- 五年；

- 可延长有效期的。

合同/州工资

- 正常学期 200 天；

- 根据培训和经验的州工资计划加上 1,000 美元的州激励工资作为补充。

高级教师

入职路径

- 三到五年专业教师经验；

- 拥有八年或八年以上相关经验的现任认证教师。

资格要求

- 可接受的学生成绩；

- 参加专业成长活动；

- 通过评估团队/教师面试观察；

- 杰出的课堂实践；

- 由地方主管和管理人员评估。

证书

- 五年；
- 可延长有效期的。

合同/州工资

- 10 个月合同(200 天)——仅适用于现任教师——根据培训和经验的州工资计划加上 2,000 美元的州激励工资作为补充；
- 11 个月合同(220 天)——根据培训和经验的州工资计划加上 4,000 美元的州激励工资作为补充。

特级教师

入职路径

- 五年高级教师经验；
- 拥有 12 年或 12 年以上相关经验的现任认证教师。

资格要求

- 可接受的学生成绩；
- 参加专业成长活动；
- 通过评估团队/教师面试观察；
- 课堂能产生预期效果；
- 有能力并且愿意承担额外的工作任务；
- 由地方主管和管理人员评估；
- 具有指导,评估并帮助其他教师提高工作绩效的能力。

证书

- 五年；
- 可延长有效期的。

合同/州工资

- 10 个月合同(200 天)——仅适用于现任教师——根据培训和经验的州工资计划加上 3,000 美元的州激励工资作为补充。

来源:田纳西州改善学校计划(田纳西州特级教师—特级管理人员法案,1983 年)。

任职要求

一项工作任务的复杂程度和所要承担的职责经常是决定薪酬如何分配的标准。由于压力、不愉快的工作环境或责任水平而难以完成的工作,也必须提供更高的报酬以吸引有能力的个人。工作难度的一个主要决定因素是工作要求的自主决定权的程度。自主决定权越大,对良好判断力的需要就越大,因此,相对应薪酬的需要就越大。

任何一个好的薪酬体系都必须考虑到努力、资历、技能和工作要求;但也必须要有一个重点。高素质的个体会被吸引到奖励绩效的学区,相应地,这也会影响学区提供的教育质量。

薪酬的种类

如果薪酬是为了激励绩效,员工必须认可绩效与薪酬之间的关系。大多数学区传统上都使用不符合绩效标准(如基于资历的工资表)的方式来分配薪酬。而本章主要将薪酬视为绩效的回报。这一概念符合对问责制的强烈要求,如果适当应用,可能是提高教育质量的唯一现实途径。长期以来,教师和学区的其他员工被纳税人安置在与其他人不同的地方,他们被认为应该更专注于服务而不是关心谋生。教师和其他公职人员通过参加工会和集体谈判来争取工资和附加福利方面的利益,与这一长期持有的信念做斗争。一个合理的薪酬制度,能承认质量表现并得到客观的管理,可以帮助补救一些由学区员工表达的不满[5]。

最直观的薪酬是工资和附加福利。然而,一个真正有效的薪酬制度一定是多方面的,既包括内在方面,也包括外在方面。虽然现代学区雇用的人有许多不同的职业类别,但许多可能的奖励只适用于特定的工作岗位。例如,教师、管理人员、大巴司机及保管员可以获得工资;此外,管理人员有更大的工作自主权;保管员可以获得加班工资。

奖励绩效与鼓励更高水平的绩效必须被塑造成一个全面的系统,这个系统要不断发展并且是学区运作的一个组成部分。因此,图 8.1 具有许多功能:首先,它表明薪酬体系可以被融入一个完整的系统,这个系统既奖励绩效,又创建鼓励绩效改善的组织承诺。

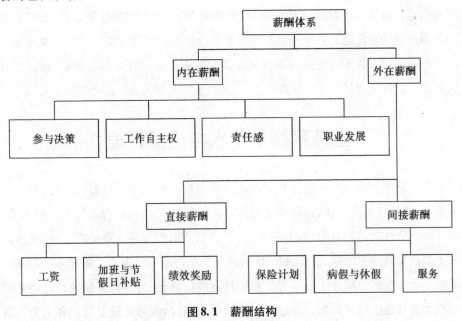

图8.1 薪酬结构

内在薪酬是员工通过完成工作而获得的回报。员工的工作满意度通常是通过以下方式提高的:参与决策过程、更大的工作自主权、更高的责任感以及职业发展机会。

外在薪酬分为直接薪酬和间接薪酬。直接薪酬最普通的形式是工资、加班费、节假日加班补贴以及绩效奖励。直接薪酬是薪酬体系的一部分,它在员工中引起了最大的争议和不满。工业心理学家长期以来一直认为,工资水平不是工作满意度的最重要决定因素。然而,它是每个薪酬方案不可或缺的一部分,由于它的重要性,本章辟出一个单独的标题详细地阐述这部分内容。

间接薪酬通常包括保险计划、带薪休假及服务。人力资源管理人员普遍认为,间接薪酬有助于留住组织中的员工,而不会激励他们有更好的表现。人们通常认为直接薪酬是员工更好表现的激励因素。间接薪酬其由于复杂性和重要性,更经常地被称为附加福利,在本章中也以单独的标题进行阐述。

非现金奖励已经开始出现在一些学区,可能会激励员工有更好的绩效或有助于留住他们继续为学区提供服务。非现金酬劳的种类和范围仅受负责制定薪酬计划的人的创造力的限制。可是,非现金酬劳只有满足了特定员工的需求之后才是有效的。一个人认为值得拥有的东西对另一个人来说似乎是多余的。例如，一个注重身份地位的员工可能会因为得到一个职位名称、一个专用的停车位、一个私人秘书的服务而受到激励。另外一个人可能更加看重不受严密监控的工作。关键点是组织能够使用多种不同形式的非现金方式作为整个薪酬计划的一部分，而这些方式可能会被特定的员工个体所认可，而不是以直接薪酬或者间接薪酬的形式[6]。

直接薪酬：薪水与工资管理

学区薪酬制度的基本理念是对所提供服务的一种回报。然而，管理决策的主观性质、集体谈判协议、州和联邦工资指导方针以及公共和私营部门的工资水平，对实际工资计划都有着明确的影响。为了确保外部和内部工资的可比性，学区必须不断收集其他学区以及社区和地区的公共和私营用人单位的工资和薪金政策的数据。大多数组织都合作分享有关薪资计划的信息，因为他们也知道自己的薪酬制度受到其他组织的影响。通过电话和信件，政府出版物及员工组织和工会出版的文献进行的调查也是收集信息的宝贵资源。

由于提供服务的薪酬原理有些难以理解，以下政策应帮助学区制定旨在公平对待所有员工的薪金和工资政策：

教育委员会了解为教师、管理人员及工作人员建立薪酬计划的重要性，该计划在适用于学区内各种工作类别的人员方面是公平和透明的。因此，教育委员会要求对每个工作类别和个人职位进行持续的评估，以确定有效履行各类别和职位职责所需的技能和人才的合理薪酬。

作为实行统一工资福利管理的一种方式，学区内的各类岗位将按相对的职责进行等级划分，职责等级最高的员工薪酬福利也最高。因此，建立了允许工资和福利差异化的分级制度。此外，教育委员会要求管理层制定一个程序，使教师、管理人员以及工作人员的代表能够参与建立责任分级制度。

此外，教育委员会还要求学校负责人或其代表每年向教育委员会提供关于本州和当地社区其他学区、公共机构及私营企业有关的薪酬计划的具有竞争价值的建议。

　　这个薪酬计划的主要关注点是提高教师、管理人员及工作人员的绩效表现。严格来说，这个政策只有与学区的以绩效为基础的评估政策和程序相结合，才是有效的。因此，每一位员工的工作质量将影响其职责的完成程度。实质上，教育委员会也在通过这个政策建立以绩效为基础的激励计划，以奖励绩效质量。所以，要求学校负责人及人力资源管理人员与教师、管理人员以及工作人员的代表一起合作，以建立一个统一而公正的评估工作绩效的方法。

　　图 8.1 展现了一系列绩效激励措施，可以用来鼓励所有员工为更高水平的绩效而努力工作。当然，关键点是由人力资源管理人员来证实激励奖励与绩效质量之间存在直接联系。

薪金对激励的影响

　　对所有的薪酬制度来说，一个有趣的问题是："金钱是否可以激励员工付出更多努力？"这个问题的答案与个人需求密切相关，因为金钱本身不是目的，而是一种"实现目的"的手段。一名员工加薪 4000 美元，年收入达到 4 万美元，那么他或她的生活将在普通通货膨胀面前保持原有的水平。同样的加薪将大大提高一个年收入为 2 万美元的人的生活水平，但对一个年收入 8 万美元的人的生活方式的影响要小得多。从这个角度来看，如果人们想要维持或提高他们的生活水平，金钱确实具有激励的潜能。一个人因为工资的增长速度没有跟上通货膨胀的步伐而生活水平下降时，很少有不忧心忡忡的。

　　以绩效为基础的教师评估体系及以绩效为基础的薪酬激励体系，很显然对于激励教师和管理人员努力将他们的教学和管理工作做到最好具有非常重要的影响。没有绩效评估的绩效薪酬制度本身似乎并不能激励教师和管理人员，因为没有一种结构可以鼓励优秀的绩效表现[7]。这项研究表明，不考虑职位在组织中的层级或者所得到的薪金的数额，金钱对员工来说很重要。此外，金钱在我们的社会中具有很大的象征意义，尽管它对不同背景和经验的人具有不同程度的重要性。

　　如果金钱的作用是激励组织中的个人能够有更好的绩效表现，那么，必须很明确，哪些绩效表现确实需要用金钱来奖励。这样奖励的行为将会被重复，没有用金钱奖励的行为将不会被重复。当然，这不是美国大多数学校制度的"惯用做法"。普通职位强调内在动机。教师和其他学区员工出于教育儿童的重要性和所享受的状态，应尽其所能。随着纳税人要求学区员工通过提高学生成绩来获得回报，以及教师为提高工资而罢工的次数，问责制运动应该消除这样一个误区，即任何组织、公共或私营机构中的任何一组员工的表现，不受金钱影响。

此外，如果学区明确规定了绩效目标，则针对个别员工的以绩效为基础的薪酬激励更加有效，还有其他与小组薪酬激励相关的问题。例如，如果某一学校或部门的一组教师一心谋求绩效，并获得薪酬激励，则激励计划可能会因竞争现象而功能失调。除了贬低其他员工外，竞争有时还会助长裁员并夸大价值观[8]。

关于金钱与动机的关系，有一个合理的结论是金钱在某些情况下确实会影响绩效。遗憾的是，大多数学区还在使用以资历为基础的工资表，这当然不是在奖励绩效，而是奖励个人在学区又待了一个年头。

然而，货币激励制度的发展仅受到人力资源部门创造性思维的限制。例如，给绩效特别突出的教师涨两级工资是以创新的方式使用传统工资表的一种方式。杰出绩效表现的工资奖金，杰出教师在某个学区工作若干年的工龄工资以及为鼓励优秀教师继续在学区教学而增加奖金等都是绩效激励的示例。

公开披露薪金

由于学区是公共机构，工资表和预算信息不仅向学区员工披露，也向公众披露，有时还对新闻媒体披露。然而，许多学区认为员工个人的工资是保密信息。这种情况引出了很多令人忧虑的事情。首先，公共机构由税金支持，公众似乎有权利知道税金是如何使用的以及用于什么目的。其次，对工资保密有时会导致误解，进而导致员工对工资不满。

公开的薪酬政策可能也会影响管理的有效性。如果薪酬信息在员工之间众所周知，他们可能就会比较彼此之间的薪金，并且薪酬体系中的不公平现象很快就会显现出来。当然，也会有一些琐碎的抱怨和被误解的不公平。可是，公开的薪酬制度将会显示出管理层对管理薪酬制度的自信心，并且可以增加员工个人对学区管理层的信任。尽管很少有统计数据显示员工对公开工资政策的偏好，但经验表明，大多数美国人对他们的工资很敏感,可能更愿意让他们的工资不公开。

平等就业机会委员会连续接到指控女性从事类似工作的报酬低于男性的案件。当然,这种行为违背了 1963 年《同工同酬法》中的条款及 1964 年《民权法案》第七篇中的相关规定[9]。同样,接受联邦资金援助的学区必须披露工资和薪金信息,以证明对非歧视行动原则的承诺。另外,公司不能禁止员工在工作时间谈论薪金问题,因为如果这样做就剥夺了他们的宪法权利。

薪酬方案

因为每个员工都有自己的个人需求,没有一个薪酬方案可以满足所有员工的需求。很多认识到这个事实的公司,制定了通常被称为"自助餐厅计划"的薪酬方案,允许每位员工选择对自己最有吸引力的薪酬方案组合。于是,员工被告知其薪酬为 × 美元,然后员工选择适合其特定情况的工资和公司提供的其他福利的组合。这些福利可能包括以下一部分或全部:

- 重大医疗和住院保险;
- 药品保险;
- 牙科保险;
- 视力保险;
- 灵活的支出计划;
- 人寿保险;
- 扩充医疗保险;
- 家属医疗保险;
- 意外伤亡和残废保险;
- 长期残疾保险;
- 旅行意外保险;
- 收养补助;
- 养老金。

再次申明,这些选项仅仅受到人力资源管理人员创造性思维的限制。

这种方法的基本概念是,如果员工的绩效具有一美元的价值,那么,他或她就可以将之"花费"在为满足其需求而量身定做的薪酬方面,这样,他或她就会被激励,朝着更高的绩效而努力工作。

尽管很难笼统地表达,年轻员工似乎更关心工资和教育补偿计划,而不是人寿保险和退休计划。已婚员工通常比单身员工更关注人寿保险和医疗计划;年长的员工对退休福利感兴趣也是很合理的。

对于这种类型的薪酬方案,必须向员工提供大量的信息,以便他们有足够的数据作为决策依据。这显然会增加薪酬计划的管理成本,然而,在提高绩效和留住员工方面的潜在好处可能会大大抵消额外成本。

薪酬公平与绩效表现

在任何组织中,员工都倾向将从工作中获得的东西与必须投入的东西进行比较。同时,他们将自己的工资与同事的工资和生产力进行比较。这种比较的必然结果是,员工将把自己的报酬与同事的报酬进行比较,然后觉得公平或不公平。那些认为不公平存在的人可能会认为他们自己得到的报酬相对较低或过高。

关于以绩效为基础的工资和福利计划的价值与合法性,存在着激烈的争论。最重要的是公平问题。因此,在以绩效为基础的评估模型中使用的标准会在特定学区的教师、管理人员及公众之间引起激烈的争论。相应地,这会导致员工之间的冲突,最终导致对其他教师和管理人员的不信任。通常,不信任会导致对工作要求的困惑。公平的薪酬计划的基础是教育委员会投入充足的资金。不足的资金将会为公平问题火上浇油。这些问题在中小型学区更为严重,在那里所有或大多数员工都互相认识[10]。

感知到不平等的员工可能会选择以不可接受的方式来改变这种状况,包括回避绩效标准无法衡量的任务或批评他人的绩效。在这种情况下,"公平"意味着学区以有利于其职位需求和要求的方式补偿每位员工,并且这种公平性得到其他员工的认可[11]。管理人员必须认识到,员工不仅关心他们所获得的绝对金额,而且还关心该金额与其他人所获得金额之间的关系。当觉察到不平等时,就会产生紧张情绪。对人力资源管理人员的影响是非常明确的,员工不仅受到绝对薪酬的激励,而且受到薪酬相对性的激励。如果员工觉察到不平等,绩效质量可能会下降,旷工可能会增加,辞职可能会增加。

薪金管理方面的员工关系

员工如果认为自己得到的报酬不公平,对于管理部门来说,肯定会产生士气问题。然而,如果员工认为管理部门和教育委员会正在尽一切可能提高工资,仅仅是低工资不一定会造成士气问题。因而,薪金决定以哪种方式呈现给员工是极其重要的。当然,对于每一个学区,方法多种多样,根据当地传统和员工数量来确定。大多数颁布计划的制定都必须考虑到薪酬决策过程的敏感性。但是,如果没有教师或他们的代表的支持,任何计划都不会起作用。对于中小型学区来说,教师代表的参与可能是不必要的,因为教育委员会可以和教师直接进行对话[12]。

因此,管理部门应该分析学区的财务状况,制定合理的建议,获得教育委员会的批准,并将决定通知学区员工。这种方法就管理部门花费的时间上来说是最有效的,但是在形成良好的员工士气方面也是最脆弱的,因为它基本上是一种"接受或放弃"的方法。尽管这种方法在教育行业是传统的方法,但即使在那些成功使用它的学区,这种方法也受到高度怀疑,因为它具有仁慈独裁的所有标志。

第二个过程是更加合乎情理的,它将管理部门和员工代表结合在一起,制定出一个双方都可以接受的薪酬和工资方案。在美国半数以上的州中,集体谈判立法在不同程度上授权了这一进程。然而,即使在那些禁止公立学校员工集体谈判的州,这一进程也肯定是有效的。如果存在这种禁令,薪金决议仍由教育委员会决定,但提出建议的任务成为管理人员和员工共同关心的问题。

这种协作过程并非没有缺陷。这可能需要花费很多时间,管理部门可能不同意员工代表提出的建议。第九章中将会详细讨论在公立学区进行的集体谈判过程。

无论使用哪个过程,管理部门必须最终向学区的员工呈现薪金计划以及教育委员会的决议。双边模式的一个显著优势是,员工通过他们的代表对管理部门的职位有了一定的了解。不能过分强调薪金和工资决议的敏感性。工资影响个人养家糊口并维持适当生活水平的能力,而薪金代表高度物质化社会的安全保障。因此,有效的沟通对于解释政策和决策至关重要。

如果遵循以下四项基本原则,则能最大限度地提高向员工介绍薪金和工资决议的有效性:

1. 教育委员会在起草和批准学区预算时,必须把支付需要的工资放在首位。

2. 管理部门必须完全公开披露学区的财政状况。

3. 管理部门必须避免提供太多有关财务状况的技术细节,这可能会给人一种

"故弄玄虚"的假象。

4. 管理部门应该准备一份职位声明,分发给所有员工和新闻媒体。这个文件可以采用多种形式,但至少应包括薪金和工资决议、做出决定使用的过程、学区财务状况的事实以及可以做比较的学区和工商业界的工资数据。

邀请员工打电话给指定的负责回答有关薪金和工资文件问题的办公室,这对于减少困惑和谣传也是有效的。当然,承担这一职责最重要的行政部门是商务和财务部门。然而,那些保留公共关系办公室的学区更适合把这一职责交给社区关系主任。

最后一点,也是非常重要的一点,就是在薪酬管理中员工关系的问题。基层校长常常是行政部门和教育委员会决议最后一个被通知的人,可是,他或她通常又是第一个接触到有问题的教师和其他基层员工的人。因此,首先向校长通报薪资决定,既是良好的行政程序,也是良好的公共关系。这也有助于校长确定学区行政团队的成员。

收集社区工资数据

在制定工资和薪金建议时,一种合乎情理的技术是建立与学区中由学校系统服务的其他政府机构和工商行业中的工资相适应的工资参数。在大都市,这不仅仅包括相邻地区;周边地区的工资可能会更好地表明该地区的工资水平是否适当。因此,位于芝加哥郊区的学区应关注整个大都市芝加哥地区的私营企业和工业、市政府及其他学区支付的工资。

如果工资具有竞争力,足以维持学区员工的合理生活水平,那么他们必须与生活在同一社区的其他个人的工资做相对性比较。此外,请记住,这些公司及其员工通过税收支持学区;学区支付的工资不得与这些参与者支付和收到的工资比例失调。

与学区非教学员工类似职业的个人在社区支付的薪金和工资的信息来源是职业介绍所。尽管这类机构的发展各不相同,但私营和公共就业机构通常都有关于工资的宝贵数据。州和市政府的公务员委员会也掌握了各自管辖范围内使用的工资制度的现成信息。

收集薪金和工资数据最有效的方式是通过一项调查,这个方式具有清晰和精确的优势。如果调查工具附有说明其目的的附信,大多数机构和公司将通过提供数据与学区合作,因为他们通常将这种合作视为公共服务。

涉及教学和管理职位的调查通常遵循下面陈述的指导方针,但用适当的职位名称、薪金及职位描述代替:

- 当然,最重要的问题是保密性。如果存在公众与其他公司和机构会发现哪家公司和机构参与了此次调查的情况,这些公司和机构通常不愿意接受调查。公司和机构之间为了雇佣到最好的员工而进行的竞争导致一些公司和机构无法参与调查。

- 第二个最重要的问题是如何设置调查问题。问题必须易于理解,并尽可能地得到公正的回答。为了确保客观性和可靠性,调查通常由一个试点小组进行,并对结果的可行性进行分析。

- 如果工资和薪金信息不是以某一工作类别的平均值报告的,则很难进行分析。这也消除了可能需要的猜测,以确定公司和机构的工作类别与学区的工作类别是否相等。

- 必须按工作类别要求所需要的信息。调查的基本原理是从与学区相似但不同的企业(如医院和非营利组织)收集信息。

非教学职位调查中可能用到的工作类别示例被称为"技术型工匠",包括机械师、电工、管道工、木匠以及文员/从事秘书工作的工人,其中可能包括会计助理、工资助理和行政助理。

维护的工作类别可以包括场地维护和内务管理。每个维护职位都有一个具体的工作描述,如附录8.2所示。

附录8.2 内务管理员职位描述样本

在教学楼或行政办公区内,清洁并保持工作区域和洗手间的有序状态。职责包括以下几项:清扫、拖地、擦洗及抛光地板;清除垃圾;为设备、家具及固定设施除尘;抛光金属固定装置或装饰物;维护供给量;提供小保养服务。

保持学区工资和薪金水平与社区支付工资水平相当的做法已成为当务之急,这不仅是因为某些领域存在教师短缺现象,而且是因为越来越多的学区员工被吸引到商业和工业领域中。当然,这一点尤其适用于手工艺和文书工作岗位,因为从

公共部门到私营部门的就业转换很容易实现。管理助理、电工、厨师及大巴司机有时在公立学区"状态好",等到商业或工业领域出现了一个合适的工作机会就会随时离开。因此,在企业和其他组织中,公共雇员同工同酬的原则正成为必要的人力资源政策。这样的政策不仅有助于学区与私营企业竞争高质量的员工,也有助于留住其员工,从而减少人员流动率高所产生的费用。

私营企业提供的薪金水平对教学和管理人员也具有吸引力。数学、工业艺术及科学教师可以在商业和工业领域中比以往有更多的工作机会。企业逐渐认识到,如果一个人有积极性并且接受过基本的大学教育,那这个人就能被培训成为几乎可以胜任任何工作,这一趋势也正在进入文科学科。工资激励许多教师在私营企业和认可绩效的奖励制度的工作单位中寻求发展。

于是,收集有关薪金和工资数据的工作就变得极其重要。虽然学区通过调查方法单独收集信息,但也出现了许多合作企业、大都会地区的大多数或所有学区共同发起薪金和工资调查。

以下指导方针作为编制"工资和薪金报告"的说明,可用于教育委员会、教师、管理人员、工作人员以及公众:

- 以这样一种方式提出调查问题是很重要的,即所收到的数据可以很容易地形成一份报告,不具备调查分析背景的人可以理解和使用该报告。收集数据的最终目的是有助于建立学区的工资和薪金的薪酬计划。由于学区反映了居住在学区社区的公民,以及向该社区提供商品和服务的企业的价值观和经济状况,因此,制定符合社区经济文化的工资和薪金薪酬计划是非常重要的。调查应以能够与学区工作类别进行比较的方式提供数据。最后,数据必须反映影响薪金和工资计划的工作条件,如校车司机等工作人员的工作日时长。

- 减少统计人员在整理、分析和提供数据时使用的技术术语是很重要的。此外,使用网络形式的调查有助于将数据直接下载到数据分析软件中,从而进行统计分析[13]。

薪金与工资审查

因为在大多数学区,大约80%的预算用于支付工资,所以工资计划和审查是整个薪酬过程中必不可少的一部分。学校系统通常采用两种方法来审查薪酬计划:

持续工资审查和年度工资审查。

持续工资审查制度通常与生活成本指数挂钩。政府机构使用很多指数来确定通货膨胀率,最常使用的是居民消费价格指数。这类措施的一个主要问题是,它是一个平均值,而社区的实际生活成本可能高于或低于报告的平均值。

在持续工资审查制度下,随着所选生活成本指标的变化,工资表会自动进行调整,这就需要对编制员工的小时工资数额以及管理和教学人员的合同进行必要的更改。这种制度不奖励绩效,它只调整所有员工的基本工资。因此,绩效提升并不是由持续审查过程来解决的。

年度工资审查过程从一个非常不同的角度发挥作用。工资表每年根据其他学区和社区企业的现行工资进行调整。调整可能与公认的生活成本指标相符,也可能与之不符;应该说,调整的重点是将当地社区作为适当的衡量标准。年度工资审查过程的关注点是,其他学区和社区企业的工资不断变化,可能会导致更有才华的员工在那里寻找职位。和持续工资审查过程一样,年度工资审查过程也不奖励绩效。因而,绩效提升必须被视为薪酬计划的单独组成部分。

学区决定哪种方法最能满足员工的需求,必须考虑到预算限制。公共部门和私营部门的资金提供方式有两个显著的区别:首先,学区主要由税收提供资金,税收通常不是每月统一收取,而是随着税收的征收而收取;其次,在大多数州,只要得到选民的同意,税收可以提高到满足更高的费用,而在私营部门,商品的价格可以随时提高以抵消成本。这些财务考虑因素使得在学区实施持续工资审查过程变得困难。

工资表编制

在公共部门——特别是在州政府和联邦政府的公务员制度中——工资表分为若干个等级,每个等级又包括几个不同的层级。工资表的使用有三个明显的劣势:第一,如果最初的工资表是由一个学区的传统工资表确定的,那么招聘人员会受到不利的影响。任何偏离这种模式的行为都会引起教师和教师组织对公平的关注。第二,当教师在工资表上获得与承担工作量少的教师相同的加薪水平时,有时会感到沮丧。最后一点,在一些学区,与为教师绩效提供货币和非货币形式的奖励的薪酬体系相比,单一的工资表并没有产生教师绩效,这一点已变得十分明显[14]。

建立工资表的主要决定包括在一个等级中包含适当数量的层级。如果层级数量多而幅度小,员工会不乐意,因为加薪幅度太小。如果层级跨度大而数量少,员工将在相对较短的时间内达到一个等级内的最高层级,从长远来看,将没有进步的空间。

因此,一个现实的方法可能是一个折中方案,即在每个等级内设置六到七个层级,每个层级代表一定的百分比增量。每一个等级都可以通过增加层级来进一步提高,并且用平均美元数量而不是百分比来表示这些层级。例如,在达到一个等级内的最后一个层级后,工资表可以使员工每两年的服务年限延长一次。

学区内的每个职位都被确定了一个工资范围,每个员工又被确定了一个工资的层级。新员工被雇佣之后,他们的工资即按所处职位一档,工资层级是与管理部门商议确定的。从一个层级到更高的层级提升要根据绩效表现。因而,一个绩效表现不尽如人意的员工,工资可能停留在同一个层级上,直到他或她被解雇或辞职。而一个绩效表现良好的员工,可能会收到层级提升的通知,这也代表了他或她的工资将会增加一定的百分比。一个有功绩的员工可以获得两个或三个层级的提升。

一些学区已启动了一项政策,将试用期的新员工安置在薪酬等级的第一个层级,然后在员工表现出令人满意的绩效时再提升他或她的层级。例如,员工可能会在六个月后提升到第二个层级。这种方法通常只对行政员工有效,这些员工与教师不同,他们不是按照个人合同中约定的条款工作。

从一个工资范围提升到另一个范围通常是依据职位晋升或者学历的提高。一位成为校长助理的教师通常工资范围也提升到校长助理的级别。同样,一位获得硕士学位的教师,其工资范围也会提升到具有硕士学位教师的水平。这个过程也同样适用于行政员工。被提升为对一座学校大楼内其他保管人员负有监督责任的保管主管职务的保管人员,其工资水平也会做出适当调整。重要的是要注意,晋升到更高的工资等级并不一定会导致员工的工资更高。例如,具有学士学位的教师的第五个层级工资范围可能会比具有硕士学位的教师的第一个层级的工资范围还要高。因此,在将员工提升到更高的级别时,重要的是将他们置于确保提高学历或承担更大责任的工资增长的层级中。

尽管不同学区的工资范围有所不同,但以下是一些常见的正式职位示例:

每个职位都有一个多层级的薪资范围。

管理性职位	教学性职位	编制职位
行政主管(例如,	学士学位	保管员主管
联邦计划主任)	学士学位 + 30 小时	维修主管
中学校长	研究生课程	
中学校长助理	硕士学位	
小学校长	硕士学位 + 30 小时	
小学校长助理	研究生课程	
	博士学位	

　　附录 8.3 是在大多数学区可以找到的教师工资表的格式示例。五个类别对应每个类别安置中所需的学术要求。这些类别从学士学位进阶到博士学位。每个类别中的层级都列在明细表的左侧。类别 1 中教师的绩效满意程度可以从 1 到 10 层级递增。到了第 10 个层级,他们将不会再获得层级增加,除非他们在自己的学科领域获得 15 个小时的研究生学分,从而将移动到类别 2 的第 11 个层级。因此,这种方法鼓励教师提高他们的知识和技能。事实上,对于所有类别都是如此。除学术要求外,还有两个类别要求具有工作经验。硕士学位也要求有两年的成功教学经验;博士学位要求三年工作经验。因此,在没有教学经验的情况下,全日制攻读硕士或博士学位的人将被归入前一类别,直到完成成功的教学经验要求。

附录 8.3　工资表

层级	类别 1 学士学位 （美元）	类别 2 学士学位 + 15 小时研究 生课程(美元)	类别 3 硕士学位 + 2 年工作 经验(美元)	类别 4 硕士学位 + 15 小时研究 生课程(美元)	类别 5 博士学位 + 3 年工作 经验(美元)
1	35,000	36,575		33,150	
2	36,575	38,150		40,425	
3	38,150	39,725	40,512.50	42,700	
4	39,725	41,300	42,087.50	44,975	46.550
5	41,300	42,875	43,662.50	47,250	48,825

6	42,875	44,450	45,237.50	49,525	51,100
7	44,450	46,025	46,812.50	51,800	53,375
8	46,025	47,600	48,387.50	54,075	55,650
9	47,600	49,175	49,962.50	56,350	57,925
10	49,175	50,750	51,537.50	58,625	60,200
11		52,325	53,112.50	60,900	62,475
12			54,687.50	63,175	64,750
13				65,450	67,025
14					70,000
15					72,275
16					74,550
17					76,825
18					79,100
19					81,375
20					83,650

附录8.4表明在类别与层级之间增加的百分率。这样的工资表通常被称为"指数系统"。指定"增量系统"是指在层级之间增加相同金额的工资计划,例如层级1和层级2之间增加500美元,层级2和层级3之间增加500美元,等等。

附录8.4 指数

层级	指数	指数	指数	指数	指数
1	1.000	1.0450		1.0900	
2	1.0450	1.0900		1.1550	
3	1.0900	1.1350	1.1575	1.2200	
4	1.1350	1.1800	1.2025	1.2850	1.3300
5	1.1800	1.2250	1.2475	1.3500	1.3950
6	1.2250	1.2700	1.2925	1.4150	1.4600
7	1.2700	1.3150	1.3375	1.4800	1.5250

8	1. 3150	1. 3600	1. 3825	1. 5450	1. 5900
9	1. 3600	1. 4050	1. 4275	1. 6100	1. 6550
10	1. 4050	1. 4500	1. 4725	1. 6750	1. 7200
11		1. 4950	1. 5175	1. 7400	1. 7850
12			1. 5625	1. 8050	1. 8500
13				1. 8700	1. 9150
14					2. 0000
15					2. 0650
16					2. 1300
17					2. 1950
18					2. 2600
19					2. 325
20					2. 3900

多种薪金范围

　　大多数学区的管理岗位和教学岗位可能都存在多种薪金范围。这些范围对于认识到不同层次的学术准备和责任是必要的。拥有硕士学位的中学校长，通常是最低学历，不应该得到像拥有博士学位的中学校长那么多的报酬。当管理或教学职位的薪资计划具有多个范围时，通常称为"工资表"。教师的工资表通常对以下各种情况都有一个范围：学士学位、学士学位加一定小时数的研究生课程学分、硕士学位、硕士学位加一定小时数的研究生课程学分以及博士学位。因此，通常在大多数学校系统会发现多种范围的多个工资表。对于这些专业性岗位，相对比较容易确定合适的工资范围，与分类性岗位的情况有所不同。

　　使用谈判合同是一种新现象，在美国的一些学区，特别是在难以找到合格管理人员和教师的学区，这种现象正在形成。这是指为了满足理想候选人的就业需求而量身定制的工资和福利待遇的做法。这些候选人可能申请学区负责人、负责人助理、校长或特殊教育职位。例如，对于在大城市学区有成功经验的中学校长、在为自闭症儿童提供优质服务方面有经验的教师和管理人员、在课程教学计划及评估方面有广泛而成功经验的负责人助理，都有巨大的需求。

薪酬方案可以包括超出常规工资表或福利的薪酬诱惑,其中可能包括养老金、职业发展的财务津贴、延长的假期、使用学校所有权的车辆或汽车津贴。可是,由于美国国税局(IRS)的规定,谈判合同可能有一些限制。此外,了解谈判合同的条款始终是一种很好的做法,因为它们是由纳税人的钱提供资金的。同时,公开披露的做法也有助于防止可能伴随不寻常协议而出现的过分主张。

对于行政员工,需要根据职责和责任相似性及资格相似性来确定工作群组。有时,可能需要重新评估一个职位,以确定这些标准是否仍然适用。具有类似职责、责任及资格的工作群组的一个例子是秘书和文员职位。并非所有学区秘书和文员的工作条件都完全相同。因此,该职位的工资表可以建立在不同工作条件之间的有差别的范围内,最高范围保留给学校负责人和负责人助理的行政秘书,另一个范围分配给基层秘书职位,最低范围给文员—打字员职位。类似地,分类运输监管人员的工作群组可以包括运输主管、机械修理工领班以及调度员,他们的工资范围要适合这些职位。

基本薪金

有两个过程可用于建立每一个工资表范围的基本工资。前面对工资范围类型的讨论说明了用于计算层级增加的各种方法,但没有提供基本工资的指示。

第一个过程的侧重点是从其他学区和工商界收集薪金数据。在分析与管理职位和教学职位相关的数据方面几乎没有困难。可是,由于行政工作众多,且各组织的职责具有独特性,因此行政职位的情况更具挑战性。

设定行政工资的成功方法包括指定某些工作行政,其中包括一系列行政事务,作为基准。"维护行政"包括校车机械师、木工、管道工和电工,"信息技术行政"包括计算机程序员、网页设计师及技术助理。

这些基准行政就可以和其他学区、工商业、公共机构及非营利机构进行比较。从这些其他企业获得的调查数据可以进行统计分析,以获得反映该学区在工资和薪酬方面相对于社区内其他机构和组织的相对位置的中心趋势,如平均值、中位数以及离散数据。

第二个过程的工作内容是收集组织内员工个体关于他们的职责范围,他们要履行的任务以及他们的资质的数据。这些数据可以作为年度审查过程的一部分进行分析并用于确定工资;还为重新评估工作提供了一个工具,以确定这些工作是否在合适的范围内,并被分配到适当的工资表中。附录中是一份职位描述调查表,可用于职位分析和职位评估表样本。该调查表和评估表的使用取决于使用薪酬审查委员会的程序。

在使用该程序的大多数情况下,薪酬审查委员会由管理人员、主管、教师及非教学人员组成,这些人员不是直接受雇于所评估的工作编制,而是了解这些工作类别所处的工作环境。这种做法使得该过程具有可信性和客观性。由三人或五人组成的审查委员会对评估工作来说是最佳的。因此,如果要评估一个中学校长的职位,审查委员会应该由一位或两位小学校长、一位或两位中学教师及中学教育负责人助理组成。同样地,如果评估基层秘书职位,审查委员会应该由一位或两位行政高级秘书、一位或两位文员打字员以及员工发展主任组成。

每一位审查委员会的成员研究由员工及其主管完成的调查问卷。使用 1 到 5 分制,5 分表示最高要求,每个人根据评估表上的因素评估职位。最后,完成总结评估的计分表。根据这些数据,人力资源负责人助理或其他行政管理人员可以确定适合该职位的薪资范围。

工资扣款

从员工的工资中扣款是如此普遍,以至于大多数人认为这是理所当然的事情。然而,出于法律和个人的考虑,这种做法具有重大的后果。因此,教育委员会应制定一项全面的工资扣除政策,涵盖可扣除的最低及最高款额,获得授权扣除的数目及种类、扣除程序以及在工资记录中输入扣除额的开始日期和结束日期。

除非由法律或法院授权,否则未经员工书面授权,不得进行工资扣除。附录8.5 显示了工资扣除列表,不仅描述了普遍接受的类别,而且还描述了有关程序的信息。

附录8.5　工资扣除的类别

1. 所得税扣除

政府所得税立法要求每位员工提供免税证明,作为计算所得税扣除额的依据。在大多数情况下,该证明将提供以下信息:

(1)姓名

为了便于辨认,建议打印或以印刷体书写。对于已婚妇女,请使用名字、婚前姓和姓氏。

(2)员工账号

这对于工资税申报单上的标识以及员工记录卡都是必需的。所有员工都必须出示自己的账户卡,并按卡上显示的名字复制。现行的美国所得税条例要求所有需缴纳预扣税的员工都必须有一个社会保障(FICA)账号。如果员工没有填写账号,则应建议他或她填写申请表,并将其发送至最近的美国社会保障管理局地区办事处。同样,在这个办事处也有领取遗失账户卡的表格。

(3)家庭地址

以印刷体书写或打印这部分信息,包括城市、州或者省以及其他可确认的邮政信息。

(4)扣缴豁免申明

学区必须依据扣缴证明,允许每一位员工免税。如员工未能提供证明,学区需要扣缴税款,就好像该员工并不要求任何扣缴豁免一样操作。新员工提交的证明应在首次支付工资时生效。扣缴豁免证明一旦向学区提交,将持续有效,直到又提供了修订后的证明。

通常考虑以下豁免类别:

(1)单身

这是指那些没有结婚并且希望申请免税的人。免税申请表格上有标记,号码及其他名称。

(2)已婚

如果在另一个人的证明上没有要求,这种类型的证明允许丈夫和妻子各自享有这一项免税的权利。如果申请双方都享有免税的权利,则须在证明上注明;如申请其中一方免税,或没有申请免税,则也需要在表格上注明。

(3)其他免税的情况

该类别包括以下情况:

年龄大于65岁;

失明;

其他符合供养条件的亲属。

员工可以在任何时候递交经过修订的免税证明,增加免税的数目。通常,扣除额反映在下一次工资支付中。

学区通常会发现从简易税额表中确定所需扣缴的所得税金额是很方便的。政府机构免费提供这些表格——商业税表格也可以从办公用品公司、专业会计师组织以及税务服务供应商处购买。纳税表可用于多种不同的支付周期,即每周、两周、半个月、每月、每天或各种其他周期。

除了按照国税局纳税表的规定进行工资代扣外,还可以使用百分比法。根据学区和员工之间的书面协议,可以扣留额外的金额。该协议在双方商定的期限内有效。

学区通常会被分配一个报告编号,用于传输和核算扣除的工资税。通常每月或每季度提交一次报表,需要每年进行一次核对。

一些城市或地方政府单位要求征收职业执照或工资税。法律是扣减的依据,员工无需采取授权行动。在大多数情况下,这项税是根据工资总额的百分比征收的,没有免税规定。

如前所述,同一个用人单位的报告也是必需的。

2. 退休金扣除

这些扣减额通常分为三类,一类是针对所有员工的政府退休计划,一类是专门针对有证或无证人员的计划,一类是商业保险计划。一些学区可能允许持证员工参与所有三个计划或只有一个计划。这通常由学校董事会或管理委员会或法律决定。扣减额通常是根据总工资的固定百分比计算的。

3. 法院下令扣除

与扣押、破产、征税和其他这种性质的扣除有关的扣除问题,有时使学区感到恼火。应该鼓励员工保持其个人财务状况良好,以防止此类行为发生。当然,如果是债务人的疏忽或诚实的问题,应给予员工纠正这种情况的一切机会。

在确定此扣除额时,必须注意以下重要信息:

(1)原告或债务人姓名;

(2)学区送达及接获的扣押日期;

(3)扣押数额;

(4)法庭费用——建议向法庭核实;

(5)截至扣押日的应付款额;

(6)允许回应扣押的天数。

应将扣押或命令的信息副本发送给员工。员工有可能获得一份名为"解除扣押"的表格,该表格将改变从其工资中扣除的金额。在任何情况下,学区均不得接受原告或被告的律师或债务人关于减少债务本金数额的说法,除非负责原扣押令的法院提供书面表格。

此时,应强调以下四点:

(1)追讨法院要求的截至扣押日期的款额。如果赚取的工资不足以应付债务,则有可能启动随后的扣押。

(2)在规定的时间内向法院提交必要的答复。扣款支票应支付给法院。

(3)在实际扣款之前,始终向员工建议扣押,并给予他或她纠正问题的一切机会。

(4)制定与允许扣押的数目相关的政策,并使所有员工了解政策要求。

4. 其他扣款

前面的段落讲述了强制性的,以政府规定或者法院命令为依据的扣款。已通过学区批准的政策提到扣款额的控制。在这方面,可对其他学区的扣款政策进行调查,以协助制定个别学区的政策。

下面将要讨论的扣款额是建立在自愿的基础之上的,通常被确定为附加福利。扣款的种类在范围上是多种多样的。然而,这里仅介绍了一些用于指导及方向性的信息:

(1)健康、事故及住院计划

这些扣款额是根据保险公司预先确定的保费计算的。根据员工所期望的保险类型确定费率——期望的保险范围越大,保费就越高。部分保险费可能由学区支付,也可能不由学区支付,具体取决于董事会的政策和适用的州法律。一些学区可能会支付所有的保险费。在大多数情况下,员工需要填写一份申请表,表中需要注明个人信息和家庭健康史。也应该让员工签署一份扣款授权书,该授权书可以包含在申请表中,也可以不包含在申请表中。团体保险证书或个人保单通常会发给员工,并在扣款表上确认授权的保险范围。

(2)人寿保险计划

这些扣款额通常与健康、事故及住院计划的要点相同。现在许多退休计划都把人寿保险作为综合计划的一部分。

(3)就业协会会费

扣除协会会费在学区中越来越受到大家的欢迎。这些费用包括从员工工资中扣除当地单位、州或省协会的会费,这些会费可分一次或多次支付。许多协会也提供其他扣除作为其整体计划的一部分。这可能包括人寿保险计划、残疾收入保护以及个人责任保险。

(4)信用合作社

信用合作社正在成为学区员工更为普遍的扣款方式。信用合作社成立的主要目的是鼓励储蓄,并且提供财政援助。建议扣款授权表的措辞应确保扣款金额不被理解为储蓄或贷款支付。信用合作社的会计应确定每月应支付的金额或所需的储蓄,并确保签署的工资记录授权。许多信用合作社根据所服务的账户数目支付扣款服务费。

(5)社区基金捐款

参与各种为社区内的弱势群体谋福利的募捐活动,这对学区有相当大的压力。许多地方每年都把所有的活动合并成一个活动。应该强调的是,每一次尝试都应将这些诉求合并为一笔用于扣除免税项目的款项。应获得一份签署的扣款免税项目表格,注明扣除的金额及所涵盖的期间。

资料来源:改编自查尔斯·威廉·福斯特和吉恩·M.泰勒编辑的《工资和薪金管理:学校商业官员手册》,国际学校商业官员协会,1968年,芝加哥,伊利诺伊州。网址:www.irs.gov.

工资支付周期

现代学区的复杂性和规模对教育提出了一个问题,这个问题很多年前在私营企业中就得到了答案:工资应该按月、半月、两周还是一周来支付? 学区不再只雇佣少数几个人从事简单的工作,他们的工资单也不能再由人工来管理。许多员工分类的多重扣款的复杂性要求工资管理由计算机来完成,反过来,这样做又增加了对截止日期重要性的保障。确定工资支付周期的基本原则是员工完成的工作类型、挣到的钱及学区的费用。

不同类别的员工对于他们应该多久拿到一次工资有着不同的期望。在工商业界,保管员、大巴司机及自助餐厅的工作人员更习惯于每周领取工资,而这些员工在为学区工作时,也希望每周都能领到工资。有技能的员工,如水暖工、电工及木工拿到的工资通常比没有技能的员工高,他们更习惯于按月或两周支付工资。最后,专业性员工,如管理人员和教师一般都按月支付工资;他们通常有固定数额的个人合同,这个数额被分成相等的份额,按月支付。一些学区根据教师的个体意愿,允许他们按九个月或十二个月的方式领取工资。同样,一些基层校长工作十个月,他们可以选择按十个月或十二个月领取工资。

学区的规模决定工资发放过程的复杂程度。当然,在较大的学校系统中,要雇佣更多的人,这通常会增加具有不同工资周期的工作分类的数量。这需要更加计算机化,也需要有截止期限及具体的程序。需要更多的薪资专家和设备,这增加了学区管理薪资流程的成本。总之,工资发放程序对学校系统的重要性是不容置疑的。

向学校委员会提出薪酬建议的原则

假定向教育委员会提出的所有薪金建议都是假定以健全的工资和薪金做法为

基础。本章前几节概述了合乎情理的程序,如果遵循这些程序,管理部门将处于这样的一个位置。那么,下一个目标是以获得校董会批准的方式提出建议。当然,学区的财务状况以及与员工工会和协会的协议,也会对薪资建议产生影响。

学区的财务状况

在目前的经济状态下,工资建议通常要求增加;在某些情况下,要求大幅增加。如前所述,工资拨款占学区预算的80%。显然,工资的增加将造成以下情况之一:用于其他类别学校业务的资金减少,学区将有足够的收入和/或结余来应对工资的增长,否则,教育委员会将不得不寻找其他的收入来源来满足工资增长。在大多数州,其他的收入来源仅仅可以通过增加税收来实现,当然,增加税收的做法需要选民的同意。通货膨胀通常会造成大多数学区的资源稀缺。因此,如果工资成本不切实际地高,教育委员会可能无法批准这一项建议。

学区的管理性组织

通常,只有两种管理结构会影响薪资建议。如果一个学区不进行集体谈判,学校负责人在学校商务管理人员的建议下,直接负责提出工资建议。然而,如果学区进行集体谈判,董事会将被要求批准一份主协议,该主协议通常有部门专门讨论薪金和工资。学区首席谈判代表将在预先确定的财政考虑范围内进行谈判,并听取学校负责人的意见。在后一种情况下,薪酬建议、工作环境以及附加福利这些事项的美元价值,必须由董事会进行评估。

员工工会和协会

美国教师联合会、国家教育协会(NEA)以及许多代表非教学人员的工会在薪金和工资政策方面都有官方授权的职位。这些工会和协会中的大多数都在寻求与私营企业的可比性,并在这个方面就其成员资格进行谈判。最近,这些组织认识到,由于他们所代表的人数众多,它们具有很大的政治影响力,不仅影响到学校委员会成员的选举,而且影响到州立法者甚至国家候选人的选举。国家劳工或教师组织(如国家教育协会)的支持受到所有总统候选人的追捧。

薪酬建议程序

向董事会提交工资表的程序因当地的特殊需要而有所不同。以下程序集合是学校负责人向教育委员会提出薪金建议的指南:

- 这些建议必须有定量或定性或两种类型的证据作为支持,并且必须提交给教师、工作人员及管理团队的代表进行分析和审查。

● 建议和支持性证据必须是"用户友好的"。它们可以被制作成 PowerPoint 演示文稿，并存储在光盘上，所有利益相关方都可以使用，包括普通大众。

● 这些数据只有在与以前的数据相比较时才有意义，因为这些数据应清楚地表明与前几年的差异以及差异的根本原因。

● 应同时提出覆盖所有员工的薪资建议。因此，教师、管理人员以及工作人员的工资方案应该一起设计，以便教育委员会对工资要求有一个完整的了解。这就消除了可能因为管理部门偏爱某一组员工而忽视其他组员工招致的批评。这样做还消除了各种员工团体及其支持者之间因讨论和交流而必然产生的猜忌。必要时，确保咨询公司提供服务，以编制有关社区现行工资率的数据。咨询公司也可以帮助建立员工分类并撰写职位描述。

● 应要求各级管理部门通过预算程序证明薪金和工资的效能和有效性，办法是编制一份工作流程图，明确负责在学区履行各项职能的员工人数[15]。

1996 年《小企业就业保护法》

通常被称为"最低工资法"，因为它的目的是增加员工带回家的工资，1996 年通过并签署的《小企业就业保护法》引起了新闻媒体的高度关注。1996 年 8 月，当克林顿总统签署该法案时，仪式上有最低工资工人及其子女、工会官员、国会领导人及副总统戈尔。为了签署这项法案，克林顿总统使用了富兰克林·罗斯福总统的劳工部长弗朗西斯·珀金斯的办公桌[16]。

2009 年 7 月，美国国会通过了《公平劳动标准法》(Fair Labor Standards Act)，将联邦最低小时工资标准定为 7.25 美元。每一次增长都影响到大约 1000 万名工人，他们拿到了更高的工资。然而，各个州可以将最低工资提高到更高的水平。此外，各个市可以将最低工资提高到联邦和州的水平之上。

由于这项法律遭到许多小企业的反对，国会为 7 年以上有效的企业提供了大约 90 亿美元的税收减免。例如，在采购年度，小企业申请免税的新设备的总成本可以从 17500 美元提高到 25000 美元。当然，对学区的一个主要影响是，必须调整预算，以考虑所需的工资增长。

结　论

关于薪金和工资管理，有几点最后的意见是恰当的。

首先,高管薪酬通常是建立在个人协商基础上的,不在工资表的范围之内。学区高管职位相对较少,一般为负责人及负责人助理。

其次,把每个工资表看作一个独立的实体是非常重要的。在一些学校系统中,教师工资表的增加反映在对管理人员工资表的额外百分比增加上。当然,这违背了薪酬计划的目标,即在与其他学区和社区内企业竞争的薪酬范围内奖励绩效表现。这只能通过分析每个个人的工资表来完成。

当涉及集体谈判时,这种固定程序违反了管理层和员工之间的区别。如果管理人员工资表受到集体谈判导致教师工资表增加的影响,那么,管理人员实际上是由教师谈判代理人代表的。

再次,"额外工作的额外报酬"是适用于教学人员加班费和行政员工加班费的通用语言,应按照制定固定薪金和工资相同的程序来确定。绩效奖励和竞争力也是加班费的首要考虑因素。

最后,这一章出发点是薪金和工资增长是对绩效表现的奖励,而不仅仅是对学区资历的奖励。许多地区制定了工资表,其中包括反映学术准备(学士学位、硕士学位等)的途径和反映学区资历的步骤。本章中建议的工资表规定了反映工作类别的范围,并根据绩效逐步增加。大多数公立学区的做法,实质上是建议建立有竞争力的薪酬计划,以吸引高素质的人才,不符合本章中讲述的原则。

间接薪酬：附加福利管理

"附加福利"可定义为所有员工因直接财政支出而获得的福利。由于所有员工都可享受附加福利,且不取决于绩效,因此此类服务不是激励因素,而更恰当地被认为是维护因素。然而,附加福利通常被看作是有效薪酬计划的一个重要组成部分。退休计划、医疗、住院保险以及人寿保险仅仅是学校系统提供给员工的众多附加福利中的一小部分。因为这些服务在我们的社会中是必不可少的,所以这些和其他附加福利计划的质量可以对学区吸引和留住优秀员工的能力产生重大影响。反过来,旷工和员工流失是员工不满的表现,可以通过良好的附加福利和薪酬计划将其保持在一个可承受的水平。

美国各地的高员工流失率每年给学区造成数百万美元的损失。应将人员流失率保持在合理的水平,以尽量减少招聘和雇用新员工的需要,这将会产生直接的资金支出。可是,这一因素还没有显现出这样的问题,那就是在新员工不断流失的情况下,还要满足学区教育学生的主要目标。

在美国,旷工每年平均给公司造成 200 亿美元的损失。虽然不太容易得到关于公共教育缺勤费用的数字,但数百万美元是一个保守的估计。教师缺勤时,必须聘请代课教师。学生们还在,教他们的任务不能交给该学区的另一位正式教师,也不能等到缺勤教师回来。

解决高员工流失率和旷工率的关键因素是建立一种积极的方法。从一开始就吸引具有优秀资历和对卓越绩效表现渴望的个人,最终纠正高离职率和旷工问题。优质的附加福利可以吸引优质的职位候选人,并可维持现有员工对学区的承诺。

附加福利的形式

在美国,附加福利的成本已经上升到支付给员工的总薪酬的三分之一左右。全国各地的学区都面临着严重的财政问题。随着财政问题的继续蔓延,学区发现,当大幅提高工资和薪金不再可行时,增加附加福利是另一种出路。随着越来越多的学区制定详细的附加福利计划,相互竞争的学区面临着更大的压力,需要制定类似的计划来吸引和留住员工。

人们也越来越清楚地认识到,附加福利是不可征税的,这是对其扩张的另一个主要刺激因素。如果教师想要一定数额的人寿保险,由学区购买有两个好处:一是由于学区购买了很大程度的保障,保费会较低;二是教师将从他或她的净工资中支付保险费,净工资是纳税后剩余的美元金额。可是,如果由学区来支付保险费,教师就会有更多的工资留下来支付其他需要支付的费用,这就使得附加福利更加具有吸引力。

法律要求的福利

学区必须提供某些福利:社会保险费、州退休保险、失业补偿金及工伤事故补偿金。这些福利在员工退休或解雇时,或在工作场所发生伤害时,为其提供经济保障和保护;在员工死亡时,也为其家属提供抚恤金。

社会保障计划通常覆盖行政员工。教学和管理人员正常情况下参加州退休计划。社会保障是美国退休人员的主要收入来源,由在职员工定期缴纳保险费提供资金,按员工收入的百分比计算,并由用人单位进行匹配。已故员工家属的遗属抚恤金和无法获得有酬就业的员工的伤残抚恤金由社会保障局提供。

《社会保障法》是美国政府试图通过确保老年人最低生活水平来关心和保护老年人的一个重要方面。虽然社会保障经常被称为"保险计划"，但这是一个用词不当的问题。应该说，这是一个"转移计划"，利用一代人的资金来支持另一代人。我们，现在的在职员工，支付社会保障税，用于支持已经退休的工人、家属以及残疾人。重要的是，人力资源管理人员必须认识到，社会保障福利和计划本身都受立法约束。因此，一定会发生变化，必须不断监测，以确保有足够的预算拨款来满足这些潜在变化的需求。

大多数州的失业补偿法为失业者提供福利。为了符合领取这些福利的条件，人们通常向所在州就业机构提出领取失业福利的申请，并在该机构登记，表明愿意接受通过该机构提供的适当就业。此外，这个人必须在失业前至少工作了几周。

失业补偿金来源于对用人单位征收的税款，按用人单位工资总额的百分比计算。失业工人领取的福利按照个人以前的工资率加上以前的工作年限计算。失业补偿金是在有限的基础上提供的，通常为期26周。失业补偿金也服务于美国的整体经济，因为它在高失业率时期（如经济衰退发生时）提供了稳定的消费能力。

工伤事故补偿金是为在从事与工作相关的活动时，受伤或残疾的个人提供的福利。对受伤员工支付的福利是基于最低和最高支付的时间表，取决于所受伤害的类型。例如，手的损失要比手指的损失补偿更高的美元数额。同样，残疾津贴是根据个人当前的工资、未来的收入及其所负担的经济责任来计算的。

工伤事故补偿金计划的费用全部是由用人单位来承担的。尽管这些计划是由州法律规定的，但是获得工伤事故补偿保险的方法通常由用人单位自行决定，用人单位可以向公共或私人机构购买此类保护，或者通过自身保险计划提供保护。与社会保险和失业保险一样，工伤事故补偿金也要经过立法程序。因此，要求和福利肯定会随着时间的推移而改变。

在州法律规定的情况下，管理人员和教师的退休计划通常遵循其他保护计划的规定。按时缴纳的保险费是根据员工的工资计算的，通常由学区来匹配。基于按时缴纳保险费的福利在退休时享受，遗属抚恤金可用于已故员工的家属。

1986年，美国国会通过了《综合预算调和法案》（COBRA）。这是一项联邦法律，要求用人单位为其员工及其家属提供团体健康计划。在某些情况下，通常在保险范围不能覆盖的情况下,临时延长保险覆盖范围。除因严重失职行为而遭解雇,或者由于经济原因而下岗,或者被降低为兼职人员,从而通常会失去享受保险的权利,参加团体健康计划的员工,有资格继续享受保险。

员工的家庭成员在以下情况下有权继续享受保险:员工死亡;离婚或与员工的合法分手;医疗保险成为员工的基本医疗保障;解雇,下岗,或者兼职状态的人员;不再被视为该计划的受抚养子女。

这项法律规定了通告要求,员工或家庭成员必须为延长的团体健康计划支付保险费。根据特定的资格条件,延长保险期可以持续 18 个月、24 个月或 36 个月。

自愿附加福利

这种福利可以进一步分为保险计划、休假及服务。团体保险计划几乎可以满足所有人的需要;最常见的是医疗保险和住院保险、牙科保险、定期人寿保险、错误及疏忽保险以及视力保险。提供给员工的此类计划的数量取决于学区的财政状况和员工的意愿。学区通常受州法律限制,只为员工支付保险费。因此,想要将家属纳入此类保险计划的员工必须为此保险支付额外的保险费。

根据联邦法律和美国国税局的规定,学区可以设计"自助餐厅"式的附加福利计划,允许员工个人选择最符合他们需要的福利。此外,如果员工要承担其中一些项目的费用,他或她支付的保险费可以在征收联邦所得税之前从他的或她的工资总额中扣除。

这种对员工的税收优势以及从预先确定的列表中选择其福利的机会是这类计划非常可取的两个原因。这样一个项目的管理费用和不要求高比例人数参保的保险的可行性都是问题。例如,只有在员工参与率达到 60% 的情况下,公司才能为学区提供牙科保险计划。

"联邦税收资格计划"(免税)不能只提供给高收入员工。从 1997 年开始,"高收入员工"的定义被改为上一年收入超过 15 万美元的员工,或收入在员工中排名前 20% 的员工[17]。

员工们通常认为一个是理所当然的附加福利,却会给学区带来额外的开支,那就是休假。因此,病假、假期、带薪假期及公休假实际上是由学校系统自行决定提供的福利。在非常大型的学区,这笔花费的数额是相当可观的。

长期以来,企业一直在附加福利计划中认识到服务的价值。社会和娱乐活动、员工援助计划、健康计划、文化活动、信用合作社、公司自助餐厅、公司提供的上下班交通、学费报销以及儿童保育中心,都是许多大公司中仅有的几项服务。

学校系统通常提供更有限的服务。例如,休假这项服务很少被员工视为附加福利。在公共教育中最常见的服务是报销出席研讨会、专业会议及会议的费用、学费报销、免费午餐和咖啡。在一些地区,学生入学人数下降,因此,需要减少工作人员,于是,为教师提供了职业辅导,以帮助他们找到教育行业以外的工作而做准备。在大型学区,行政管理人员通常配备有地区所有权的汽车,当他们为学校事务而工作时可以使用,或者他们可以报销因办理学校事务而产生的汽车里程数的费用。

附加福利当然是薪酬计划的重要组成部分,作为大幅加薪的替代方案,附加福利正变得越来越重要。

管理式医疗保健

医疗费用继续以惊人的速度增长。管理式医疗保健是传统保险计划的一种替代方法,意味着保持高质量的医疗服务,但成本更低,效率更高。

管理式医疗保健协调患者周围的服务,从而产生一个更有效的交付系统。为了实现这一目标,学区必须雇用病例管理专家,他们的工作职责是评估需要大量和/或昂贵医疗的病例。作为聘请病例管理专家的替代方案,学区可以与专门从事第三方医疗保健管理专家的公司签订合同,这些专家与患者和医生一起工作,以确定医疗上合理但成本效益高的替代方案。一个常见的范例是制定一个计划,在充分地住院治疗后将门诊治疗纳入其中,而不是延长住院时间。这些专家还应制定鼓励健康生活方式和预防疾病的员工计划。对于一个学区来说,象征性收费向员工提供乳房 X 光检查或糖尿病检测可能是划算的。

有不同层次的管理式医疗保健。"利用率管理"试图控制学区健康福利计划的成本,最好通过重大疾病病例管理和利用率评估来实现。当员工患上重大疾病时,病例管理人员开始协助患者及其医生以最低成本获得最佳治疗效果。这可以包括在康复中心、疗养院或扩充护理机构或病人家中的门诊服务中进行护理。病例管理人员帮助协商这些设施的费率。

利用率评估通常包括评估所有准许住院的住院患者,门诊手术程序、住院患者药物使用情况以及住院患者的精神护理情况。其目的是确定这些服务在医学上是否健全。此外,在费用索赔前,病例管理人员会审查费用的准确性。

聘用病例管理专家或与第三方医疗保健管理人员签订合同的一种替代方案是学区加入管理式医疗网络。作为网络成员的医生同意某些收费准则以及符合一定的服务质量和收费准则的,属于该网络的医疗设施。该网络为学区提供有效的文书处理和成本信息,帮助学区进行财务规划。

有各种类型的网络。一种类型被称为"医疗优先供应商组织(PPO)"。医院和医生都属于这样的网络。医生在自己的诊所治疗病人。如果一个学区的员工选择该网络以外的一位医生或一家医院,大多数医疗优先供应商组织支付很少部分的账单。在该网络之外的医院和医生不能进行监控,以确保治疗质量,并进行成本控制。

第二种类型的网络是"健康管理组织(HMO)"。在这种设置中,每位患者都有一个网络初级保健医生,他们通过网络来对员工及其家属健康护理。为所有服务每月预付的固定费用是健康管理组织的另外一个重要特征。通常,健康管理组织是以四种模式组织起来的:小组、人员、个体实践和服务点。小组模式,是一组或几组医生在一个或多个地点为患者提供护理服务。人员模式,是医生实际上被健康管理组织聘用,并在一个或多个地点提供服务。个体实践模式,是健康管理组织与那些走出自己诊所进行治疗的医生签订合同。服务点模式,是健康管理组织允许学区员工选择该网络以外的医生,但是,员工需要支付很高比例的医药费。

许多医疗优先供应商组织和健康管理组织都有处方药计划,属于这两个组织的网络中的某些药店以较低的成本提供药物。这种网络也可以在医疗优先供应商组织和健康管理组织之外找到。

1996 年《健康保险流通与责任法案》

直到 1996 年 8 月 21 日,《健康保险流通与责任法案》(HIPAA)由比尔·克林顿总统签署为法律的时候,还几乎没有媒体报道。这项法律解决了大约 2500 万名美国人的需要,这些人或者因疾病而被拒绝参加医疗保险,或者因为他们本人、他们的配偶或他们的家属因先前存在的医疗状况,如糖尿病等而被拒绝参加医疗保险,从而不能更换工作。该法自 1997 年 7 月 1 日后的新计划年开始生效。以下是其主要条款：

- 如果用人单位的员工、配偶和家属被上一个用人单位的医疗保健计划覆盖12个月或18个月，而最近要参加新的用人单位的医疗计划，则新的用人单位应当立即为他们提供保险。

- 孕妇、新生儿和被安置在员工家中等待收养的孩子要立即为他们办理保险。

- 如果员工、配偶和家属各自在过去12个月或18个月内没有被上一个用人单位的医疗保险计划所覆盖，新的用人单位可以拒绝对一年前存在的状况进行覆盖。如果之前的保险期存在超过63天的中断，等待期可以重新开始。

- 用人单位可以将新员工、配偶及家属限制在与前一个用人单位相同的保险范围内，即使其他员工有额外的保险。

- 新用人单位的医疗保健计划可能会排除某些疾病的保险范围，并可能对福利范围设置上限。

- 地方和州政府的医疗保健计划可以免除这项法律的约束。

- 只要这些修改适用于所有员工，用人单位可以对其计划进行保费调整，或增加自付额和免赔额，以抵消高额索赔。

- 如果新的用人单位不提供医疗保健计划，学区所在的州负责向个人、配偶以及他们的家属提供无限制的个人健康保险政策选项，他们在以前的用人单位参加了至少十八个月的集体医疗计划。

这项法律并没有解决那些没有保险的人的需要，因为他们付不起保险费。此外，拥有长期护理保险的个人可以获得保险费和护理费用的税收减免。最后，该法授权了一个试点计划，即医疗储蓄账户，作为个体经营者和小公司员工传统医疗保险政策的替代方案。该法律还要求医疗计划涵盖遗传缺陷引起的疾病。此外，由于参与娱乐活动或滑雪等业余爱好造成的事故现在必须纳入医疗保健计划[18]。

学区现在必须要求他们的保险公司删除因为预先存在的医疗条件而歧视员工、他们的配偶及他们的家属的保险政策的相关规定。小型学区也可以申请医疗储蓄账户。

医疗储蓄账户

为了试图控制不断上涨的医疗保健成本，《健康保险流通与责任法案》建立了一个试点"医疗储蓄账户（MSA）"计划。该计划始于1997年，并持续到2000年，在此之后,已经设立了医疗储蓄账户的学区的员工被允许继续执行该计划。为了符合资格,一个学区必须提供一个大幅减免的医疗保健计划,并且必须满足"小公司"的称号。在这种方法下,员工可以选择他们想要的医生、医院以及治疗方案。重大疾病由学区保险公司支付,而从员工医疗储蓄账户中提取的钱则用于支付小额医疗费用。高免赔额的医疗保险比低免赔额的保险产生的保费要低得多。高免赔额计划是指年免赔额至少为 1500 美元,但单人保险不超过 2250 美元,或家庭保险至少达到 3000 美元但不超过 4500 美元的计划。因此,学区可以购买高免赔额的医疗保险,并用省下来的钱为每位员工建立一个医疗储蓄账户。此外,员工可以授权学区从他或她的工资支票中扣除一定数额的钱,然后将税款评估在医疗储蓄账户中,以便为受抚养的配偶和/或子女支付小额的医疗费用。如果达到免赔额,医疗保险公司支付所产生的费用。

符合小公司称号的学区是指在前一年或前两年员工人数不超过 50 人的学区。这样的学区可以继续为新员工,或者为那些以前没有医疗储蓄账户的员工建立医疗储蓄账户,直到该学区的员工人数达到 200 人的下一个年度。到达这个人数后,就不能再建立新的医疗储蓄账户了。

医疗储蓄账户由员工管理,员工每年可通过学区缴纳额外费用,用于其受抚养人的保险。该账户应该是有利息的,未用的资金加上员工缴纳的额外费用和利息,总金额会变多。员工可以因为非医疗的目的取款,但这样的取款需要交税并且会被处罚。

据估计,每年只有 5% 至 10% 的员工将会达到免赔额。参加医疗保险的已经离职的员工可以选择接受医疗保险,并且从医疗保险基金中获得一大笔拨款存入医疗储蓄账户中。

医疗储蓄账户的优势是相当多的,最明显的几个优势如下面所列:

- 国家降低医疗成本;
- 为用人单位增加了储蓄;
- 为员工增加了储蓄;
- 用于医疗和非医疗费用的退休储蓄;
- 患者对医疗选择的控制权;
- 为转业人员及他们的受抚养人提供医疗保险(可携带性)[19]。

购买医疗及相关保险

在大型学区,采购附加福利保险通常是采购部门的职责,同时员工福利主任在很大程度上也参与了这项职责,他向人力资源负责人助理汇报工作。在中型学区,可能会指派一名负责人助理承担这个职责,而在小型学区,学校负责人可能会执行这个采购过程。当然,许多学区聘请保险顾问或经纪人(被禁止投标),以帮助制定投标规范,也可以监督投标过程,包括分析投标价格[20]。

医疗行业正经历着一个重大变革和调整时期。附录8.6列出了在制定典型医疗保健计划时必须考虑的保险类型。

附录8.6 典型医疗保健计划的保险类型

医生与医院的选择	就诊及补充性的意见
年度免赔额	物理治疗及职业治疗
自付额	医院服务
预防性护理	妇幼保健
常规体检	产前检查
妇科检查	产后保健
眼科检查	分娩
免疫接种	精神健康福利
婴儿和儿科护理	门诊病人
儿科牙科检查	住院病人
健康教育	急救医疗
家庭治疗	处方药和药物
医生治疗	离家护理
诊断服务(包括X射线和化验)	员工的最高现付成本
诊疗服务	员工索赔的最高成本
门诊病人	

保险代理人和经纪人

"保险单"是保险公司和学区之间的合法合同。保险单的条款通常由第三方

(保险代理机构或经纪人)制定。大多数保险公司在美国代理制度下开展业务,因此,他们与特定地区的个人签订合同。这些个人被称为"代理人",因为他们被授权发行保险单、收取保险费并征集续保。独立代理人代表几家保险公司,而独家代理仅代表一家公司。

保险经纪人不与任何特定的保险公司签订合同,他们是自由职业者。因此,经纪人为客户购买保险。经纪人可以直接从保险公司购买保险,或通过保险代理人开展业务。因此,"代理人"与"经纪人"之间的主要区别在于代理人可以代表公司做事。如果一个代理人说,在保险单发行之前,学区的保险就按照保险单上规定的条款生效了,那么它就生效了。而经纪人必须收到保险公司对保险范围的书面证明,保险才算生效。

选择保险公司

在美国,确实有数千家保险公司出售某种形式的医疗保险和相关保险。公司因为其财务能力,在保证及时和准确地处理赔付上,差别很大。此外,处理自保险学区赔付过程的第三方管理公司依据他们的财务偿付能力和业绩,也不尽相同。

因此,当收到医疗保险和相关服务保险公司或第三方管理公司的投标书时,必须向享有盛誉的评级公司核查他们的业绩和财务偿付能力。美国公认的评级公司包括新泽西州奥德维克的贝氏、芝加哥的道衡、纽约的穆迪以及纽约的标准普尔。这些评级公司根据他们的业绩和生存能力,向个人保险公司授予信用等级。贝氏评级公司授予从顶级 A＋＋到低级 F 的一系列等级;道衡使用 AAA 到 CCC 的等级;穆迪授予的级别从 AAA 到 C;标准普尔使用 AAA 到 R 的等级。希望获得评级的保险公司必须向评级公司支付年费,因此,许多保险公司可能不会要求每个评级公司提供评级。因此,学区应在投标过程中要求保险公司明确其评级的一家或多家评级公司。然后,学区可以直接拿着提交投标的保险公司名单联系相应的评级公司。评级公司可能会向学区收取服务费。

招标文件方案中的规范应以这样的方式编写:学区可以选择一家公司提供所有医疗和相关保险,或者选择几家公司,每家公司提供不同的保险服务。在选择一家或多家医疗及相关保险公司或第三方公司时,以下标准应构成最低要求:在至少两个其他学区提供同等数量的员工和类似福利的保险或管理的成功经验,来自其他学区的书面参考资料,说明已及时、准确地处理了赔付,为员工提供了有关保险范围及赔付过程的有用沟通资料,证明学区将只需提供合理的行政协助,为学区及员工提供可负担得起的保险费,以及保险公司或管理公司在确定未来保险费时将使用准确和适当数据的证据。

当然,学区为医疗和相关保险支付的保险费与保险所涵盖的员工群体的赔付经历之间有着直接的联系。当赔付金额较高时,保费相应较高。大多数保险公司是"营利机构",因此,保险费就意味着公司的利润。保险费还包括足够的钱,不仅用于支付索赔,而且还为现金流建立储备金。此外,如果学区接受投标并将合同授予另一家保险公司,保险费还包括储备金,用于支付未决赔款。

如果医疗保险和相关保险项目有一个免赔额,在学区的保险计划可以索赔之前,必须由员工支付,那么,学区在财政上就有很大的优势。学区支付的保险费金额与免赔额的大小存在直接关联。例如,如果员工必须支付前250美元的医疗费用,学区支付的保险费将少于员工只需支付前100美元的费用。原因很明显,赔付是在100美元之上而不是250美元之上时进行。学区要求对所有保险费相关的附加福利有免赔额的几个重要原因包括:

- 免赔额鼓励员工在控制费用方面负有一定责任。
- 免赔额可以避免赔付纠纷。
- 免赔额有助于保持该学区的保险计划具有竞争性。
- 免赔额有助于降低管理成本。

如果学区的医疗和相关保险计划中纳入了自付额部分,则自付额是免赔额的一种替代方法,同时也使学区具有财务优势。例如,一个学区的计划可能需要为看一位医生的门诊支付10美元的费用;然后,保险计划将支付这次门诊费用的剩余部分。自付额的方法非常普遍地应用于处方药和药物治疗方面。和免赔额一样,自付额也鼓励员工在控制医疗费用方面更加具有责任感。

即使学区有自筹资金的医疗和相关保险计划,免赔额和自付额也可以具有前面提到的同样的优势。学区建立这种医疗计划的唯一最重要的原因是为了节约开支,通常有两方面的考虑:第一,学区用于缴纳保险费的资金不会产生利润;第二,从学区收入中划拨出来的用于医疗和相关福利的资金可以进行投资,利息有利于在没有大额赔付的情况下降低福利计划的成本。

可是,自筹资金的自保险方式需要学区购买"止损保险",购买这个保险的目的是用于支付由重大疾病而产生的赔付费用的一部分,重大疾病产生的赔付金额将大大耗费为保险赔付而预留的资金池。通过学区的自筹资金计划支付一定金额后的个人赔付与支付一定金额后的合计赔付,应当购买止损保险。例如,早产导致的昂贵的住院费用。止损保险支付超过 10 万美元(或学区规定的任何其他限额)的那部分住院费用。此外,止损保险还可以为所有员工的保险赔付总计超过三百万美元的费用。止损保险费的费用取决于学区在赔付过程中支付的金额。很明显,学区支付的赔付金越多,学区支付的止损保险费就越少。

在集体谈判员工福利的那些学区,这些问题受主协议的影响。如果学区及其员工没有集体谈判或在谈判中没有包含这些福利,学区负责人成立一个员工咨询委员会就非常有必要,这个委员会负责审查学区的医疗保健及相关计划,提出改善福利和控制成本的建议,审查投标福利保险的规范,审查投标分析,并通过员工福利主任向人力资源负责人助理提出建议。

工作场所中的健康风险

美国很多学区面临的一个主要问题是工伤事故补偿金的费用不断地上涨。20 世纪早期,在工作中受伤的工人不得不自掏腰包来支付医疗费用,并且在康复期间可能还拿不到工资。如果一个工人受到的伤害很严重,需要很长的时间来恢复,他或她很可能在恢复之后失去工作。1910 年左右,个别州开始采用工伤事故补偿金的各种不同的制度,这项补偿金要求用人单位不管是谁的过错,都要补偿在工作中受伤的工人。作为回报,工人不能起诉他们的工作单位[21]。

从 21 世纪初开始,与工伤事故补偿金相关的医疗费用大幅上涨,可能有以下三方面的原因:第一,为了试图控制一般医疗保健成本,用人单位已经启动了成本削减措施,如更高的免赔额、自付额、病例管理、利用率审查以及利用健康管理组织和医疗优先供应商组织。尽管这些措施控制了一般医疗保健的费用,但是,员工现在使用通常支付医疗总费用的工伤事故补偿金,在开始采取削减费用措施之前获得同等水平的福利。第二,最初的“无过错”方法已经恶化为一个庞大的法律官僚机构,律师和法官已经成为工伤事故补偿金案件的中心人物。最后,工作场所的性质发生了巨大的变化,产生了更复杂的损伤,如腕管综合征(手腕长期受力压迫神经引起手和手指疼痛)[22]。

对于学区员工来说,存在三种主要的健康风险:

1. 学校设施环境风险。氡气;饮用水中的铅;地砖及其他建筑材料中的石棉;烟草烟雾;真菌、霉菌和孢子;杀虫剂;以及含有多种有害化学物质的清洁材料。

2. 暴力。今天,教师和工作人员正在与有暴力行为史的学生一起工作。帮派的出现是造成针对教师和工作人员的暴力行为日益增多的一个因素。

3. 传染性疾病。与孩子们一起工作,存在感染传染性疾病的风险。对于特殊教育教师来说,他们的工作对象是那些身患多发性或身体残疾的孩子,他们也有背部受伤的风险,因为这些孩子中有许多必须从一个地方抬到另一个地方[23]。

员工需要并想要健康信息,以帮助他们管理工作环境,使他们能够有尽可能多的健康意识。人力资源管理人员有责任制定方法,以向员工提供这些信息。这些信息可以防止员工受伤或者感染疾病[24]。

正如第一章中所述,附加福利管理是人力资源职能的一个组成部分,并且由于工伤事故补偿金是如此错综复杂、花费高的一项附加福利,越来越多的学区已经设立了风险经理这个职位,他通常向人力资源负责人助理汇报工作,他的职责是识别并评估学区存在的风险。学区的保险代理人或经纪人或承销商将会协助风险经理进行审查,以确定学区工作过程中可能存在的伤害。当然,审查的目标是发现可能存在的风险,并将它们消除或降到最低程度[25]。例如,如果一所学校存在帮派问题,处理这个问题最合适的方法是制定一个全面安全计划。该计划的实施可能需要雇佣安保人员,制定帮派预防或自尊课程,针对高危学生实施特殊预防计划,增加就业机会和毒品教育,加强课外和娱乐活动。开发这样一个安全程序是风险管理主任的职责[26]。

降低或消除风险的方法的第二个例子是全面的员工发展计划。例如,维修和保管人员可能会使用危险设备和有害化学品。制造商的销售代表或化学清洁剂的分销商通常可以为这类员工提供设备和补给品正确使用方法的培训。

最后,如果不可能消除或大幅降低风险的存在,就必须制定程序,以确保工伤事故补偿金计划的有效性,来满足员工的需求。

对中小型学区的影响

对中小型学区的影响与对技术的影响以及技术如何支持学区的薪酬计划紧密

相关,因为所有学区对薪金、工资以及附加福利管理的要求都是一样的。当然,不同之处是员工的数量,但是,政策、程序以及要求所起到的作用是相同的。

尽管学校负责人可能具有电子技术的技能,他或她还是需要一位顾问或咨询公司的协助来安装计算机软件,为所有员工提供薪酬信息和访问权限。这一访问权限至关重要,因为在中小型学区,直接访问工资和福利计划能够锻炼员工直接掌控其工资和附加福利。例如,如果员工生育或领养了一个孩子,他或她可以通过学区的内部网络很容易地将新的家属加入医疗和医院保险计划中。

了解并理解强制性的附加福利,如工伤事故补偿金、产假、失业补偿金以及《综合预算调和法》的规定,对一些员工来说显然很重要。因此,通过使这些信息易于访问的技术来保护员工权利。

年轻教师和管理人员对薪酬体系的影响

与其他几代人一样,年轻教师和校长们都希望自己的工作得到公正的回报。然而,年轻教师和管理人员似乎更经常地表达出在职业生涯中寻找新目标的愿望。但这并不意味着年轻教师和管理人员与其他几代教师和管理人员之间存在很大的差别,而是年轻一代具有一种强烈的愿望,希望职业生涯活动有明显的目的性。这在一定程度上是一个挑战,因为在教育孩子方面,往往很难在近期看到有意义的进展。

作为一个学区的员工,年轻教师和管理人员肯定希望自己的表现得到经济奖励,并且很看重薪金和附加福利。因此,他们往往喜欢将自己的薪金和附加福利与其他学区的教师和管理人员的薪金和附加福利进行比较。如果有机会的话,他们很可能会准备好申请那些较富裕学区的职位。薪金和附加福利可以看作是一个学区对其员工价值的象征。员工最期待的附加福利是医疗、住院、牙科以及人寿保险,同样还有学费报销。

于是,为了雇佣并留住年轻教师和管理人员,重要的是利用他们对有目标的职业的渴望,通过发展非经济奖励来补充他们对更高工资和更好福利的渴望。因此,年轻教师和管理人员将非常重视参与制定学区政策的机会,并在履行其专业职责时拥有更多的自主权并担负更大的责任。另外,年轻员工希望有机会在职业生涯中取得进步,并高度重视职业发展活动。

总　结

心理学家早就认识到需求的满足是所有人类行为背后的主要动力。为了满足需要,人们通常以他们认为符合自己最大利益的方式做事情。一位懂得人的动力和员工认为的符合他们最大利益的东西是什么的人力资源管理者,能够制定出符合学区实际情况的薪酬制度。

学区管理人员应该建立将学区的目标与员工的行为相联系,同时又有助于实现员工个人目标的薪酬制度。

在制定薪酬计划时,有五个变量必须被考虑在内:员工绩效、努力、资历、技能及职位要求。但是,奖励绩效必须是薪酬计划的主要实现目标。

一个有效的薪酬计划必须既包括内在薪酬,也要包括外在薪酬。内在薪酬包括与工作环境质量相关的奖励;它们可能包括参与决策过程,增加责任感和提高工作自主权。外在薪酬分为直接薪酬和间接薪酬。直接薪酬是通常谈到的薪金或工资;间接薪酬更多是指附加福利。非现金性薪酬已经在一些学区出现了,并且只受到管理层想象力的限制。它是专门为满足员工个体的需求而设计的。例如,可能会为一位注重身份地位的员工预留一个专用停车位作为杰出绩效的一种奖励措施。

只有将以下原则纳入薪酬政策,才能有效地管理直接薪酬(薪金和工资):必须识别出不同职位所需的技能;薪金必须具有竞争力;薪金增加的主要关注点是提高绩效;工资表必须每年审查一次。

所有薪酬政策面临的一个重要的疑问是:“金钱是否具有激励作用?”一个由经验和研究结论支持的可接受的结论是,如果很明确是通过加薪来奖励绩效,那么金钱确实会影响到绩效表现。

薪金和工资管理还涉及许多其他问题,必须引起人力资源管理人员的注意。这些问题对薪酬政策的制定有影响,包括公开披露薪金、薪酬方案、薪酬和绩效的公平性、收集社区工资数据的技巧、向学校委员会提出薪酬建议的方法、工资扣除额、员工对薪酬决策的反应、适当的工资发放周期、年度工资审核以及工资表的建立。

间接薪酬,或者称为附加福利,可以定义为所有员工都可以获得的福利,并且有助于学区吸引和留住优秀的员工。一些附加福利是法律规定的,包括社会保障、州退休计划、失业保险及工伤事故补偿金。

联邦法律要求为员工及其家属提供团体健康计划的学区在通常保险范围不覆盖的特定条件下,临时提供扩大保险范围的服务。

自愿附加福利可分为保险计划、休假以及服务。团体保险计划几乎适用于所有人的需要,包括医疗和住院保险、牙科保险、定期人寿保险、过失与疏忽保险以及视力保险。

员工通常认为理所当然的附加福利是休假,包括病假、假期、带薪假期以及公休假。同样,学区提供的某些服务实际上是附加福利,包括为员工支付参加研讨会、专业会议及会议的费用,学费报销及免费午餐。行政管理人员通常可以使用学区的汽车或获得里程奖励。入学人数减少的地区,正在为教师们提供职业咨询的服务,以帮助他们寻找教育行业以外的工作。

医疗费用继续以惊人的速度增长。管理式医疗保健是传统保险计划的一种替代方法,旨在保持高质量的医疗服务,但成本更低,效率更高。许多学区聘请病例管理专家,他们的工作职责是帮助控制成本,同时还为学区员工提供优质的医疗保健服务。作为此方法的替代方案,地区可以与第三方医疗管理公司签订合同或加入管理式医疗保健网络。

美国许多学区面临的一个主要问题是工伤事故补偿金的上涨。对于学区员工来说,健康风险主要有三大类:环境风险、暴力风险以及由于与学生一起工作而感染传染病的风险。许多学区都设立了风险经理的职位,其职责包括识别风险,然后制定计划,将风险降到最低程度。

员工福利主任负责监督福利部的员工。当然,这位主任向人力资源负责人助理汇报工作。作为大幅加薪的替代方案,附加福利将继续在补偿员工方面发挥重要作用。

 自评测验　这里是一份自主评分性质的自评测验。

问题讨论与陈述

1. 你制定的薪酬计划都包括哪些内容?

2. 描述影响薪酬计划的变量。

3. 定义"直接薪酬",并阐述在制定薪酬计划方面应该考虑哪些因素。

4. 确定并描述最常见的强制性与自愿性附加福利。

5. 薪酬与员工高绩效水平之间的关系是什么?

建议的活动

1. 你是一个超过5000名员工的大都市学区的员工福利主任。你们学区所在的州不具有针对公职人员的强有力的集体谈判法律条款。以书面形式,制定一个流程,你可以用它来创建一个自愿的附加福利计划。

2. 采访一个学区负责薪资的办公室,讨论如何保持职位控制,以确保组织内部的人员不能创建一个虚构的员工领工资。

3. 向一个学区的人力资源管理人员询问情况,了解人事预算中工人赔偿的比例是多少,并讨论这个比例是否合理。

4. 找一些关于工作场所健康风险的网站。同时,采访一名人力资源管理人员,了解进行安全和安全审计的最有效的方法。

5. 亲自或以电话方式采访一名人力资源管理人员,探讨管理型医疗保健的优势。

问题情境反思性行动

既然你已经阅读并学习了这一章,你将如何着手制定一项行动计划,解决面向所有员工、特别以教师为重点的整体薪酬方案?

尾 注

1. Pamela Babcock, "Find What Workers Want," *HR Magazine*, 50, no. 4 (April 2005): 50 – 57.

2. David A. DeCenzo and Stephen P. Robbins, *Fundamentals of Human Resource Management*, 9th ed. (Hoboken, NJ: John Wiley, 2007), 286 – 300.

3. Julia E. Koppich, "All Teachers Are Not the Same: A Multiple Approach to Teacher Compensation," *Education Next*, 5, no. 1 (Winter 2005): 13 – 15.

4. Arlene Ackerman, "Do the Math: Rethinking Teacher Compensation: Can We Afford Not to Change the Way We Pay Them?" *College Board Review*, no. 208 (Spring 2006): 34 – 37.

5. William C. Cunningham and Paula A. Cordeiro, *Educational Administration: A Problem-Based Approach*, (Boston: Allyn & Bacon, 2000), 307.

6. Zhijuan Zhang, Deborah A. Verstegen, and Hoe Ryoung Kim, "Teacher Compensation and School Quality: New Findings from National and International Data," *Educational Considerations*, 35, no. 2 (Spring 2008): 25 – 26.

7. Eileen M. Kellor, "Catching Up with the Vaughn Express: Six Years of Standards-Based Teacher Evaluation and Performance Pay," *Education Policy Analysis Archives*, 13, no. 7 (January 23, 2005): 3 – 17.

8. DeCenzo and Robbins, *Fundamentals of Human Resource Management*, 296 – 297.

9. Janet Stites, "Equal Pay for the Sexes," *HR Magazine*, 50, no. 5 (May 2005): 65 – 69.

10. Marilyn J. Amey and Kim E. VanDerLinden, "Merit Pay, Market Conditions, Equity, and Faculty Compensation," *NEA 2002 Almanac of Higher Education*.

11. DeCenzo and Robbins, *Fundamentals of Human Resource Management*, 288, 297.

12. Edward J. McElroy, "Teacher Compensation: What Can Be Done to Maintain

(and Improve) Teachers' Wages and Benefits?" *Teaching K - 8*, (August/September 2005).

13. Susan E. Morgan, Tom Reichert, and Tyler R. Harrison, *From Numbers to Words: Reporting Statistical Results for the Social Sciences*, (Boston: Allyn & Bacon, 2002), 1 - 4.

14. Eric A. Hanushek, "The Single Salary Schedule and Other Issues of Teacher Pay," *Peabody Journal of Education*, 82, no. 4 (2007): 579 - 584.

15. Ronald W. Rebore and Angela L. E. Walmsley, *An Evidence-Based Approach to the Practice of Educational Leadership*, (New York: Pearson Education, 2007), 6 - 12.

16. Small Business Regulatory Enforcement Fairness Act of 1996, www. sba. gov/advo/laws/sbrefa(as of 2009).

17. Internal Revenue Service, www. irs. gov.

18. Health Insurance Portability and Accountability Act of 1996, www. hhs. gov/hipaa.

19. Health Insurance Portability and Accountability Act of 1996, "Medical Saving Accounts," www. hhs. gov/hipaa/msa.

20. Rebore and Walmsley, *An Evidence-Based Approach to the Practice of Educational Leadership*, 218 - 223.

21. DeCenzo and Robbins, *Fundamentals of Human Resource Management*, 318 - 319.

22. New York State Workers' Compensation Board, www. wcb/nys. gov.

23. Vern Brimley, Jr., and Rulon R. Garfield, *Financing Education in a Climate of Change*, 10th ed. (Boston: Pearson Education, 2008), 341 - 343.

24. Lin Grensing-Pophas, "Health Education Turns Proactive," *HR Magazine*, 50, no. 4 (April 2005): 101 - 104.

25. William G. Cunningham and Paula A. Cordeiro, *Educational Leadership: A Bridge to Improved Practice*, 4th ed. (Boston: Pearson Education, 2009), 346.

26. Brimley and Garfield, *Financing Education in a Climate of Change*, 351 - 353.

参考文献

Ackerman, Arlene. "Do the Math: Rethinking Teacher Compensation: Can We Afford Not to Change the Way We Pay Them?" *College Board Review*, no. 208 (Spring 2006): 34 – 37.

Amey, Marilyn J., and Kim E. VanDerLinden. "Merit Pay, Market Conditions, Equity, and FacultyCompensation." *NEA 2002 Almanac of Higher Education.*

Belfield, Clive R., and John S. Heywood. "Performance Pay for Teachers: Determinants and Consequences." *Economics of Education Review*, 27, no. 3 (2008): 243 – 252.

Buchanan, Larry M. "Agents of Change for Health Care Reform." *Leadership*, 36, no. 5 (May/June 2007): 18 – 21.

Clark, Robert L., and Madeleine B. d'Ambrosio. "Recruitment, Retention, and Retirement: Compensation and Employment Policies for Higher Education," *Educational Gerontology*, 31(2005): 385 – 403.

Condrey, S. E., Facer II, R. L., and Llorens, J. J. "Getting It Right: How and Why We Should Compare Federal and Private Sector Compensation." *Public Administration Review*, 72, no. 6(2012): 784 – 785. doi:10. 111/j. 1540-6210. 2012. 02664. x.

Cooke, Willa D., and Chris Licciardi. "Principals' Salaries, 2007 – 2008." *Principal*, 87, no. 5 (May/June 2008): 46 – 51.

David, Jane L. "Teacher Recruitment Incentives." *Educational Leadership*, 65, no. 7 (April 2008): 84 – 86.

Durante, Robert, and Jason Willis. "The Benefits Dilemma: Rising Healthcare and Pension Costs Squeezing Education Resources." *School Business Affairs*, (November 2005).

Garvey, Charlotte. "Philosophizing Compensation." *HR Magazine*, 50, no. 1 (January 2005): 73 – 78.

Goldhaber, Dan, Michael DeArmond, Daniel Player, and Hyung-Jai Choi. "Why

Do So Few Public School Districts Use Merit Pay?" *Journal of Education Finance*, 33, no. 3 (Winter 2008):262 – 289.

Gratz, Donald B. "Lessons from Denver: The Pay for Performance Pilot." *Phi Delta Kappan*, 86, no. 8 (April 2005): 568 – 581.

Greene, Jay P., and Marcus A. Winters. *How Much Are Public School Teachers Paid?* New York: Center for Civic Innovation, 2007.

Grensing-Pophas, Lin. "Health Education Turns Proactive." *HR Magazine*, 50, no. 4 (April 2005):101 – 104.

Hanushek, Eric A. "The Single Salary Schedule and Other Issues of Teacher Pay." *Peabody Journal of Education*, 82, no. 4 (2007): 574 – 586.

Jacobson, Linda. "Proposal Seeks Health-Insurance Savings." *Education Week*, 27, no. 6 (October 3,2007): 20 – 21.

Joiner, Lottie L. "Life-Saving Lessons: What Have Schools Learned since Columbine about Keeping Students Safe?" *American School Board Journal*, 189, no. 3 (March 2002): 14 – 18.

Jupp, Brad. "The Uniform Salary Schedule: A Progressive Leader Proposes Differential Pay." *Education Next*, 5, no. 1 (Winter 2005): 10 – 12.

Kellor, Eileen M. "Catching Up with the Vaughn Express: Six Years of Standards-Based Teacher Evaluation and Performance Pay." *Education Policy Analysis Archives*, 13, no. 7 (January 23, 2005): 1 – 27.

Kersten, Thomas A., and Mohsin Dada. "Skyrocketing Healthcare Costs: Is There a Cure?" *School Business Affairs*, (October 2005).

Koppich, Julia E. "All Teachers Are Not the Same: A Multiple Approach to Teacher Compensation." *Education Next*, 5, no. 1 (Winter 2005): 13 – 15.

Landolfi, Emilio. *Alternative Teacher Compensation Systems*. Kelowna, British Columbia, Canada: Society for the Advancement of Excellence in Education, 2003, 1 – 93.

McElroy, Edward J. "Teacher Compensation: What Can Be Done to Maintain (and Improve) Teachers' Wages and Benefits?" *Teaching K-8*, (August/September 2005).

Progressive Policy Institute. *Better Pay for Better Teaching: Making Teacher Com-*

pensation Pay Off in the Age of Accountability. Washington, DC: Author, 2002.

Siems, F. U. , Goelzner, H. H. , and Moosmayer, D. C. "Reference Compensation: A Transfer of Reference Price Theory to Human Resource Management." *Review of Managerial Science*, 6, no. 2(2012): 103 – 129.

Solomon, Lewis C. "Recognizing Differences: Let's Reward the Good Teachers." *Education Next*, 5, no. 1 (Winter 2005): 16 – 20.

Stites, Janet. "Equal Pay for the Sexes." *HR Magazine*, 50, no. 5 (May 2005): 64 – 69.

Taggart, Nina. "A New Competitive Advantage: Connecting the Dots between Employee Health and Productivity." *Benefits and Compensation Digest*, (June 2009).

Taylor, Lori L. "Comparing Teacher Salaries: Insights from the U. S. Census." *Economics of Education Review*, 21, no. 1 (2008): 48 – 57.

Trainor, Charles K. "Ensuring You're Insured." *American School Board Journal*, 195, no. 1 (January2008): 40 – 41.

U. S. Department of Education, Office of Educational Research and Improvement. *Teacher Incentive Programs in the Public Schools*, Washington, DC: Author, 1989.

U. S. Department of Education, Office of Educational Research and Improvement/ Educational Information Branch. *Teacher Salaries: Are They Competitive?* Washington, DC: Author, 1993.

Zembylas, Michalinos, and Elena Papanastasiou. "Job Satisfaction among School Teachers in Cyprus." *Journal of Educational Administration*, 42, no. 3 (2004): 357 – 374.

Zhang, Zhijuan, Deborah A. Verstegen, and Hoe Ryoung Kim. "Teacher Compensation and School Quality: New Findings from National and International Data." *Educational Considerations*, 35, no. 2 (Spring 2008): 19 – 28.

附　录

职位描述调查表①

Ⅰ. 基本信息

1. 你的姓名：＿＿＿＿＿＿＿＿＿＿＿＿＿＿＿＿　　日期：＿＿＿＿＿＿＿＿

　　　　名字　中间姓氏或婚前姓氏　姓氏

2. 你的职位名称：＿＿＿＿＿＿＿＿＿＿＿＿＿＿＿＿＿＿＿＿＿＿＿＿

职位开始时间(日期)：＿＿＿＿＿＿＿＿＿＿＿＿＿＿＿＿＿＿＿＿

3. 据你所知,这个职位曾经使用过其他职位名称吗? 如果有,都使用过什么职位名称? ＿＿＿＿＿＿＿＿＿＿＿＿＿＿＿＿＿＿＿＿＿＿＿＿

＿＿＿＿＿＿＿＿＿＿＿＿＿＿＿＿＿＿＿＿＿＿＿＿＿＿＿＿＿＿＿＿＿

4. 你的职位属于哪个更大的部门(例如,工商管理处、学校管理处、教学处)?

＿＿＿＿＿＿＿＿＿＿＿＿＿＿＿＿＿＿＿＿＿＿＿＿＿＿＿＿＿＿＿＿＿

＿＿＿＿＿＿＿＿＿＿＿＿＿＿＿＿＿＿＿＿＿＿＿＿＿＿＿＿＿＿＿＿＿

5. 你的职位属于哪个具体的群组(办公室、部门、学校)? ＿＿＿＿＿＿＿

＿＿＿＿＿＿＿＿＿＿＿＿＿＿＿＿＿＿＿＿＿＿＿＿＿＿＿＿＿＿＿＿＿

6. 每天正常工作时间:从＿＿＿＿＿＿　到＿＿＿＿＿＿＿＿＿＿＿＿

7. 你的直接主管的姓名及职位名称是什么? (例如,谁为你安排日常工作及你向谁汇报工作。)

　　职位名称：＿＿＿＿＿＿＿＿＿＿　姓名：＿＿＿＿＿＿＿＿＿＿＿

8. 如果你的直接主管不是你的部门领导,那么,你的部门领导的职位名称和姓名是什么? (如果是同一个人,则填写"相同"。)

　　职位名称：＿＿＿＿＿＿＿＿＿＿　姓名：＿＿＿＿＿＿＿＿＿＿＿

9. 你直接领导的人的职位名称和姓名是什么? (例如,你给谁安排工作任务及

----

①改编自查尔斯·威廉·福斯特和吉恩·M. 泰勒编辑的《工资和薪金管理:学校商业官员手册》,国际学校商业官员协会,1968 年,芝加哥,伊利诺伊州。

谁向你汇报工作进展？如果没有这样的人，则填写"无"。）

职位名称：_____　部门：_____　姓名：_____

10. 你为哪些员工做日常培训或指导他们的工作？

发生的次数（每周，每月，一年几次）：_____

仅培训或指导新员工　参加培训的部门：_____

职位名称：_____

11. 在学校系统中，一个人通常会考虑从你的职位升迁到什么职位？

_____

12. 在学校系统内，你认为哪些工作或职位的责任与你的相同？

_____

_____

13. 你现在被分配到的部门、局、科或办公室的哪个职位是你接下来负有更多责任的职位？

_____

_____

Ⅱ．你的职能及职责

1. 你的职位的基本职能或目的是什么？（例如，为_____部门提供打字协助；接待所有进入大楼的人，并引导他们去想去的办公室；指导并协调教学计划的实施。）

_____

_____

2. 在你的职位，你需要完成哪些日常工作或安排的职责？（请列出所有你能想到的工作职责，并尽可能具体描述，例如，擦玻璃、准备采购申请、召开员工会议。）用代码字母表示完成的频率，如下所示：

每天或每周几次　　　　　代码"D"

每周　　　　　　　　　　代码"W"

每月　　　　　　　　　　代码"M"

一年中偶尔几次　　　　　代码"Y"

工作职责：_____　　　代码：_____

3. 你在工作中使用哪些需要特殊技能的机器设备?

频率(勾选其中一项)

连续使用	经常使用	偶然使用
_____	_____	_____
_____	_____	_____

4. 你在工作中需要使用哪些非机器设备的特殊技能?(例如,记账、创造性写作、高等数学等。)

频率(勾选其中一项)

连续使用	经常使用	偶然使用
_____	_____	_____
_____	_____	_____

5. 你完成了几年级的教育?(勾选其中一项)

8 年级(或以下) _____

9 年级 _____

10 年级 _____

11 年级 _____

12 年级 _____

或相当于以上年级的特殊课程 _____

达到

高中毕业后 1 年特殊课程 _____

高中毕业后 2 年特殊课程 _____

高中毕业后 3 年特殊课程 _____

高中毕业后 4 年特殊课程 _____

大学 1 年学习 _____

大学 2 年学习 _____

大学 3 年学习 _____

大学 4 年学习 _____

大学 5 年学习 _____

大学 6 年学习 _____

大学 7 年或更长时间学习 _____

6. 如果你已经完成了学院或大学的学习,你取得了什么学位,是哪个专业领域

的? _____

7. 你还参加过上面没有提到的其他课程的学习吗? 这些课程使你能够胜任你目前的工作或学校系统内的其他工作吗? (请说明课程的类型,学习时间长度,等等。)_____

_____

8. 你的工作要求准确度或在接近的准确度范围内工作吗? 是或否_____

如果是,以下哪一项最贴切地描述了你可能会犯的错误的后果?

_____ 错误在早期就会被纠正过来,影响不会很大。

_____ 错误可能会涉及少量的资金损失。可能会给其他员工或主管带来轻微不便的情况下进行更正。

_____错误可能会涉及重大的资金损失,或者造成相当大的延误、混乱或坏的公众影响。能够被纠正,但是需要花费时间和资金。

_____ 错误将会严重妨碍学校系统的财务运作,或涉及学校董事会声誉的丧失。纠正起来困难而且代价高昂。

Ⅲ. 有关职责的细节

1. 你的职责对哪些具体的活动,计划和/或服务负责? 这些职责将形成学区的长期目标和短期目标。(请列举出来。)

_____

_____

2. 你对实现短期目标所负的责任有多大? (例如,规划并向部门主管建议;向学校董事会建议。)

_____

_____

3. 以下哪一个陈述最准确地描述了与学区的长期目标和短期目标相关联的你的计划或服务职责? (勾选其中一项。)

_____ 无。

_____ 有时需要我的意见。

_____ 经常需要征求我的意见。

_____ 规划并向主管或部门领导建议短期目标。

_____ 为部门、计划或服务规划短期目标,并向部门领导提建议。

_____ 为部门规划短期目标,并向学区负责人提建议。

_____ 为学校系统规划短期目标。

_____ 其他(请具体说明)_____

4. 对于哪些具体的计划和/或服务,你负有分析工作要求的责任,并为每个计划和/或服务分析是谁的要求?(例如,所有学校和服务的采购和仓储。)

_____

_____

5. 对于哪些部门、计划和/或服务,你负责规划组织、人员配置、购置设施或提供资金?(列举并描述出你的计划职责。)

_____

_____

6. 对于哪些具体的计划和/或服务,你负有评估其有效性和结果的责任?

_____

_____

7. 以下哪一个陈述最准确地描述了你评估计划和/或服务的结果的责任?(勾选其中一项。)

_____ 无。

_____ 可能需要征求意见。

_____ 定期需要征求意见。

_____ 定期与主管或部门领导一起参与评估工作。

_____ 负责评估工作。

_____ 其他(请具体说明)_____

8. 你负责的哪一项具体的活动、计划和服务用于制定和评估组织的计划?

_____

_____

9. 你制定和评估的组织计划大约包括多少工作人员?

10. 如果你有监督责任,你直接或间接监督的大多数人所执行的任务的性质是什么?

_____ 重复性工作。

_____ 中等复杂度的半常规任务,但不具有高度专业性或技术性。

_____ 高度技术性或专业性的活动。

_____ 其他(请具体说明)_____

11. 对于哪些具体的活动、计划和/或服务,你负有人员招聘和/或人员选拔的责任?

_____

_____

12. 你对设施规划负有什么样的责任(例如,建议空间的数量和布局)?

_____

_____

13. 你对监督设施和设备的使用负有什么责任(例如,监督一个办公室和办公室机器;监督木工车间、锯及木工)?

_____

_____

14. 你对建筑物或设备的维护和保养负有什么责任?

_____

_____

15. 你负有什么样的财务规划责任,针对什么项目或服务(例如,估算当前成本、编制预算、财务预测)?

_____

_____

16. 你负责计划的年度预算总额是多少?

_____ 无

_____ 少于 10 万美元

_____ 10 万到 49.9 万美元

_____ 50 万到 99.9 万美元

_____ 100 万美元以上

_____ 请具体说明:_____

_____

17. 你对评估财务管理负有什么样的责任? 是针对哪一个计划和/或服务的? (例如,评估维护或维修支出;分析计划成本。)

_____

_____

18. 你负责评估的财务管理的年度支出总额是多少?

_____ 无

_____ 少于 10 万美元

_____ 10 万到 49.9 万美元

_____ 50 万到 99.9 万美元

_____ 100 万美元以上

_____ 请具体说明:_____

_____

19. 在完成你的工作时,你以什么方式与公众、其他部门的员工、其他部门的主管等接触? (请简要描述。)

_____

_____

20. 正如你所描述的那样,你将如何表现你与公众、员工和其他人的联系? (勾选其中一项。)

_____ 很少或者不接触。

_____ 只需要有礼貌/没有相关的交流。

_____ 定期及频繁地接触;方式和态度很重要,但是提供和接收信息不是主要要求。

_____ 包括提供和接收信息;需要处理各种各样面对面交流情景的能力。

_____　工作的一个主要特点,需要高度的机智、礼貌和与个人和团体有效
　　　　　合作的能力。

21. 你对规划你的服务、部门或计划的外部关系(包括公共关系)负有什么职
责?(请具体说明你对规划的贡献程度,对规划的责任或其他方面。)

_____

_____

22. 关于你的所有计划职责,你通常在什么时间段内制定计划?

_____　当前学年或财政年度。

_____　当前和下一个学年或财政年度。

_____　当前和接下来的 4 个学年或财政年度。

_____　当前和接下来的 5 到 9 个学年或财政年度。

_____　当前和接下来的 10 个或更长时间的学年或财政年度。

IV. 其他信息

1. 在评估你的职位时,你的职责是否还有其他不寻常的地方需要考虑?

_____

_____

2. 在确定一个人是否有资格填补你现在所担任的职位时,是否有任何上述未
确定的独特要求需要考虑?

_____

_____

3. 你将如何描述你的职位性质所必需的总体工作环境?

_____　在常温、干净、舒适的环境中工作——正常的办公条件。

_____　工作中,会存在一些令人不快的情况,如噪声、拥挤、气流。

_____　工作中,会遇到很多个令人不快的情况,如异常的温度、湿度、过量
的噪声和灰尘、令人讨厌的气味和烟雾。

4. 你的职位存在个人危险吗?(例如,在很高的梯子上工作、使用锋利的刀具
和强电。)

_____

_____

Ⅴ. 部门领导或主管负责填写的部分

（由直接主管或部门领导完成）

1. 我已阅读该工作人员对所附调查表的答复,并认为这些答复准确地反映了该职位的职责、责任和特点,但以下情况除外：_____

_____

2. 我认为该职位最低的受教育要求应该是(列出完成的年级,如8年级、高中2－3年、高中毕业、获得学士学位、博士学位等。请实事求是)：_____

_____

3. 你认为下面哪一项陈述准确地描述了该职位的总体工作计划? _____

_____ 正常的工作日程;工作中存在一些分歧。

_____ 几乎没有压力。

_____ 工作节奏平稳,偶尔有压力。

_____ 经常会感到工作压力,几乎是不断积累的工作任务。

_____ 由重大决定产生的非常大的、不同寻常的工作压力,或需要处理经常性的紧急情况。

_____

主管或部门领导签字

记分表

第一工作评估委员会

办公室、文员及体力劳动岗位

岗位名称：_____　　部门：_____

影响因素：

技术要求　　　　　_____

工作经历　　　　　_____

工作复杂程度　　　_____

精确性　　　　　　_____

监督与培训　　　　_____

独立操作程度　　　_____

与他人的联系程度　_____

脑力劳动 _____

体力劳动 _____

工作环境 _____

总得分 _____

日期：_____ _____

委员会成员签字

统计分析表

岗位名称：_____

部门：_____ 日期：_____

影响因素 委员会	技术 要求	工作 经历	复杂 程度	精确性	监督 与 培训	独立 操作 程度	与他人 的联系 程度	脑力 劳动	体力 劳动	工作 环境	总分

记分表

第二工作评估委员会

管理及专业岗位

岗位名称：_____ 部门：_____

影响因素：

规划职责 _____

专业与技术要求 _____

监督职责 _____

人员配备职责 _____

设施配备职责 _____

提供资金职责 _____

外部关系职责 _____

评估职责 _____

总得分 _____

日期：_____ _____

委员会成员签字

统计分析表

岗位名称：_____

部门：_____ 日期：_____

影响因素	规划职责	专业与技术要求	监督职责	人员配备职责	设施配备职责	提供资金职责	外部关系职责	评估职责	总得分

第九章　集体谈判

问题情境

　　你在一个有300名教师的郊区学区担任了九年的员工关系主任。这个学区所在的州有一部有效的公职人员集体谈判法。可是,该法律不允许教师办理停工手续。教师协会代表该地区的教师,工会代表大多数其他类别的员工。

　　然而,在过去六年中,有两次短暂但非法的教师停工,导致与教师协会的协议发生重大变化。由于教育委员会无法说服纳税人提高税收,学区正面临严重的财政问题。三次公投都被否决,提高125万美元的税收,这是教育委员会要求的保持该地区学生的优质教育所需的数额。具有讽刺意味的是,学区由许多工会成员身份的市民组成。然而,不稳定的经济状况促使大公司迁出该地区,从而导致大量失业,这种情况似乎不利于公投的通过。

　　缺乏社区的支持也使得在近期的选举中教育委员会成员出现了重大变化。七位委员会成员,其中有四位成员是最新选出的,他们不熟悉学区的集体谈判,并且不是工会成员。一位是牙医,另一位是花店老板,第三位新成员是一家中型科技公司的CEO行政助理,第四位新成员是一位药剂师。现在,是开始设定目标并制定集体谈判过程战略的时候了。

　　学校负责人要求你为教育委员会举行一个介绍会,让委员会的成员们更好地了解集体谈判在教育行业中是如何运作、谈判过程中的各个方面以及如果遇到下一次教师停工该怎么办。她还要求你围绕人力资源战略组织你的介绍会,教育委员会可以采纳这些战略作为未来谈判的立场。

请使用本章结尾处的"问题讨论与陈述"和"建议的活动"来帮助你找到处理这部分问题的方法。

集体谈判已经成为美国教育行业中可以接受的一个部分。第一个意义重大的集体谈判合同是在 1962 年与纽约的教师达成的;自从那时起,除了四个州的立法机构之外,几乎所有的州都制定了某种形式的集体谈判法。人事方面的考虑,如工资、附加福利以及工作条件,是主要的可协商项目。教师组织的成员已经稳定,因此,由于会费收入,这些组织的财政资源也很稳定。由于人力资源支出占学校预算的 80% 左右,几乎所有的教育方面都直接或间接地受到集体谈判现象的影响。

经验表明,集体谈判中的根本考虑是参与决策过程。在我们的社会中,个人不断地寻找以更有意义的方式参与管理,无论是在政治领域还是在我们的工作单位中,这都是一种自然的演变。对教师、管理人员及学校董事会成员来说,重要的是理解集体谈判是关于促进工作场所的民主,并为人们提供一种被倾听的方式。因此,这是一个政治进程[1]。

此外,作为一个过程,集体谈判在私营部门和公共部门都很成功。本章讨论集体谈判过程的主要组成部分,正如它在教育行业中运作的那样。

教师、管理人员及教育委员会成员的态度对于集体谈判的成功与否起到至关重要的作用,因为他们的态度影响谈判各方之间的关系[2]。如果教师和学区代表以互相尊重的态度对待谈判过程,怨恨会减少,达成共识的前景将会得到加强[3]。

截至本书撰写完成之日,已有 34 个州和哥伦比亚特区立法要求教育委员会与教师工会或组织进行某种形式的集体谈判。另外,有 11 个州允许教育委员会与教师进行集体谈判。弗吉尼亚州、北卡罗来纳州、南卡罗来纳州以及乔治亚州禁止所有形式的教师集体谈判[4]。"集体谈判"和"集体协商"这两个名词在公共教育行业中提到这个过程时有着不同的含义。为了避免混淆,因为过程是不变的,我们可以互换使用这些术语。

当一个有组织的团体的代表集体就工资、附加福利和工作条件为他们成员的利益与管理层进行讨价还价时,这个团体本质上是一个工会。因此,在谈及教师组织在谈判过程中的参与活动时,我们也会交替使用"工会"和"专业协会"这两个术语。这一定义适用于管理协会参与集体谈判的情况,这似乎是公共教育行业中的一种趋势。

历史的角度

私营部门内的集体谈判

员工集体行动的历史可以追溯到中世纪的同业公会,并且一直受到当时经济、政治和社会条件的影响[5]。这种影响在今天甚至更加强大,因为新闻媒体的技术能做到每日更新经济、政治和社会趋势。

四个主要的国会法案为私营部门的集体谈判提供了法律指导:1932 年的《诺里斯—拉瓜迪亚法案》、1935 年的《国家劳动关系法案》《瓦格纳法案》、1947 年的《劳动管理关系法案》《塔夫特—哈特利法案》以及 1959 年的《劳动管理报告和披露法案》(兰德鲁姆—格里芬法案)。我们在这里依次讨论。

《诺里斯—拉瓜迪亚法案》是工会组织的第一个公共政策立场。该法案支持这样一个概念,即如果工人愿意,他们有权组织工会。尤其是,该法案限制了美国法院发布限制劳工活动的禁令。它还禁止"黄狗合同",即用人单位要求员工签署作为雇佣条件的一个协议,声明他们不是工会成员,只要他们在那家公司工作,就不会加入工会。

《瓦格纳法案》也许是劳动法中最重要的一个法案。它保证工人有权组织并加入工会,以便与用人单位进行集体谈判。该法案还禁止用人单位从事下列不公平劳动行为:

- 妨碍员工加入工会与进行集体谈判的权利;
- 妨碍组织或管理工会;
- 因工会活动而歧视员工;
- 对根据本法提出控告或作证的员工进行解雇或歧视;
- 拒绝与员工选出的代表进行谈判。

国家劳动关系委员会(NLRB)成立,并负责进行选举,以确定工会的代表权,并应用这项法律来杜绝上述不公平的劳动行为。

《塔夫特—哈特利法案》的通过是为了修订《瓦格纳法案》,并预防工会不公平的劳动行为。它试图保护工人不参加工会的权利,并保护用人单位不受工会的苛待。《塔夫特—哈特利法案》特别宣布"封闭式会员制企业"为非法,在这样的企业内部,加入工会是接受雇佣和继续受雇的条件。该法案允许联邦政府申请禁令,禁止工人在一次被定义为有损国家安康的罢工中停工80天,禁止使用与国家选举有关的联邦资金,并要求工会官员宣誓他们不是共产党成员。《塔夫特—哈特利法案》还要求工会向其成员和美国劳工部提交财务报表,允许各州通过工作权法,并使任何集体协议中包含强制性工会成员的条款成为非法条款。

《塔夫特—哈特利法案》还禁止工会从事下列不公平的劳动行为:

- 拒绝与用人单位进行集体谈判;
- 促使用人单位歧视那些拒绝加入工会或被工会开除的员工;
- 对没有直接卷入争端的用人单位施加压力,进行间接抵制;
- 让用人单位为未提供的服务付费;
- 卷入两个或多个工会之间就执行某些类型工作的权利的冲突;
- 收取过高或歧视性的入会费。

《兰德鲁姆—格里芬法案》的通过是缘于工会内部结果的腐败。这项法案包含工会成员人权宣言,该人权宣言包括工会会议上的言论自由,增加对提案费的无记名投票,以及防止不适当的纪律处分。它还规定了选举工会官员应遵守的条件。

另外,《兰德鲁姆—格里芬法案》还包含了对《塔夫特—哈特利法案》的如下修正:

- 废除了工会官员非共产党员宣誓的规定;
- 给予州政府对非国家劳动关系委员会管辖范围内案件的权力;
- 当竞争工会被承认代表员工或在十二个月内举行国家劳动关系委员会选举时,禁止工会进行罢工纠察;
- 保证罢工者在工会代表选举中投票十二个月的权利;
- 禁止员工通过拒绝处理、销售、使用或运输他或她的产品而试图给另一用人单位带来经济压力的协议;
- 授权建筑行业中的工会商店,在雇佣七天而不是传统的三十天之后,必须成为会员。

联邦政府内的集体谈判

1962年,肯尼迪总统颁布了10988号行政命令,确认联邦雇员有权加入工会并进行集体谈判。它要求联邦机构负责人真诚地进行谈判,界定不公平的劳动行为,并为劳工组织制定行为准则。然而,它禁止工会商店和联邦雇员的罢工。

1968 年,一个总统委员会审查了联邦事务部的雇员与管理层的关系,并建议改进第 10988 号行政命令的规定。因此,1969 年,尼克松总统发布了 11491 号行政命令,取代了以前的命令。

11491 号行政命令的目标是使联邦机构中的程序标准化,使联邦劳动关系与私营部门的劳动关系更加一致。它授权劳工部助理部长确定适当的谈判单位,监督批准程序,对不公平的劳工做法做出裁决,并对劳工组织执行行为标准。11491 号行政命令还设立了联邦劳动关系委员会,该委员会负责监督本行政命令的执行情况,处理对劳工部助理部长的决定提出的上诉,并就存在问题的议题做出裁决。

当地及州政府内的集体谈判

尽管一些专业组织支持通过联邦教师集体谈判法,但大多数教育工作者认为这是一个州的问题。事实上,公立学校的员工正在为在地方一级运作的州机构——学区工作。

46 个州有允许或强制性法规,规定公立学校员工组织、谈判、实施制裁和罢工的权利。当然,这些州的法律之间存在着实质性的差异。在一些州,立法涵盖所有公职人员;而在另外一些州,具体法律仅涵盖学校员工。

教育委员会关于集体谈判政策的模板

以下是关于集体谈判的一个政策模板:

教育委员会认为,协同决策是管理学校系统最有效的方法。如果学区员工在决策过程中有权分享自己影响工资、附加福利和工作条件的意见,他们就会更加积极主动、更愿意与管理者交流有关运营的想法和信息。于是,管理就会变得更加高效。

教育委员会进一步宣布,它自己与学区员工之间和谐合作的关系,可以确保学校的有序运作,从而保护了学区的客户与儿童的利益。

委员会的正确定位将通过以下方式实现:

(1)承认学区全体员工有权组织集体谈判。

(2)授权员工关系主任与正式选定的员工代表就有关工资、附加福利以及工作环境方面的相关事宜进行谈判。

(3)要求员工关系主任建立有效实施协商过程的管理性程序。这项工作要在人力资源负责人助理的监督之下完成,因为这位助理负责向学校负责人直接汇报工作。

谈判过程成功完成之后,教育委员会将与员工组织签订书面协议。

根据教育委员会的政策,"谈判"的定义如下:集体谈判是指学校委员会的代表与学区的员工代表会面,以便就特定时期的工资、附加福利以及工作环境达成一致意见,提出建议和反对意见的过程。

认可及谈判单位的确定

在劳动史上,大多数发生在私营企业中的暴力事件都集中在"谁代表谁"这个问题上。各个工会之间为了代表工人反对管理层的权利而互相争斗。争斗所得的奖赏是权力。在教育领域,争斗的奖赏仍然是同样的,但争斗的过程通常是非暴力的[6]。

"认可"是指某一集团或组织的雇主接受两名或两名以上员工为集体谈判的授权代表。如果不认可,每位教师都要自己和校董会进行谈判,这是与集体谈判正相反的一面。

在教育行业中,有两种基本的代表形式——多重代表和独家代表。由于两个或两个以上的组织或工会代表一个特定的谈判单位时存在先天的问题,许多学区不采用多重代表的形式。在集体谈判选举之前,教育委员会给予多个组织平等的代表权是很平常的事情。在有些学区,仍有一个以上的组织声称有权代表一部分专业人员。

在多重代表的形式中,教育委员会通常根据组织成员资格给予认可。这一认可是通过以下方法之一来实现的:教育委员会分别会见各个工会的代表;教育委员会以联席会议的形式开会,每个工会的代表人数相等;或者教育委员会以联席会议的形式开会,每个工会按比例派代表参加会议。例如,如果工会 A 有 500 名成员,而工会 B 有 250 名成员,工会 A 谈判团队中的代表人数就是工会 B 的两倍。

"独家认可"是指一个工会代表谈判单位中的所有成员。在这个角色上,工会的技术名称是谈判代理人。"谈判单位"由所有员工组成,其工资、附加福利及工作条件由谈判代理人负责协商。独家认可的重中之重,是雇主只能通过指定的谈判代理人进行谈判,而不能与谈判单位内的任何人谈判。

独家认可在教育行业中是最受欢迎的形式,有以下三个原因:第一,它得到了美国国家教育协会(NEA)和美国教师联合会(AFT)的支持;第二,在许多州,法律规定对公共部门实行独家认可,即使在没有州立法的情况下,也得到大多数社区的广泛接受;第三,私营工商业界证明了这是最有效的认可形式。

认可程序在教育行业中有多种不同的形式。最常用的三种形式是成员名单、授权卡和选举。如果工会能够证明谈判单位中51%的员工是会员,或者谈判单位中51%的员工在授权某个工会代表他们的卡片上签名,教育委员会可以认可该工会为独家谈判代理人。

更常见的做法是"代表选举",在没有表示多数支持的成员名单或授权卡的情况下,代表选举也是必要的。大多数学校董事会倾向于将选举作为认可工会为独家谈判代理人的必要条件,原因有很多。一些加入工会的教师可能不希望工会代表他们参加谈判。教师加入某些工会是出于社会、专业或其他与谈判无关的原因。在某些情况下,一位教师可能同时是多个教师工会的成员。

代表选举提出了几个问题,学校董事会和寻求认可的工会都必须解决这些问题:

- 谁主持选举?
- 谁来支付选举的费用?
- 竞选活动的基本规则是什么?
- 谁有资格投票?
- 谁证明选举结果?
- 证明的期限是多长时间?

这些问题没有正确的答案。应该说,它们必须在考虑到影响当地情况的变量的框架内得到回答。一项基本原则是,董事会和工会必须保持信誉,因此,经常要求第三方介入,以找到这些问题的可行答案。联邦仲裁与调解局(FMCS)和妇女选民联盟是两个具有作为适当第三方所必需的公众形象的独立机构的例子。在许多有集体谈判法的州,认可程序和谈判单位的确定是由州立法规定的。这一讨论涉及那些没有立法的州和那些法律允许在这些问题上有选择自由的州。一些州设立了公共雇员关系委员会，负责进行选举，并决定谁是谈判单位的成员。

有必要更严格地界定"谈判单位"这一术语。学区不仅雇用许多不同科目和级别的教师，而且雇用各种各样的专家，如心理学家、护士、社会工作者以及训导员。

此外，还有未经认证的员工：厨师、保管员、大巴司机、维修工人、行政助理和办事员。要进行集体谈判，必须确定在代表选举中获胜的谈判代理人代表的具体员工类别。在实践中，这一决定必须作为认可过程的一部分，因为只有特定谈判单位中的员工才被允许投票决定由哪个工会代表他们。最普遍接受的定义是，谈判单位由谈判协议或主合同涵盖的所有员工组成。

确定谈判单位成员的基本标准是根据利益共同体原则制定的。尽管这听起来有些难以捉摸，但这一原则并不难实施。如果员工共享技能、职能、教育水平及工作条件，他们就会形成一个利益共同体。各个年级的小学教师、各个科目的中学教师以及就业指导教师很显然是同一个利益共同体，应该属于同一个谈判单位。可是，办事员和行政助理不能被这样一个谈判单位很好地代表，应该形成一个单独的谈判单位。可以想象，大中型学区可能有以下谈判单位与校董会代表分别进行谈判：

- 持有执业资格的教育人员，不包括主管和管理人员；
- 基层管理人员；
- 主题协调员；
- 行政助理和办事员；
- 厨师和自助餐厅工作人员；
- 大巴司机；
- 保管员；
- 维修工人。

每一个谈判单位都应该有一个单独的协议或主合同，规定工资、附加福利以及工作条件，这可能与其他谈判单位大不相同。

除了利益共同体之外，还有额外两个确定谈判单位的考虑因素。谈判单位的规模很重要。一个由五个或十个员工组成的非常小的单位，单独行动的影响很小；在这种情况下，如果他们与其他类别的员工结合起来，他们就有了一个更具战略意义的基础，从而可以进行谈判。例如，在小型学区，可能存在两个谈判单位：一个持有执业资格的员工的谈判单位,包括教师、护士、心理学家等;一个没有执业资格的员工的谈判单位,包括厨师、保管员、维修人员及其他人员。

确定谈判单位的最后一个考虑因素是学校管理的有效性。不合理的大量的谈判单位是行不通的。例如,如果就业指导教师、任课教师、言语治疗师、音乐教师、体育教师以及安全教育教师各自被规定不同工作条件的不同协议所涵盖,那么基层校长将难以监督学校员工。

对将来谈判有影响的其他问题是,工会代理制企业和管理者谈判单位。"工会代理制企业"是从行业中借用的一个术语,在提及公平问题时使用:作为给定谈判单位成员的员工可以选择不作为集体谈判所代表工会缴纳会费的会员。如果与学校董事会商定的协议中包含工会代理制企业条款,则该员工将被要求向工会支付费用,通常相当于会费。虽然不允许员工参加工会内部事务,但允许他或她参加小组活动,如参加谈判小组召集的会议及就批准协议进行表决。

越来越多的教育管理者,特别是基层校长,正在组织工会并与学校董事会谈判,原因包括自主权、影响力以及经济关注的减少。这一趋势似乎将要继续下去,学校董事会代表将与越来越多的管理者谈判单位进行谈判。

谈判范围

"谈判范围"是指那些可以谈判的事项[7]。在一些学区,谈判仅限于工资;而在其他学区,确实讨论了数百个项目。谈判必须关注那些当地教育委员会和教师都认为重要的问题,或者教育委员会和教师都认为这个过程是失败的。而在以上陈述的背后,必须有一个关于谈判过程最终目的的批判性观点,即学生成绩。然而,只有通过教育委员会和教师认为最符合学区利益与教师最关注的职业问题的谈判项目,才能实现这一目标[8]。因此,重要项目的构成是由当地环境决定的。学校董事会可能只愿意就工资问题进行谈判,而拒绝考虑申诉程序或减员政策等事项。经验表明,有些非货币性事项对教师来说和工资一样重要。因此,对谈判范围施加强制性限制是极为重要的。这些限制是指根据州和联邦宪法和法律而违法的项目,以及违反州教育委员会政策的项目。

大多数关于集体谈判的州法律规定谈判必须限于"工作条件"。可是,这个词通常指工资、附加福利和工作条件。"工资"的含义是不言而喻的,但是人们对"附加福利"和"工作条件"这两个词的定义有些模糊不清。

"附加福利"可定义为直接由学区财政支出提供给员工的一项服务,可包括主要医疗保险、住院保险、养老金福利、病假工资、牙科保险及职业责任保险。

"工作条件"与就业环境的质量有关。特定学区的教学可能比位于同一地理区域的其他学区的教学更令人向往,因为该学区在班级规模、午餐时间、准备时间、休假等方面的政策更受人欢迎。

在确定特定情况下的谈判范围时,主要关注的是教育政策的概念。州法律要求学校董事会制定教育政策。尽管许多教师对教育政策深感兴趣,并且认为在制定教育政策时应征求他们的意见,但是人们普遍认为,教育政策不受谈判的制约。

下面是政策问题的例子:

- 学区是否应该在小学阶段提供外语课程?
- 在高中数学课程中应该提供统计学课程的教学吗?
- 课外活动应该由地区基金赞助或者支持吗?

显而易见的问题是,几乎所有的教育政策决定都会影响工作条件。例如,在小学阶段引进外语课程所花费的资金可能会减少低年级学生的可用资金。因此,除了与工作条件有关的问题外,往往不可能决定与政策有关的问题。

进行谈判

这部分内容分析了影响"谈判桌上"进程的那些因素[9],因为对于谈判团队来说,认识到并重视对谈判过程形成合作态度的必要性是至关重要的[10]。

选择谈判团队

首先必须解决的问题是学校董事会谈判团队的组成问题。在组建谈判团队方面没有普遍认可的做法;然而,学区的大小似乎对谈判团队的组成有很大影响。在小型学区,学校董事会成员组成的委员会通常直接与教师团队谈判。在大中型学区,人力资源负责人助理和其他行政办公室或基层管理人员可能被学校负责人指派与教师工会进行谈判。在一些大型学区,首席谈判代表是全职被雇佣或特别安排的人员。

按照第一章中提出的模型,大中型学区应该聘用一名员工关系主任,负责管理集体谈判的整个过程,并担任董事会团队的首席谈判代表。团队的规模是相对的,但是成员数量应该是奇数,以避免在制定战略决策时相持不下出现僵局;因此,由三个、五个或七个成员组成的团队是合适的。经验还表明,一个由七名以上成员组成的团队会妨碍决策制定。

团队成员可以根据工作描述、任命或选举而确定。本书作者更喜欢五个人的团队。根据工作职位,会议主席和首席谈判代表由员工关系主任来担任。团队中的其他成员应包括基层校长们,因为他们是管理主协议的最重要的管理者。此外,许多校长一直批评学校董事会"通过谈判剥夺"他们的权力。在一个由五名成员组成的团队中,每一级(小学、初中以及高中)的一名校长由其他校长选举产生,使团队在基层管理者中具有很高的可信度。团队的最后一名成员应具备某些特定的专业知识并了解学区财务状况;因此,管理服务或商务管理负责人助理是最佳人选。

这个团队必须在整个学年作为一个整体运作。正如这部分内容后面所讨论的,战略的制定和建议方案的形成不可能在一年中的几个月内完成。虽然大部分工作由员工关系主任负责,但团队需要投入大量时间。然而,这有助于教师团队和董事会团队全年的合作。因此,建议向在团队中任职的校长提供津贴等补偿,或在其办公楼内提供额外的管理协助。

与董事会谈判团队有关的最后一个问题必须得到解决。目前的趋势,特别是在大城市的学区,是建立管理者组织,形成一个谈判单位,并选举一个谈判代理,在涉及工资、附加福利和工作条件时,代表他们。在这种情况下,董事会谈判团队的结构可以保持不变,但要用负责人助理代替校长。因为每一个谈判单位都在为一份单独的主协议而进行谈判,该协议反映了某一特定工作类别员工的工资、附加福利和工作条件,因此,校长一方面为董事会谈判,另一方面又反对董事会,这与良好的管理并不矛盾。

代表教师的谈判团队当然是由教师组成的。有时地方协会或工会的官员充当团队;在其他情况下,谈判团队由工会官员任命或由教师选举。如果地方隶属于全国工会,谈判过程中的专家可以为工会官员提供建议。

制定谈判策略

学校董事会的谈判团队负责整个谈判过程,谈判必须从战略制定开始。这包括两项活动:评估学区的需要和确定谈判目标。从双方必须相互让步的角度进行谈判总是很重要的[11]。

需要评估可以采取多种不同的形式,但是,必须完成某些任务:

• 审查当前的主协议,以确定其条款是否符合学区的目标,以及是否考虑到了有效的管理。

• 研究以往的谈判会议,以确定基本规则是否规定了有效的谈判。

• 分析工会和管理部门提出的正式申诉。

• 研究对这些申诉做出的仲裁决定。

• 与学区管理人员会面,收集有关当前主协议条款的意见。

• 与工会非正式会晤,以确定其对当前协议的关注。

• 与教育委员会和学校负责人协商,了解他们的关注点并确定财政参数。

根据这些信息,该团队确定了谈判的长期目标和短期目标,这些长期目标和短期目标在建议方案中被表述为可操作的语言。

制定基本规则

在得到谈判团队的建议和同意后,会议主席应与工会谈判代表会晤,以确定"圆桌谈判"过程的规则。制定基本规则的一个重要确认是,没有两个学区是相同的,参与谈判过程的教师和工作人员也是如此。谈判双方的谈判者都会发现,关注学校的文化是很重要的[12]。必须确定的要点包括:

• 举行会议的时间和地点;

• 参加谈判的参与者人数;

• 每位参与者的作用;

• 各方提出建议的方式;

• 完成谈判的预定日期;

• 各方所需要的学区数据;

• 核心小组的管理条件;

• 会议记录规定;

- 记录反对意见和协议的方法；
- 新闻发布政策；
- 将采用的僵局程序类型以及使用时间；
- 书面协议的格式；
- 学校董事会和工会成员批准协议的程序；
- 公布已批准协议的程序。

举行谈判

在谈判桌上有两个目标。首先，通过提出建议和反对意见，谈判团队应该能够确定哪些问题对双方都至关重要。其次，每个团队都应该能评估另一方的"谈判能力"，或者让另一个团队根据你的条款就一个项目或整个建议方案达成一致的能力。因此，学校董事会团队的谈判能力可以从不同意学校董事会的条款对教师团队的成本与同意这些条款的成本的角度来看待。同样，教师团队的谈判能力可以从不同意教师的条款对学校董事会团队的成本与同意这些条款的成本的角度来看待。

政治压力、谈判技巧和心理因素是谈判能力的重要来源。虽然不可能准确衡量谈判能力，但很明显，在某些时候，达成一致意见的整体优势大于它的整个不利因素。在谈判会议期间，向董事会和全体管理人员通报正在取得的进展很重要。如果不能有效地完成这项工作，谣言可能会对董事会团队的谈判能力产生不利影响。

当谈判团队彼此之间达成一致意见时，各自管理机构的批准是这一过程的最后一个步骤。董事会的团队与学校负责人和教育委员会会面，解释并推荐协议。同样，工会的团队与谈判单位成员会面，解释并推荐协议。当大多数学校董事会成员投票接受协议时，以及当大多数谈判单位成员同样投票通过该协议时，正式批准生效。

因为谈判是一门艺术，而不是一门科学，所以很难找到一个成功的模式。尽管如此，一些实际的提示可能是适合的。以下是俄亥俄州学校董事会协会向当地教育委员会提出的建议：

- 保持冷静——不要情绪失控。谈判可能会让人恼怒。当无度的指控被提出，或者当"压垮骆驼的最后一根稻草"被猛然扔到桌面上时，人们可能会产生愤怒和反击的冲动。

- 避免"不该发表"的评论。没有什么是"不能被公开发表"的。天真地说出来的话会反过来为那些说这些话的人带来烦恼。注意只说你愿意引述的话。

- 不要太坦率。没有经验的谈判者可能出于好意,希望"把牌摆在桌子上,面朝上"。这可能是在错误的观念下进行的,即每个人都完全理解对方,并希望完全坦率。完全坦率并不总是有利于富有成效的谈判。这不是为口是心非辩护,而是为谨慎和有区别的言论提供建议。

- 多倾听。通常,一个好的倾听者也是一个好的谈判人员。至少在谈判刚刚开始时,让你的"对手"讲话,是明智的做法。

- 不要害怕"小热度"。讨论有时会产生相当大的热量,所以不要害怕。即使在你可能被诱惑要"发声"的时候,让"反对"的声音响起也不会有什么伤害。

- 注意讲话音量。一个明智的做法是,即使在情绪紧张的激动的情况下,让声音的音调升高的冲动可能很强,但还是要把音调压低。

- 保持灵活性。一个好的谈判者的技能之一是,如果一个积极的利益能够达成的话,能够稍微改变一下自己的立场。固执地坚持一种立场或观点,不管这种强硬态度的最终结果如何,可能更多的是一种威慑,而不是一种优势。

- 不要简单地说"不"。尤其是在谈判的早期阶段,最好避免对一个提议直截了当地说"不"。过早的否定对你自己没有任何帮助。

- 先舍后得。谈判是舍与得的艺术。自己先让一步,以获得对方让步。这是让步的本质。

- 先从简单的事情入手。先解决那些引起争议最少的事情。为了避免早期相持不下的局面,把较难解决的事情留到后面。

- 尊重你的对手。尊重坐在桌子对面的人。假设他们的动机和你自己的一样真诚,至少等到证明不是这样的时候。

- 保持耐心。如果有必要,愿意坐下来进行沉闷的长篇大论。时间总是站在耐心谈判的一边。

- 避免使用不恰当的言论。有些言论激怒了教师,只会加剧他们的反感。找出这些言论,避免使用它们。不必要地使用不恰当的言论只会激怒人。例如,没有什么比说教师只工作九个月而可以拿到十二个月的工资,而纳税人要工作十二个月才可以拿到工资更让教师感到不安的了。

• 让对方赢得一些胜利。每个团队都必须赢得一些胜利。在谈判中,被"拒之门外"可能是一种空洞的收获。

• 谈判是一种生活方式。显然,对谈判将继续存在的不满削弱了谈判者的效力。智慧最好的部分就是适应它,并做好准备,把它作为一种处理人际关系的工具。

考虑第三方谈判

近年来,一些家长和其他学区赞助人一直呼吁积极参与集体谈判。支持这一立场的人迫切地希望"阳光法"的延伸,要求谈判会议向公众开放。其他形式包括三边谈判,公民团体在谈判过程中与董事会团队和工会团队平等参与;在达成协议前对提案作出公开回应;公投,由学区公民投票决定提案。关于这个主题还有其他不同的形式。然而,最终的目标是相同的——公民参与谈判过程。

集体谈判需要坐在谈判桌旁的人具有精益求精的技能。公民一般不具备这些技能。而且,第三方会带来混乱,并可能干扰董事会与员工之间的雇佣关系。另外,学校董事会成员也是被选举出来代表家长、学生和学区赞助人的利益的。

僵局程序

在审议僵局程序时,必须了解造成僵局的原因。最常见的原因是谈判过程中缺乏"诚意",这是由于谈判过程开始前封闭的思维模式造成的[13]。

界定"僵局"一词极为困难。谈判者往往很难知道什么时候会陷入僵局。然而,就这里的讨论而言,"僵局"被认为是在正常谈判程序用尽之后继续存在的持续分歧。

即使当双方都在真诚地谈判时,也必须预计僵局会不时出现。遗憾的是,没有任何程序可以保证解决僵局。有些程序比其他程序更管用,这部分内容的目的是概述这些程序。同时,必须牢记,不恰当地使用僵局程序可能会加剧而不是解决分歧。因此,对程序的应用知识对谈判过程中的所有参与者都是必不可少的。

已经通过集体谈判法的 22 个州也设立了公共雇员关系委员会。每个委员会负责实施该法律,在大多数情况下,负责管理僵局程序,包括调解、事实调查和仲裁。

调　解

调解通常是在陷入僵局时使用的第一个程序[14]。劳资双方的谈判代表必须就第三方援助的需要达成一致。调解员的作用是提供咨询,因此,调解员没有权力命令达成和解。有些调解人采用与双方单独举行第一次会议的策略,从而试图确定各方可能愿意做出哪些让步,以便达成一致意见。当一方或双方认为做出让步是无法抗拒的表现时,这一程序最为有效。与双方共同举行会议也很有帮助,特别是在评估谈判的实际情况和赋予每个悬而未决问题的重要性取得双方的一致意见方面。大多数调解人使用单独会议和联席会议的结合形式来促成一致意见的达成。

调解人通常不建议和解,除非他们确信他们的建议会被双方接受。在提出建议之前,调解人只是作为问题的澄清者,并通过这一过程的努力,化解双方之间的敌对情绪,这往往是僵局的原因。调停人可随时被召唤来解决争端。在某些情况下,调解人甚至可以通过在谈判早期向当事方提出有用的建议来进行预防性调解。因为调解是一个自愿的过程,在实际谈判的准备阶段,各方必须决定由谁来调解、调解人的作用是什么。在大约三分之一的州,这个问题是通过法令来解决的,正式宣布"僵局"是推动谈判过程所必需的。主协议通常包含概述谈判协议时应遵循的僵局程序的条款。当调解员服务不是由政府机构提供时,私人调解员的费用由争端双方平等承担。

事实调查

事实调查是一个人或一个小组举行听证会,审查证据并提出解决争议的建议的程序。与调解一样,事实调查过程受到一个州法规的管辖,在主协议里有规定,或由双方在谈判开始前确定。

正式听证会通常对公众开放。在争议中享有既得利益的各方有机会代表自己提供证据和论据。事实调查者有时被双方要求调解争议,避免正式听证。

事实调查报告和建议通常是公开的。这一过程是自愿的,双方可以拒绝全部或部分报告。在一定程度上,当事人的行为取决于公众的反应,而公众的反应又在一定程度上取决于事实调查者的声望。

仲　裁

仲裁是当事人将其争议提交给公正的第三方或仲裁小组的过程,该第三方或仲裁小组做出裁决,并要求当事人接受仲裁结果[15]。仲裁可以是强制性的,也可以是自愿的。强制性仲裁必须由法律规定;19 个州有这样的立法。在公共部门,自愿使用仲裁在处理因解释主协议而产生的申诉方面获得了一些认可。

联邦仲裁与调解局

联邦仲裁与调解局是 1974 年由国会设立的联邦政府独立机构,由美国总统任命一位局长。联邦仲裁与调解局的主要目的是促进劳动管理的和平。为了更有效地执行这项任务,该机构设立了区域办事处和基层办事处,配备了专业调解员。联邦仲裁与调解局致力于解决公共部门集体谈判中产生的分歧,这相当于该机构每年约 8% 的个案总量。

联邦劳动法不覆盖州和地方政府的员工。但是,如果州立法机关未能为公职人员建立调解服务,联邦仲裁与调解局可以主动提出争议。联邦仲裁与调解局还在华盛顿特区设有一个仲裁服务办公室,负责维护遍布美国的仲裁员名册。根据要求,联邦仲裁与调解局提供一份随机挑选的仲裁员名单,争端各方可从中选择一名双方都能接受的仲裁员,由其听取争端并做出裁决。

总之,很难将一种僵局程序作为处理谈判桌上出现的所有持久争端或对主协议解释的不满的最有效办法。按顺序思考比较合适。调解应首先进行,其次是事实调查,然后在法律允许的情况下进行仲裁。这一顺序将解决争端的最初责任推给当事方自己。有经验的教师认为,当双方能够解决自己的纠纷时,可以达成更好、更有效的协议。然而,当争端无法解决,当法律授权时,仲裁会减少罢工,而罢工总是对学区造成破坏性的影响。

停工策略

罢工范围

对一个学区来说,没有什么比罢工更具破坏性的了。由于董事会成员、管理人员、教师和后勤人员进行激烈的公开辩论,经常会出现持续数年的分裂。社区团体也在谁对谁错的问题上产生分歧。当罢工发生时,管理团队有责任保持学校的开放,保护向学校报到的学生,保护学校财产,并与家长、教师和公众保持联系。

公立学校员工的停工被大多数州的法律规定为非法,或者至少是受到限制的。然而,这并没有阻止许多州每年都发生罢工。新闻媒体提醒我们这个问题的严重性。也没有迹象表明,随着学校员工、管理人员和教师在谈判过程中变得更加娴熟,罢工将会消失。

在过去的几十年里,大多数教师认为罢工不符合他们的职业身份。这种想法已经消失了,曾经与这种行为有关的个人创伤也消失了。今天,教师们在许多问题上进行罢工,包括承认他们的工会、增加工资、控制课程、减员以及缺乏社区支持。教师们也对非教学人员的罢工表示敬意,并试图让工会支持他们停工。

学校员工罢工策略

学校员工的罢工通常是由谈判失败导致的。所有罢工的目的是在最短的时间内从教育委员会获得尽可能有利的解决办法。

教师工会利用几个关键问题来争取对罢工的支持。其中包括学生/教师比率,特别是对小学教师的计划时间以及对中学教师的额外工作报酬。在问责制改革运动的冲击下,号召人们集中在工作保障和薪酬问题上。

在一次罢工中,教师工会几乎拥有来自州和国家附属机构的无限资源。在敏感的罢工中,可能会有多达 100 名外勤人员帮助当地工会。对几次罢工的仔细检查证实,以下是教师工会最常用的一些策略:

- 使罢工的理由充斥整个社区。传单、地方报纸上的广告以及新闻报道是主要的传播媒介。

- 把责任推给一个特定的人,比如学校的负责人或董事会主席,从而疏导家长和社区施加的压力。

- 鼓励地方和州的政治家参与到这场争端中来。学校员工团体代表了相当多的选票。

- 努力工作以获得社区其他工会的支持。

- 在春末举行罢工,因为这不仅影响到毕业,而且影响到州资金援助,而州资金援助通常是在学年结束前一定的出勤天数计算出来的。

虽然有些罢工是由于意外的发展而自发的,但大多数教师的停工都是精心安排的。教师工会通常提前几周甚至几个月就意识到,某些谈判要求是导致罢工的重要议题。

管理策略

如果一个学校系统发现自己正处于罢工之中,而没有一个适当的行动计划,那么管理部门和教育委员会就没有注意到时代的基调或他们自己学区的情况。事实上,学校负责人及其管理团队应该有一个精心制定的罢工计划,即使在最安静的学校环境中,也应该在学区和基层两级展开行动。附录9.1是根据美国学校管理者协会制定的计划制作的,包含了一系列步骤,可以作为管理者制定自己学区计划的指南。

当附录9.1中建议的管理控制中心设在行政部门时,学校负责人在其管理团队的建议下分配职责。行政部门管理人员被指派在罢工期间执行特定任务。劳动关系主任的职责是告知员工有关罢工的州法律及董事会政策。社区关系主任有责任向新闻媒体告知罢工每日信息。同样地,基层校长,如果是在一所大学校,他或她的管理团队负责执行基层级别的规定。

附录9.1　罢工计划范例

罢工前

学区级别

教育委员会应该在预期的罢工前制定一个学区总体计划。该计划应包括下列规定:

- 通知新闻媒体、家长、教师和员工罢工的可能性。
- 通知教师和工作人员关于罢工适用的州法律和学校董事会政策。
- 为管理控制中心制定规定,以便管理人员处理罢工中出现的问题。
- 就罢工的可能性与警方和消防部门等应急响应人员联系,并在紧急情况下建立联系方法。
- 发展电子紧急通信系统,向所有关注此事的人提供持续的资讯。
- 让教育委员会通过处理罢工所需的法律决议,如限制令和禁令。

基层级别

校长应该在预期罢工之前,根据学区计划制定一份总体基层计划。该计划应包括下列规定：

- 确保各位基层校长在罢工期间接替其工作的后备人员。
- 规定每天清晨向管理控制中心提交报告,列明在岗的教师和工作人员的姓名和在校学生人数。
- 如果学校的常规通信手段中断,则应保证通信的连续性。
- 在学生的安全和健康受到威胁或无法实施教育计划时,为每一位基层校长提供关闭学校的具体指导方针和权力。
- 为基层安全做好准备。

罢工后

学区级别

教育委员会应该制定包括下列规定的一个学区总体计划：

- 通知关注此事的人罢工已经结束。
- 为管理人员和董事会成员举行信息发布会议。
- 举办基层校长信息沟通会议,为教师返校做准备。
- 向其他成员提供有关罢工解决细节的信息。
- 制定化解"反高潮"情绪的方案。

基层级别

校长应该根据学区计划制定一份包括下列规定的总体基层计划：

- 制定计划,在所有代课教师离开学校之前,不允许参加罢工的教师返回课堂。
- 制定计划重点关注学生的教育计划和学习环境。

主协议的管理

除非教育委员会和工会或组织以书面形式达成协议,否则集体谈判无效。因此,一份详细的书面主协议就成为董事会、工会或组织就双方商定的问题和权利所做的政策声明。如果协议不变成书面形式,就有可能,甚至极有可能出现争议。此外,主协议成为与学区所有成员沟通的工具,这一点非常关键,因为集体谈判过程中注重透明度[16]。实施主协议的条款和附录类型可以在本章附录 A 的目录样本中找到。

大多数主协议包括谈判中都会涉及的工资、附加福利和工作条件。附录 A 中列出的一些条款具有普遍性,应包含在所有主协议中:

- 协议的目的和期限;
- 共识;
- 公平惯例条款;
- 州员工权利;
- 合同的重新定位;
- 批准和最终处置;
- 申诉程序;
- 谈判单位员工描述;
- 僵局程序。

主协议的样式和格式有时由州法规规定;但是,在没有立法的情况下,学校董事会和工会必须寻求其他帮助。在许多情况下,隶属于全国工会的教师协会可以获得符合当地情况的主协议模板。事实上,有些模板的每一处细节都是完善的,只要在空白处填写正确的信息即可。

执行主协议

解释并实施主协议的条款是管理部门的职责。此外,管理部门仅仅受到主协议具体规定的限制,主协议通常被称为"管理特权"。

在对协议的日常解释中,违规行为当然有可能发生。因此,大多数书面协议都规定了申诉程序,个人或工会可据此指控违反或曲解了主协议。大多数申诉程序包含以下要素:

- 申诉一词的详细、描述性定义;
- 申诉程序的目的陈述;
- 一种条款,规定申诉人或在申诉中作证的人不会受到另一方带有偏见的待遇;
- 清晰概述申诉应采取的适当步骤和对每一个步骤的时间分配;
- 在仲裁的情况下,说明由谁承担仲裁费用以及仲裁员应具备哪些资格的条款。

戴德县(佛罗里达州)学区使用的申诉程序在本章附录 B 中再现出来,因为这是这些规定如何实施的一个极好的例子。

劳资关系委员会

为了消除教育委员会/管理委员会和工会之间有时存在的敌对关系,在一些学区成立了劳资关系委员会。这些委员会的职责是在下一轮谈判中可能出现的状况之前,先面对各种关注、问题和事件。在大型学区,员工关系主任负责主持董事会/管理团队,其中应包括一线监督人。在较小的学区,学区负责人助理或者学区负责人都可能希望承担这一责任。商店服务员或某一工会的其他代表构成委员会的劳工成员。

劳资关系委员会会议的方式应该是非正式的,强调共同利益和协作。妥协是劳资关系成功的关键,正如谈判桌上的情况一样。对都想得到自己想要的每一方而言,一个双赢的战略应该是主要的。在这些会议上达成的任何协议都应该以书面形式提交,因为这有助于避免以后出现混乱。

当然,劳资关系委员会不应处理工资和附加福利问题,而应处理工作条件问题。如果该委员会要取得成功,就必须在主协议的整个期限内举行会议。

合作谈判的双赢方法

20 世纪 80 年代中期,一场旨在化解集体谈判中有时存在的敌意的运动开始了,由此衍生出本章提出的集体谈判模式。在双赢的合作谈判中,总的目标是发展一种非对抗性的氛围,使有关各方能够就工资、附加福利和工作条件等问题达成共识。与由员工组成的团队(如与管理部门代表坐在谈判桌对面的教师)不同,只有一个团队,由教师、董事会成员和管理人员组成,其任务是解决问题。这种方法有时被称为"基于利益的谈判",因为团队中每个人的利益与所有其他成员的利益具有同等价值。

作为双赢方法过程的一部分,团队成员需要参加一个培训计划,该计划包括沟通技能、解决问题技能、创造性思维技能、协作方法的训练、制定团队协议以及制定更高一级的目标。通常某个人会被团队成员选出来作为该团队的领导人。还应提供不是团队成员的小组记录员。最后,通常雇佣一名过程观察员作为有效使用双赢方法的顾问来提供培训。许多专业组织已经确定了在这一过程中具有专业技能的顾问。

在双赢的合作谈判中,有三个重要的特点:第一,这是一种基于证据的方法,特别是在随后详细阐述的预算问题上。第二,透明度至关重要,因为隐藏的议程最终会阻碍这一进程。不可能有秘密存在。第三,沟通中彬彬有礼的行为创造了一个环境,在这个环境中,过程是有效的。

"加强教与学"等超常目标是团队成员高度重视、可实现并且普遍追求的目标。这些目标提供了解决各种问题的框架。决策过程的实质是共识。然而,双赢方式通常比传统模式需要更多的时间。这可能是一个非常有效的方法,特别是如果传统模式已经导致公开的敌意。然而,谨慎对待双赢的合作方式是很重要的;它并不是解决所有问题的灵丹妙药。

以证据为基础支持集体谈判

根据前几章所述,现有的信息量改变了教育委员会、管理部门、教师工会和组织的谈判规划过程。此外,数据的范围和分析也改变了谈判过程。集体谈判的这些方面使谈判过程变成一个更加完整、集中并以证据为基础的决策方法。

在许多学区,过去由许多谈判会议主导的错误或不完整的数据所引起的怀疑已不复存在。当然,这种基于证据的决策方法只有在教育委员会或管理政策两者都得采纳并坚定遵守以下情况下才能取得成功:第一,学区必须有一种在所有决策中重视并使用数据的文化;第二,学区的预算程序必须完全透明。收入和支出必须在学区网站上公布,供大家查阅。

例如,应提供工资信息,说明工资表各类别和级别的教师人数。管理人员的工资也应该以同样的方式提供。

学区对管理职能采用基于证据的方法,可以提供数据,全面反映学区的财务状况。这在集体谈判中至关重要。例如,可以生成有关附加福利使用的报告,如医疗和医院保险、病假及课外补偿金。学区网站允许学区和教师工会或组织从其他学区收集预算编制各方面的比较数据——不仅仅包括工资和附加福利,而且还包括影响工作条件的支出,如班级人数和教师助理人数。

以证据为基础的谈判方法也为教育委员会、管理部门、教师工会及组织提供了一个机会,使所有成员随时了解谈判过程的进展情况。

对中小型学区的影响

当然,有很多学区并没有全职的人力资源管理主任或人力资源管理负责人助理或者员工关系主任的职位存在。实际上,学校负责人和教育委员会的成员可以作为被指定的学区谈判者与教师代表进行谈判。可能只有一个谈判单位代表教师和工作人员,谈判过程没有正式的基本规则。僵局程序可能仅限于离开谈判桌等待家长要求教育委员会和教师工会或组织返回谈判桌的时间。学区所在州可能不要求将与教师的最终协议定形为主协议。然而,美国46个州的教育委员会、管理人员和教师正在进行集体谈判。

本章以最有益的方式向读者提供参与集体谈判的最大信息量。据了解,考虑到他或她的现状,每个人都将从本章中汲取最有帮助的材料。但是,无论学区大小或法律要求,进行某种形式的集体谈判,谈判过程中都应遵守以下内容:

- 教师和工作人员应由他们通过正式甄选所选定的工会或组织来代表。
- 谈判的主题应该围绕工资、附加福利与工作条件。
- 负责代表教育委员会以及教师和工作人员的那些人应该就如何举行围桌会议达成一套基本规则。
- 教育委员会、教师及工作人员的代表应该就学区为谈判过程提供的数据达成一致。
- 最终协议必须由教育委员会、教师及全体工作人员通过正式投票批准。
- 应该不惜一切代价避免停工。

年轻教师和管理人员对集体谈判的影响

年轻教师和管理人员比较关注能够受到公平、公正的对待,在经济上有能力养活自己和家人,为退休之后的生活存钱,并在可能影响政策的层面上参与管理。

这些特征在集体谈判过程中得到解决,其中通常包括为改善工作条件、更好的附加福利以及更高的工资进行谈判。这些特征的基础是寻找安全感,通常表现为有一份体面的工作,有足够的薪水和职业发展机会,同时还有良好的附加福利待遇。当被问及他想从管理层那里得到什么时,塞缪尔·戈佩斯总是这样回答更多。年轻教师和管理人员通常会加入美国教育协会(NEA)和美国教师联合会(AFT)等专业协会,因为这些协会对参与决策过程有帮助,这是进行集体谈判的最终目的。

年轻一代的成员往往也是各级政治进程中的积极分子,这当然包括支持教育委员会的候选人,这些候选人能帮助他们得到所需以及应得的更好的工作条件、附加福利以及工资。年轻一代教师感兴趣的工作条件包括那些认识到平衡职业和个人责任的重要性的条件,例如在学区为有学龄前儿童的教师和管理人员提供工作分担和日托服务。像其他年轻的教师和管理人员一样,年轻一代的员工非常关心的是,他们的工资能够帮助他们组建家庭,而来自其他年代的教师和管理人员可能更关心的是附加福利。

年轻一代员工的最后一个特征是,他们希望比其他几代的教师和管理人员更快地取得进步。因此,员工发展机会和研究生教育学费援助也是年轻一代关注的问题。

总　结

集体谈判已经成为美国教育行业中可以接受的一个部分,事实证明,美国四分之三以上的州颁布了影响教师的集体谈判法。集体谈判的根本考虑是参与决策过程,这是我们民主生活方式的必然要求。

教师和管理人员希望得到有关学校董事会制定的优先事项的信息,因为这些优先事项会影响他们的工资、附加福利及工作条件。"集体谈判"可以定义为学校董事会代表与学区代表会面,提出建议和反对意见,以便就特定时期的工资、附加福利以及工作条件达成一致的过程。为了使这一过程切实可行,教育委员会必须采取一项政策,赋予执行谈判者的权力。

员工的集体行动在私营部门有着悠久的历史,可追溯到中世纪行会时期,并直接受到经济、政治和社会生活条件的影响。四大国会法案为私营部门的集体谈判提供了法律指导:1932 年的《诺里斯—拉瓜迪亚法案》、1935 年的《国家劳动关系法》、1947 年的《劳动管理关系法》以及 1959 年的《劳动管理报告及披露法》。10988 号和 11491 号行政命令申明:联邦雇员有权组织并进行集体谈判,但是禁止罢工。

公立学校教师是在当地一个单位(学区)工作的州员工。严格来说,他们不在联邦立法的覆盖范围内,而是由州立法机关的法案管辖。那些给予教师集体谈判权利的州法律之间存在着巨大的差异。

集体谈判过程包括六个方面:认可和谈判单位的确定、谈判范围、谈判过程、僵局程序、停工和主协议的管理。

认可及谈判单位的确定回答了"谁代表谁?"的问题。"认可"是指用人单位接受谈判代理人作为谈判单位的授权代表。有两种形式的承认:"多重认可"和"独家认可"。经验表明,独家认可更加有效。最常用的三种认可程序是成员名单、授权卡和选举。在选举中,应该聘请第三方(如联邦仲裁与调解局)来处理选举过程的机制。

谈判单位由谈判主协议涵盖的所有员工组成。决定谁属于该单位的标准包括成员之间的利益共同体、有效的谈判能力以及有效的学校管理。

可以谈判的范围通常包括工资、附加福利以及工作条件。界定谈判范围的一个主要问题是"教育政策"(学校董事会的特权)与"工作条件"(可协商)之间的界限划分。

谈判桌上的谈判过程必须从为学校董事会组建谈判团队开始。由员工关系主任、基层校长以及行政办公室财务主管组成的奇数团队最有可能发挥效力。该团队负责制定战略、制定目标、制定基本规则、准备提案,并参加谈判会议。一旦达成协议,该团队就向学校负责人和学校董事会成员提出建议,由他们正式批准协议。

如果在正常谈判程序用尽之后,谈判仍旧存在分歧,这就说明谈判已经陷入"僵局"。陷入僵局后通常采用的三种程序是调解、事实调查以及在法律允许的情况下进行仲裁。"调解"是一个自愿的过程,即引入第三方进行干预以结束分歧。"事实调查"是个人或谈判组成员为审查证据并提出解决争议的建议而举行听证会的程序。当双方将争议提交给公正的第三方或专家小组时,由该第三方或专家小组做出双方必须接受的裁决时,即"仲裁"发生。

对于一个学区来说,没有什么比"罢工"更具破坏性的了,罢工有时是工会在谈判陷入僵局时使用的一种策略。尽管教师罢工在大多数州都是非法的,但每年在美国各地都会发生一些罢工。因此,即使是在最安静的学校环境中,管理部门制定一个罢工计划也是极其重要的。

达成的协议一定要落实在书面形式上,从而使管辖各方的基本权利正式化,并减少潜在的争议,否则,集体谈判的过程通常是无效的。管理部门有责任解释并执行主协议。此外,管理部门只受到协议的具体规定的限制,协议通常被称为"管理特权"。

在主协议的日常解释中,违规行为当然有可能会发生。因此,大多数书面协议都规定了申诉程序,个人或工会可据此指控违反了协议。在一些学区,已经成立了劳资关系委员会,其目的是在现有的主协议重新谈判之前,在各种关注、问题及事件浮出水面之前,采取措施进行干预。

20 世纪 80 年代中期,一种创新的集体谈判方法被提出,称为"合作谈判",其目的是消除有时伴随着传统谈判过程中会出现的敌意。在这个过程中,有一个由教师或其他类别的员工组成的团队,代表谈判单位、管理人员以及董事会成员的态度。这个过程的目的是解决问题,其实质是达成共识。

随着科技的发展,可获得的信息量已经改变了教育委员会、管理人员、教师工会及组织的谈判规划过程。此外,数据的范围和分析改变了谈判过程。集体谈判的这些方面已使这一过程成为一个更加完整、集中并基于证据的决策方法。

 自评测验　这里是一份自主评分性质的自评测验。

问题讨论与陈述

1. 公共部门和私营部门的集体谈判有什么显著差异?

2. 你认为哪些条款应该包含在关于教师集体谈判的州法律法规中?

3. 解释调解、事实调查和仲裁等陷入僵局的程序之间的差异,并进一步说明在与教师组织的集体谈判中,哪些程序最有效果。

4. 公立学校的员工应该有罢工的权利吗?

5. 解释主合同和个人劳动合同之间的差异。

6. 解释美国的劳工运动如何影响教师工会和组织。

建议的活动

1. 你是一个有75名教师的小型郊区学区的员工关系主任。你们学区所在的州具有针对公职人员的强有力的集体谈判法律条款。以书面形式,制定一个流程,从符合本章原则的行政部门的角度进行集体谈判。

2. 写一份教育委员会的集体谈判政策,你认为它能满足学区员工的需求,而该学区所在的州针对公职人员的集体谈判法律条款薄弱。

3. 评估你所在的州针对公职人员的集体谈判法律条款,并写出这些法律条款与本章中的原则的比较。

4. 亲自或以电话的方式采访一名人力资源管理人员,与他或她探讨他或她所在的学区集体谈判政策的实施情况。

问题情境反思性行动

既然你已经阅读并学习了这一章,你将如何着手培训教育委员会成员有关集体谈判以及它与你所在学区的关系的知识? 同时,推荐你希望教育委员会和学区负责人采纳的人力资源策略。

尾 注

1. Kathryn Tyles, "Good Faith Bargaining," *HR Magazine*, 50, no. 1 (2005): 51.

2. P. D. V. Marsh, *Contract Negotiation Handbook*, 3rd ed. (Burlington, VT: Gower, 2001), 224.

3. Ibid.

4. North Carolina School Boards Association, www. ncsba. org.

5. David A. DeCenzo and Stephen P. Robbins, *Human Resource Management*, 7th

ed. (New York: John Wiley, 2002), 418 – 422.

6. Ibid. , 422 – 426.

7. Emily Cohen, Kate Walsh, and RiShawn Biddle, *Invisible Ink in Collective Bargaining: Why Key Issues Are Not Addressed*, (Washington, DC: National Council on Teacher Quality, 2008).

8. Charles Taylor Kerchner and Julia E. Koppich, "Negotiating What Matters Most: Collective Bargaining and Student Achievement," *American Journal of Education*, 113, no. 3 (March 2007): 349 – 365.

9. C. Daniel Raisch and Charles J. Russo, "How to Succeed at Collective Bargaining," *School Business Affairs*, (December 2005).

10. Linda Kaboolian, "Table Talk," *Education Next*, 6, no. 3 (Summer 2006): 14 – 17.

11. Susan Black, "Bargaining: It's in Your Best Interest," *American School Board Journal*, (2008).

12. Paul Hewitt, "Bargaining within the School Culture," *Leadership*, 36, no. 5 (May/June 2007): 26 – 30.

13. Todd A. DeMitchell, "Unions, Collective Bargaining, and the Challenges of Leading," in *The Sage Handbook of Educational Leadership: Advances in Theory, Research, and Practice*, (Thousand Oaks, CA: Sage, 2005), 545 – 546.

14. Roberto Martinez-Pecino, Lourdes Munduate, Francisco J. Medina, and Martin C. Euwema, "Effectiveness of Mediation Strategies in Collective Bargaining," *Industrial Relations*, 47, no. 3 (July 2008): 480 – 495.

15. Kevin P. Brady, "Bargaining," in *Yearbook of Education Law 2007*, (Dayton, OH: Education Law Association, 2007), 100 – 107.

16. Howard Fuller and George A. Mitchell, "A Culture of Complaint," *Education Next*, 6, no. 3 (Summer 2006): 18 – 22.

参考文献

Bennett, Ron, and John Gray. "Principal-Centered Negotiations." *Leadership*, 36, no. 5 (May/June 2007): 22 – 24.

Brady, Kevin P. "Bargaining." In Charles J. Russo, ed., *The Yearbook of Education Law*, *2007*, Dayton, OH: Education Law Association, 2007, 100 – 107.

Fuller, Howard, and George A. Mitchell. "A Culture of Complaint." *Education Next*, 6, no. 3 (Summer 2006): 18 – 22.

Garfield, Timothy K. "Governance in a Union Environment." *New Directions for Community Colleges*, 2008, no. 141 (Spring 2008): 25 – 33.

Godshall, Clark J. "Managing Success: Collective Bargaining." *School Business Affairs*, 68, no. 4 (April 2002): 2 – 3.

Grossman, Robert F. "Unions Follow Suit." *HR Magazine*, 50, no. 5(2005):46 – 51.

Hewitt, Paul. "Bargaining within the School Culture." *Leadership*, 36, no. 5 (May/June 2007): 26 – 30.

Holley, William H., Kenneth M. Jennings, and Roger S. Wolters. *The Labor Relations Process*. Winfield, KS: Southwestern College Publications, 2007.

Kaboolian, Linda. "Table Talk: The Case for Collaboration." *Education Next*, 6, no. 3 (Summer 2006): 14 – 17.

Kerchner, Charles Taylor, and Julia E. Koppich. "Negotiating What Matters Most: Collective Bargaining and Student Achievement." *American Journal of Education*, 113 (March 2007).

Losey, Mike, David Ulrich, and Sue Meisinger, eds. *The Future of Human Resources Management: 64 Thought Leaders Explore the Critical HR Issues of Today and Tomorrow*. New York: John Wiley, 2005.

lutins, allen. (2013, February 26). "An Eclectic List of Events in U. S. Labor History." www. lutins. org/labor. html.

Marsh, P. D. V. *Contract Negotiation Handbook*, 3rd ed. Burlington, VA: Gower, 2001.

Martinez-Pecino, Roberto, Lourdes Munduate, Francisco J. Medina, and Martin C. Euwema. "Effectiveness of Mediation Strategies in Collective Bargaining." *Industrial Relations*, 47, no. 3(July 2008): 480 – 495.

Murphy, John F. "The Thanksgiving Dinner: An Allegory of the School Negotiation Process." *School Business Affairs*, 68, no. 4 (April 2002): 9 – 11.

Raisch, C. Daniel, and Charles J. Russo. "How to Succeed at Collective Bargaining." *School Business Affairs*, (December 2005).

St. Antoine, Theodore J. *The Common Law of the Workplace: The Views of Arbitrators*. Arlington, VA: Bureau of National Affairs, 2005.

Stover, Del. "State of the Unions." *American School Board Journal*, 195, no. 4 (April 2008).

Tyler, Kathryn. "Good Faith Bargaining." *HR Magazine*, 50, no. 1 (2005): 48 – 53.

U. S. Department of Labor. www. dol. gov.

Zorn, Robert L. "Information-Based Bargaining for a New Age." *School Administrator*, 63, no. 7 (2006): 44.

附录 A：主协议目录样本

条款

I. 协议的一般目的和期限

II. 共识

III. 协议的分发

IV. 员工权利

V. 公平惯例条款

VI. 班级规模、班级负荷和六天评估

VII. 教师和/或工作地点委员会

C. 减员程序

D. 校历表

E. 工资表、附录、规则及规定

F. 教师助手/助理政策和工资表

G. 薪酬福利

H. 员工描述

附录 B：戴德县（佛罗里达州）学区申诉程序

A. 目的

人们认识到，谈判代理人与用人单位之间或者用人单位与任何一名或多名员工之间可能会就本协议中定义的工资、工时、条款和雇佣条件的应用或解释产生不满并提出申诉。用人单位和谈判代理人希望以有序、迅速及公平的方式解决这些申诉和不满，以便维持县公立学校的效率，并且不损害员工的士气。用人单位、员工和谈判代理人将尽一切努力从最低的监管级别开始解决这些申诉。员工发起或提出申诉，不会影响他或她在用人单位心目中的地位。学校董事会或其代表或任何管理部门成员不得因任何利益相关方、工会代表或申诉程序的任何其他参与者的参与而对其进行任何形式的报复。处理申诉的所有文件、申诉表、通信及记录应与任何利益相关方的人事档案分开归档，包括最终处置，但仲裁裁决除外。

B. 定义

1. 申诉。员工和/或谈判代理人关于违反、曲解，或误用本合同或其附录中规定的任何雇佣条款和条件的正式指控。

2. 谈判代理人。谈判代理人是指根据州法律被认证为独家谈判代理的员工组织。

3. 提出申诉的员工。提出申诉的员工是指任何全职或兼职教师以及根据州法律被认证为谈判单位成员的其他人员。

4. 利益相关方。利益相关方是指为了解决申诉而可能被要求采取行动或可能对其采取行动的任何人。

5. 监督管理人员。对提出申诉的员工有直接管理权的个人。

6. 直接负责人。对监督管理人员有直接管理权力的地区、助理或副负责人。

7. 天数。此文件中的期限所指的天数是指工作日。

8. 询问函。以适当形式提出书面请求,从谈判代理人到立法和员工关系部门,要求澄清公立学校规则、州法律或本协议。

资料来源:附录 A 和附录 B 是根据迈阿密 – 戴德县公立学校和戴德联合教师组织之间的后续合同改编的(迈阿密:迈阿密 – 戴德县公立学校,2006 年)。www. dade-schools. net/employees/labor_union/UTD/entire. pdf.

C. 特殊规定

在此处规定的期限可通过双方协议,使用规定的申诉表延长和/或修改。

如果申诉在提出申诉的员工合同年度结束时无法通过申诉程序的所有步骤进行处理,并且如果他或她将会在下一年年初离开未解决申诉的单位,可能会对利益相关方造成无法弥补的损害,此处规定的期限将缩短,以便申诉程序可以尽快完成。

如果用人单位违反了任何时间限制,谈判代理人可以在不用等待用人单位答复的情况下进入下一个步骤。

双方承认,作为解释原则,员工有义务在申诉悬而未决时按指示工作。

用人单位和谈判代理人有权自由选择指定代表以解决申诉。提出申诉的员工或被传唤为证人的员工将被允许在不损失工资的情况下获得一定的时间,以便处理或协助处理申诉。

谈判代理人根据其自身的非歧视性内部规则,有权决定是否有任何申诉需要通过本程序处理。如果谈判代理人在申诉程序的任何步骤中确定申诉不需要处理,则使用规定的申诉表书面通知该决定,并将之发送给负责法律和员工关系的特别顾问以及相关员工,该员工可自行或通过法律顾问进行处理。

如果任何员工或员工群体希望通过本程序处理或进一步处理申诉,而谈判代理人拒绝处理或进一步处理向其提出的任何申诉,则用人单位或相关员工应向谈判代理人发送所有书面通信的副本。此外,本文件中的任何内容均不得解释为阻止任何公职人员在任何时候亲自或由法律顾问向其用人单位陈述自己的申诉,并在没有谈判代理人介入的情况下对申诉进行调整,但条件是,调整不得与当时生效的集体谈判协议的条款相抵触,而且谈判代理人已经收到通知,并有合理机会出席要求解决此类申诉的会议。

谈判代理人不应该对其未处理的任何申诉的解决所产生的任何费用负责。

各个利益相关方承认,多重申诉可结合用人单位和工会的共同协议来解决。

应该在每一个工作地点向工会大楼代表提供一套校董会规则,以供参考并提供资料,以加速本申诉程序中的规定条款。

严禁使用录音机或其他录音录像设备。

D. 询问函

直接负责人或谈判代理人均可按规定的询问表信件形式向立法和员工关系部门的特别顾问发出询问函,为寻求对本协议中规定的公立学校规则、州法律和/或雇佣条件和条款的澄清。

立法和员工关系部门将在收到询问函后的 10 个工作日内做出回应。如果询问函的解释并不令人满意,就可以提出正式申诉。

E. 实施

步骤 I

1. 申诉将在被指控违反、曲解或误用本协议中规定的雇佣条款和条件日期的 30 日内提出。

2. 申诉应以书面形式提交,说明被指控违反、曲解或误用的具体条款、章节和语言,并提交给提出申诉的员工的监督管理者。双方进一步理解并同意,应给予提出申诉的员工在工作时间内参加正式诉讼(如本文所述)的时间。除了提出申诉的员工外,任何郡公立学校的员工均不得获准工作时间内的自由时间,以代表提出申诉的员工或作为谈判代理人的代表观察诉讼程序。

3. 监督管理者将会特别留意接到申诉的日期,并将在接到申诉后的 5 个工作日内寻求与提出申诉的员工双方都可接受的时间进行会面。

4. 关于提议的会议日期,应以书面形式通知该单位的谈判代理人。如果谈判代理人不涉及实际代表提出申诉的员工,则有权派遣一名观察员参加该程序。

5. 会议召开后的 5 个工作日内,监督管理者应做出决定,并应立即以书面形式将该决定传达给提出申诉的员工及适合的直接负责人或其指定人员。该决定的其他副本应送交立法和员工关系部门以及独家谈判代理人。

6. 提出申诉的员工和/或谈判代理人可以在监督管理者的决定做出后 5 个工

作日内提出上诉。

7. 上诉意图通知书须以书面形式传达给直接负责人。未能在5个工作日内对监督管理者的决定提出上诉,将视为提出申诉的员工和谈判代理人接受该决定,认为该决定是对所提出问题的满意解决方案。

步骤Ⅱ

1. 如果提出申诉的员工对该决定做出上诉,直接负责人将在接到上诉通知的10个工作日内,在双方都可以接受的时间举行会议。直接负责人将直接将上诉通知传达给立法和员工关系部门。

2. 就建议的会议日期,独家谈判代理人应以书面形式告知。如果该代理人不能实际代表提出申诉的员工,则独家谈判代理人有权指派一名观察员参加会议。

3. 在会议结束后的10个工作日内,直接负责人将会做出决定,并将直接以书面形式和提出申诉的员工交流这个决定。该决定的副本将会发送给立法和员工关系部门以及独家谈判代理人。其中一份副本会被直接负责人保留存档。

4. 提出申诉的员工可以在直接负责人做出决定后的5个工作日内提出上诉。上诉意图通知书应以书面形式通知立法和员工关系特别顾问。未能在5个工作日内对直接负责人的决定提出上诉,将视为提出申诉的员工和谈判代理人接受该决定,认为该决定是对所提出问题的满意解决方案。

步骤Ⅲ

1. 如果提出申诉的员工对该决定做出上诉,负责人或其指定人员将在接到上诉通知后的12天内,在双方都可以接受的时间举行会议。

2. 会议召开后的12个工作日内,负责人或其指定人员将会再次做出一个决定,并将直接以书面形式将这个决定通知提出申诉的员工。该决定的副本将会发送给监督管理者,直接负责人以及独家谈判代理人。

3. 对步骤Ⅲ第2条做出的决定,未能在5个工作日内提交仲裁意向通知书提出上诉的,视为步骤Ⅲ第2条的决定为最终决定,不再继续提交上诉请求。

F. 仲裁

如果用人单位和提出申诉的员工以及/或者谈判代理人不能解决申诉请求,该申诉可由双方共同选定的公正中立方进行最终和有约束力的处理。除非经双方同意,否则本附录或本协议其他部分中的任何内容均不得解释为允许工会提交未通过申诉程序适用步骤处理的仲裁问题。

1. 将申诉提交仲裁的意向通知应在步骤Ⅲ第 2 条决定做出后的 5 个工作日内以书面形式通知立法和员工关系特别顾问。

2. 在向仲裁提出上诉之前,仲裁员可以举行一次预审会议,以审议并决定

a. 问题的简化;

b. 获得事实与文件的规定以避免不必要的证据的可能性;

c. 可能有助于处理申诉的其他事项;

d. 管理权或适用性问题。

3. 如果员工希望代表他或她自己处理对仲裁的申诉,谈判代理人保留介入仲裁程序的权利,直至并包括作为一方参与仲裁的全部权利。如果谈判代理人介入,应承担员工费用的一半。

4. 在收到提交仲裁的书面通知后 10 天内,双方将试图商定一名双方都能接受的仲裁员,并从该仲裁员处获得一份服务承诺。如果双方不能在规定的时间内就仲裁员达成协议或取得这样的承诺,任何一方均可向联邦仲裁与调解局提出仲裁员名单请求。当事双方在选择仲裁员和举行及进行仲裁听证时,将会受到联邦仲裁与调解局的规则和程序的约束。

5. 由当时双方或者根据联邦仲裁与调解局的规则选定的仲裁员,将在听证会结束之日起不迟于 20 天内做出决定;或者如果口头听证会被放弃,则从提交最终声明和证据之日起不迟于 20 天内做出决定。仲裁员的决定将以书面形式做出,并就所提交的问题提出事实调查结果、推理过程及结论,在法律允许的情况下,可包括金钱裁决。仲裁员没有权力或权威做出任何需要实施法律禁止的行为或增加、减少、修改或更改本集体谈判协议条款的决定。仲裁员的决定和裁决是最终的,并具有约束力。

6. 如果双方同意,所有仲裁费用,包括仲裁听证会的速记报告费用,应在用人单位与谈判代理人之间平均分配;如果谈判代理人决定不通过仲裁处理申诉,则在用人单位和员工之间平均分配。每一方都将支付自己陈述案件的费用;但是,提出申诉的员工或被传唤为仲裁听证会证人的员工将被允许在工作时间去处理或协助处理他们自己的申诉,或者去作证。

7. 用人单位、单位成员和谈判代理人理解并同意,对于可申诉或可诉讼的投

诉,应通过申诉程序进行解决,直至用尽补救措施。那时,用人单位、提出申诉的员工和/或谈判代理人可寻求其他可用的法律补救措施。

拒绝真诚地讨论申诉,将会构成不公平的劳动行为,并应受到州法律规定的处罚。

8. 双方同意就仲裁规则和程序进行协商并达成一致。如果双方不能达成协议,将利用美国仲裁协会处理仲裁案件。

第十章 人力资源管理中的法律、道德与政策问题

问题情境

　　你是一个大型都市学区的风险管理主任,该学区大约有30,000名学生。在进行每年一次的安全与安保审核时,你和你的职员在本区许多学校发现了很多安全隐患和安保需求。递交给人力资源负责人助理的审核报告是一个书面的文档。可是,她告诉你,由于第二年州援助资金的再次短缺,设施预算减少了10%,这将使你的许多安全和安保建议无法得到执行。

　　就在你被告知这笔钱无法用于建筑维修的不久后,一块松动的天花板砖落在一名学生身上,导致她的头部受伤,需要做整形手术。学生家长已经聘请了一名律师,该律师提起了诉讼,指控学区疏忽大意。人力资源负责人助理和你一起讨论这个事件,并提醒你,负责维修发生这个事件的建筑物的员工是一名没有合同的可任意解雇的员工,他可以因为不重视必要的维修工作而被解雇。她进一步表明,审核报告属于内部文档,没有必要向公众披露。

　　你以书面形式向这位负责人助理表明,学区政策要求学区的律师在提起诉讼时进行彻底调查,以便在制定辩护策略前确定客观事实。在第二年的年度审计报告中包括了对松动天花板砖的确认。这位负责人助理给你的印象很明显,她希望你找到一种方法,尽量减少学区在法庭上败诉的可能性。

　　请使用本章结尾处的"问题讨论与陈述"和"建议的活动"来帮助你找到处理这部分问题的方法。

最后一个章节涉及人力资源管理中的法律、道德与政策问题。近十年来,随着社会对法律权利和义务的日益重视,当前和未来的人力资源经理对合同管理和诉讼细节的理解变得越来越重要。人力资源经理与教师和校长一样容易遭到诉讼。事实上,随着联邦和州法律、法规和程序对人力资源职能的影响越来越多,人力资源部门必须继续关注可辩护性和问责制。

相关的、简洁的、清晰的人事政策成为八个人力资源职能依赖的基础。管理性过程与程序实施了这些政策,并提供了完成学区的主要任务——教育学生所必需的内部结构。因此,本章是针对这些问题编写的,应为所有与人力资源管理相关的人员提供指导,包括教育委员会、负责人、负责人助理以及人力资源经理。

通过制定某些人事政策,弘扬学区积极向上的文化历史,对于人力资源管理人员来说也非常重要。在平衡专业人员和辅助人员的性别构成方面也是如此。例如,在主要由非裔美国人组成的城市学区,教育委员会、学校负责人以及人力资源人员必须共同努力,使大量非裔美国人在所有就业类别中都有代表性。同样地,人力资源部门的其中一个目标应该是使大量女性在所有就业类别中具有代表性。这种人力资源政策制定的方法反映了人力资源管理人员的道德与法律责任。

合同管理

教师与管理人员通常按照个性化合同的条款规定工作;编制人员,如办事员、大巴车司机以及保管人员,按小时工资或年薪被雇用。在由工会谈判主合同的学区,属于谈判单位的教师和/或管理人员没有单独的合同,而是根据主协议的规定工作。可是,这些一般性陈述也有例外;实际上,这些是雇用员工在学校系统工作的方法[1]。

这个问题可以依法被问道:"向教师和管理人员签订个性化合同的目的是什么?"尽管在不同的州,目的也不尽相同,但最准确的回答是"传统"。作为专业人士,教师和管理人员被雇佣来提供服务,从而获得一定数量的经济报酬。服务的业绩表现可能要求教师将学生项目带回家评分,或在放学后留下来与有问题的学生家长交谈。履行服务所需的时间和所涉及的工作量不在合同雇用法的考虑范围之内。

行政员工提供服务也必须支付工资,可是,所涉及的时间和工作确实对收到的金钱数量有影响。当要求这类员工在正常每天八小时之外的时间工作时,他们可以收到加班工资。当他们被要求完成一项不在他们的职位描述中列出的类别所指定的任务时,他们会得到额外的报酬。

那些由主协议条款所覆盖的专业员工,与行政员工的身份比,与签订个性化合同的教师和管理人员的身份更接近。他们的工作条件在主协议中有详细说明。

教育委员会的政策有时涉及工作条件,但这些政策通常没有主协议的条款那么具体。教师和管理人员手册也可能包含工作条件的参考,但这些手册通常更关注内部程序。

尽管对教师和管理人员使用个性化合同是一个传统问题,但在一些州,如密苏里州,这也是强制性的。个性化合同还将员工的工作条件与被称为行政员工的那些人的工作条件区分开来。教师或管理人员的合同必须符合一般合同法的要求。由于学区是法人实体,具有公司性质,因此可以起诉和被起诉;购买、接收或出售不动产和动产;订立合同和与他人签订合同。学区签订的合同,不仅要符合有关合同的州法规,还要符合判例法确立的判例。个性化合同是指为使其有效,必须具备要约与承诺、有资格订立合同的人员、必须考虑的事、法律标的物以及适当的形式这五个基本要素的协议。

要约与承诺

一份有效的合同必须包含要约与承诺。因此,在选拔过程中,直到预期的员工接受了职位录用通知书后,才通知未被录用的求职者该职位已经招聘到了合适的人选,这就是一个糟糕的程序。如果教育委员会批准合同让一个特定的人来教高中英语,在合同生效之前不存在任何协议,这就构成了接受。

关于协议法律属性的其他几个事实必须牢记于心:首先,要约只能由被要约人接受。例如,一个教学岗位的申请人的丈夫不能代替他的太太接受录用通知书。其次,要约必须在发出后的合理时间内被接受。如果一个人在几周内没有签署并返回一份合同,而是希望其他学区提供另一个职位的录用通知书,教育委员会可以将合同提供给另外一位申请人。最后,报纸广告并不是提供一个职位,而是邀请你成为一个职位的申请人。

有资格订立合同的人员

合同只有由两个或两个以上有资格的当事人订立,即当事人具有订立合同的法律行为能力,方为有效。学区作为一个法人实体,有权通过校董会的法律行动签订合同。然而,某类人订立合同的能力有限。最常见的类别包括未成年人、患有精神疾病的人及酗酒的个体。如果一个人在某种程度上患有精神疾病或酗酒,使他或她在订立合同时无法了解付诸行动的重要性,他或她可以驳回合同,因为没有构成接受,这对于每一份合同的有效性是必不可少的。

必须考虑的事

为了使合同有效,它必须得到"必须考虑的事"的支持,通常被定义为有价值的东西。雇佣合同中必须考虑的事的类型被称为"对行为的承诺"。例如,在一位教师的合同中,教育委员会承诺向个人支付 40000 美元的薪酬,让其在三年级任教一年。教师在指定的时间段内教学时,会得到合同中承诺的必须考虑的事。

法律标的物

在所有 50 个州,个人只有在拥有相应州教育部颁发的教学许可证的情况下才能任教。因此,如果教育委员会与没有三年级教学许可证的人订立合同,这种合同将涉及非法的标的物,并将无效。

适当的形式

要使合同具有可执行性,必须采用法律规定的形式。法院承认口头和书面合同。然而,大多数州都有法律规定,要求教师和管理人员的合同必须是书面的,甚至规定了合同的适当措辞。

人力资源管理诉讼

"主权豁免"是一项普通法原则,它保护政府官员免受因履行职责而引起的诉讼。学区是州政府在地方一级的分支机构,因此学校董事会成员不受此类诉讼的影响。然而,学区的诉讼有所增加,部分原因是 19 个州立法机关和哥伦比亚特区不同程度地废除了主权豁免。

这种情况的连锁反应使人力资源管理人员更容易受到对其决定和行动的司法

审查。即使人力资源管理人员的行为是真诚的并经过合理的考虑,他们也可能会发现自己要在法庭上为自己的行为辩护。因此,所有管理人员都必须对美国司法系统有一个初步的了解,并能够以这样的方式履行日常职责,以便在被起诉时能够合法地为自己辩护。以下讨论旨在让未来的人力资源管理人员能够更好地了解他们将要担负的职责。

美国司法系统

有两种法律制度。第一种制度称为"民法",由罗马法演变而来;这一制度中的法律规则是通过立法机构制定的法规建立起来的。第二种制度被称为"普通法",是英国的法律基础,在理论上被美国大多数州所采用。在这一制度下,法院做出的裁决成为法院在处理未来案件时应遵循的指南或先例。今天在美国发现的法律体系是一个混合体系,同时使用民法和普通法原则[2]。

法律的渊源

三大主要法律渊源构成了美国司法制度的基础:宪法、法规及案例法。法律的另外两个渊源——行政法和总检察长意见也影响教育,即使它们不是主要渊源[3]。

宪 法

"宪法"是为政府履行职责提供框架的训令机构。联邦和州宪法包含保障公民的人身、财产和政治权利的条款。学区不断面临宪法问题,其中许多已经导致诉讼。其中一些诉讼涉及雇佣行为中的种族歧视、面临解雇的个人的正当程序权利以及员工在人事记录方面的隐私权。

法 规

法规,通常称为"法律",是由立法机关制定的法律。因此,美国国会或州立法机构可以通过立法制定新的法律或改变旧的法律。然后,一项法令须经联邦或适当的州法院审查,以确定它是否违反了联邦或州宪法的规定。

假定立法机关制定的法律是宪法准许的,只有通过诉讼才能证明这一点。因此,如果州立法机关通过了一项法律,赋予学校管理人员在未经校董会听证的情况下解雇终身教师的权利,教师或教师团体可以提起诉讼,要求州最高法院考虑新法律的合宪性。诉讼的依据可能是州宪法中引用一般正当程序的条款。

由于公立学校是州服务机构,各个州的立法机关都制定了管理学区的法规。

因此,学校的运作必须符合这些州法规,教育委员会和学校负责人有责任确保遵守这些法规。此外,教育委员会不能制定与美国国会法案或州法规相冲突的政策;另外,这些政策不得与联邦或州宪法相冲突。例如,如果学校董事会制定了一项政策,禁止雇用残疾人士担任教师,这项政策将违反联邦法律,特别是1973年的《康复法案》和1990年的《美国残疾人法案》,可能还违反了美国宪法第十四修正案的正当程序条款。它还可能违反某一个州的宪法条款,该条款规定所有公民都有权获得就业机会。

案例法

第三个主要渊源,普通法,更恰当地应该被称为"案例法",因为它来自法院判决而不是立法行为。如果实质性事实相似,过去的法院判决将被视为对随后的案件判决具有约束力。这是先例原则。下级法院通常遵守上级法院在同一管辖区内确立的先例(法律规则)。美国最高法院和州最高法院可以推翻自己先前的裁决,从而改变法律规则。因此,州巡回法院可以应用州最高法院制定的关于解雇终身教师的正当程序的法律规则。在以后的案件中,最高法院可以重新界定什么是正当程序,从而改变法律规则。

行政法和总检察长意见

行政法是通过设立负责管理某些联邦和州法律的委员会,以及州和联邦董事会而发展起来的。在履行职责时,这些董事会和委员会制定了规章制度。例如,学校员工可能会受到社会保障管理局、就业保障管理局或工伤事故补偿金委员会的条例的影响。当然,这些董事会和委员会的行动须经法院审查。

第二个经常启动的法律程序是请求州总检察长就州法规的解释发表意见。在没有案例法的情况下,这一意见可以被教育工作者用来解决法律问题。

人力资源管理人员必须不断地研究那些能对重大法庭判决和法律发表意见的专业期刊。大多数州教育部门也会通知学校管理人员近期州法院的判决和法律,这些判决和法律影响到学区的人力资源实践和政策。联邦政府的机构不知疲倦地通知全美的学区他们必须遵守的法规。

法律的主要分类

法律有两大类:刑法和民法。"刑法"涉及保护社会权利,因此,代表人民、州负责起诉个人或公司实体对社会犯下的错误。"民法"涉及保护个人之间、个人与法人实体之间或两个法人实体之间的权利。当然,大多数由人力资源管理引起的诉讼都涉及民法。民法包括许多领域,包括合同、遗嘱和财产、公司、离婚以及侵权。人力资源管理人员在处理合同和侵权行为的诉讼中最容易受到伤害。

法院系统

联邦法院系统分为三级:联邦地区法院、巡回上诉法院和美国最高法院[4]。地区法院是所有涉及联邦法律的诉讼的原始管辖法院。涉及美国政府机构的民事诉讼也在联邦地区法院审理。在地区法院审理的案件可以上诉到适当的巡回法院,然后再上诉到美国最高法院。人力资源管理人员应熟悉联邦法院系统的细微差别,因为联邦就业法众多,可能会产生各种诉讼领域。

州法院的结构类似于联邦制。在大多数州,原始管辖法院被称为"巡回法院",是提起所有民事诉讼的地方。涉及任期和合同管理的案件将在巡回法庭审理。巡回法院的判决可以上诉,通常是上诉法院,最后是州最高法院。再次,必须指出的是,人力资源管理者应该熟悉州法院系统的运作,因为在人力资源管理工作过程中,涉及州法律的诉讼发生的概率很高。

市法院的结构与人力资源管理人员关系不大或根本没有关系。这些法院通常负责执行市政府的条例,其中包括住房和建筑法规以及交通条例。

某些法院审理案件的方式是有区别的,这是人力资源管理的一个重要特性。某些问题传统上由州巡回法院和联邦地区法院"公平"审理。人力资源管理者最熟悉的是禁令。例如,如果有一条州法律禁止教师罢工,学区可以向州巡回法院申请禁令,指示一群正在罢工的教师离开警戒线,返回教室上课。如果禁令中指名的当事人不服从法庭命令,他们就是蔑视法庭,可能会受到罚款或监禁的处罚。

律师在人力资源管理中的作用

对于学区律师在针对学区的诉讼中的角色,一个常见的误解是他或她会完全处理这个诉讼。律师的专业知识让他或她在面对一个案件时,有能力获得重要事实,研究法规和其他法院案件的先例,目的是组织合理的辩护。律师必须从即人力资源管理人员提供的文件开始开展工作。辩护的力度只是与人力资源程序和政策证明的问责程度密切相关。因此,程序和政策是否可行的一个很好的指标是,它们在以往的诉讼中是起到帮助作用还是阻碍作用。

诉讼剖析

尽管诉讼不会遵循一个固定的模式,但是,在诉讼中有足够多的共性来进行一些基本的观察(图10.1)。原告向适当的法院提出申诉,提出诉讼理由,即"指控"。法院随后将传票送交被告人,被告人须在指定日期出庭就该申诉进行答辩。

原告提交申诉书

法院向被告送达传票

被告对该申诉书进行答辩

由双方提供证词和/或书面询问

被告可以提出撤诉或者原告可以撤诉

如果不驳回或撤销诉讼,将进行审判

法官或陪审团作出裁决

如果判决支持被告,案子就被驳回了

如果判决支持原告,则应采取补救措施

被告上诉

图 10.1 诉讼剖析

资料来源:理伯,罗纳德,《教育管理:管理方法》,© 1985 年,第 69 页,经培生教育有限公司许可,在新泽西州上鞍河进行转载和电子复制。

下一步包括澄清指控和支持指控的重要事实。这可以通过接受"证人陈述"来完成,证人陈述是一种正式的程序,在这个程序中,诉讼双方回答对方律师提出的问题。此外,可能需要书面询问来代替或补充证人陈述。

如果重要事实不支持这一指控,那么学区律师可能会提出动议,要求驳回这一申诉。如果法官不驳回该申诉,将会确定审判日期。在涉及任期、合同或侵权行为的民事案件中,被告通常可以选择请求陪审团审判或依靠法官作出裁决。在民事诉讼中,由申诉的性质和重要事实来确定谁是被告。在任期或合同纠纷中,教育委员会作为法人实体通常是被告,因为教育委员会批准所有人事合同。如果是侵权行为,一个人或一群人可以被指定为被告,因为申诉可以指控一个人或一群人对原告犯有民事错误。在对原告有利的判决中,损害赔偿金以美元计算,由被告支付。

人力资源管理中的侵权责任

侵权行为是对一个人或一个人的财产犯下的民事错误,而不是违反合同[5]。侵权行为法起源于普通法,普通法是由通常被称为先例的法院案例确立的原则组成的。立法机关的行为扩大或缩小了这些普通法原则。例如,在普通法中,一个人错误地导致另一人死亡不承担民事责任;然而,佛罗里达州、佐治亚州、密苏里州、新泽西州、纽约州和其他州的立法机关已经颁布了法律,规定对某些人(包括尚在世的配偶和子女)需要承担民事责任。

侵权行为有两大类:故意侵权和过失侵权。"故意侵权"又进一步可以分为行为是对个人还是对个人财产的干涉。"人身攻击"、"殴打"和"诽谤"是与个人干涉有关的最常见的侵权行为;"恶意侵入"是侵犯财产权最常见的行为。

在某些类型的民事诉讼中,特别是在侵权诉讼中,存在一种倾向,即在确定被告身份时采取广撒网的方法。如果学生因使用体操器材而受伤,教师可能会因疏忽监督学生或未正确指导学生如何使用器材而被起诉。基层校长可能会被起诉,因为他在监督学生方面工作表现差从而被指控的老师上有疏忽,不能正确评估且未将其调离该工作岗位。学区负责人可能也会被牵连进这起诉讼案中,因为他忽视了撤换对教师监督不力的校长。教育委员会也可能会被起诉,因为其成员们在评估校长的表现时忽略了对学区负责人的管理与监督。这条路径遵循学区的指挥链,并确保法院确定责任方。

这种情况同样适用于人力资源管理。可以提起一个诉讼案,指控某位教师的推荐信没有得到人力资源负责人助理或其他人力资源工作人员的正确调查,最终导致雇用了一名不合格的申请人。

毋庸置疑,人力资源经理可能比学区其他员工更容易受到法律制裁。因此,在侵权责任方面了解更多的知识对人力资源经理来说是非常重要的。有了这些知识,他们就能够更好地建立人力资源流程和程序,以实现人力资源部门的目标,也可以在法庭上更好地为自己辩护。

在人力资源管理中,"损毁名誉"是一个潜在的诉讼领域,涉及提供证明材料与传达个人人事档案的内容。"诽谤"是指通过口头(诋毁)或书面(中伤)形式传播虚假信息,给人带来仇恨或嘲笑,并对人造成某种伤害。关于人力资源职能,诽谤造成的损害可能是丧失就业或晋升机会。

为防止此类诉讼,既定程序应概述谁负责撰写证明材料,以及在何种情况下可以公布个人人事档案的内容。尽管每种情况各不相同,但应遵守以下准则:

1. 员工有权在人力资源管理人员在场的情况下审查其人事档案的内容。

2. 员工的主管有权在人力资源管理人员在场的情况下审查员工档案的内容。

3. 只有正式的并被批准的文件(如考勤记录、工资记录、绩效评估表)才能添加到员工的档案中。

4. 在未通知员工情况下,不得从个人人事档案中删除任何文件,员工有权对删除提出质疑。

5. 未经员工书面许可,不得将员工人事档案的内容或部分内容(如可能的用人单位要求的考勤记录)发布给其他方。

6. 在任何情况下,人力资源管理人员都不应该通过电话讨论员工档案中的信息。

"过失"是一种侵权行为,它是指由于不符合既定标准的行为而对他人造成某种形式的伤害。人力资源负责人助理及其他人力资源管理人员有责任建立不违反联邦和州法律,并实现人力资源职能目标的过程和程序。因此,在招聘和选拔新员工时,必须遵循平权运动程序,以使受保护群体的权利不受侵犯。如果少数族裔申请者被剥夺了面试某一职位的机会,并因此失去了工作机会,那么忽视正确启动或遵循此类程序的人力资源管理人员可能犯有侵权罪。在这种情况下,可能会向平等就业机会委员会提出歧视指控;但是,申请人也有可能对个人管理人员提起民事诉讼。

在涉及过失问题的侵权诉讼中,法院适用"理性人"的标准来确定责任。这一概念有其具体的应用和定义,在日益多元化的社会中也存在一些局限性[6]。理性人是指:

1. 拥有一般的智力,正常的知觉及记忆力;

2. 具有被告所具备的高超技能和知识;

3. 具有与被告同等水平的经验;

4. 具有与被告相同的身体特征。

将涉及诉讼的人力资源管理人员的行为与虚构的理性人的行为进行比较。如果一个理性人本可以阻止这一结果,那么陪审团将认定管理人员疏忽大意。这个例子的寓意是,所有管理人员都应该检查他们的职业责任,以确定他们在履行这些责任时的行为是否能够经得住理性人的考验。

在判决有利于原告的民事诉讼中,通常要求被告支付"实际损害赔偿金",即损害费用的经济数额。原告失去工作机会有可能使被告损失相当大的一笔钱,可以想象是几十万美元。如果能在法庭上证明被告故意造成损害,也可以征收惩罚性赔偿金。这笔钱是对故意造成民事过错的惩罚。在某些情况下,惩罚性赔偿金可能等于或超过法院评估的实际赔偿金。一位公开反对平权运动并向同事们讲种族笑话的人力资源管理人员可能会为他或她故意忽视遵守平权运动程序的指控埋下伏笔。

危机事件管理

在整个公共教育史上,危机一直是学校和学区关注的问题。然而,1999 年发生在科罗拉多州利特尔顿的科隆比纳高中的悲惨暴力事件,不仅引起了美国公众对学生暴力问题的关注,也引起了危机事件管理问题的关注。在风险管理方面,暴力是所有学校和学区必须解决的一系列危机之一。危机的发生是由于各种各样的情况,例如:

- 事故:由人为失误、设备故障或设施维护不当引起。
- 不当行为:包括欺凌学生和工作人员、偷窃、威胁、性骚扰和不道德的公共行为。
- 自然灾害:包括地震、干旱、洪水、山体滑坡、龙卷风和飓风以及暴风雨。
- 技术敌意:包括破坏计算机设备和软件,未经授权进入计算机程序,以及违反计算机记录的保密性。
- 暴力:从自杀等自残造成的致命身体伤害,到伤害和杀害他人。

当然,这些并不是学校管理者面临的唯一或全部可能的危机。然而,它们确实代表了一些更常见的事件,需要引起风险管理主任的关注。

当危机发生时,通常没有预警,管理事件所需要的响应是要具有时效性的。需要立即采取行动,在没有提前准备的学区,可能会让管理人员措手不及。如果学区有风险管理主任,他或她应该负责管理整个危机事件。他或她需要其他管理人员,包括负责人助理、其他行政部门的管理人员及在危机事件中负有责任的员工的协助。例如,维修及保管服务主管可负责通知警方及消防等公共服务部门。社区关系主任可负责联系新闻媒体,发表有关危机的声明及其他信息。员工福利主任可负责确保受伤的员工及学生得到适当的医疗服务。如果事件发生在学校,基层校长连同辅导员和其他专业工作人员,负责与家长和学生沟通。运输主管负责将学生和员工撤离危机现场。保护设施和设备的安全可能是维修及保管主管的责任。

错误与疏忽责任保险

从本书中可以清楚地看到,每位人力资源管理人员都应该受到错误与疏忽责任保险的保护。这类保险的来源包括专业机构和学区的保险公司。

许多专业教育协会提供这类保险,以作为其正式会员福利的一部分。许多大型保险公司乐于根据集团政策为所有行政管理人员或任何其他员工群体提供此类保护。事实上,在主权豁免已经被废除的州,教育委员会的成员也可以被包括在这一保险范围内。最后,应当记住,大多数错误与疏忽责任保险单不覆盖惩罚性赔偿,因为这等于纵容蓄意犯罪的行为。

人力资源管理中的道德问题

美国人民越来越意识到那些在私营企业、政府、教堂和公共教育机构中担任领导职务的人的弱点。因为困扰美国社会和文化的重大丑闻,这是一个每个人都会想到的话题。美国人民普遍的态度是不信任我们社会各阶层的领导人[7]。新闻媒体不断披露的犯罪行为,是由那些不仅担任领导职务,而且担任重要信任职务的人的所犯下的。

这些问题解决方法的核心问题是,所有人都必须每天做出决定,在这种情况下,适当行为的界限有些模糊,即灰色区域。人力资源管理人员在法律上很脆弱,因为他们的决定影响到人们在生活中最重要的一个领域——就业。学生也因此会受到影响,因为他们的教育质量取决于学区就业人员的素质。

做出合乎道德的决定的基础通常是基于宗教信仰或哲学假设。犹太教－基督教－伊斯兰传统规定了大多数美国公民所接受的适当行为准则。这些宗教信仰和哲学假设中的许多都包含在美国作为一个国家建立基础的文件中。然而,支持这些宗教和哲学传统和文件中的原则并不能保证学区的做法将支持人类发展。因此,证据在于制定确保社会公正的战略和程序[8]。

美国学校人事管理者协会正式通过了由美国学校管理者协会制定的《学校管理者道德声明》。尽管这一声明是适合的,但它是针对所有类别的管理者的,在当代学校人力资源管理者面临的多样和复杂的情况下,它并没有提供足够的指导。有三条原则是从前面的资料中收集出来的,它们构成了附录10.1中职责的基础。

附录10.1　学校道德管理职责

学区在道德和法律上有义务,在现有的人力和财力资源允许的情况下,为儿童和青年人提供尽可能好的教育。教育质量取决于直接或间接提供教育服务的人员的素质。因此,教育委员会和学校负责人必须努力挑选管理人力资源职能的人力资源管理人员。人力资源管理人员一经录用,将承担以下责任:

对学区及其工作人员的职责

对学区及其工作人员的职责是:

- 积极有效地支持并执行教育委员会的政策;
- 积极有效地支持并执行管理性过程与程序;
- 通过适当的手段,寻求改变董事会的政策以及与良好的实践不一致的管理过程和程序;
- 向广大社区和教育界树立学区的正面形象;
- 促进公平对待个人、团体和公司;
- 帮助同事和下属履行他们的义务和愿望;
- 帮助下属实现他们的最大潜能;
- 以尊严和公平对待同事和下属;
- 在履行学校人力资源管理者的义务时遵守保密原则;
- 促进遵守所有地方、州和国家法令和法律。

学校人力资源专业的职责

学校人力资源专业职责是:

- 促进地方、州和国家各级学校人力资源专业协会的成员资格和活动；

- 接受学校人力资源专业协会的领导角色；

- 促进学校人力资源管理的研究，以提高专业效率；

- 促进专业发展活动，以提高学校人力资源管理人员的绩效。

个人职责

个人职责是：

- 以开放的方式履行学校人力资源管理者的职责；

- 当你遇到道德或专业问题时，这些问题似乎没有合适的解决方案，请咨询同事或其他专业人员；

- 通过参加会议、研讨会或学术会议，或通过大学课程，以一个人、学校人力资源专业人员的身份继续成长；

- 培养谨慎、诚实和公正的美德，这样你的行为不仅提高了你作为一个人的情操，而且也提高了你所工作的学区和你所代表的学校人力资源专业的完善性。

第一条原则，随着时间的推移，在履行这些职责的过程中做出决定有助于个人确定他或她想要成为什么样的人和人力资源专业人士。任何一个决定通常都不会代表一个人的核心道德取向，除非它是一个具有重大意义的决定，例如故意犯下重罪。应该说，一个人总是处于一种变化状态，要么成为一个更好的人和专业人士，要么是一个逐渐迷失自己的人。即使在一些看似无关紧要的问题上做出了不恰当的决定，也会破坏一个人核心的诚信。

第二条原则，学校人力资源管理人员的决定对学区作为一个机构具有一定的影响。这种影响可能是正面的，也可能是负面的，取决于这个决定的动机及其重要性。例如，人力资源负责人助理想要干涉申请人的招聘过程，仅仅是因为这个申请人是他或她的朋友而做出决定，这个决定对这位负责人助理所就职的学区将会造成负面影响。如果这种行为随着时间的推移而不断重复，学区可能会呈现负面形象，影响其他员工和周边学区其他教育工作者的士气。同样，人力资源管理者的决策也会对其所属或所担任领导职务的学校人力资源专业协会产生正面或负面的影响。人类的经验表明，实际上，不恰当的行为是不可能不被人所知的。

第三条原则，摘自《独立宣言》："人生而平等……他们被造物主赋予了某些不可剥夺的权利,其中包括生命权、自由权以及追求幸福的权利。"学校人力资源管理者对某些人、团体或公司的任何偏袒行为都违反了这一原则。人力资源管理者有责任确保不仅在员工的日常行为中,而且在学区的政策和程序性过程中,都给予这种权利。

学校人力资源管理人员的道德职责

附录10.1中规定的职责分为三个单独的标题:与学区及其工作人员相关的职责,与学校人力资源专业相关的职责,以及与人力资源管理人员相关的职责。这种方法是从更为传统的方法中被挑选出来的,在传统方法中,禁律表单是道德规范的一种表现。这里的重点是履行对学区、人力资源专业以及人力资源管理人员有积极影响的职责。而且,因为每个人都在不断地成为一个更好的人或是一个渐渐失去良知的人,仅仅避免某些类型的行为还不足以使这个过程朝着积极的方向发展。每个人都必须积极主动。这就是为什么在本书中,道德管理者被描绘成一个寻求履行职责的人。

学区及其员工的职责

第一组的十项职责明确提到公立学校管理的公共方面,特别是学校人力资源管理的公共方面。学校人力资源管理者对他们工作的机构——学区负有责任。此外,他们对同事和下属负有责任。因此,对教育委员会、学校负责人、同事和下属的忠诚成为履行这些职责的工具。有时,某个人力资源管理者在道德上无法接受他或她工作的学区的政策或做法,因此必须寻求其他就业机会。然而,在实践中,首要的责任是通过实施道德人力资源系统,帮助学区建立道德文化。因此,在市场宣传、招聘、选拔、安置、入职培训、员工发展、绩效评估、薪酬以及集体谈判中,目标应该是确保社会公正的、公开的、合乎情理的过程和程序。通过这种方式,人力资源职能成为促进学区各个层面道德觉悟的工具[9]。

学校人力资源专业的职责

接下来的一组职责定义了人力资源管理者的专业责任。重点是参加专业协会,并在这些协会内担任职务,以提高专业水平。这在研究和专业发展领域尤其重要。

个人职责

最后一组职责提到了人力资源管理者的个人成长。这种成长是通过专业发展活动培养出来的。某些美德的实践,特别是诚实的美德,应当有助于管理者避免利益冲突,而谨慎的美德应当有助于避免甚至出现这种冲突。因此,因为一个已经完成的行为或还没有执行的行为而接受礼物、服务或任何有价值的东西肯定违背了诚实的美德。即使没有附加任何条件,接受礼物、服务或任何有价值的东西,也违背了谨慎的美德。当管理者利用他们在专业协会中的职位谋取私利时,诚实也会受到侵犯。当员工仅仅因为与某位管理者的友谊而得到特殊对待时,就违背了正义的美德。

所有人有时都需要帮助。在需要时与其他专业人员进行咨询在这里被视为一项责任。因此,继续不适当的做法或坚持可能给学区、人力资源行业或管理者带来奚落的行为是违背这一责任的。因此,道德素养应该是学区所有员工发展计划的重点,案例研究的方法适用于人力资源管理者和员工的实践[10]。

人力资源政策的制定

在第一章中列举了设立教育委员会政策的好处。既然已经详细阐述了八项人力资源职能,那么应该清楚的是,明确界定的人力资源政策是绝对必要的。事实上,制定这样的政策是人力资源部门的一项主要工作。教育委员会的政策和管理程序之间的差异也应铭记在心。"政策"通常是一个宽泛的方向说明,而"程序"则是在实现政策时要遵循的一系列步骤。然而,在实践中,在某些情况下,政策的措辞与使其具有可操作性的程序的措辞之间有着细微的区别。附录 A 给出了作者创建的两个示例政策。附录 B 列出了员工人事手册中可能包含的政策。

信息技术：法律、道德和政策问题

信息技术和互联网的出现,永远改变了学区实施人力资源管理的方式。人力资源管理人员和工作人员每天在学校和学区访问、分析、创建,并分发信息。这些管理人员和工作人员有责任不滥用技术资源,尊重教师、其他管理人员和学区社区其他工作人员的权利。

有鉴于此,建议每个学区制定一项政策,涵盖技术的正确使用。这样的政策应该明确指出它所涵盖的技术成分。附录 10.2 描述了一个政策模板,其中包含了作者认为必要的条款,以便涵盖技术正确使用的法律、道德和政策层面的知识。

当然,个别学区将根据其文化和董事会政策修改以前的政策模板。此外,工作说明应明确规定使用此类技术所需要的每位员工的技术责任。

附录 10.2 技术政策模板

教育委员会、学校负责人以及管理部门和人力资源部门的员工认识到人力资源职能的有效管理依赖于在制定人力资源程序和政策时充分并适当地利用信息技术。这个政策适用于古德维尔学区的所有人力资源员工,无论他们是否有权使用学区拥有的某些技术。此政策涵盖的技术组件包括计算机、数据库、数据存储、网络、打印机、相关设备及软件。如果这些员工在私人电脑上使用学区拥有的技术系统,本政策也适用。

制定这项政策是为了确保学区的技术系统是可用的、可靠的,并且仅用于创建和提供这些系统的人力资源目的。因此,经授权的人力资源管理人员和工作人员禁止从事下列活动:

- 访问并修改他们未被授权的系统基本组成部分;
- 为未经授权的目的收集信息;
- 妨碍或干扰其他员工对技术系统的授权使用;
- 将技术系统用于违反学区公共形象的目的,如政治活动;
- 试图重写系统的安全组件;
- 将该系统用于非法的目的,如性骚扰、种族和族裔骚扰滥交;
- 应用技术交流时冒充他人;
- 修改技术设备;
- 违反硬件或软件的许可协议。

以同样的方式,确保了人力资源管理人员和员工的以下基本员工权利:

- 关于执行就业责任的自由询问和表达;
- 个人密码的维护与安全;
- 正确地登陆设备;
- 在不妨碍履行职责的情况下,系统地少量个人使用,如接收个人性质的电子邮件。

教育委员会同意,学校负责人可为以下目的,授权未获得授权使用者同意而访问该系统:

- 诊断并修复系统;

- 在联邦,州以及地方法院和机构需要时;

- 当违反了政策或法律,存在合理的证据时;

- 为了保护公共健康与安全。

人力资源部的每位员工都有一定的与学区技术系统不当使用相关的责任,这些责任应报告给学校负责人:

- 如果员工认为其个人诚信受到质疑;

- 如果员工发现他人违反政策或法律。

对此类违法行为的处罚可包括暂时或永久停止访问系统并解除劳动合同。受处罚的员工有权向教育委员会提出上诉。

对中小型学区的影响

只有大型学区才负担得起一个由专门从事学校法律的律师组成的法律部门。然而,当学区陷入诉讼时,每个学区都别无选择,只能聘请律师代表学区。另外,当提出的诉讼是与人力资源职能有关系时,雇佣专门从事人力资源管理法律方面的律师是非常必要的。聘请律师的审查程序取决于许多变量,其中最重要的是在学区预算中有足够的财政资源来聘请最合格的律师。

其他考虑因素包括:

- 最好聘请一家律师事务所,而不是一名律师,因为如果首席律师因病或其他任务无法继续履行其职责,事务所的其他律师可以接手案件。

- 最好聘请有学校法律案件处理经验的律师事务所。

- 最好聘请有处理过其他学校人力资源相关案件的律师的律师事务所。

- 最好聘请一家收费结构符合学区预算财政限制的事务所。

- 最好在一个固定的时间段聘请律师事务所,或许是一到三年。这样学区就可以更方便快捷地应诉,不必在急需的时候去找法律顾问。

- 律师事务所还应能够为管理人员提供管理实践和政策方面的指导,使学区在履行管理责任时采取主动而不是被动的做法。

- 仅仅依据律师事务所的收费结构而不是其在诉讼中代表客户的成功经验聘

请律师事务所,这不是一个好的做法。因此,学区不应该"竞标",而应向有兴趣的律师事务所寻求学区法律事务的整体解决方案,其中也包括该事务所参与的案件类型、该事务所的成功经验以及该事务所的收费结构。

学区的位置是寻求学区法律事务的整体解决方案的另外一个考虑因素,因为学区附近可能没有对学区所面临的诉讼类型有经验的律师执业。律师事务所的经验至关重要。

显然,学区的规模与负责人力资源职能的管理人员的道德责任无关。因此,本章介绍的有关道德方面的材料适用于所有管理人员和工作人员。

最后,无论学区大小,都有责任制定合理、恰当与积极的政策,这也是学区所有人力资源管理者的责任。州和国家专业协会(如国家学校董事会协会)为学区提供了大量的政策资源。

年轻教师和管理人员对法律、道德与政策问题的影响

年轻教师和管理人员在处理法律、道德和政策问题时往往相当保守。要理解这种保守主义,重要的是要记住他们进入成年期对自己和家庭负有重大责任的时代特点。于是,新闻媒体理所当然地引起了他们的注意,包括宗教、商业、政府和军事以及执法部门领导人的不当行为;企业和金融机构的财政动荡;有争议的生命问题,如克隆人体器官和其他基因工程问题;危险时期对公民权利的威胁;缺乏普遍获得医疗和药品服务及产品的机会;环境恶化;以及恐怖主义。

或许年轻一代教师和管理人员的最终问题是信任问题。他们能够相信谁呢?当然,这里讨论的问题不仅仅是关注的问题,也是伦理问题,而且大多数都有法律后果。此外,这对学区尤其是人力资源政策的制定也有影响。大多数年轻一代员工希望在政策制定中体现出的管理职能方面有一些发言权,这一点在集体谈判过程中可以得到见证。此外,他们想要的主管是那些他们可以信任并且仰慕,以及那些在行为方面很专业的主管。因此,年轻一代教师和管理人员期望透明、责任和公平成为人力资源政策和程序的特征。

总　结

　　这一章重点关注人力资源管理中的法律,道德及政策问题。由于越来越强调法律权利与责任,这些问题在过去十几年中变得非常重要。

　　教师和管理人员通常根据个人合同的条款工作;分类人员按小时工资或年薪接受雇佣。对教师和管理人员使用个人合同是一个传统问题,有些州的法律也规定了这一点,并将专业员工的工作条件与分类人员的工作条件区分开来。

　　教师和管理人员的合同必须符合一般合同法、州法律和判例法的要求。"合同"是两个或两个以上有资格的人以法律规定的形式就一个法律问题达成的考虑法律因素的协议。因此,每一份有效合同的五个基本组成部分是,要约与承诺、有资格订立合同的人员、必须考虑的事、法律标的物以及适当的形式。

　　学区的诉讼案件有所增加。此外,人力资源管理人员的行为在今天比以前更容易受到司法审查。因此,管理人员必须对美国的司法系统有一个初步的了解,并且能够做出法律上有正当理由的决定。

　　有两个基本法律系统。第一个,被称为"民法",是通过立法机构制定的法规建立起来的。第二个,被称为"普通法",它是英国法律的基本方法,在理论上被美国大多数州所采用。根据这一制度,法院做出的裁决成为法院在处理今后案件时应遵循的先例。今天美国的法律体系是民法和普通法的混合体。

　　有三个主要的法律渊源构成了美国司法制度的基础:宪法、法规和法院案件。"宪法"是为政府履行职责提供框架的规范机构。"法规"是由立法机关制定的;通常被称为"法律"。如前所述,普通法源于法院的裁决,而不是立法机构的行为。另外,还有两个影响教育的法律来源,尽管它们不是传统上的主要来源:行政法和总检察长的意见。"行政法"是由国会和州立法机关设立的机构制定的规则组成的。在没有案例法的情况下,可以请州检察长就州法规的解释提出意见。

　　法律的两大分类是刑法和民法。民法涉及保护个人和公司实体的权利;刑法涉及保护社会权利。

　　司法系统由联邦、州和市法院组成。联邦法院分为三类:地区法院、上诉法院和美国最高法院。以同样的方式,大多数州有三类法院:巡回法院、上诉法院和最高法院。美国司法系统也保留了公平的概念。州巡回法院和美国地区法院可以处理法律和公平两类问题。某些问题传统上是公平审判,最常见的公平处理方法是禁令。

人力资源管理者应该熟悉州和联邦法院系统之间的细微差别,因为有大量影响就业的法律,以及由此产生的侵权诉讼的可能性。

在人力资源管理中,了解律师的作用也是极其重要的。律师收集一个案件的重要事实,并研究法律条款与法院案例的判决先例,以便在法庭上组织合理的辩护。辩护的力度仅仅与人力资源程序和政策证明的责任的程度有关。

"诉讼"是从提交申诉开始的,在原管辖法院提出指控。下一步是澄清指控和重要事实。最后一步是审判。

"侵权行为"是对一个人或一个人的财产犯下的民事错误,而不是违反合同的行为。侵权行为分为"故意侵权"和"过失侵权"两大类。人身攻击、殴打、诽谤以及非法侵入是最常见的故意侵权类型。在人力资源管理中,"诽谤"是一个潜在的诉讼领域,涉及撰写证明材料和传达个人人事档案的内容。

"过失"是一种涉及的行为低于既定标准的侵权行为,导致对另一个人的某种伤害。因此,过失意味着玩忽职守。人力资源管理人员的职责是建立不违反联邦和州法律,且符合人力资源部门目标的过程和程序。如果少数族裔申请人被剥夺了面试某一职位的机会,因此失去了一个工作机会,则忽视启动或遵循此类程序的人力资源管理人员可能会构成侵权犯罪。

危机的发生是由于各种各样的情况,包括事故、不当行为、自然灾害、技术敌意以及暴力行为。危机是具有时效性的,需要立即采取行动。风险管理主任应该负责管理整个危机事件,但必须得到其他管理人员的协助。

在判决有利于原告的民事诉讼中,如果伤害是故意造成的,可以对被告进行实际损害赔偿甚至惩罚性损害赔偿。因此,每一位人力资源管理人员都应该受到错误与疏忽责任保险计划的保护。

美国人民越来越意识到那些占据领导地位的人容易犯错。当适当行为的界限有些模糊时,所有人都必须每天做出决定。人力资源管理人员尤其容易受到牵连,因为他们的决策影响到人们生活中最重要的一个领域——就业。

做出合乎道德的决定的基础通常是基于宗教信仰或哲学假设。从这些信念和假设中总结出三个原则:第一个原则,在履行这些职责的过程中做出决策,随着时间的推移,将有助于个人确定他或她想要成为什么样的人和人力资源专业人士。第二个原则,学校人力资源管理人员的决策对学区作为机构具有确定的影响。第三个原则,来自《独立宣言》,该宣言规定,人人生而平等,享有某些不可剥夺的权利,其中包括生命权、自由权及追求幸福的权利。

学校人力资源管理人员的道德责任分为对学区及其员工的责任、对学校人力资源专业的责任及个人责任。

有效的政策是有效的人力资源管理的关键。教育委员会应审慎制定政策,确保人力资源运作的合理性。

 自评测验 这里是一份自主评分性质的自评测验。

问题讨论与陈述

1. 解释为教师建立个人劳动合同时必须要考虑的要素。

2. 人力资源管理人员在哪些方面容易受到法律诉讼？有哪些指导方针可以帮助他们保护自己?

3. 确定诉讼发展的一般过程。

4. 人力资源管理人员的道德职责是什么?

5. "理性人"概念是怎样影响人力资源管理实践的?

建议的活动

1. 你是一个大约有 30,000 名学生的大型都市学区的风险管理主任。在进行每年一次的安全及安保审核时,你和你部门的员工在区内数所学校发现了一些安全隐患和安保需求。人力资源负责人助理已经通知你由于州援助资金不足,设施的预算已经减少了 10%,这将使你们的许多安全和安保建议无法得到实施。在这种情况下,以书面形式陈述你的道德和法律责任以及你会怎么做。

2. 写一份关于人力资源管理中一个问题的政策,该政策可以作为政策制定的一个模板。

3. 参加有关学校人事问题的州法院诉讼,并就你的观察写一篇反思文章。

4. 亲自或以电话的方式采访一名擅长处理学校法律问题的律师,与他或她一起探讨学区法律顾问的作用与职能。

5. 亲自或以电话的方式采访一名人力资源管理人员,一起探讨当学区因人事问题被起诉时,他或她所使用的程序。

问题情境反思性行动

既然你已经阅读并学习了这一章,当你与学区的法律顾问就这起诉讼进行合作时,你将如何继续保持你的法律和道德操守?

尾 注

1. Charles J. Russo, *Reutter's The Law of Public Education*, 6th ed. (New York: Foundation Press, 2006), 434 – 436.

2. Ibid., 1 – 2.

3. Ibid., 2 – 14.

4. Ibid., 15 – 24.

5. Ibid., 375 – 408.

6. Moran Mayo, *Rethinking the Reasonable Person: An Egalitarian Reconstruction of the Objective Standard* (New York: Oxford University Press, 2003), 315 – 316.

7. Robert M. Fulmer, "The Challenge of Ethical Leadership," *Organizational Dynamics*, 33, no. 3(2004): 303 – 317.

8. Paul Miller, "Strategy and the Ethical Management of Human Resources," *Human Resource Management Journal*, 6, no. 1 (1996): 5 – 18.

9. M. Ronald Buckley, Danielle S. Beu, Dwight D. Frink, Jack L. Howard, Howard Berkson, TommieA. Mobbs, and Gerald R. Ferris, "Ethical Issues in Human Resources Systems," *Human Resources Management Review*, 11, nos. 1 – 2 (2001): 11 – 29, www. nipc. ir/uploads/p11214_7642. pdf .

10. Diana Winstanley and Jean Woodall, "The Ethical Dimension of Human Resource Management," *Human Resource Management Journal*, 10, no. 2 (2000): 5 – 20.

参考文献

Adjibolosoo, S. "The Evolution and Implications of Human Resources Regulations and Policies: A Critical Human Factor Analysis." *Review Of Human Factor Studies*, 17, no. 1 (2011):90 – 134.

Brown, Trevor L. , and Matthew Potoski. "Contract-Management Capacity in Municipal and County Governments. " *Public Administration Review*, 63, no. 2 (2003): 153 – 164.

Buckley, M. Ronald, Danielle S. Beu, Dwight D. Frink, Jack L. Howard, Howard Berkson, TommieA. Mobbs, and Edwin C. Darden. "School Law: Responsibility and Obligation. " *American School Board Journal*, 119 (August 2007): 42 – 43.

Dutton, Marcy. "A Good Contract Only Starts with the Signing. " *School Administrator*, 64, no. 6(June 2007).

Essex, Nathan L. *School Law and the Public Schools: A Practical Guide for Educational Leaders* ,3rd ed. Boston: Allyn & Bacon, 2005.

Ferris, Gerald R. "Ethical Issues in Human Resources Systems. " *Human Resources Management Review*, 11 (2001): 11 – 29.

Fullan, Michael. *The Moral Imperative of School Leadership*. Thousand Oaks, CA: Corwin Press,2003.

Fulmer, Robert M. "The Challenge of Ethical Leadership. " *Organizational Dynamics*, 33, no. 3(2004): 303 – 317.

Looney, Susan D. *Education and the Legal System: A Guide to Understanding the Law*. UpperSaddle River, NJ: Merrill/Prentice Hall, 2004.

Mayo, Moran. *Rethinking the Reasonable Person: An Egalitarian Reconstruction of the Objective Standard*. New York: Oxford University Press, 2003.

Miller, Paul. "Strategy and the Ethical Management of Human Resources." *Pro-Quest LLC* (2008).

Rebore, Ronald W. *The Ethics of Educational Leadership*. Upper Saddle River, NJ: Prentice Hall, 2001.

Rebore, Ronald W. *A Human Relations Approach to the Practice of Educational Leadership*. Boston: Allyn & Bacon, 2003.

Russo, Charles J. "Letters of Recommendation: A Legal Update." *School Business Affairs*, 68, no. 7 (July/August 2002): 30 – 33.

Schimmel, David, and Matthew Militello. "Legal Literacy for Teachers: A Neglected Responsibility." *Harvard Educational Review*, 77, no. 3 (Fall 2007): 1 – 14.

Starratt, Robert J. *Ethical Leadership*. San Francisco: Jossey-Bass, 2004.

Winstanley, Diana, and Jean Woodall. "The Ethical Dimension of Human Resource Management." *Human Resource Management Journal*, 10, no. 2 (2000): 5 – 20.

Zirkel, P. A. "Paralyzing Fear? Avoiding Distorted Assessments of the Effect of Law on Education." *Journal of Law and Education*, 35 (2006): 461 – 495.

附录 A：人力资源政策样本

人力资源管理中的利益冲突

古德维尔学区的政策是,承担人力资源职责的管理人员和工作人员应遵守最高的行为和诚信标准。当人力资源管理者或工作人员对学区的决定或行动对管理者或工作人员个人产生有利影响,或对学区产生不利影响时,就会发生利益冲突。

在以下情况下会出现利益冲突：

• 当人力资源管理人员或工作人员直接或间接地与向学区提供或打算提供商品或服务的外部公司(例如,设计并销售学区招聘手册的公司或提供第三方附加福利管理的公司)有经济利益关系时。

• 当人力资源管理人员或工作人员向学区提供或打算提供商品或服务的公司提供咨询或其他服务时(例如,协助公司制定竞争性提案,以便投标提供健康和住院保险)。

• 当人力资源管理人员或工作人员向正在学区求职的朋友或亲戚提供学区运营信息时。

• 当人力资源管理人员或工作人员收到向学区提供商品或服务的公司或学区潜在员工的礼物或招待时。

每年,人力资源管理人员或工作人员将被要求签署一份公开声明,确认他们没有参与利益冲突的决定或行动。如果违反这个政策,学校负责人将采取纪律处分,其中可能包括无薪休假或解除劳动合同。

以证据为依据的决策制定的人力资源管理政策

人力资源部的管理者和工作人员认识到,人力资源职能的有效管理取决于在制定人力资源程序和做出人力资源决策时充分并真正地应用定量和定性数据。

为了促进这一职责,教育委员会授权人力资源管理人员不断收集并分析人力资源规划、人员招聘、人才选拔、人员安置与入职培训、员工发展、人员评价、员工薪酬以及集体谈判等领域的定性和定量数据。

人力资源负责人助理在学校负责人的领导下,直接负责数据的收集与分析。他或她必须让人力资源部的所有成员,包括员工关系主任、员工发展主任、平权运动主任、员工福利主任以及风险管理主任,参与履行这一职责。

要求人力资源负责人助理在每年 7 月 1 日前制定数据收集与分析的工作计划。年度人力资源报告将于每年 4 月 1 日前提交给学校负责人和教育委员会,以便学校负责人和教育委员会能够利用该报告编制年度预算。

该报告不仅将阐述分析过的数据,而且还将明确确定用于收集数据的方法。此外,该报告将阐述在分析过程中采用了哪些统计和定性处理方法。

附录 B:员工人事手册内容

古德维尔学区员工人事手册

本手册构成了古德维尔学区员工的人力资源政策和规定。本手册的实施和维护责任委托给了人力资源负责人助理。本手册中包含的政策可被删除或修改,其他政策也可以由教育委员会采取行动纳入。以同样的方式,这里所包含的规定,可以予以删除或修改,而新的规定也可以列入管理备忘录。每位员工将收到本手册的副本,并被期望熟悉手册中的内容。

目　录

第五章——记录、工资单和修订

第六章——分类与薪资计划

结束语

　　这本书以相对来说短小精悍的篇幅覆盖了大量的知识,阐述了人力资源职能的多个不同的维度。刚读完此书的读者一定还记得影响人力资源管理中使用的过程、程序及技术的总体政治和人文环境。例如,人力资源管理人员可以推荐一位被董事会拒绝的教师,而另一位资格较低的教师则被聘用。人力资源管理人员可能永远不知道发生这种情况的原因。隐秘的意图一定是存在的。

　　在我们当今的时代,没有什么事情是比职业道德更为重要的问题。这不仅对教师和教育管理人员如此,对政府官员、商务人员以及神职人员也是如此。媒体持续关注非法和不道德的行为。尽管专业的教育管理人员总是认识到光明磊落的必要性,但当今社会的气氛是这样的,管理人员必须能够证明他们的行为是建立在道德体系之上的。正因为如此,我在第十章中编写了有关学校人力资源管理伦理道德的章节,以及相应的一套职责。每一位管理人员都必须学会以一种诚实正直不可置疑的方式履行其职业职责,做到这一点至关重要。因此,必须审慎地避免短期解决方案和专制的决策。

　　技术进步给教育管理人员带来了独特的机遇和重大挑战。管理人员必须继续将技术作为教育企业的一种日常工作方式。管理人员必须继续改进和扩展技术在完成学生排课、出勤报告、成绩报告、库存报告、与财务会计等常规任务以及人力资源职能各个维度的管理中的应用。一些规模较大的学区已经拥有完善的信息管理系统,使人力资源管理更加高效和准确。各维度进一步推进,通过确定每一章中的材料如何适用于中小型学区,并考虑年轻一代员工对人力资源管理的影响。

　　人力资源管理人员也必须变得更加人性化,以平衡新技术的融入。技术往往使个体彼此孤立,并强调独自完成的活动。事实上,目前的情况是信息的收集、存储及使用在增加,而人与人之间的互动在减少。归根结底,伴随着人际关系技能的降低,我们知道的东西越多,真正领会到的东西却越少。

　　因此,人力资源管理人员必须要认识到发展创新的方式使其与教师和员工之间更好地互动的必要性。正如本书所述,使用人力资源管理的协作方法提供了这样一个机会。

　　未来的人力资源管理人员必须恪守职业道德。同时,他们必须了解和利用技术进步,并认识到创造改善人际互动方式的必要性。

术语表

获得性免疫缺陷综合征（AIDS 艾滋病） 一种病毒性传染病；根据 1973 年《康复法案》第 504 条和 1990 年《美国残疾人法》的规定，感染该病的人受到保护。对传染的恐惧本身并不允许联邦机构和受到联邦帮助的雇主歧视感染艾滋病病毒的雇员。

管理性服务机构（ASO） 与学区签订合同的第三方管理人，负责对自我保险的学区进行监控并处理赔付。

招聘广告 一种用来传达职位空缺的方法；也是对学区促进平权运动和平等就业机会的努力的重要验证。

平权运动 为了符合大多数民权立法中所规定的平等就业条款为目标的，详尽的，以结果为导向的计划。

1967 年《就业年龄歧视法》 经修订的一项联邦法律，根据能力而非年龄促进 40 至 70 岁工人的就业。这项法令规定，在所有就业领域歧视老年工人是违法的。

（美）工会代理制企业 在一个学区，当某些雇员不是工会成员时，他们所属的谈判单位的谈判代理；因此，这些雇员必须向工会支付费用。

选择认证计划 专为拥有学士学位的人设计的学院和大学课程，使他们有机会在相对较短的时间内获得教师资格。这些计划是为许多教师短缺的州设计的。

1990 年《美国残疾人法》（ADA） 有史以来通过的保护残疾人个体权利的综合性最强的立法。这项立法扩展了 1973 年的《康复法案》，因为该法案涉及私营部门以及没有接受联邦资金资助的地方和州政府机构。美国司法部和平等就业机会委员会被赋予执行《美国残疾人法》的管辖权。

学徒制培训 最古老的培训形式，即一个人在一段时间内或在获得必要的技能之前担任一名熟练工人的助理，跟他或她学习技能。

仲裁　一个解决陷入僵局的程序,教育委员会和员工工会同意在谈判过程或申诉中的决定由第三方来裁决。

评估中心　可以观察职位申请人在一系列模拟中工作的地方,通常采取案例研究和处理管理问题的决策练习的形式。

人力资源负责人助理　一所学区的首席人力资源管理人员,负责制定人力资源战略,并实施为了高效管理人力资源职能必需的政策、过程及程序。其他可能的职位名称是,人事主任或人力资源主任。

非同步技术　在不受实时限制的情况下使用技术的体验。因此,一个人可以在正常工作时间后登录学区的网站并处理医疗索赔。

自动补丁管理软件　程序和系统的计算机安全软件补丁。最有可能通过识别类似病毒的模式来检测未知病毒的补丁。

谈判能力　一种有利的影响平衡方式,由于意见无法达成统一而迫使另一方同意一项提案或整套提案。

谈判过程　在会议桌上,教育委员会和员工工会的代表就工资、附加福利以及工作环境进行讨论。

谈判单位　那些被组织成一个类别的员工,因为他们有一个利益共同体让他们在集体谈判中有代表性。

谈判单位的确定　确定哪些员工有利益共同体,以便将他们组织到一个类别中进行集体谈判的过程。小组的规模和有效的管理是额外的考虑因素。

教育委员会　由社区居民选举出的或上级任命的学区的决策机构。

职业晋升阶梯　由于达到了更高的专业水平而提升到更高的认可度与经济回报水平。

重大疾病病例管理　当员工、配偶或者家属患有重大疾病,病例管理会协助病人及其主治医师以最低花费得到最好的治疗。

谈判代理人资格证书　被授权的州专门机构或教育委员会指定某个组织或工会代表一个谈判单位作为其独家谈判代理人。

民法　有关保护个人,个人与公司实体,或两个公司实体之间存在权利的法律。人力资源管理引起的诉讼大多涉及民法。

1964 年《民权法案》　这个修订后的联邦法律的第七篇规定:一个人不能因为

种族、肤色、宗教信仰、性别或国籍而被拒绝工作或在工作中被不公平对待。

1991 年《民权法案》 一项联邦法律,将赔偿和惩罚性赔偿以及陪审团审判扩展到因种族、国籍、性别、残疾或宗教信仰而受到歧视的员工。

集体谈判 整个谈判过程,包括认识和谈判单位的确定、谈判过程、僵局程序以及主协议管理。

普通法 也被称为案例法,因为它是由法院判决而不是立法行为产生的。如果重大事实相似,即所谓的先例原则,则认为过去的法院判决在随后的案件中具有法律约束力。

利益共同体 由一个特定的员工群体共享的共同的技能、职能、教育水平及工作条件。

薪酬方案 根据员工表达的愿望和需求,将其个人薪酬分配到一定数额的薪金和一定的附加福利中。

学习条件 导师用来促进学习的刺激、反应、强化和激励技术,是人类能力的一种全新体验。

1986 年《综合预算调和法案》(COBRA) 当员工不再被学区雇佣时,继续允许员工、配偶及其受抚养人通过学区的团体保险计划享受医疗保健服务的一项联邦法律。

宪法 提供政府履行其职责的框架的一组规范。联邦和州宪法包含了保障公民个人、财产及政治权利的条款,这是制定人力资源流程和程序时需要关注的问题。

合同 学区和员工之间的协议,要求要约与承诺、能够胜任的人员、必须考虑到的事项、法律允许的主题以及正确的格式。

自付额度 除了学区医疗计划支付的费用外,员工支付给医疗服务机构的金额;通常比学区的部分少很多。

法院禁令 法院下达的执行或停止执行某项活动的命令。一个例子是法院命令一群罢工的员工返回工作岗位。

犯罪背景调查 学区用来检查求职者的推荐信和资格证书以及执法机构的记录,以确定任何可能被判犯罪的申请人的过程。

刑法 与保护社会权利有关的法律;因此,代表人民的地方、州和联邦政府有责任起诉个人或公司实体对社会犯下的错误。

网络伦理　研究科技是如何通过计算机技术和通信电子技术影响公共政策的。

数据挖掘　使用一系列分析应用程序来找到数据库中的范例。

数据仓库　为支持整个学区的活动而设计的学区数据库。它通常是批量更新,并提供快速的在线信息和摘要。

决策支持系统　一种交互式的、以计算机为基础的系统,允许用户通过以数据为基础的模拟来解决问题。

自付额　在学区的保险计划开始支付剩余的医疗和医院服务费用之前,员工必须支付的金额,通常在一个日历年内。

直接薪酬　薪酬计划的一部分,由薪金、加班费、假期补贴以及绩效工资构成。

1989 年《无毒品工作场所法》　一项联邦法律,允许由用人单位选择继续雇用或解雇在联邦拨款项目中工作的雇员,这些雇员被判在工作场所滥用毒品罪。

正当程序　为保证员工的权利而制定的程序,包括对不符合学区政策、长期目标、短期目标、规则以及规章制度的指控进行公平,不偏袒任何一方的听证的权利。

教育　通过推理过程的发展帮助个人理解和解释知识的过程,使他或她能够分析变量之间的关系。

员工组织　在工资、附加福利以及工作条件的集体谈判过程中代表员工的组织或工会。

员工关系　集体谈判中使用的战略、政策、过程及程序,用于实施谈判准备阶段、围桌谈判、主协议管理以及申诉管理。

职业介绍所　一个私人公司,帮助客户寻找就业机会,并为此服务向客户或招聘学区收取费用。

解雇　以经得起法律审查的文件为依据的原因停止某人的雇佣关系。

职业测试　智力、才能、能力和兴趣的测试是在某些类型的工作的选拔过程中使用的一系列测试。

入学预测　在五到十年的时间内,在特定年级水平上就读特定学校的学生人数的估计。群体幸存法是许多学区普遍采用的方法。

平等就业机会委员会(EEOC)　该机构根据 1964 年《民权法案》第七篇设立,

并通过1972年《平等就业机会法》加以加强,调查歧视指控,试图调解,并可提起诉讼。

1963年《同工同酬法》 一项联邦法律,要求用人单位对于同样的工作支付给男性员工和女性员工的报酬也是一样的。

错误与疏忽责任保险 为保卫员工和因民事诉讼而产生的实际损害而支付的保险。

道德规范 为管理人员在人力资源管理实践中提供指导的人的行为规范。

评估工具 一种正式文件,由主管用于评估员工在行为特征和/或长期目标与短期目标相关方面的绩效。

评估过程 在人力资源管理中,从行政管理的角度来看,是指制定用于评估人员绩效的政策、程序、方法和工具,并强调法律和正当程序方面的考虑。

独家代理 一个组织或工会是谈判单位的独家代表的情况。通常是由一个州专门机构或教育委员会在执行认可程序后做出的这种指定。

行政命令 在联邦政府中,总统的命令具有法律效力。几位总统已经发布了这样的文件,以解决就业歧视问题。

期望模型 一种为员工支付薪酬的模式。通过这种模式,员工可以很容易地理解,当他们为学区的最佳利益做事时,他们也在为自己的最佳利益做事。

外在薪酬 通常分为直接薪酬和间接薪酬。

事实调查 一种僵局程序,在这个程序中,利益相关方提供证词,并收集和分析信息,以便为解决申诉或谈判过程中的僵局提出建议。

合理份额费 通常,相当于在集体谈判过程中工会或组织提供服务而产生的按比例分摊的费用。此费用由非工会或非组织成员支付,因为他们从谈判过程中受益。

1993年《家庭医疗休假法案》 一项联邦法律,其基本目的是为符合条件的员工提供每年12周的无薪假期,用于个人或家庭健康以及第一年育儿的目的。

联邦仲裁与调解局(FMCS) 1974年国会成立的联邦政府的一个独立机构,目的是促进劳动管理融洽。该机构由专业调解员组成。

附加福利 给所有员工的福利会产生直接的财政支出;通常的种类为保险计划,带薪休假及服务。

扣发债务人的工资　法院的命令,要求用人单位从员工的薪金中扣除一定数额的钱,以向法院申请减刑,以满足债权人的要求。

Y世代　通常被称为"千禧一代",由1980年或1980年以后出生的人组成,如本书所述,这些人的年龄已经足可以寻找大学毕业后的专业职业,如在学区内担任教师和管理人员。

申诉程序　解决员工或员工组织或工会指控学区或学区管理人员错误地应用,错误地解释,或违反主协议条款的程序。

1996年《健康保险流通与责任法案》(HIPAA)　一项联邦法律,保证雇员、他们的配偶及其家属享有一定的医疗保险,即使他们以前有医疗条件。

健康管理组织(HMO)　在这种医疗管理方法中,医疗保险和医疗服务的提供是相结合的。医生因提供服务而获得工资,或通过合同获得固定的每位患者的付款,而不管就诊次数如何。

恶劣工作环境性骚扰　当不受欢迎的性行为干扰员工的工作表现时发生的骚扰。

人力资源管理　管理在学区实施人力资源职能的以下方面所必需的过程、程序及技术:规划,招聘,选拔,安置和入职培训,员工发展,绩效评估,薪酬以及集体谈判。

人力资源预测　评估未来人力资源需求,通常通过专家评估、历史比较、任务分析、相关性及建模来确定。

人力资源清单　学区的人力资源档案,由年龄、职位名称、教育和/或培训、安置、性别、特殊技能及资格证书等员工信息生成。

人力资源规划　一个学区为了有效地实现其长期目标和短期目标,确保在适当的时间、适当的地点、以适当的技能、适当的人数的过程。

1996年《移民改革和控制法案》　一项联邦法律,规定故意雇用非法移民的外国人,继续雇用即将成为非法移民的外国人,或在没有先核实其就业能力和身份的情况下雇用任何个人是非法的。

僵局　教育委员会代表和员工代表对围桌谈判过程中的一个或多个问题无法达成一致意见的正式称谓。启动预先确定的僵局程序。

赔偿医疗计划　一种传统的医疗保险计划,允许员工、配偶及其家属选择任何医生和医院接受医疗服务。

独立诊所协会(IPA)　医师的群体或人际圈,他们之间彼此保持独立,同时与健康管理组织签约。

间接薪酬　薪酬计划的一部分,包括保护计划、带薪休假及服务。

入职培训　旨在使新入职和重新分配工作任务的员工熟悉其工作岗位,社区及同事的过程。对于新入职的个人来说,熟悉学区环境是最为有利的事情。

保险公司评级　保险公司根据其业绩和财政实力进行评级;由国家认可的独立评级公司编制,如总部位于新泽西州奥德维克的贝氏评级公司、芝加哥的道衡、纽约的穆迪以及纽约的标普。

州际新教师评估与支持联盟(INTASC)　一个国家联盟,制定了被认为是许多州教师执照颁发最佳实践的标准。

内在薪酬　通过参与决策过程,工作自主权,职责及员工发展机会来成功履行工作职责的满意度。

工作分析　收集某一特定职位信息的过程,这些信息主要是关于该职位的工作范围;如何完成工作任务;该职位要求的技能,教育及培训要求;该职位现实的环境条件;以及该职位与其他职位之间的关系。

职位描述　正式的职位称谓,包括职位名称、职责、权利与责任以及明确的资质要求。

职位空缺通告　根据职位描述,为可能的候选人提供充足的信息,以便决定是否要申请这一职位。

劳资关系委员会　由学区管理人员和员工组成的委员会,他们定期开会解决与工作条件的各种关注、遇到的问题及重要议题。

诉讼　向具有原管辖权的适当的法院提交的陈述诉讼理由的请愿书。

中伤　通过以书面形式传达虚假信息而实施的诽谤,这种虚假信息会对一个人带来厌恶或嘲笑,并对他或她造成某种伤害。

管理式医疗　一种以患者为中心协调医疗服务的方法,从而产生一个更有效的医疗保健提供系统,这样做也更加具有成本效益。

管理方法　一种人力资源管理的方法,以制定战略、实施过程、程序及技术为中心。

管理权限 对学区管理来说是特有的且必要的责任。

强制性附加福利 法律要求的福利,对一个学区来说,是一笔直接费用。所有州都要求各学区为员工退休、失业和工伤事故补偿金计划做出贡献。

主协议 集体谈判过程中产生的条款,经教育委员会和员工双方批准并以书面形式提交。主协议中规定的条款具有董事会政策的效力。

调解 一种僵局程序,第三方与教育委员会的代表和员工一起或分开会面,帮助他们解决集体谈判或申诉中出现的问题。调解总是一种自愿的措施。

医疗储蓄账户(MSAs) 由健康保险流通与责任法案建立,试图控制不断上涨的医疗成本。在某些情况下,用人单位可以将通过建立高医疗免赔额实现的储蓄,存入员工医疗储蓄账户。该津贴可以由员工存款补充,以支付小额医疗费用。

导师制 将新任教师,工作人员及管理人员与有经验的同事配对以提供支持和鼓励的做法。

绩效工资 一个员工工资以外的经济酬劳,作为高出平均工作绩效的一种奖励措施。

全国教师教育与认证州理事协会(NASDTEC) 一个促进州认证官员的作用和职能并维护教师身份信息交换所的专业组织。

国家首席公立学校官员委员会 支持州教育委员和教育负责人的作用和职能的专业组织。

国家劳动关系委员会(NLRB) 一个联邦机构,1935年由国会通过颁布《国家劳动关系法》而创建,该法有权进行工会代表选举,并适用于私营部门的不公平劳动行为。

协商性协议 由有困难招聘并雇佣到高素质管理人员和教师的学区制定的协议。这些学区正在设计薪酬方案,以满足理想候选人的就业需求。

不让一个孩子掉队法案(NCLB) 乔治·W. 布什总统于2002年签署的联邦立法。该法律要求到2014年所有儿童都能熟练掌握阅读和数学。其他条款要求改善与家长的沟通,提高儿童在学校的安全。

脱产培训 各种不同的培训技术,如讲座、研讨会、讲习班、案例研究、程序化教学以及工作场景模拟。

1991年《公共交通工具员工测试法案》 该联邦法律的规定允许某些用人单位

对从事安全敏感工作的人员进行雇佣前，事故后，随机，合理的怀疑及重返岗位的酒精和管制物质进行测试。

在职培训 把员工置于实际工作环境中，以便他们通过实践学习，但由主管监督的培训。

在线分析处理 一种交互式的、以计算机为基础的系统，允许用户重新组合从不同来源收集并存储在数据库中的多维度数据；允许将数据组织成许多不同的表现形式。

在线职位申请 使用互联网在学区的网页上发布空缺职位，并通过电子邮件接收申请资料和简历。通过地区内部网络，管理人员可以查看申请人在选拔过程中的情况，或搜索人力资源数据库，以查找符合特定职位描述的候选人。

在线招聘 使用学区的内部网络发布职位空缺，提供本地区的信息，提供一个特定职位的信息，并且说明如何申请该职位。

开放式访谈 访谈的一种形式，鼓励候选人就面试官发起的某个话题自由地、详尽地发表自己的观点。

组织变革 一种组织学习理论，在两个准则下在学区实施。首先，所有的利益相关者都被组织所识别；其次，组织必须专注于一个为它提供行动方向的愿景。

非网络签约医疗体系 不与健康管理组织（HMO）或医疗优先供应商组织（PPO）网络签订合同的医生或医院。如果员工、配偶或受抚养人获得此类医生或医院的服务，医疗保健计划将支付接受服务所产生的成本的很小的一部分费用。

个人适应 入职培训计划的一个方面，重点是帮助新员工与同事和其他需要与其互动的人建立职业关系；此外，帮助员工获得工作满意度。

人事管理 人力资源管理的另外一种称呼。

安置 根据学校负责人或与学区规划、员工平衡及学生福利有关的被任命者的最佳判断，对员工进行工作分配。

服务站点（POS） 允许成员在健康管理组织之外访问医疗服务的一项卫生管理组织计划。然而，卫生管理组织计划通常对此类服务实行高免赔额，并在达到免赔额后支付医疗成本的一小部分。

政策 阐述了实现学区或学区的部门、科系或其他管理单位长期目标和短期目标的职权和总体思想的指导方针。

医疗优先供应商组织（PPO） 为员工、配偶或其受抚养人提供折扣服务的个人医疗保健专业人员、医院、医疗保健组织或医疗保健组织团体。

妊娠残疾修正案 1964 年《民权法案》第七篇的修正案，该修正案规定在所有与就业有关的情况下歧视孕妇是非法的，包括雇佣、晋升、分配工作任务、给予医疗福利以及获得资历学分。

初级保健医生 负责把关的医疗保健专业人员，为患者提供管理式护理计划所需的转诊以获得医疗保健服务。

专业学习型社区 有四个重点的学校或学区：学习而不是教学，协作，将社区所有成员视为学习者，以及自我负责。

计划设计 通过有效的交付方法，将需求与可用资源相匹配的过程。

渐进式处罚 当员工的行为不符合社会可接受的标准或不符合学区的规章制度时，主管采取的纠正措施。此类纠正措施的严重性取决于员工表现出的行为类型和发生率。

交换型性骚扰 根据员工对雇主或主管的性行为的服从或拒绝而作出人事决定时所发生的骚扰。

理性人的概念 侵权诉讼中被告行为比较的标准。"理性人"是指与被告具有平均智力水平，正常的感知和记忆，同等水平的技能、知识、经验和身体特征的人。

认可 教育委员会接受某组织或工会为集体谈判的目的而作为某些员工的授权代表。

招聘 用于确保学区有合格的候选人填补因退休、辞职、离职和招生增长而空缺的职位的过程。

招聘手册 一种专门的广告类型，通常用于招聘校长和负责人，提供有关学区、职位、社区以及申请流程的广泛信息。

减员（RIF） 在一个特定的学区内，学生入学人数的减少造成教师人数过剩时需要的过程。减员可以通过人员自然流失，提前退休激励计划，增加课程设置以及帮助员工掌握新技能或找到其他职位的方式人性化地实施。

1973 年《残疾人正常活动法案》 《残疾人正常活动法案》第五篇包括五个部分：四个部分与残疾人的平权运动有关，一个部分涉及自愿行动、补救行动以及遵守法律的评估标准。

关系数据库 一种允许从多个文件共享信息的数据库,这些文件可以是链接的或相关的。

代表选举 一种确认程序,它将一个员工组织或工会确定为一个确定的谈判单位的独家代表。获得多数选票的组织或工会是独家代表。

结果评估 基于员工制定的,并且根据他或她的主管审核同意的目标,评估员工绩效的一种方法。

风险管理 实施学区健康与安全计划所需的战略、政策、过程和程序,包括安全性与安全审计、培训和教育、监测以及危机事件管理。

律师的作用 一名律师的专业知识体现在他或她分析案件的重要事实的能力,研究其他法院案件的法律和判例,合理地陈述原告或被告的立场等方面。

薪水与工资管理 直接薪酬的管理,包括薪酬研究与开发、工资总支出管理、职位控制以及薪金确定。

工资表 一种计算个体教师工资的方法,它基于一个增量或一个明细表,该表可计算资历、研究生课程时数和学位。

谈判范围 集体谈判的主题,通常包括工资、附加福利及工作条件;通常是一个讨价还价的问题。

选拔标准 那些理想的特征,如果一个人在最低程度上拥有,可以确保一份工作的成功完成。

选拔面试 一个或多个面试官与职位申请人之间的有方向及格式要求的结构化对话,目的是生成被面试者的信息;了解面试者的观点,信仰及态度;并作为一个人体验应聘者。

选拔过程 为了雇佣到可以在将来的工作岗位上取得成功的人员的过程;包括编写职位描述,建立选拔标准,发布空缺职位招聘广告,面试申请人,核查推荐信及资格证书,制作某个职位的录取通知书并通知不成功的申请人。

服务 间接薪酬的一个组成部分,为员工提供一种福利,如健康计划、学费报销、员工援助计划以及有偿出席研讨会或专业会议。

性骚扰 1980 年,平等就业机会委员会宣布性骚扰违反了 1964 年《民权法案》第七篇中的条款,是一种违法行为。有两种形式的性骚扰:交换型性骚扰与恶劣工作环境性骚扰。

诋毁 通过口口相传的虚假信息而实施的诽谤,会对一个人带来厌恶或嘲笑,并对他或她造成某种伤害。

1996 年《小企业就业保护法》 通常被称为最低工资法,因为它增加了员工带回家的工资。

社会公平 人们拥有某些权利和责任的概念,仅仅是因为他们是一个特定社会的成员。

社会保障制度 美国政府试图通过每月从一个一代人转移到下一代人的信托基金中拨款,确保老年人的最低生活水平,以此来照顾和保护老年人。

员工发展 由于知识扩张及技术进步,每一位员工必须获得新的信息、理解和技能,才能实现学区的长期目标和短期目标。员工发展维度包括进行需求评估,制定员工发展长期目标和短期目标,设计计划,实施交付计划以及评估计划。

同步技术 通过技术与他人实时互动的体验。因此,退休人员可以在正常工作时间通过电子邮件与学区福利办公室的工作人员进行沟通。

教师中心 教师确定自己的员工发展需求并主动实施员工发展计划的地方。

教师身份核查中心 关于所有被拒绝认证或因道德原因被吊销或暂停认证的教师的国家数据库。

职业选择理论 一套关于一个人的心理组成,他或她的职业技能与职业选择,合适工作的可获得性,以及不同社区文化之间相互作用的理论。

第三方医疗 由学区雇佣的公司管理学区医疗计划的医疗保健,包括成本分析,成本预测,病例管理,重大事故病例管理,利用率审查,及索赔管理。

第九篇 1972 年《教育修正案》的第九篇禁止在教育机构接受联邦财政援助时,在教育计划和活动(包括就业)中歧视女性。

侵权行为 对一个人或一个人的财物所犯的民事错误,但违约除外。中伤和诋毁是对他人的侵权行为。

全面质量管理(TQM) 一种基于爱德华·戴明哲学的管理方法,它将所有员工视为相关人员,并授权他们就如何实现组织的长期目标和短期目标做出战略决策。

培训 学习一系列可分解和分析的程序化行为的过程,以确定完成某些任务的最佳方式。培训是学习日常任务最有效的方法。

特征评估 一种根据预先确定的一组绩效指标评估员工绩效的方法。

卓越领导力 一种领导理论,其前提是一个人从他或她作为一个人的整体行为出发。这一理论要求管理人员反思这样一个事实:他们的决定不仅仅是由眼前的情况所推动,而且具有超越目前情况的影响。

军队医疗系统 国防部为军人及其家属制定的健康保险计划(以前是武装部队的文职人员保健医疗计划,或 CHAMPUS)。当员工被征召为服现役军人时,他们立即就成为这一军队医疗体系服务的对象。根据某些条件,包括动员的时间,他们的家属可能能够享有军队医疗系统的医疗保险。

美国司法系统 使用民法和普通法原则的混合体系。

美国培训和就业服务局 监督州就业机构的联邦政府机构,为没有工作的人提供服务,包括管理失业福利和找工作。

失业补偿金 根据州法律制定的一项计划,如果没有工作的人遵守某些规定,他们将得到福利。

工会 一个有组织的员工团体,其代表与教育委员会代表会面,目的是共同协商工资、附加福利和工作条件。

只雇用工会会员的商店或工厂 教育委员会与工会达成的协议的结果,根据该协议,员工必须成为谈判单位的成员,作为雇佣条件,并在谈判协议有效期内保持成员身份。

1974 年《越南退伍军人再调整援助法案》 本联邦法律的目的是为残疾退伍军人,特别是在越南战争中服役的退伍军人采取平权运动。

自愿附加福利 教育委员会提供给员工的间接薪酬计划,通常以保险计划、休假及服务的形式提供。

双赢谈判 集体谈判的一种方法,其目标是形成一种非对抗性的气氛,使双方能够就工资、附加福利及工作条件等问题达成共识。

停工斗争 通常被称为罢工;发生在一个学区的员工拒绝履行他们的职责,以抗议教育委员会的行动,通常与集体谈判过程有关。

工伤事故补偿金 为因工作相关活动而受伤或残疾的个人提供福利的一个州计划。

工作流程 通过单个数据输入启动多个事务的技术能力。